全国导游资格考试备考通关教材

全国导游基础知识

史剑锋 主编

廣東旅游出版社
GUANGDONG TRAVEL & TOURISM PRESS
悦读书·悦旅行·悦享人生

中国·广州

图书在版编目（CIP）数据

全国导游基础知识 / 史剑锋主编. — 广州 : 广东旅游出版社, 2024.3（2025.7重印）
全国导游资格考试备考通关教材
ISBN 978-7-5570-3163-3

Ⅰ. ①全… Ⅱ. ①史… Ⅲ. ①导游－资格考试－教材Ⅳ. ①F590.63

中国国家版本馆CIP数据核字(2023)第190494号

出 版 人：刘志松
策划编辑：官　顺
责任编辑：林保翠　李菁瑶
封面设计：谭敏仪
内文设计：谭敏仪　王燕梅
责任校对：李瑞苑
责任技编：冼志良

全国导游基础知识
Quanguo Daoyou Jichu Zhishi

出版发行：广东旅游出版社
（广州市荔湾区沙面北街71号首、二层）
邮　　编：510130
电　　话：020-87347732（总编室）　020-87348887（销售热线）
投稿邮箱：2026542779@qq.com
印　　刷：广州市岭美文化科技有限公司
（广州市荔湾区花地大道南海南工商贸易区A幢）
开　　本：787毫米×1092毫米　16开
印　　张：18.5
字　　数：417千字
版　　次：2024年3月第1版
印　　次：2025年7月第4次
定　　价：42.00元

前言

本套全国导游资格考试备考通关教材，是依据文化和旅游部发布的《2025年全国导游资格考试大纲》而精心编写。在编写过程中，对历年真题进行了精细化梳理，深入挖掘历年高频考点，并力求准确把握命题趋势，以助力考生科学备考。我们衷心希望这套教辅能切实满足广大考生的应考需求，为考生顺利通过导游资格考试提供有力支持。

一、考试方式及形式

全国导游资格考试科目包括：科目一“政策与法律法规”、科目二“导游业务”、科目三“全国导游基础知识”、科目四“地方导游基础知识”、科目五“导游服务能力”。

考试形式分闭卷考试与现场考试（面试）两种，科目一、科目二、科目三、科目四为闭卷考试，科目五为现场考试（面试）。

笔试实行全国统一的计算机考试。科目一、科目二合并为1张试卷进行测试，其中科目一、科目二分值所占比例各为50%；科目三、科目四合并为1张试卷进行测试。

考试题型包括判断题、单项选择题、多项选择题。

每张试卷考试时间为90分钟，含165题，共100分，其中判断题40题（每题0.5分，共20分），单项选择题90题（每题0.5分，共45分），多项选择题35题（每题1分，共35分）。

<table>
<tr><th colspan="11">导游资格证考试（笔试）方式、题型及分值</th></tr>
<tr><th rowspan="3">考试形式</th><th rowspan="3">试卷</th><th rowspan="3">考试科目</th><th rowspan="3">考试时间</th><th rowspan="3">总分</th><th colspan="6">题型</th></tr>
<tr><th colspan="2">判断题
（每题0.5分）</th><th colspan="2">单选题
（每题0.5分）</th><th colspan="2">多选题
（每题1分）</th></tr>
<tr><th>题量</th><th>分数</th><th>题量</th><th>分数</th><th>题量</th><th>分数</th></tr>
<tr><td rowspan="4">机考</td><td rowspan="2">卷一</td><td>政策与法律法规</td><td rowspan="2">90 分钟</td><td>50</td><td rowspan="2">40</td><td rowspan="2">20</td><td rowspan="2">90</td><td rowspan="2">45</td><td rowspan="2">35</td><td rowspan="2">35</td></tr>
<tr><td>导游业务</td><td>50</td></tr>
<tr><td rowspan="2">卷二</td><td>全国导游基础知识</td><td rowspan="2">90 分钟</td><td rowspan="2">100</td><td rowspan="2">40</td><td rowspan="2">20</td><td rowspan="2">90</td><td rowspan="2">45</td><td rowspan="2">35</td><td rowspan="2">35</td></tr>
<tr><td>地方导游基础知识</td></tr>
</table>

科目五考试中文类考生每人不少于15分钟，备考旅游景点不少于12个；外语类考生每人不少于25分钟，备考旅游景点不少于5个。

现场考试成绩采用百分制。

科目五　现场考试（面试）				
考试类型	考试内容	分值比例	时间	备考景点
中文类面试	礼貌礼仪	5%	不少于 15 分钟	不少于 12 个
	语言表达	20%		
	景点讲解	45%		
	导游服务规范	10%		
	应变能力	10%		
	综合知识	10%		
外语类面试	礼貌礼仪	5%	不少于 25 分钟	不少于 5 个
	语言表达	25%		
	景点讲解	30%		
	导游服务规范	10%		
	应变能力	5%		
	综合知识	5%		
	口译	20%		

二、教材优势

全国导游资格备考通关教材具有以下优势：

贴合考试	考纲要求范围广，备考负担重，教材专为应试打造，帮助考生精准减负，删减考试无关内容，直击痛点，力求实用、简练，快速过关。
科学体系	严格依据最新考试大纲，构建条理清晰、要点全面的知识网络，让考生宏观把握重点，不做无用功。同时配有形式多样的图表和顺口溜等多种方式，强化知识考点，便于理解记忆，帮助考生实现轻松备考。
重难点突出	大纲考点全覆盖，重难点各个突破。常考点、关键点、易错点用加粗、波浪线及彩色印刷标注，圈定考点，使考生对高频考点了如指掌。注重基础知识与高频考点的理解与掌握，真正地夯实基础，筑稳根基。各章配备历年考试占比分值分析，方便考生抓住重点，突破难点，合理规划，提高效率。
学练结合	超十亿次的后台答题数据分析，精选高频考点试题，提炼高频易丢分题目，圈题实战训练，使考生熟知答题规则，掌握答题技巧，强化重难点理解和记忆，帮助考生提升做题正确率，从容应试。
彩色印刷，重点标注	波浪线及彩色印刷标注重点，清晰明了，一目了然。排版合理，不累眼睛，久看不倦。

来标记，是学习的重点，复习时应着重记忆。

2. 历年分值统计说明

每个章节都有近 4 年该章节的考试分值分析，复习时应根据分值占比，分清主次，合理分配时间。

特别说明：

2021 年因为疫情取消考试，2022 年真题收集不完整，故不统计 2021 年、2022 年各章分值情况。

3. 笔试备考攻略

科目一 政策与法律法规	政策法规专业术语、法条较多，大部分考生认为是最难的科目。复习时要注重分类整理、归纳，加深理解，多刷题，做到考点心中有数。基础得分题较多，要认真审题，忌模棱两可。
科目二 导游业务	导游业务操作性、灵活性强，考试重点分布明确，理解与记忆并存，整个科目是笔试得分重点，务必加大复习。
科目三 全国导游基础知识	全国导基上至天文，下至地理，考点多，内容杂，对于有一定知识积累的考生来说比较有优势，知识薄弱的考生可通过多刷题加深记忆。记不住是因为重复的次数不够多!
科目四 地方导游基础知识	地方导基知识庞杂，不建议深入研究，建议刷题为主。考试往往考查一些具有关键字眼的点，例如“最大”“最长”“第一”“最早”“独有”等，重要考点教材也有用下划线描色标记，建议重点复习。

目录

CONTENTS

第一章
中国共产党百余年奋斗历程及领导中国人民取得的伟大成就

【考试大纲】

- **熟悉：** 中国共产党的发展历程（重要会议、重大事件和重要人物）；中华人民共和国成立以来取得的重大科技和建设成就。
- **掌握：** 中国共产党的成立、第一次国共合作、南昌起义、秋收起义、三湾改编、古田会议、红军长征、遵义会议、西安事变和抗日民族统一战线的形成、抗日战争、解放战争、中华人民共和国成立、抗美援朝、“三线”建设、改革开放、“一国两制”、脱贫攻坚、乡村振兴与全面建成小康社会，共建“一带一路”倡议等知识。

【历年分值】

年份	判断（题）	单选（题）	多选（题）	分值（分）
2019	6	10	3	11
2020	5	6	2	7.5
2023	3	6	2	6.5
2024	3	5	2	6

第一节　中国共产党的奋斗历程

发展历程	主要任务
新民主主义革命时期	反对帝国主义、封建主义、官僚资本主义，争取民族独立、人民解放，为实现中华民族伟大复兴创造根本社会条件。
社会主义革命和建设时期	实现从新民主主义到社会主义的转变，进行社会主义革命，推进社会主义建设，为实现中华民族伟大复兴奠定根本政治前提和制度基础。
改革开放和社会主义现代化建设新时期	继续探索中国建设社会主义的正确道路，解放和发展社会生产力，使人民摆脱贫困、尽快富裕起来，为实现中华民族伟大复兴提供充满新的活力的体制保证和快速发展的物质条件。 ［实现了经济总量跃居世界第二（2010年）的历史性突破］
中国特色社会主义新时代	实现第一个百年奋斗目标，开启实现第二个百年奋斗目标新征程，朝着实现中华民族伟大复兴的宏伟目标继续前进。 （迎来了从站起来、富起来到强起来的伟大飞跃）

第二节　中国共产党奋斗历程上的重要会议、重大事件及重要人物

一、中国共产党各次重要会议（新民主主义革命时期）

会议名称	时间/地点	会议要点
中国共产党的成立/党的一大	1921年7月23日/上海法租界望志路106号（今兴业路76号）、浙江嘉兴南湖	☆代表13人：五四运动后，随着马克思主义在中国的传播及其同中国工人运动的初步结合，建立工人阶级政党的任务被提上了日程。1920年8月，上海共产党早期组织正式成立，陈独秀任书记。10月，北京共产党早期组织成立，李大钊为书记。1920年秋至1921年春，武汉、长沙、济南、广州等地先后建立起共产党的早期地方组织。在欧洲和日本，中国留学生和侨民中的先进分子也建立了共产党早期组织。1921年7月23日，中国共产党第一次全国代表大会在上海召开，代表全国50多名党员的与会代表共13名，分别是：上海李达、李汉俊，北京张国焘、刘仁静，长沙的毛泽东、何叔衡，武汉董必武、陈潭秋，济南王尽美、邓恩铭，广州陈公博，旅日的周佛海，及受陈独秀派遣的包惠僧。 ☆建党精神："坚持真理、坚守理想，践行初心、担当使命，不怕牺牲、英勇斗争，对党忠诚、不负人民"。

（续表）

会议名称	时间/地点	会议要点
		☆确定名称：“中国共产党”。通过了中国共产党第一个纲领，选举产生了以陈独秀为书记的中央局。 中国共产党的成立，是中华民族发展史上开天辟地的大事，具有伟大而深远的意义。
党的二大	1922年7月16—23日/上海	☆二大宣言初步阐明了中国革命的性质、对象、动力、策略、任务和目标，指明了中国革命的前途。最高纲领——社会主义、共产主义社会。 ☆最低纲领——打倒军阀，推翻国际帝国主义的压迫，统一中国为真正的民主共和国。 ☆第一次提出了明确的反帝反封建的民主主义革命纲领。
古田会议	1929年12月28—29日/福建省上杭县古田村	☆会议选举产生了新的中共红四军前敌委员会，毛泽东当选为书记。大会根据中央九月来信精神，通过毛泽东起草的古田会议决议，确立了思想建党、政治建军的原则。 ☆党对军队的绝对领导，是人民军队永远不变的军魂。古田会议决议是中国共产党和红军建设的纲领性文献，是党和人民军队建设史上的里程碑。
遵义会议	1935年1月15—17日/贵州省遵义市	☆会议集中全力解决当时具有决定意义的军事和组织问题，增补毛泽东为中央政治局常委。会后决定由张闻天代替博古负中央总的责任。 ☆（会后）3月中旬，成立毛泽东、周恩来、王稼祥组成的三人小组，负责全军的军事行动。 ☆遵义会议是党的历史上一个生死攸关的转折点，事实上确立了毛泽东同志在党中央和红军的领导地位，开始确立以毛泽东同志为主要代表的马克思主义正确路线在党中央的领导地位，开始形成以毛泽东同志为核心的党的第一代中央领导集体。开启了党独立自主解决中国革命实际问题新阶段，在最危急关头挽救了党、挽救了红军、挽救了中国革命。
瓦窑堡会议	1935年12月17—25日/陕西省子长市瓦窑堡	☆会议通过了《中共中央关于目前政治形势与党的任务决议》。27日，毛泽东根据决议精神，在党的活动分子会议上作了《论反对日本帝国主义的策略》的报告。瓦窑堡会议决议和毛泽东的报告，明确提出了党的基本策略任务是建立广泛的抗日民族统一战线。 ☆瓦窑堡会议是从第五次反“围剿”失败到全民族抗战兴起过程中召开的一次重要会议。表明党在总结经验教训的基础上，正在从中国的实际情况出发，创造性地进行工作。
党的七大	1945年4月23日—6月11日/陕西省延安市	☆大会通过毛泽东《论联合政府》政治报告、朱德《论解放区战场》军事报告和刘少奇《关于修改党章的报告》，选举产生新的中央委员会，确定“以马克思列宁主义的理论与中国革命的实践之统一的思想——毛泽东思想，作为自己一切工作的指针”。 ☆6月19日，七届一中全会选举毛泽东、朱德、刘少奇、周恩来、任弼时为中央书记处书记，毛泽东为中央委员会主席、中央政治局主席、中央书记处主席。 ☆七大以“团结的大会、胜利的大会”载入史册。

二、中国共产党各次重要会议（社会主义革命和建设时期、改革开放和社会主义现代化建设新时期、中国特色社会主义新时代）

会议名称	时间/地点	会议要点
党的八大	1956 年 9 月 15—27 日 / 北京	☆大会宣布：我国无产阶级同资产阶级之间的矛盾已经基本解决，几千年来的阶级剥削制度的历史已经基本上结束，社会主义的社会制度在我国已经基本建立起来。 ☆我国国内的主要矛盾已经是“人民对于建立先进的工业国的要求同落后的农业国的现实之间的矛盾，已经是人民对于经济文化迅速发展的需要同当前经济文化不能满足人民需要的状况之间的矛盾”。 ☆ 9 月 28 日，八届一中全会选举毛泽东为中央委员会主席，刘少奇、周恩来、朱德、陈云为副主席，邓小平为总书记。 ☆八大是一次解放思想、民主开放的大会，是一次成功的大会。
十一届三中全会	1978 年 12 月 18—22 日 / 北京	☆全会前召开了历时 36 天的中央工作会议，邓小平《解放思想、实事求是，团结一致向前看》的重要讲话，实际上成为三中全会的主题报告。 ☆十一届三中全会果断结束“以阶级斗争为纲”，实现党和国家工作中心战略转移，开启了改革开放和社会主义现代化建设新时期，实现了中华人民共和国成立以来党的历史上具有深远意义的伟大转折。
党的十二大	1982 年 9 月 1—11 日 / 北京	☆大会明确提出建设有中国特色的社会主义的重大命题和“小康”社会战略目标，改革开放由此全面展开，社会主义现代化建设出现新局面。 ☆大会制定了新党章，规定党中央不设主席只设总书记。规定中央和省一级设立顾问委员会。 ☆按照党章规定，党的全国代表大会每五年召开一次，实现了制度化。
党的十三大	1987 年 10 月 25 日—11 月 1 日 / 北京	☆大会的突出贡献在于系统阐述了社会主义初级阶段的理论，明确了党在社会主义初级阶段的基本路线：领导和团结全国各族人民，以经济建设为中心，坚持四项基本原则，坚持改革开放，自力更生，艰苦创业，为把我国建设成为富强、民主、文明的社会主义现代化国家而奋斗。
党的十四大	1992 年 10 月 12—18 日 / 北京	☆大会作出了三项具有深远意义的重大决策：一是抓住机遇，加快发展，集中精力把经济建设搞上去；二是明确我国经济体制改革的目标是建立社会主义市场经济体制；三是确立邓小平同志建设有中国特色社会主义理论在全党的指导地位。 ☆大会决定不再设立中央顾问委员会。 ☆十四届一中全会选举江泽民为中共中央总书记。
党的十五大	1997 年 9 月 12—18 日 / 北京	☆大会首次使用“邓小平理论”这个概念，并把邓小平理论同马克思列宁主义、毛泽东思想一起，作为党的指导思想写入党章。 ☆邓小平理论是中国特色社会主义理论体系的奠基之作，它第一次比较系统地初步回答了建设中国特色社会主义的一系列基本问题，指导党制定了在社会主义初级阶段的基本路线。 ☆十五届一中全会选举江泽民为中共中央总书记。
党的十六大	2002 年 11 月 8—14 日 / 北京	☆大会把“三个代表”重要思想同马克思列宁主义、毛泽东思想、邓小平理论一起，作为党必须长期坚持的指导思想写入党章。始终做到“三个代表”，是党的立党之本、执政之基、力量之源。 ☆大会指出中国共产党是中国工人阶级的先锋队，同时是中国人民和中华民族的先锋队。 ☆十六届一中全会选举胡锦涛为中共中央总书记。

（续表）

会议名称	时间/地点	会议要点
党的十七大	2007年10月15—21日/北京	☆大会高举中国特色社会主义伟大旗帜、坚持中国特色社会主义道路，并首次对中国特色社会主义理论体系作了概括。将中国特色社会主义理论体系和科学发展观写入党章，是党的十七大的重大理论贡献。 ☆十七届一中全会选举胡锦涛为中共中央总书记，决定胡锦涛为中共中央军事委员会主席。
党的十八大	2012年11月8—14日/北京	☆大会贯穿始终的主线：坚持和发展中国特色社会主义，根据中国特色社会主义“五位一体”总体布局和全面建成小康社会的目标要求，对推进中国特色社会主义建设作出全面部署。 ☆新修改的党章，把科学发展观同马克思列宁主义、毛泽东思想、邓小平理论、“三个代表”重要思想一道确立为党的指导思想。 * 注意：马 + 毛 + 邓 + 三 + 科 = 指导思想。 ☆十八届一中全会选举习近平为中共中央总书记，决定习近平为中共中央军事委员会主席。
党的十九大	2017年10月18—24日/北京	☆大会把党的十八大以来党的理论创新成果明确概括为习近平新时代中国特色社会主义思想，并确立为党的指导思想；明确中国共产党人的初心和使命，就是为中国人民谋幸福，为中华民族谋复兴；对决胜全面建成小康社会作出战略部署，描绘了全面建设社会主义现代化国家的宏伟蓝图，进一步指明了党和国家事业的前进方向。 ☆十九届一中全会选举习近平为中共中央总书记，决定习近平为中共中央军事委员会主席。
党的二十大	2022年10月16—22日/北京	☆大会主题是：高举中国特色社会主义伟大旗帜，全面贯彻习近平新时代中国特色社会主义思想，弘扬伟大建党精神，自信自强、守正创新，踔厉奋发、勇毅前行，为全面建设社会主义现代化国家、全面推进中华民族伟大复兴而团结奋斗。 ☆党的二十大明确，从现在起，中国共产党的中心任务就是团结带领全国各族人民全面建成社会主义现代化强国、实现第二个百年奋斗目标，以中国式现代化全面推进中华民族伟大复兴。中国式现代化是人口规模巨大的现代化，是全体人民共同富裕的现代化，是物质文明和精神文明相协调的现代化，是人与自然和谐共生的现代化，是走和平发展道路的现代化。中国式现代化，深深植根于中华优秀传统文化，体现科学社会主义的先进本质，借鉴吸收一切人类优秀文明成果，代表人类文明进步的发展方向，展现了不同于西方现代化模式的新图景，是一种全新的人类文明形态。中国式现代化的成功推进，打破了“现代化 = 西方化”的迷思，展现了现代化的另一幅图景，拓展了发展中国家走向现代化的路径选择，为人类对更好社会制度的探索提供了中国方案。 ☆二十届一中全会选举习近平为中共中央总书记，决定习近平为中共中央军事委员会主席。

* 速记（各次大会关键词）：特色小康十二大；基本路线十三大；市场经济十四大；小平理论十五大；三个代表十六大；科学发展十七大；五位一体十八大，不忘初心十九大，高举旗帜二十大。

三、重大事件

（一）国际共产主义运动的发展

19世纪40年代，马克思主义开始和工人运动相结合，标志着国际共产主义运动的兴起。1847年“共产主义者同盟”建立，揭开了国际共产主义运动的历史序幕。1848年，《共产党宣言》出版，第一次全面系统地阐述了科学社会主义理论。1864年，国际工人协会（即第一国际）诞生。1871年，巴黎公社进行了打碎资产阶级国家机器、建立无产阶级国家政权的伟大尝试。1917年，俄国爆发十月社会主义革命，建立苏维埃政权，成为人类历史上划时代的事件。

（二）马克思主义在中国的传播

十月革命一声炮响，给中国送来了马克思列宁主义。中国先进分子从马克思列宁主义的科学真理中看到了解决中国问题的出路。李大钊是在中国举起十月革命旗帜的第一人，是中国最早的马克思主义传播者。从1918年7月起，他先后发表《法俄革命之比较观》《庶民的胜利》《Bolshevism（布尔什维主义）的胜利》等文章，热情讴歌十月革命的胜利。五四运动后，他更加致力于马克思主义的宣传，发表《我的马克思主义观》，系统介绍了马克思主义理论，在当时思想界产生重大影响，标志着马克思主义在中国进入比较系统的传播阶段。

（三）五四运动的爆发和影响

中国在巴黎和会上的外交失败，是五四运动的直接导火线。1919年5月4日，北京学生3000余人齐集天安门前举行示威。他们提出“外争主权、内除国贼”“还我青岛”等口号，举行抗议集会，震惊中外的五四运动爆发。五四运动中，中国工人阶级开始以独立的姿态登上政治舞台。6月5日起，上海工人自发举行声援学生的罢工。随后，斗争迅即扩展到20多个省区、100多个城市。6月28日，中国代表没有出席巴黎和约签字仪式。五四运动是近代中国革命史上具有划时代意义的事件，标志着新民主主义革命的伟大开端。五四运动孕育了以爱国、进步、民主、科学为主要内容的伟大五四精神，其核心是爱国主义精神。五四运动促进了马克思主义同中国工人运动的结合，为中国共产党的建立做了思想上和干部上的准备。

（四）第一次国共合作的形式

1923年6月12—20日，中国共产党第三次全国代表大会在广州举行。三大正确地评估了孙中山的革命立场和国民党进行改组的可能性，决定共产党员以个人身份加入国民党以实现国共合作。明确在共产党员加入国民党时，党必须在政治上、思想上、组织上保持自己的独立性。党的三大以后，国共合作的步伐大大加快了，共产党的各级组织动员党员和革命青年加入国民党，在全国范围内积极推进国民革命运动。1924年1月，中国国民党第一次全国代表大会召开，重新解释三民主义，事实上确立联俄、联共、扶助农工三大政策，标志着第一次国共合作正式形成。

（五）工农运动的高涨

国共合作的实现，促进了工人运动的恢复和发展。1924年7月，广州沙面租界爆发数千工人参加的政治大罢工并取得胜利。1925年5月，以上海五卅惨案为导火线，反对帝国主义的民族运动浪潮，以不可遏制的浩大声势迅速席卷全国，即五卅运动。发生在广州和香港的有25万人参加的省港大罢工，是五卅运动的重要组成部分。大罢工前后坚持了16个月之久，10多万集中在广州的有组织的罢工工人，成为广州革命政府的有力支柱。在李大钊等人艰辛开拓下，北方地区的革命运动迅速发展起来。从1924年年初开始，北方工人运动逐渐打破二七惨案后的消沉状态，得到恢复和发展。北京、青岛、唐山等地工人罢工斗争此起彼伏。广东各县农民纷纷建立农民协会，组织自卫军，向土豪劣绅和贪官污吏开展斗争。随着北伐胜利进军，湘鄂赣工农运动高涨。从1926年夏到1927年1月，湖南农民协会会员从40万人激增到200万人，发动了一场空前的农村大革命。

（六）北伐战争

1926年7月9日，国民革命军在广州誓师北伐，直接目标是打击受帝国主义支持的北洋军阀。在北伐进军过程中，共产党人在军队组织工作和发动工农群众方面做出了巨大贡献，党直接领导的叶挺独立团作为北伐军的先遣部队，连克汀泗桥和贺胜桥，建立重大功勋。

1927年3月，长江以南地区大部分被北伐军占领。在北伐军取得巨大胜利的同时，冯玉祥率领的国民军在苏联和中国共产党的帮助下，于1926年9月在绥远五原誓师，挥军南下。11月控制山西、甘肃等省，准备东出潼关，响应北伐军。北伐战争之所以能在短时间内取得如此巨大的成功，是国共两党合作结出的硕果。

（七）宁汉合流及东北易帜

1927年4月12日，蒋介石在上海发动反革命政变。到15日，上海工人300多人被杀，500多人被捕，5000多人失踪。继上海的四一二反革命政变后，江苏、浙江、安徽、福建、广东、广西等省相继以“清党”为名，大规模捕杀共产党员和革命群众。北方奉系军阀张作霖也捕杀大批共产党员和革命群众。4月28日，李大钊在北京英勇就义。5月21日，国民党反动军官许克祥在长沙捕杀共产党员和革命群众100多人，发动马日事变。7月15日，汪精卫召开国民党中央常务委员会扩大会议，以“分共”的名义，正式同共产党决裂，对共产党员和革命群众实行大逮捕、大屠杀。第一次国共合作宣告破裂。一段时间后，宁汉两个“国民政府”达成妥协，实现合流。在此基础上，1928年2月，南京国民党政府改组。1928年4月，国民党军队继续“北伐”，夺取奉系军阀占据的地盘。6月，张作霖在皇姑屯被日军炸死，其子张学良就任东三省保安总司令，于12月29日宣布“服从国民政府，改旗易帜”。至此，国民党在全国范围内建立了自己的统治。中国共产党人带领工农大众，开始进行武装反抗国民党反动统治的斗争。

（八）南昌起义和八七会议

1927年7月中旬，中共中央政治局临时常委会决定发动南昌起义。

1927年8月1日，在以周恩来为书记的中共中央前敌委员会（简称前委）领导下，贺龙、叶挺、朱德、刘伯承等率领党所掌握和影响下的军队2万多人，举行南昌起义。南昌起义打响武装反抗国民党反动派的第一枪，标志着中国共产党独立领导革命战争、创建人民军队和武装夺取政权的开端，开启了中国革命新纪元。

1927年8月7日，中共中央在湖北汉口秘密召开紧急会议（即八七会议）。会议着重批评了大革命后期以陈独秀为代表的右倾机会主义错误，确定了土地革命和武装反抗国民党反动派的总方针。毛泽东在发言中指出："以后要非常注意军事。须知政权是从枪杆子中取得的。"八七会议是一个转折点。它给正处在思想混乱和组织涣散中的中国共产党指明了新的出路，为挽救党和革命做出了巨大贡献。这是由大革命失败到土地革命战争兴起的历史性转变。

（九）秋收起义

1927年8月9日，在中共中央临时政治局第一次会议上，决定毛泽东以中央特派员身份到湖南传达八七会议精神，改组省委，领导秋收起义。以毛泽东为书记的中共湖南省委前敌委员会，将参加起义的各路武装5000余人统编为工农革命军第一师，于9月9日发动湘赣边界秋收起义。在攻打中心城市长沙受挫后，毛泽东果断改变计划，率部队退到浏阳文家市集中，主持召开前委会议，决定到敌人统治力量薄弱的农村山区寻找落脚点，以保存革命力量。从进攻大城市转到向农村进军，这是中国人民革命发展史上具有决定意义的新起点。

（十）三湾改编

1927年9月29日，秋收起义军到达江西永新县三湾村时，在毛泽东的领导下进行了改编，史称三湾改编。前委将已不足千人的部队由原来的一个师缩编为一个团；建立党的各级组织和党代表制度，党的支部建在连上，班、排有小组，连以上设党代表，营、团设党委；成立各级士兵委员会，实行民主制度，在政治上官兵平等。这些措施开始改变起义军中旧军队的习气和不良作风，从组织上确立了党对军队的领导，是建设无产阶级领导的新型人民军队的重要开端。

（十一）红色革命根据地的创建

1927年10月，毛泽东率领秋收起义部队上湘、赣两省交界的井冈山，创建革命根据地，开展工农武装割据的斗争。

1928年2月，井冈山革命根据地初步形成。4月底，朱德、陈毅率领南昌起义保存下来的部队和湘南农军到达井冈山，和毛泽东领导的工农革命军会师，成立了中国工农红军第四军，进一步壮大了井冈山革命根据地革命武装，中国共产党开始走上农村包围城市、武装夺取政权的道路。

1930年夏，全国建立赣南闽西、湘鄂西、鄂豫皖、湘赣、湘鄂赣、赣东北（后发展为闽浙赣）、广西左右江、广东东江和琼崖等十几块农村革命根据地。其中毛泽东、朱德领导下的赣南闽西根据地是当时全国面积最大、力量最强的根据地，建立了苏区中央局和苏维埃中央政府，因此又称为中央根据地、中央苏区。

（十二）红军长征（1934年10月—1936年10月）

1930—1934年间，国民党军队先后对中央革命根据地等发动5次大"围剿"。前4次均被红军打败。

1934年10月，中央红军第5次反“围剿”失利，被迫退出中央革命根据地实行战略转移，开始长征。1934年10月至1936年10月，红军第一、第二、第四方面军和第二十五军，在党的领导下，血战湘江，四渡赤水，巧渡金沙江，强渡大渡河，飞夺泸定桥，鏖战独树镇，勇克包座，转战乌蒙山，击退上百万穷凶极恶的追兵阻敌，征服空气稀薄的冰山雪岭，穿越渺无人烟的沼泽草地，纵横十余省，长驱二万五千里，以非凡的智慧和大无畏的英雄气概，战胜千难万险，付出巨大牺牲，胜利完成震撼世界、彪炳史册的长征。

1936年10月9日，红四方面军指挥部到达甘肃会宁，与红一方面军会合。22日，红二方面军指挥部到达甘肃隆德将台堡（今属宁夏回族自治区），同红一方面军会合。至此，三大主力红军会师。“长征是历史纪录上的第一次，长征是宣言书，长征是宣传队，长征是播种机。”长征是一次理想信念的伟大远征，是一次检验真理的伟大远征，是一次唤醒民众的伟大远征，是一次开创新局的伟大远征。

（十三）九一八事变

1931年9月18日，根据不平等条约驻扎在中国东北的日本关东军，向中国军队驻地北大营和沈阳城发动进攻，这就是九一八事变。19日，日军占领沈阳。至1932年2月，辽宁、吉林、黑龙江三省沦为日本的占领地。3月，以溥仪为“执政”的日本傀儡政权伪满洲国在吉林长春成立。空前的民族灾难唤起了空前的民族觉醒。九一八事变后，中日民族矛盾逐渐上升为主要矛盾，中国国内阶级关系发生重大变动，抗日救亡运动在全国迅速兴起。中国共产党率先高举武装抗日的旗帜。1931年9月，中共中央发表《中国共产党为日本帝国主义强暴占领东三省事件宣言》，响亮提出：“反对日本帝国主义强占东三省!”中国人民在白山黑水间的奋起抵抗，成为中国人民抗日战争的起点，同时揭开了世界反法西斯战争的序幕。

（十四）一二·九运动

1935年12月9日，在中共北平临时工作委员会领导下，北平学生高喊“反对日本帝国主义”“停止内战，一致对外”等口号，举行抗日救国示威游行。12月16日，北平学生和各界群众在天桥举行市民大会，反对“华北自治”，会后举行了更大规模的示威游行，迫使冀察政务委员会延期成立。在此之后，天津、保定、太原、上海、武汉、广州等大中城市先后爆发学生的爱国行动，许多地方的工人也进行罢工，抗日救亡斗争发展成为全国规模的群众运动。一二·九运动揭露了日本吞并华北进而独占中国的阴谋，打击了国民党的妥协退让政策，极大地促进了中华民族的觉醒，标志着中国人民抗日救亡民主运动新高潮的到来。

（十五）西安事变

1936年12月12日，张学良、杨虎城在陕西西安扣留蒋介石，并向全国通电，提出“停止内战、一致对外”等八项主张。中共中央以中华民族利益为重，独立自主地确定了用和平方式解决西安事变的方针，经过周恩来、张学良、杨虎城共同努力，迫使蒋介石做出“停止剿共，联红抗日”的承诺。西安事变的和平解决，成为时局转换的枢纽。在抗日的前提下，国共两党实行第二次合作成为不可抗拒的大势。

（十六）卢沟桥事变

日本军国主义者发动的侵华战争，是企图灭亡中国，变中国为其独占殖民地的帝国主义侵略战争。1937年7月7日夜，日本侵略军在北平西南的卢沟桥以北举行军事演习，以一名士兵失踪为借口，要求进入宛平城搜查，遭到拒绝后，即炮轰宛平城，攻击卢沟桥。当地中国驻军二十九军奋起抵抗，"卢沟桥事变"爆发。日本由此开始了全面侵华战争，中国则展开了全民族抗战。

（十七）抗日民族统一战线的形成

生死存亡关头，只有全民族团结抗战才是生存和发展的唯一出路。中国共产党高举抗日的大旗，在卢沟桥事变发生第二天就通电全国，号召"全中国同胞，政府，与军队，团结起来，筑成民族统一战线的坚固长城，抵抗日寇的侵略!""国共两党亲密合作抵抗日寇的新进攻"。为促进国共两党实现团结合作抗日，党中央派周恩来等将《中共中央为公布国共合作宣言》交给蒋介石。1937年8月25日，红军改编为国民革命军第八路军（简称八路军）。接着，南方八省的红军游击队改编为国民革命军陆军新编第四军（简称新四军）。9月22日，国民党中央通讯社发表《中共中央为公布国共合作宣言》。9月23日，蒋介石发表实际承认共产党合法地位的谈话。中共中央的宣言和蒋介石的谈话，宣告国共两党重新合作和中国抗日民族统一战线的形成。

国民党军队进行了平津、淞沪、忻口、徐州以及保卫武汉等战役，并取得台儿庄战役的胜利，粉碎了日本帝国主义"三个月灭亡中国"的计划，但是未能从根本上扭转战局。1937年11月20日，国民政府宣布迁都重庆；12月13日，日军占领南京后，进行了长达6周骇人听闻的血腥大屠杀，中国平民和解除武装的军人被枪杀、焚烧、活埋以及用其他方法残忍杀害者达30万人以上。红军改编为国民革命军后，迅速开赴抗日前线。1937年9月25日，八路军第一一五师主力在平型关伏击日军，首战告捷，这是全民族抗战爆发后中国军队主动对日作战取得的第一个重大胜利。1938年五六月间，毛泽东作《论持久战》的长篇讲演，驳斥了"中国必亡论"和"中国速胜论"的观点，明确指出经过长期抗战，最后胜利属于中国。

1940年8月20日至1941年1月24日，八路军总部在华北发动了一次对日军大规模的进攻。陆续参战的部队达到105个团、20余万人，史称"百团大战"。百团大战是全国抗战以来八路军在华北发动的规模最大、持续时间最长的一次带战略性进攻的战役，作战1824次，毙伤日、伪军2.5万人，打击了日军的侵略气焰，在抗战局面比较低迷时振奋了全国民心。

（十八）抗日战争的胜利（1931年9月18日—1945年8月15日，共计14年）

1945年8月15日，日本天皇裕仁以广播的形式发布《终战诏书》，日本无条件投降。9月2日，日本代表在投降书上签字。至此，中国抗日战争胜利结束，世界反法西斯战争也胜利结束。9月3日成为中国人民抗日战争胜利纪念日。

中国人民抗日战争是近代以来中国人民反抗外敌入侵持续时间最长、规模最大、牺牲最多的民族解放斗争，也是第一次取得完全胜利的民族解放斗争。中国共产党在全民族抗战中发挥了中流砥柱的作用，这是中国人民抗日战争取得完全胜利的决定性因素。

（十九）重庆谈判

抗日战争胜利后，中国人民热切希望和平、民主，建设一个新的中国。而国民党统治集团想继续维持国民党一党专政，“建立一个大地主大资产阶级专政的半殖民地半封建的国家”。蒋介石在积极备战的同时，1945年8月中下旬，连续三次电邀毛泽东去重庆“共定大计”。8月28日，毛泽东一行从延安飞抵重庆。这一行动，充分表明了中国共产党谋求和平的真诚愿望。10月10日，国共双方正式签署《政府与中共代表会谈纪要》，即“双十协定”。双方同意：召开有各党派代表和社会贤达出席、讨论和平建国方案的政治协商会议。重庆谈判的结果，是人民力量的一个胜利。

（二十）全面内战爆发

1946年6月26日，国民党军队在完成内战准备后，以22万人悍然进攻鄂豫边境的中原解放区。其后，国民党军向其他解放区展开大规模进攻，全面内战由此爆发。从1946年6月至1947年6月，人民军队处于战略防御阶段，战争主要在解放区内进行。前8个月粉碎了国民党军队的全面进攻；后4个月努力打破国民党军队的重点进攻。

（二十一）千里跃进大别山

经过一年作战，战争形势发生重大变化。党中央选择地处中原的大别山区作为主要突击方向，决定晋冀鲁豫野战军采取跃进的进攻方式，不要后方，长驱直入，一举插进敌人的战略纵深地区。1947年6月，刘邓大军突破黄河天险。8月，千里跃进大别山，揭开战略反攻的序幕。他们紧紧依靠人民群众，艰苦作战，粉碎国民党军队的重点轮番进攻，到11月共歼敌3万余人，建立33个县的民主政权。

（二十二）三大战役

1948年秋，人民解放战争进入夺取全国胜利的决定性阶段。1948年9月12日—1949年1月31日，中国人民解放军同国民党军进行战略决战，先后发动了三大战役，即辽沈战役、淮海战役和平津战役。三大战役历时4个月零19天，共歼灭国民党军154万余人，使国民党赖以维持其反动统治的主要军事力量基本上被摧毁。三大战役的胜利，为中国革命在全国的胜利奠定了基础。

（二十三）中华人民共和国成立

1949年9月21—30日，中国人民政治协商会议第一届全体会议在北平举行，大会通过起临时宪法作用的《中国人民政治协商会议共同纲领》，选举毛泽东为中央人民政府主席。会议确定北平为中华人民共和国首都，改名为北京；决定采用公元纪年；以《义勇军进行曲》为代国歌；国旗为五星红旗。10月1日，首都北京30万军民在天安门广场集会，隆重举行开国大典，毛泽东主席庄严宣告：“中华人民共和国中央人民政府今天成立了。”中华人民共和国的成立，揭开了中国历史新的篇章。10月1日成为中华人民共和国国庆日。

（二十四）抗美援朝

1950年6月25日，朝鲜内战爆发。美国政府立即进行武装干涉，并派遣第七舰队侵入台湾海峡，公然干涉中国内政，阻挠中国统一大业。10月19日，中国人民志愿军跨过鸭绿江，10月25日，志愿军打响进入朝鲜后的第一仗，这一天后来被定为抗美援朝纪念日。志愿军战士发扬伟大的爱国主义精神和革命英雄主义精神，同朝鲜人民和军队一道，历经2年零9个月艰苦卓绝的浴血奋战，赢得了抗美援朝战争的伟大胜利。19.7万多名英雄儿女为了祖国、为了人民、为了和平献出了宝贵生命。在他们中涌现出特级英雄杨根思、黄继光，一级英雄邱少云、王海、于喜田、柴云振等30多万名英雄功臣和近6000名功臣集体，锻造了伟大的抗美援朝精神。

（二十五）三大改造

1955年夏季以后，农业合作化运动形成猛烈发展的群众性浪潮，手工业、资本主义工商业的社会主义改造也大大加快步伐。1956年年底，我国基本完成了对生产资料私有制的社会主义改造，初步建立起公有制占绝对优势的社会主义经济制度。伴随着生产资料公有制的建立和发展，我国确立的社会主义政治制度及党和国家工作的各个方面也得到加强和改善。社会主义政治制度、经济制度的确立，为当代中国的一切发展和进步奠定了制度基础，这是中国共产党和中华人民共和国历史上一个重要里程碑。（三大改造：农业、手工业、资本主义工商业的社会主义改造）

（二十六）动荡的十年

1966年5月，中央政治局扩大会议通过“五一六通知”；8月，党的八届十一中全会通过《中国共产党中央委员会关于无产阶级文化大革命的决定》。毛泽东同志对当时我国阶级形势以及党和国家政治状况作出完全错误的估计，发动和领导了“文化大革命”，林彪、江青两个反革命集团利用毛泽东同志的错误，进行了大量祸国殃民的罪恶活动，酿成十年内乱，使党、国家、人民遭到新中国成立以来最严重的挫折和损失，教训极其惨痛。1976年10月，中央政治局执行党和人民的意志，毅然粉碎了“四人帮”，结束了“文化大革命”这场灾难。

（二十七）党的基本路线

中国共产党在社会主义初级阶段的基本路线是：领导和团结全国各族人民，以经济建设为中心，坚持四项基本原则，坚持改革开放，自力更生，艰苦创业，为把我国建设成为富强民主文明和谐美丽的社会主义现代化强国而奋斗。

（二十八）中国共产党的性质

中国共产党是中国工人阶级的先锋队，同时是中国人民和中华民族的先锋队，是中国特色社会主义事业的领导核心，代表中国先进生产力的发展要求，代表中国先进文化的前进方向，代表中国最广大人民的根本利益。党的最高理想和最终目标是实现共产主义。

（二十九）“一国两制”的成功实践及香港、澳门回归

1981年12月，中共中央作出1997年7月1日收回香港的决定。1982年，为解决台湾问题，邓小平首次提出“一个国家，两种制度”概念。1982年10月，中英关于香港问题的谈判正式开始。1984年12月19日，中英两国政府正式签署《关于香港问题的联合声明》。1997年7月1日零时，中华人民共和国对香港恢复行使主权。香港回到祖国的怀抱，洗刷了民族百年耻辱，完成了实现祖国完全统一的重要一步。

1986年6月，中国和葡萄牙两国政府开始就澳门问题举行谈判。1987年4月13日，中葡两国政府正式签署《关于澳门问题的联合声明》。1999年12月20日零时，中华人民共和国对澳门恢复行使主权。澳门的胜利回归，开启了澳门历史新纪元，是中国人民在完成祖国统一大业的道路上树立的又一座丰碑。“一国两制”是中国特色社会主义的伟大创举，是香港、澳门回归后保持长期繁荣稳定的最佳制度安排，必须长期坚持。解决台湾问题、实现祖国完全统一，是党矢志不渝的历史任务，是全体中华儿女的共同愿望，是实现中华民族伟大复兴的必然要求。

（三十）习近平新时代中国特色社会主义思想

党的十八大以来，以习近平同志为主要代表的中国共产党人，坚持把马克思主义基本原理同中国具体实际相结合、同中华优秀传统文化相结合，科学回答了新时代坚持和发展什么样的中国特色社会主义、怎样坚持和发展中国特色社会主义等重大时代课题，创立了习近平新时代中国特色社会主义思想。党的十九大、十九届六中全会提出的“十个明确”“十四个坚持”“十三个方面成就”概括了这一思想的主要内容。党的二十大提出“六个必须坚持”，概括阐述了这一思想的世界观、方法论和贯穿其中的立场观点方法。习近平新时代中国特色社会主义思想是对马克思列宁主义、毛泽东思想、邓小平理论、“三个代表”重要思想、科学发展观的继承和发展，是当代中国马克思主义、21世纪马克思主义，是中华文化和中国精神的时代精华，是党和人民实践经验和集体智慧的结晶，是中国特色社会主义理论体系的重要组成部分，是全党全国人民为实现中华民族伟大复兴而奋斗的行动指南，必须长期坚持并不断发展。党确立习近平同志党中央的核心、全党的核心地位，确立习近平新时代中国特色社会主义思想的指导地位，反映了全党全军全国各族人民共同心愿，对新时代党和国家事业发展、对推进中华民族伟大复兴历史进程具有决定性意义。

（三十一）习近平新时代中国特色社会主义思想的世界观和方法论

习近平新时代中国特色社会主义思想的世界观和方法论，即“六个必须坚持”：必须坚持人民至上；必须坚持自信自立；必须坚持守正创新；必须坚持问题导向；必须坚持系统观念；必须坚持胸怀天下。

（三十二）反腐倡廉

腐败是中国共产党长期执政的最大威胁，反腐败是一场输不起也决不能输的重大政治斗争，不得罪成百上千的腐败分子，就要得罪十四亿人民，必须把权力关进制度的笼子里，依纪依法设定权力、规范权力、制约权力、监督权力。党坚持不敢腐、不能腐、不想腐一体推进，惩治震慑、制度约束、提高觉悟一体发力，确保党和人民赋予的权力始终用来为人民谋幸福。坚持无禁区、全覆盖、零容忍，坚持重遏制、强高压、长震慑，坚持受贿行贿一起查，坚持有案必查、有腐必惩，以猛药去疴、重典治乱的决心，以刮骨疗毒、壮士断腕的勇气，坚定不移“打虎”“拍蝇”“猎狐”。坚决整治群众身边腐败问题，深入开展国际追逃追赃，清除一切腐败分子。党聚焦政治问题和经济问题交织的腐败案件，防止党内形成利益集团，查处周永康、薄熙来、孙政才、令计划等严重违纪违法案件。党领导完善党和国家监督体系，推动设立国家监察委员会和地方各级监察委员会，构建巡视巡察上下联动格局，构建以党内监督为主导、各类监督贯通协调的机制，加强对权力运行的制约和监督。

（三十三）乡村振兴

全面建设社会主义现代化国家，最艰巨最繁重的任务仍然在农村。坚持农业农村优先发展，坚持城乡融合发展，畅通城乡要素流动。加快建设农业强国，扎实推动乡村产业、人才、文化、生态、组织振兴。全方位夯实粮食安全根基，确保中国人的饭碗牢牢端在自己手中。树立大食物观，发展乡村特色产业，巩固拓展脱贫攻坚成果，统筹乡村基础设施和公共服务布局，巩固和完善农村基本经营制度，深化农村土地制度改革，保障进城落户农民合法土地权益，完善农业支持保护制度，健全农村金融服务体系。

（三十四）实施共建“一带一路”倡议

2013年秋，国家主席习近平在哈萨克斯坦和印度尼西亚先后提出共建“丝绸之路经济带”和“21世纪海上丝绸之路”，即“一带一路”倡议。我国坚持共商共建共享，推动共建“一带一路”高质量发展，推进一大批关系“一带一路”合作伙伴经济发展、民生改善的合作项目，建设和平之路、繁荣之路、开放之路、绿色之路、创新之路、文明之路这“六条路”，共建“一带一路”已成为当今世界深受欢迎的国际公共产品和国际合作平台。

（三十五）脱贫攻坚

脱贫攻坚是全面建成小康社会的底线任务。在以习近平同志为核心的党中央坚强领导下，经过接续奋斗，实现了小康这个中华民族的千年梦想，我国发展站在了更高历史起点上。坚持精准扶贫、尽锐出战，打赢了人类历史上规模最大的脱贫攻坚战，全国832个贫困县全部摘帽，近1亿农村贫困人口实现脱贫，960多万贫困人口实现易地搬迁，历史性地解决了绝对贫困问题，为全球减贫事业作出了重大贡献。在脱贫攻坚斗争中，1800多名同志将生命定格在了脱贫攻坚征程上，生动诠释了共产党人的初心使命。脱贫攻坚伟大斗争，锻造形成了“上下同心、尽锐出战、精准务实、开拓创新、攻坚克难、不负人民”的脱贫攻坚精神。

（三十六）全面建成小康社会

改革开放之初，我们党提出小康社会的战略构想。进入21世纪，在人民生活总体上达到小康水平之后，党的十六大提出“全面建设小康社会”，党的十八大进一步提出“全面建成小康社会”。以习近平同志为核心的党中央团结带领全党全国各族人民，以时不我待、只争朝夕的干劲，奋力冲刺、决战决胜，夺取了全面建成小康社会的历史性胜利。

2021年7月1日，习近平总书记在庆祝中国共产党成立100周年大会上庄严宣告：“经过全党全国各族人民持续奋斗，我们实现了第一个百年奋斗目标，在中华大地上全面建成了小康社会，历史性地解决了绝对贫困问题，正意气风发向着全面建成社会主义现代化强国的第二个百年奋斗目标迈进。”全面建成小康社会的中国，经济持续健康发展，经济实力大幅提升；科技实力跨越式发展；产业结构优化升级；现代基础设施网络持续完善；人民民主不断扩大。文化更加繁荣发展。民生福祉显著提升。生态环境发生历史性变化。全面建成小康社会，实现了中国式现代化建设的阶段性目标，这是我们党给人民的交代，也是对世界的贡献，在中国共产党奋斗史、新中国发展史、中华民族文明史上都具有里程碑意义。

第三节　中华人民共和国成立以来取得的重大科技和建设成就举要

一、“一五”计划的顺利实施

为了对国民经济发展的远景规定目标和方向，我国从1953年起开始实施“五年计划”（“十一五”后改称“五年规划”），主要是对国家重大建设项目、生产力分布和国民经济重要比例关系进行规划。我国第一个“五年计划”（1953—1957年）由周恩来、陈云、李富春主持制定，1955年7月经全国人大一届二次会议审议通过。“一五”计划的制定与实施标志着系统建设社会主义的开始。

“一五”计划主要任务有两点：一是集中力量进行工业化建设，即集中主要力量进行以苏联帮助我国设计的156个建设项目为中心，由694个大中型建设项目组成的工业建设，建立我国社会主义工业化的初步基础；二是加快推进各经济领域的社会主义改造。至1957年，“一五”计划超额完成，实现了国民经济的快速增长，并为我国工业化体系的建立奠定了初步基础。

二、“两弹一星”工程

“两弹一星”工程是中国二十世纪五六十年代组织研制核弹（原子弹、氢弹）、导弹和人造卫星工程的简称。第二次世界大战结束后，核弹成为帝国主义武力威胁和核讹诈的重要手段，以毛泽东同志为核心的第一代党中央领导集体根据当时的国际形势，果断地作出了研制“两弹一星”的战略决策。大批优秀的科技工作者怀着对新中国的满腔热爱，响应党和国家的召唤，义无反顾地投身到这一神圣而伟大的事业中，在当时国家经济、技术基础薄弱和工作条件十分艰苦的情况下，自力更生，发愤图强，依靠自己的力量，突破了核弹、导弹和人造卫星等尖端技术，于1964年10月16日成功爆炸我国第一颗原子弹。1966年10月27日，我国自行研制的东风二号核导弹试爆成功，标志着“两弹”成功结合，中国有了可用于实战的核导弹。1967年6月17日，我国第一颗氢弹空爆试验成功。1970年4月24日，我国用长征一号运载火箭成功发射第一颗人造卫星“东方红一号”，成为继苏联、美国、法国、日本之后，世界第五个能独立发射人造地球卫星的国家。

中国进行核试验、发展核武器完全是被迫的，是为了打破核大国的核垄断，最终消灭核武器。中国政府郑重声明：“中国在任何时候、任何情况下，都不会首先使用核武器。”“两弹一星”工程为保卫世界和平、树立我国大国地位奠定了坚实的基础。“两弹一星”工程的全体参研单位和科研人员，在艰苦卓绝的奋斗中形成了“热爱祖国、无私奉献，自力更生、艰苦奋斗，大力协同、勇于登攀”的“两弹一星”精神，是共和国宝贵的精神财富。1999年9月18日，在庆祝中华人民共和国成立50周年之际，党中央、国务院、中央军委决定，对当年为研制“两弹一星”作出突出贡献的23位科技专家予以表彰，并授予于敏、王大珩、王希季、朱光亚、孙家栋、任新民、吴自良、陈芳允、陈能宽、杨嘉墀、周光召、钱学森、屠守锷、黄纬禄、程开甲、彭桓武“两弹一星功勋奖章”，追授王淦昌、邓稼先、赵九章、姚桐斌、钱骥、钱三强、郭永怀“两弹一星功勋奖章”。

核能不仅仅用于武器，更是重要的能源。在掌握核能开发核心技术后，我国先后建成秦山核电站（浙江嘉兴市）、大亚湾核电站（广东深圳市）、田湾核电站（江苏连云港市）、阳江核电站（广东阳江市）和福清核电站（福建福州市）等数十座核电站，核电机组超过53台，核电约占全国总发电量的5%。2022年11月27日，我国自主研发的三代核电机组“华龙一号”在福建福清核电站成功并网投入商业运行，标志着我国三代核电技术跻身世界前列，成为继美国、法国、俄罗斯等国家之后真正掌握三代核电技术的国家。“华龙一号”每台机组每年可发电近100亿千瓦时，采用具有完全自主知识产权的三代压水堆核电技术，在安全性上满足国际最高安全标准，技术指标达到国际先进水平。

三、“三线”建设

（1）含义：所谓“三线”是指中西部13个内陆省和自治区，与之相对的是沿海和沿边省份，称为“一线”，介于一线、三线之间的中部地区称为“二线”。这三条“线”是按照经济建设和国防建设的战略布局需要划分的。

（2）建设目的：调整工业布局，在中西部地区建设工业、科技和国防基地，以形成巩固的战略大后方，达到“备战备荒”的目的。

（3）建设时间：“三线”建设在1964—1980年间共经历三个“五年计划”，投入资金2052亿元（占全国基本建设投资的40%），投入人力400多万，兴建项目上千个。

（4）建设成果：“三线”建设采用“一线”支援“三线”的方式，迅速在中西部地区建成成昆、川黔、贵昆、襄渝等十条铁路干线，建成30多个新兴工业城市，四川攀枝花钢铁基地、湖北东风汽车公司、甘肃酒泉卫星发射中心、贵州六盘水煤炭工业基地以及著名的葛洲坝水利工程。“三线建设”不仅建成了安全可靠的战略大后方，提高了国防能力，为中国后来的改革开放与和平发展创造了条件，还是共和国历史上第一次西部大开发，极大地促进了中西部地区的发展。

（5）口号：“好人好马上三线，备战备荒为人民”。

（6）“三线”精神：“奉献祖国、艰苦创业、团结协作、开拓创新”，这是民族精神、奋斗精神的重要组成部分，也是值得我们永远铭记的红色记忆。

四、航空航天科技成就

航空是指人造飞行器在地球大气层中的航行活动。航天是指人造飞行器在地球大气层之外的航行活动，又称空间飞行或宇宙飞行。航空航天科技集中了科学技术众多新领域、新成果，代表着一个国家科学技术的先进水平。中国自改革开放以来，航空航天领域不断开拓创新，取得了举世瞩目的成就。

（1）航空领域。中国独立研制了先进战机歼-10、歼-15（舰载机）、歼-16（多用途战机）和第五代隐身战机歼-20、歼-35，设计制造了运20大型军用运输机和空警-200、空警-500、空警-2000等先进预警机，是世界上屈指可数能够自行研制五代战机和先进预警机的国家之一。我国第三代大推力涡扇发动机WS-10（取名“太行”）和小涵道比推力矢量涡扇发动机WS-15（取名“峨眉”）均已量产，标志着我国已基本掌握被誉为现代工业“皇冠上的明珠”的航空发动机尖端制造技术，长期制约我国航空业发展的“心脏病”问题终于得到缓解。

民用航空方面，2008年11月28日我国自主研制的70～90座中短程喷气式支线客机ARJ21在上海成功首飞，生产商是中国商用飞机有限责任公司（简称中国商飞）。2016年6月28日成都航空正式用ARJ21飞机执飞成都双流机场至上海虹桥机场航线，标志着ARJ21飞机正式投入商业运行。2024年10月，中国商飞宣布将ARJ21更名为C909。与此同时，中国商用飞机有限责任公司同步启动中程干线飞机C919和远程宽体客机CR929的研制工作。C919为158～198座级单通道客机，航程4000～5000公里，2017年5月5日完成首飞，2023年5月28日由中国东方航空使用全球首架交付的C919客机执飞上海虹桥机场至北京首都机场航班，正式开启商业飞行。次日起，C919在上海虹桥机场和成都天府机场间开始常态化商业运行。CR929是280座级双通道客机，航程达到12000公里，原定由中俄两国共同研制，2022年俄罗斯退出该项目，由中国独立研发，改称C929，目前进展顺利。大飞机项目的成功推进，对于国内航空领域技术突破和创新、促进国内产业链发展、提升国家形象、摆脱中国民机市场对波音、空客的严重依赖具有重要意义。

（2）航天领域。自1970年我国发射第一颗人造地球卫星后，目前已建成甘肃酒泉卫星发射中心、山西太原卫星发射中心、四川西昌卫星发射中心和海南文昌卫星发射场。其中酒泉卫星发射中心是中国创建最早、规模最大的综合性卫星发射中心，也是中国唯一的载人航天发射场。我国在卫星通信、航天探测、载人航天等项目上成效显著：已建立完整的卫星通信系统；自主建设、独立运行、独具短报文通信服务功能的北斗卫星导航系统成为与美国全球定位系统（GPS）、俄罗斯格洛纳斯系统、欧洲伽利略系统并列的全球四大卫星导航系统之一。

我国载人航天工程通过“神舟”系列飞船建起了天宫空间站，实现了从无人飞行到载人飞行，从一人一天到多人多天，从空间站出舱到交会对接，从单船飞行到组合体稳定运行的跨越；2004年我国启动探月工程（命名为“嫦娥工程”），已实现多次月球探测，其中嫦娥五号带回月壤1731克，嫦娥六号带回人类首份月背样品1935.3克；2020年我国成功发射“天问一号”火星探测器，开启了对火星奥秘的探索。

我国还在贵州省平塘县建成世界上最大、最灵敏的单口径巨型射电望远镜（FAST），主要用于探索宇宙的起源和演化。其口径达500米，组成的球形反射面相当于30个足球场大小，被誉为“中国天眼”。

五、公路和铁路交通建设

（1）公路建设。新中国成立之初，我国能通车的公路仅8万余公里，而且公路标准低、质量差。为发展经济、巩固国防、开发边疆，国家重点建设了从首都北京通往各省、自治区、直辖市重要城市的国道网，其中包括通往西藏的川藏公路、青藏公路和新藏公路及武汉长江大桥、南京长江大桥等重点工程。

改革开放后，国家高度重视公路交通发展对国民经济的拉动和促进作用，广泛宣传“要想富、先修路”的理念。在当时国家财力有限、投入不足的情况下，确定了适当提高养路费征收标准、征收车辆购置附加费、鼓励市场主体集资或贷款建设高等级公路并收取路桥费作为回报的政策，从政策和资金上为我国公路建设和管理打下了良好基础。此后，公路新建和改建工程在全国铺开，新工艺、新设备、新设计、新技术不断涌现，使我国的公路设计和施工技术很快赶上世界先进水平，涌现出“云端上的高速”——雅西高速公路，世界最复杂立交桥——重庆黄桷湾立交桥（又称盘龙立交桥），世界上里程最长、沉管隧道最长、施工难度最大、技术含量最高、投资金额最多的跨海大桥——港珠澳跨海大桥等著名工程。

2003年，为配合社会主义新农村建设，交通部门提出“修好农村路，服务城镇化，让农民走上柏油路和水泥路”的建设目标，农村公路建设走上快车道。2014年，习近平总书记提出“要进一步把农村公路建好、管好、护好、运营好”，全国农村掀起了建设“四好农村路”的新高潮，制约农村发展的交通瓶颈进一步被打破。截至2023年年底，我国公路通车里程已达544万公里，其中高速公路从无到有，已建成18.4万公里（不含港澳台地区）。我国已经形成以高速公路为骨架、普通干线公路为脉络、农村公路为基础的四通八达的全国公路网。

（2）铁路建设。铁路是国民经济大动脉，在推动经济社会发展中发挥着重要的支撑引领作用。中华人民共和国成立前夕，中国仅有2万多公里铁路，其中能维持通车的仅1万多公里，且大都分布在东北和沿海地区，西北、西南铁路网几乎为空白。

中华人民共和国成立后建成的第一条铁路是成渝铁路，全长505公里，连通成都和重庆，1950年开始建设，1952年7月1日建成通车，填补了西南地区铁路建设的空白。1956年7月宝鸡到成都铁路通车，“蜀道难”被突破。这条铁路后来被改造成中国第一条电气化铁路。1970年7月1日，全长1096公里的成昆铁路竣工运营。成昆铁路穿越地质条件极不稳定、自然灾害频发、被称为铁路禁区的横断山脉，是铁道兵和当地民兵用血肉之躯筑造的伟大建筑工程，沿线留下1000多座丰碑，20余处烈士陵园。它与美国阿波罗宇宙飞船登月活动、苏联第一颗人造卫星一起被联合国评为“象征20世纪人类征服自然的三大奇迹”。尤其可贵的是，2006年7月1日，全长1956公里的世界上海拔最高、线路最长、穿越冻土里程最长（冻土里程550公里）的高原铁路——青藏铁路全线通车，从此结束了西藏不通铁路的历史，对于增进民族团结、促进民族区域发展、巩固国防意义重大。

随着铁路装备和技术的进步，中国铁路在1997—2007年期间进行了六次大提速，并在京沪、京广、京哈等线路上大规模开行时速高达250公里的动车组列车，创造了世界上既有线路提速改造的先进水平。2008年开通的京津城际铁路，全长120公里，时速超过300公里，是中国第一条高速铁路。2011年运营的京沪高铁，全长1318公里，运行时速350公里，是世界上线路最长、标准最高的高速铁路。2019年12月30日开通运营的京张高铁，使用我国自主研制的复兴号智能动车组，采用北斗卫星导航系统，在世界上首次实现了时速350公里的自动驾驶。

截至2024年年底，我国铁路运营里程已达到16.2万公里，其中高铁4.8万公里。中国已经建成世界上最大的高速铁路网。中国高铁已经开始走出国门，在老挝、印度尼西亚等“一带一路”国家推广开来。

六、水利工程建设

中华人民共和国成立70多年以来，我国水利工程建设成就举世瞩目，建成了一批事关战略全局、事关长远发展、事关民生福祉、世界闻名的大型水利工程，为我国经济建设的长期快速发展奠定了基础。

（1）三峡水利工程。全称“长江三峡水利枢纽工程”，位于湖北省宜昌市夷陵区三斗坪镇，是我国治理、开发和保护长江的关键性骨干工程，也是迄今世界上最大的水利枢纽工程。工程始建于1994年，总投资约2078亿元，包括一座混凝土重力坝，一座泄洪闸，一座堤后式水电站，一座永久性通航船闸和一架升船机。三峡大坝高185米，正常蓄水位175米，总库容393亿立方米，总装机2250万千瓦，可实现防洪、发电和航运三大效益。2003年11月，三峡工程左岸首批6台机组投产发电，2006年右岸电站进入机组安装阶段，2020年11月三峡工程完成整体竣工验收。

（2）金沙江下游梯级水电开发工程。金沙江从青藏高原奔流而下，蕴含的水力资源高达1.2亿千瓦，占长江水力资源的40%以上，水电富集程度居世界前列。按照国家规划，金沙江水电开发序列按照从下游、中游向上游推进的格局进行。目前金沙江下游梯级水电开发工程已经完成，共建成乌东德、白鹤滩、溪洛渡、向家坝四座梯级水电站，总装机容量相当于两个三峡工程，是我国西电东送项目的重要支撑。

（3）南水北调工程。是缓解我国北方水资源严重短缺局面的战略性基础设施建设工程。根据2002年国务院批复的《南水北调工程总体规划》，南水北调工程分别在长江下游、中游、上游建设三个调水区，形成东线、中线、西线三条调水线路，与长江、淮河、黄河、海河相互连接，构成我国中部地区水资源“四横三纵、南北调配、东西互济”的总体格局。工程年调水规模可达448亿立方米。目前，调水量最大的西线工程①由于实施难度较大，尚未全面启动，东线工程和中线工程均已完成一期建设，实现了从长江向北方地区的正常供水。（注①：在长江上游的通天河、支流雅砻江和大渡河上游筑坝引水，开凿穿过长江与黄河分水岭巴颜喀拉山的输水隧洞，调长江水入黄河上游，以解决黄河上中游地区和渭河关中平原的缺水问题。）

其中，南水北调东线工程（一期）于2013年11月正式通水。该工程从长江下游扬州江都抽引长江水，利用京杭大运河及与其平行的河道逐级提升北送至东平湖，然后分两路输水：一路向北，在位山附近经隧洞穿过黄河输水到天津，另一路向东，通过胶东地区输水到山东。东线一期工程调水主干线全长1467公里。由于黄河以南地势是南低北高，为克服落差，沿线共设置13级泵站逐级提水。南水北调中线工程（一期）于2014年12月全面通水。中线工程从湖北丹江口水库引水，经唐白河流域西部过方城垭口（长江流域与淮河流域的分水岭）北上，在郑州穿过黄河，沿京广铁路西侧北上北京、天津。中线干渠南高北低，具有自流输水的优势。工程输水干线全长1432公里，年平均调水量95亿立方米，确保了华北平原包括北京、天津在内的19个大中城市及100多个区县生产、生活用水。

南水北调东线和中线一期工程自2014年12月实现全面通水以来，年调水量持续攀升。中线所调南水已由规划的辅助水源成为受水区的主力水源；东线的供水范围已扩至河北、天津，提高了受水区供水保障能力。截至2023年3月，工程已累计调水超600亿立方米，按照黄河多年平均天然径流量580亿立方米计算，相当于为北方地区调来了超过黄河一年的水量。工程直接受益人口超过1.5亿人，为沿线地区高质量发展提供了可靠的水资源保障，并发挥着巨大的经济、社会和生态效益。

第四节　中华人民共和国成立以来取得的辉煌成就

一、重要成就

成就名称	要点
两弹一星	① 两弹[核弹（原子弹和氢弹）+导弹]一星（人造卫星）。 ②1964年10月16日，我国第一颗原子弹爆炸成功。 ③1967年6月17日，我国第一颗氢弹空爆试验成功。 ④1966年10月27日，我国第一颗装有核弹头的地地导弹飞行爆炸成功。 ⑤1970年4月24日，我国第一颗人造地球卫星发射成功。
北斗导航	①2007年4月14日，我国成功发射第一颗北斗二号导航卫星，正式开始独立自主建设我国第二代卫星导航系统。 ②2020年6月23日9时，西昌卫星发射中心长征三号乙运载火箭成功将北斗系统第55颗导航卫星，即北斗三号最后一颗全球组网卫星送入太空，标志着我国自主建设、独立运行的北斗卫星导航系统完成全球组网部署。
探月工程	①2007年10月24日，中国第一颗绕月探测卫星嫦娥一号发射成功，11月5日进入环月轨道，标志着中国首次月球探测工程取得圆满成功。 ②2013年12月14日，嫦娥三号着陆月球表面预选区域。15日，嫦娥三号着陆器和巡视器“玉兔”号月球车顺利互拍成像。我国探月工程第二步战略目标圆满完成，成为世界上第三个实现月球软着陆和巡视探测的国家。 ③2019年1月3日10时26分，嫦娥四号探测器成功着陆在月球背面东经177.6°、南纬

（续表）

成就名称	要点
	45.5° 附近的预选着陆区，并通过"鹊桥"中继星传回了世界第一张近距离拍摄的月背影像图，揭开了古老月背的神秘面纱。 ④2020年11月24日，长征五号遥五运载火箭成功将嫦娥五号探测器送入地月转移轨道，12月17日，嫦娥五号返回器携带1731克"月壤"安全着陆，标志着探月工程嫦娥五号任务取得圆满成功。 ⑤2024年5月3日，嫦娥六号探测器从海南文昌发射场发射成功，表明中国探月工程进入第四期。 （相关知识：2004年，我国启动了"嫦娥工程"探月工程，开启了中国人走向深空探索宇宙奥秘的时代。其中："嫦娥"为探月卫星，"长征"为运载火箭，"神舟"为载人飞船，"天舟"为货运飞船，"天问"为火星探测器，"天宫"为空间实验室。）
FAST 望远镜	2016年9月25日，具有我国自主知识产权的世界最大单口径巨型射电望远镜——500米口径球面射电望远镜（FAST）在贵州平塘落成启用。
高速公路	2000年12月18日，京沪高速公路（北京至上海）全线贯通，全长1262千米。
高速铁路	2008年8月1日，我国第一条拥有完全自主知识产权、具有世界一流水平的高速铁路——京津城际铁路通车运营。 2017年6月25日，中国标准动车组被命名为"复兴号"并于26日投入运行。中国高速动车组技术实现全面自主化。
南水北调	2002年12月27日，南水北调工程开工典礼在北京人民大会堂和江苏省、山东省施工现场同时举行。
发现大庆油田	1959年9月26日中国，石油地质勘探工作取得重大成果——发现大庆油田，结束了中国贫油的历史。
脱贫攻坚	2020 年年底，国务院扶贫办确定的全国 832 个贫困县全部脱贫摘帽，我国如期完成新时代脱贫攻坚目标任务。
成为世界第二大经济体	2010年我国国内生产总值达到40万亿元，成为世界第二大经济体。2021年1月，国家统计局公布：2020年，我国国内生产总值突破100万亿元大关，标志着我国经济实力、科技实力、综合国力又跃上一个新的台阶。
伟大精神	2021年9月29日，中共中央批准了中央宣传部梳理的第一批纳入中国共产党人精神谱系的伟大精神，献给中华人民共和国成立72周年。包括： ①新民主主义革命时期：建党精神、井冈山精神、苏区精神、长征精神、遵义会议精神、延安精神、抗战精神、红岩精神、西柏坡精神、照金精神、东北抗联精神、南泥湾精神、太行精神（吕梁精神）、大别山精神、沂蒙精神、老区精神、张思德精神。 ②社会主义革命和建设时期：抗美援朝精神、"两弹一星"精神、雷锋精神、焦裕禄精神、大庆精神（铁人精神）、红旗渠精神、北大荒精神、塞罕坝精神、"两路"精神、老西藏精神（孔繁森精神）、西迁精神、王杰精神。 ③改革开放和社会主义现代化建设时期：改革开放精神、特区精神、抗洪精神、抗击"非典"精神、抗震救灾精神、载人航天精神、劳模精神（劳动精神、工匠精神）、青藏铁路精神、女排精神。 ④中国特色社会主义新时代：脱贫攻坚精神、抗疫精神、"三牛"精神、科学家精神、企业家精神、探月精神、新时代北斗精神、丝路精神。 这46种精神集中彰显了中华民族和中国人民长期以来形成的伟大创造精神、伟大奋斗精神、伟大团结精神、伟大梦想精神，彰显了一代又一代中国共产党人"为有牺牲多壮志，敢教日月换新天"的奋斗精神。

二、伟人活动

时间	活动
1955年4月18—24日	周恩来率团出席在印度尼西亚万隆举行的亚非会议。中国代表团本着“求同存异”的方针，同与会国家一起共同倡导形成“万隆精神”。通过这次会议，中国打开了与亚非国家广泛交往的大门。
1978年3月18—31日	全国科学大会召开。邓小平在开幕词中强调科学技术是生产力，指出为社会主义服务的脑力劳动者是劳动人民的一部分。
1978年10月22—29日	邓小平访问日本。这是中华人民共和国成立后中国国家领导人首次访问日本。
1979年1月29日—2月5日	邓小平对美国进行访问。这是中华人民共和国成立后中国国家领导人第一次访问美国。
1984年1月22日—2月17日	邓小平视察深圳、珠海、厦门三个经济特区和上海，充分肯定试办经济特区和对外开放的决策。
1988年9月5日	邓小平在会见外宾时提出“科学技术是第一生产力”的重要论断。
1992年1月18日—2月21日	邓小平视察武昌、深圳、珠海、上海等地并发表重要谈话，明确回答长期困扰和束缚人们思想的许多重大认识问题。
2005年4月29日	时任中共中央总书记胡锦涛在北京同中国国民党主席连战举行正式会谈。会后双方共同发布《两岸和平发展共同愿景》，这是60年来国共两党主要领导人首次会谈。
2021年7月1日	庆祝中国共产党成立100周年大会在北京天安门广场举行。习近平在大会上概括提出伟大建党精神：坚持真理、坚守理想，践行初心、担当使命，不怕牺牲、英勇斗争，对党忠诚、不负人民。一百年来，党以伟大建党精神为源头，构筑起了中国共产党人的精神谱系。
2022年6月30日	习近平乘专列抵达香港，出席于7月1日举行的庆祝香港回归祖国25周年大会暨香港特别行政区第六届政府就职典礼，并视察香港。

三、公路及铁路

分类	时间	内容
铁路	1952年7月1日	成渝铁路（成都至重庆）建成通车，全长505千米。这是中华人民共和国成立后完全采用国产材料自行修建的第一条铁路干线。到1978年年底，宝成、鹰厦、兰新、成昆、湘黔等铁路陆续建成。
	1967年9月5日	中国政府和坦桑尼亚、赞比亚两国政府在北京签订关于修建坦桑尼亚—赞比亚铁路的协定。1976年7月，坦赞铁路建成通车，全长1860千米。
	1975年7月1日	我国第一条电气化铁路——宝成铁路（宝鸡至成都）电气化工程建成通车，全长 676 千米。
	1995年11月16日	京九铁路全线铺通。北起北京，南至深圳，连接香港九龙，总长 2536 千米。

（续表）

分类	时间	内容
	2006年7月1日	青藏铁路全线建成通车。青藏铁路是世界上海拔最高、线路最长的高原铁路，全长1956千米。
公路	1954年12月25日	康藏公路（后称川藏公路，成都至拉萨）与青藏公路（西宁至拉萨）同时全线通车。
	1957年10月5日	新藏公路（新疆叶城至西藏阿里地区）建成通车，全长1179千米。
	1976年7月6日	滇藏公路（云南下关至西藏芒康）建成通车，全长716千米。
	2013年10月31日	西藏墨脱公路建成通车。

四、桥梁及工程建筑

分类	时间	内容
桥梁	1957年10月15日	武汉长江大桥建成通车，铁路桥长1315米，公路桥长1670米。
	1968年12月29日	南京长江大桥全面建成通车，铁路桥长6772米，公路桥长4588米。这是当时我国自行设计建造的最大的铁路、公路两用桥。
	2018年10月23日	世界上最长的跨海大桥——港珠澳大桥（55千米）开通仪式在广东省珠海市举行。
工程	1970年12月25日	中共中央批准兴建长江葛洲坝水利枢纽工程。1989年1月，工程全部建成。
	1986年1月8日	我国第二大汽车工业基地——第二汽车制造厂在湖北省十堰市建成投产。
	1997年11月8日	长江三峡水利枢纽工程成功实现大江截流。
	2001年6月29日	青藏铁路开工典礼在青海格尔木和西藏拉萨同时举行。
	2004年7月28日	中国第一个北极科学考察站——黄河站在挪威斯匹次卑尔根群岛的新奥尔松建成并投入使用。
	2004年12月30日	西气东输工程（新疆轮台县至上海）全线建成并正式运营。
	2012年7月4日	三峡工程最后一台70万千瓦巨型机组正式交付投产。

五、军事成就

分类	时间	内容
航母	2012年9月25日	中国第一艘航空母舰辽宁舰正式交付海军。胡锦涛出席交接入列仪式并登舰视察。
	2017年4月26日	我国第一艘自主设计建造的航空母舰出坞下水，2019年12月17日该舰正式入列，命名为“中国人民解放军海军山东舰”。

（续表）

分类	时间	内容
	2022年6月17日	中国第三艘航空母舰下水命名仪式在中国船舶集团有限公司江南造船厂举行。经中央军委批准，我国第三艘航空母舰命名为：中国人民解放军海军福建舰（舷号：18，简称福建舰）。2024年5月1日，中国第三艘航母福建舰开始海试，宣示中国航母将进入电磁弹射的新时代。
核潜艇	1974年8月1日	中央军委发布命令，将我国自行设计制造的第一艘核潜艇命名为“长征一号”，正式编入海军战斗序列。人民海军从此进入拥有核潜艇的新阶段。
	1988年9月14—27日	我国自行研制的导弹核潜艇在东海海域进行水下发射运载火箭试验并取得成功。
战机	2013年	我国自主研制的运-20大型运输机首次试飞取得圆满成功。2016年7月6日，运-20大型运输机正式列装空军航空兵部队。
	2016年11月1日	中国自主研制的新一代隐身战斗机歼20首次公开亮相参加中国珠海国际航展。2018年2月9日，歼20开始列装空军作战部队。
护航	2008年12月	中国人民解放军海军舰艇编队赴亚丁湾、索马里海域执行护航任务。这是中国海军首次组织海上作战力量赴海外履行国际人道主义义务，首次在远海保护重要运输线安全。

六、载人航天成就

时间	内容
1999年11月20日	我国第一艘载人航天试验飞船神舟号发射成功。
2003年10月15—16日	神舟五号载人飞船成功升空并安全着陆。中国成为世界上第三个独立掌握载人航天技术的国家。
2008年9月27日	神舟七号载人飞船实施宇航员空间出舱活动。我国成为世界上第三个独立掌握空间出舱技术的国家。
2021年10月16日	神舟十三号载人飞船与空间站组合体完成自主快速交会对接。航天员翟志刚、王亚平、叶光富进驻天和核心舱，中国空间站开启有人长期驻留时代。
2022年6月5日	神舟十四号载人飞船与空间站组合体成功实现自主快速交会对接，航天员陈冬、刘洋、蔡旭哲顺利进驻天和核心舱，开启为期6个月的在轨工作和生活。
2022年11月1日	中国空间站梦天实验舱与之前发射的天和核心舱完成精准对接并完成水平转位，与天和核心舱、问天实验舱形成三舱“T”字构型；11月30日，神舟十四号乘组与神舟十五号乘组6位航天员在太空“胜利会师”。中国空间站建设取得历史性突破。

七、空间、深海及核电成就

分类	时间	内容
空间技术	1975年11月26日	我国成功发射一颗返回式遥感人造地球卫星，成为继美、苏之后第三个掌握卫星回收技术的国家。
	1981年9月20日	我国成功发射一组空间物理探测卫星。这是我国首次用一枚运载火箭发射三颗卫星。
	1986年7月8日	我国国内卫星通信网正式建成。
	2016年8月16日	我国成功发射世界首颗量子科学实验卫星“墨子号”。
	2020年7月23日	长征五号遥四运载火箭成功发射了首次火星探测任务“天问一号”探测器，开启了中国火星探测之旅。
高能加速器	1988年10月16日	我国第一座高能加速器——北京正负电子对撞机首次对撞成功。
核电	1991年12月15日	秦山核电站并网发电。这是我国第一座自行设计建造的30万千瓦的核电站。
潜水	2020年11月10日	中国自主研发的万米级载人潜水器“奋斗者”号在西太平洋马里亚纳海沟成功坐底，创造了10909米中国载人深潜的新纪录。

八、任命、授衔和嘉奖

时间	内容
1963年3月5日	《人民日报》刊登毛泽东的题词“向雷锋同志学习”，全国掀起学习雷锋先进事迹的热潮。
1995年11月29日	第十世班禅转世灵童经金瓶掣签认定，国务院特准坚赞诺布继任第十一世班禅额尔德尼。
2001年2月19日	中共中央、国务院举行国家科学技术奖励大会，授予吴文俊、袁隆平2000年度国家最高科学技术奖。
2015年10月5日	中国女药物学家屠呦呦获得“诺贝尔生理学或医学奖”，以表彰她对疟疾治疗所做出的贡献。屠呦呦的突出贡献是创制新型抗疟药青蒿素和双氢青蒿素。

九、各类盛会

分类	时间	内容
经济	1957年4月25日	第一届中国出口商品交易会在广州举行（简称“广交会”）。以后每年在广州举办春、秋季两次出口商品交易会。从2007年起改称“中国进出口商品交易会”。
	1990年11月	上海证券交易所正式成立。这是改革开放以来中国大陆开业的第一家证券交易所。

（续表）

分类	时间	内容
	1991年7月3日	深圳证券交易所正式开业。
	2010年4月30日	“2010年上海世界博览会”举行开幕式。这是中国首次举办的综合性世界博览会。
体育	1959年4月5日	容国团荣获第25届世界乒乓球锦标赛男子单打冠军。这是中国运动员在体育比赛的世界锦标赛中获得的第一个世界冠军。
	1981年11月7—16日	中国女排在日本大阪举行的第三届世界杯女子排球赛上七战七捷，首次获得世界冠军。
	1984年7月至8月	中国体育代表团在美国洛杉矶举行的第二十三届奥运会上获得15枚金牌，实现了中国在奥运会金牌榜上零的突破。
	1990年9月22日—10月7日	第十一届亚洲运动会在北京举行。这是中国首次承办的综合性国际体育大赛。
	2022年2月4—20日	2022年北京冬季奥运会在北京和张家口举行。中国队创造了自1980年参加冬奥会以来的历史最好成绩，北京成为世界上唯一的“双奥之城”。
	2023年7月	在成都成功举办第三十一届世界大学生运动会。
	2023年9月	在杭州成功举办第十九届亚洲运动会。
	2024年7月26日—8月11日	第33届夏季奥林匹克运动会在法国巴黎召开。中国代表团在此次奥运会上夺得40金27银24铜，金牌数与美国代表团并列首位。

十、“第一”之称的成就

时间	内容
1956年7月13日	长春第一汽车制造厂试制成功第一批国产“解放”牌载重汽车。1958年5月、8月，第一辆国产“东风”牌轿车和“红旗”牌轿车相继诞生。
1957年10月8日	中华人民共和国第一个天然石油基地玉门油田基本建成。
1958年9月2日	我国第一座电视台——北京电视台正式开播。1973年10月1日正式播出彩色电视节目。1978年5月1日改称中央电视台。
1960年4月	中国自行设计、建造的第一座大型水电站——新安江水电站第一台机组开始发电。
1960年5月25日	中国登山队队员王富洲、贡布（藏族）、屈银华从北坡集体登上世界最高峰珠穆朗玛峰。人类第一次战胜珠峰北坡天险。
1960年11月5日	第一枚地对地近程导弹——东风1号发射，标志着中国向掌握导弹技术方面迈出了突破性的一步。
1969年10月	我国第一条地下铁道线路（北京火车站至石景山区苹果园）建成，全长23.6千米。

（续表）

时间	内容
1973年	我国籼型杂交水稻科研协作组的袁隆平等人，在世界上首次培育成功强优势的籼型杂交水稻。
1976年3月30日—5月22日	科学调查船“向阳红5号”和“向阳红11号”在太平洋海域成功地进行了我国首次远洋科学调查。
1985年2月15日	中国第一个南极考察站——长城站在南极乔治王岛建成。此后，我国又陆续建成中山站、昆仑站、泰山站。
2017年5月3日	世界首台单光子量子计算机在中国诞生。
2017年5月5日	我国自主研制的首款C919大型客机首飞成功。

十一、颁布文件

时间	内容
1950年5月1日	中华人民共和国成立后的第一部法律——《中华人民共和国婚姻法》公布施行。同日人民解放军解放海南岛，到1950年10月，解放了除西藏、台湾和少数几个岛屿以外的广大国土。
1951年5月23日	中央人民政府全权代表和原西藏地方政府全权代表在北京签订《关于和平解放西藏办法的协议》（简称“十七条协议”），宣告西藏和平解放。10月26日，人民解放军进藏部队进驻拉萨。
1951年12月1日	中共中央作出《关于实行精兵简政、增产节约、反对贪污、反对浪费和反对官僚主义的决定》。“三反”运动在全国展开，到1952年10月结束。
1952年1月26日	中共中央发出《关于首先在大中城市开展“五反”斗争的指示》，要求在全国大中城市向违法的资本家开展反对行贿、反对偷税漏税、反对盗骗国家财产、反对偷工减料和反对盗窃经济情报的斗争。“五反”运动到1952年10月结束。
1966年5月4—26日	中共中央政治局扩大会议通过《中国共产党中央委员会通知》。8月1—12日，中共八届十一中全会作出《中国共产党中央委员会关于无产阶级文化大革命的决定》。这两次会议的召开，是“文化大革命”全面发动的标志。
1968年12月22日	《人民日报》发表毛泽东的指示：“知识青年到农村去，接受贫下中农的再教育，很有必要。”全国掀起知识青年上山下乡的高潮。
1978年5月11日	《光明日报》以特约评论员名义发表《实践是检验真理的唯一标准》一文。此后，在邓小平的领导、支持下，关于真理标准问题的讨论在全国展开，为中共十一届三中全会作了重要的思想准备，对党和国家的历史进程产生了重大而深远的影响。
1979年1月1日	全国人大常委会发表《告台湾同胞书》，郑重宣示争取和平统一的大政方针。同日，国防部部长徐向前发表声明，宣布即日起停止对大金门、小金门、大担、二担等岛屿的炮击。至此，两岸关系揭开新篇章。

（续表）

时间	内容
1979年3月30日	邓小平在党的理论工作务虚会上发表《坚持四项基本原则》讲话。强调必须在思想政治上坚持社会主义道路，坚持无产阶级专政（后表述为“人民民主专政”），坚持共产党的领导，坚持马列主义、毛泽东思想。这四项基本原则是实现四个现代化的根本前提。
1980年9月25日	中共中央发出《关于控制我国人口增长问题致全体共产党员、共青团员的公开信》，提倡一对夫妇只生育一个孩子。
1981年6月27日	中共十一届六中全会通过《关于建国以来党的若干历史问题的决议》，对新中国成立32年来党的重大历史事件特别是“文化大革命”作出正确总结。
1983年1月2日	中共中央发出《当前农村经济政策的若干问题》的文件，肯定联产承包制是在党的领导下我国农民的伟大创造。
2020年6月30日	《中华人民共和国香港特别行政区维护国家安全法》通过并实施，香港安全稳定得到保障。
2021年1月1日	被誉为“社会生活百科全书”的《中华人民共和国民法典》正式施行。
2021年11月17日	党的十九届六中全会审议通过《中共中央关于党的百年奋斗重大成就和历史经验的决议》，概括了具有根本性和长远指导意义的十条历史经验。
2025年4月30日	《民营经济促进法》正式颁布，是我国首部民营经济促进法，明确坚持“两个毫不动摇”，保障民营经济组织平等地位和发展权利，标志着民营经济法治化进入新阶段。

十二、联合发布声明、公报、宣言、协议、共识等

时间	内容
1954年6月28—29日	周恩来分别与印度总理尼赫鲁和缅甸总理吴努发表《联合声明》，共同倡导和平共处五项原则。
1972年2月21—28日	美国总统尼克松访问中国。28日，中美双方在上海发表《联合公报》，标志着两国关系正常化进程的开始。
1978年12月16日	中美建交联合公报发表，决定自1979年1月1日起两国建立外交关系。同日，美国宣布断绝同台湾的“外交关系”。
1982年8月17日	中美两国政府就分步骤直到最后彻底解决美国向台湾出售武器问题发表《中华人民共和国和美利坚合众国联合公报》（《八一七公报》）。这是中美两国政府继1972年《上海公报》和1978年《中美建交公报》之后发表的第三个关于中美关系的重要公报。
1972年9月25—29日	日本国内阁总理大臣田中角荣应邀访问中国，谈判并解决中日邦交正常化问题。29日，中日两国政府发表《联合声明》，宣布即日起建立外交关系。
1984年9月26日	中英两国政府在北京草签关于香港问题的联合声明，确认中国政府于1997年7月1日对香港恢复行使主权。12月19日，联合声明在北京正式签署。
1987年3月26日	中葡两国政府在北京草签关于澳门问题的联合声明，确认中国政府于1999年12月20日对澳门恢复行使主权。4月13日，联合声明正式签署。

（续表）

时间	内容
2001年6月15日	上海合作组织成员国元首会议在上海举行。中国、俄罗斯、哈萨克斯坦、吉尔吉斯斯坦、塔吉克斯坦、乌兹别克斯坦六国元首共同签署《上海合作组织成立宣言》。
2025年4月9日	中国政府发布《关于中美经贸关系若干问题的中方立场》白皮书，旨在澄清中美经贸关系事实，系统阐释中方对中美经贸关系相关问题的政策立场，阐明单边主义、保护主义对中美双边经贸关系的损害，展示中国坚定维护国家利益、坚定维护多边贸易体制的决心和意志。并亮明态度：贸易战没有赢家，保护主义没有出路；平等对话应是大国间解决问题的基本态度，解决问题和弥合分歧最好的方式是通过平等对话，寻求互利合作的路径。

十三、国内外重大事件

时间	内容
1949年	10月1日，中华人民共和国中央人民政府成立。每年的10月1日为中华人民共和国国庆日。10月2日，苏联政府决定同新中国建立外交关系。
1950年	10月上旬，应朝鲜党和政府的请求，中共中央作出抗美援朝、保家卫国的战略决策。
1953年	我国开始执行发展国民经济的第一个五年计划。
1955年1月18日	中国人民解放军解放一江山岛。2月13—26日，大陈岛及外围列岛解放。至此，浙江沿海岛屿全部解放。
1958年8月23日	中国人民解放军福建前线部队奉命向占据金门等岛屿的国民党军队进行炮击。
1959年3月	西藏地方政府和上层反动集团撕毁关于和平解放西藏的“十七条协议”，发动武装叛乱。3月20日，人民解放军驻藏部队奉命进行平叛作战。22日，中共中央发出在平息叛乱中实行民主改革的指示。28日，国务院发布命令，解散西藏地方政府，由西藏自治区筹备委员会行使地方政府职权。1960年年底，西藏民主改革基本完成，彻底摧毁了政教合一的封建农奴制度，百万农奴获得翻身解放。
1964年5月15日—6月17日	中共中央工作会议讨论了“三线”建设问题。1965年夏，“三线”建设进入实质性实施阶段。20世纪80年代起，国家对“三线”建设实施全面调整与改造。
1971年10月25日	第二十六届联合国大会以压倒性票数通过2758号决议，恢复中华人民共和国在联合国的一切合法权利，并立即把蒋介石集团的代表从联合国及其所属一切机构中驱逐出去。
1976年7月28日	河北唐山、丰南地区发生里氏7.8级强烈地震，并波及天津、北京等地，24.2万多人罹难，16.4万多人重伤。在中共中央、国务院和中央军委领导下，在全国人民和解放军的大力支援下，灾区群众奋力抗震救灾。
1976年10月6日	中共中央政治局执行党和人民的意志，采取断然措施，一举粉碎“四人帮”，延续10年之久的“文化大革命”结束。
1976年	1—9月，周恩来、朱德、毛泽东不幸相继逝世。

（续表）

时间	内容
1977年10月12日	国务院批转教育部《关于一九七七年高等学校招生工作的意见》，决定从本年起，恢复“文化大革命”中被废弃的高考制度。
1979年7月15日	中共中央、国务院同意在深圳、珠海、汕头和厦门试办出口特区，1980年5月16日，改称“经济特区”。
1982年9月	中共十二大把实行计划生育确立为中国的一项基本国策。
1987年10月16日	国务院办公厅公布有关接待探亲台胞的办法。11月2日，第一批探亲台胞经香港赴内地。至此，长达38年之久的两岸同胞隔绝状态被打破，两岸关系进入新阶段。
1989年春夏之交	北京和其他一些城市发生政治风波，党和政府依靠人民，捍卫了社会主义国家政权，维护了人民的根本利益，保证了改革开放和社会主义现代化建设继续前进。
1992年11月	海峡两岸关系协会与台湾方面的海峡交流基金会在两岸事务性商谈中就如何表述坚持一个中国原则的问题，达成“海峡两岸同属一个中国、共同努力谋求国家统一”的共识，后被称为“九二共识”。
1997年	6月30日午夜至7月1日凌晨，中英两国政府香港政权交接仪式在香港举行，宣告中国政府对香港恢复行使主权，中华人民共和国香港特别行政区成立。
1998年6月中旬—9月上旬	我国南方特别是长江流域及北方的嫩江、松花江流域出现历史上罕见的特大洪灾。全党全军全国人民团结奋战，取得了抗洪抢险斗争的全面胜利。
1999年	12月19日午夜至20日凌晨，中葡两国政府举行澳门政权交接仪式，宣告中国政府对澳门恢复行使主权，中华人民共和国澳门特别行政区成立。
2001年11月10日	在卡塔尔首都多哈举行的世界贸易组织第四届部长级会议通过中国加入世界贸易组织的决定。12月11日，中国正式成为世贸组织成员，标志着中国对外开放进入新的阶段。
2003年春	我国遭遇非典型肺炎重大疫情。全国人民在党中央、国务院的坚强领导下，夺取了防治非典疫情的胜利。
2008年5月12日	四川汶川发生里氏8.0级特大地震。我国组织开展了历史上救援速度最快、动员范围最广、投入力量最大的抗震救灾行动，并夺取了重大胜利。
2012年7月24日	海南省三沙市成立大会暨揭牌仪式举行。三沙市管辖西沙群岛、中沙群岛、南沙群岛的岛礁及其海域，三沙市人民政府驻西沙永兴岛。
2013年11月	中共十八届三中全会决定启动实施一方是独生子女的夫妇可生育两个孩子的政策。
2014年7月15日	在巴西举行的金砖国家领导人第六次会晤宣布：成立金砖国家新开发银行并将总部设在中国上海，建立金砖国家应急储备安排。
2015年3月29日	正在亚丁湾索马里海域执行护航任务的中国海军护航编队临沂舰搭载首批122名中国公民，从也门亚丁港安全撤离。
2015年10月	中共十八届五中全会决定全面实施一对夫妇可生育两个孩子政策。

（续表）

时间	内容
2016年	3月24日，中共中央政治局常委会确定疏解北京非首都功能集中承载地新区规划选址并同意定名为“雄安新区”。5月27日，习近平在中共中央政治局会议上讲话指出，建设北京城市副中心和雄安新区两个新城，形成北京新的两翼，是千年大计、国家大事。
2019年10月1日	中华人民共和国成立70周年大会隆重举行。天安门广场举行盛大阅兵仪式和群众游行，习近平发表重要讲话并检阅受阅部队。
2021年1月18日	国家统计局公布：2020年，我国国内生产总值突破100万亿元大关，标志着我国经济实力、科技实力、综合国力又跃上一个新的台阶。
2022年4月8—10日	中国人民解放军圆满完成环台岛战备警巡和“联合利剑”演习各项任务，坚决粉碎任何形式的“台独”分裂和外来干涉图谋。
2022年10月16—22日	中国共产党第二十次全国代表大会在北京召开，为中国发展擘画了新蓝图。
2022年12月26日	国家卫生健康委发布公告，将新型冠状病毒肺炎更名为新型冠状病毒感染，自2023年1月8日起将新型冠状病毒感染从“乙类甲管”调整为“乙类乙管”。自2019年底开始，为期3年的防控新冠疫情保卫战取得决定性胜利。
2023年3月10日	在中国的主持与推动下，沙特和伊朗达成协议，决定恢复外交关系。沙特、伊朗实现和解，中东局势趋于缓和。
2023年3月5—12日	十四届全国人大一次会议在京召开，会议选举产生新一届国家领导人。
2023年5月18—19日	中国—中亚五国峰会在西安举行。本次峰会是中国同中亚五国建交以来，六国元首首次以实体形式举办峰会，在中国同中亚国家关系发展史上具有里程碑意义。
2023年11月15日	在美国旧金山，中美两国元首举行高端会晤。双方就事关双边关系的战略性、全局性、方向性问题以及当今世界和平发展的重大问题坦诚交换了意见，达成了多项共识。
2024年5月17日	全国旅游发展大会在京召开，这次会议是党中央首次以旅游发展为主题召开的重要会议。会上传达了习近平总书记对旅游工作作出的重要指示。
2024年5月23日	针对台湾地区新一届领导人赖清德在5月20日就职讲话中公开叫嚣“台独”言论，中国人民解放军东部战区开展“联合利剑-2024A”军演，以实际行动维护国家主权。
2024年6月21日	最高人民法院、最高人民检察院、公安部、国家安全部、司法部联合发布《关于依法惩治“台独”顽固分子分裂国家、煽动分裂国家犯罪的意见》（以下简称《意见》），自发布之日起施行。《意见》指出，人民法院、人民检察院、公安机关、国家安全机关和司法行政机关要充分发挥职能作用，依法严惩“台独”顽固分子分裂国家、煽动分裂国家犯罪，坚决捍卫国家主权、统一和领土完整。
2024年11月22日	外交部发言人林剑在例行记者会上表示，为进一步便利中外人员往来，中方决定扩大免签国家范围，自2024年11月30日起至2025年12月31日，对保加利亚、罗马尼亚、克罗地亚、黑山、北马其顿、马耳他、爱沙尼亚、拉脱维亚、日本持普通护照人员试行免签政策。此外，中方还决定进一步优化免签政策，将交流访问纳入免签入境事由，将免签停留期限自现行15日延长至30日。

易错考题小试牛刀

1.（判断题）我国第一个五年计划的基本任务是：集中力量进行工业化建设和加快推进各经济领域的社会主义改造。（　）

2.（单选题）2013 年秋，国家主席习近平在（　）先后提出共建“丝绸之路经济带”和“21 世纪海上丝绸之路”的倡议。

A. 哈萨克斯坦和印度尼西亚　B. 乌克兰和巴基斯坦
C. 哈萨克斯坦和巴基斯坦　D. 土库曼斯坦和印度尼西亚

3.（单选题）（　）6 月 17 日，我国第一颗氢弹空爆试验成功。

A.1966 年　B.1967 年　C.1976 年　D.1977 年

4.（单选题）1975 年，中国的第一条电气化铁路（　）电气化工程建成通车，全长 676 千米。

A. 成渝铁路　B. 京哈铁路　C. 兰新铁路　D. 宝成铁路

5.（多选题）下列中国共产党创始人中，曾经出席中共一大的有（　）。

A. 毛泽东　B. 周恩来　C. 李大钊　D. 董必武　E. 陈独秀

6.（多选题）中国式现代化的中国特色是（　）的现代化。

A. 人口规模巨大　B. 全过程人民民主　C. 全体人民共同富裕
D. 高质量发展　E. 人与自然和谐共生

【答案】1. 对　2.A　3.B　4.D　5.AD　6.ACE

第二章
中国旅游业发展

【考试大纲】

- **了解：**中国旅游业的发展概况，中国旅游业三大市场，中国旅游日、世界旅游日、世界性旅游组织，文旅融合、红色旅游、生态旅游、乡村旅游、冰雪旅游、低空旅游、智慧旅游、定制旅游、康养旅游、研学旅游、银发旅游等行业发展趋势。

【历年分值】

年份	判断（题）	单选（题）	多选（题）	分值（分）
2019	2	3	1	3.5
2020	4	2	1	4
2023	1	1	1	2
2024	3	3	0	3

第一节 中国旅游业发展历程

一、中华人民共和国成立前

在20世纪20年代，旅行社的产生，标志着旅游真正作为一个行业出现。当时中国仍处于半殖民地半封建社会，经济落后，人民贫困，但旧中国在交通（航空、铁路、公路、水运）、住宿（中西式旅馆、招商客栈、公寓等）设施上也进行了一些建设，客观上为当时旅游业的发展提供了一定的便利。英国的通济隆旅行社和美国的运通公司看到了这一商机，先后进入中国，总揽了当时的旅游业务。它们不仅为来华外国人办理旅游事宜，而且也代办中国人出国和国内旅行的相关事宜。这种情况触动了当时上海商业储蓄银行总经理陈光甫先生，他于是在该银行下设立了旅行部，并于1927年成立了中国旅行社。

中国旅行社明确的任务是“导客以应办之事，助人以必须之便，如舟车舱之代订，旅舍卧铺之预订，团体旅行之计划，调查游览之人手，以致轮船进出之日期，火车往来时间，在为旅客所急需者”（《旅行杂志》1927年春季号）。中国旅行社虽然在开办初期遇到了一些困难，但经过不懈的努力，其业务取得了较快发展，先后在华北、华东和华南的15个城市设立了分支社，并在纽约、伦敦和河内等地设立了分社。除中国旅行社外，当时中国还先后组建了一些类似的旅游组织，如铁路游历经理处、公路旅游服务社、现代旅行社等。

虽然中国旅游业在20世纪20年代就有了开端，但囿于当时的历史条件，不仅出游的人数少，而且旅行社的规模也不大，对当时的社会贡献很小。（*注意：局限性）

二、中华人民共和国成立初期

1949年，中华人民共和国的成立为我国旅游业的发展提供了制度保障，中央和国家领导人也很重视发展旅游，但由于帝国主义的封锁和国内人民生活水平低下，旅游业的发展主要还是以接待为主，即为接待国际友好人士和海外华侨及其眷属。

为适应海外侨胞、外籍华人归国探亲访友的需要，1949—1956年，福建、广东及其他一些地方率先组建了华侨服务社，并在1957年成立了华侨旅行服务社总社。至1963年，华侨服务社已遍及全国各省。鉴于华侨中有许多人已加入所在国国籍，成为外籍华人，他们到中国旅游探亲及港澳同胞回内地探亲旅游，都不宜用华侨服务社的名义接待，1974年，周恩来总理提议，保留“华侨旅行服务社总社”，同时加用“中国旅行社总社”名称。

为适应国际交往的需要，尤其是中华人民共和国成立初期，当时的苏联、东欧诸国的专家和一些国际友好协会的人员来华，1953年6月经周恩来总理批准，于1954年4月15日成立了中国国际旅行社，性质为国营企业，并在上海、天津、沈阳、南京、杭州、广州、南宁、汉口、哈尔滨、安东、满洲里、大连12个城市设立了分社。其任务是“作为统一招待外宾食、住、行事务的管理机构，承办政府各单位及群众团体有关外宾事务招待等事项，并发售国际联运火车、飞机客票”。1960年，该社性质改为事业单位，由国家差额补贴。1955—1964年，该社接待的外宾和旅游者一直徘徊在1000～3000人。

1964年，为了加强对全国旅游工作的领导和管理，经全国人大批准，成立了中国旅行游览事业管理局，并与中国国际旅行社合署办公。其主要任务是：负责对外国自费旅游者的管理工作；领导各有关地区的国际旅行社和直属服务机构的业务；组织我国公民出国旅行；负责有关对外联络工作和宣传工作。自此，我国旅游业开始了有计划、有组织的发展。在改革开放前夕的1978年，我国共接待境外游客180.92万人次，实现旅游外汇收入2.63亿美元。

这个时期，我国旅游业虽然有了一定的发展，有了全国性的旅游接待专门机构和管理机构，接待的人数也呈增长趋势，但是这些接待工作都是作为政治任务来完成的，并未将其作为旅游业务来经营，而且接待机构在性质上属事业单位，而不是自主经营的企业。

三、改革开放后的四个阶段

（一）旅游业由事业向产业转变阶段（1979—1991年）

1981年，我国召开了第一次全国旅游工作会议，会议所做的《关于加强旅游工作的决定》明确指出：“旅游事业是一项综合性的经济事业，是国民经济的一个组成部分。”为适应旅游经济事业的发展，先后对旅游管理体制进行了重大改革：

第一，1982年将中国旅行游览事业管理总局改为国家旅游局，直属国务院领导，统管全国旅游事业；第二，各省市相继成立旅游局，负责管理各地的旅游事业；第三，成立了以国务院副总理为首、由17个部门组成的旅游工作领导小组，研究和协调全国旅游事业的发展。

1985年，国务院批转的国家旅游局《关于当前旅游体制改革几个问题的报告》提出，旅游管理体制实行“政企分开，统一领导，分级管理，分散经营，统一对外”的原则。根据这一原则，旅游业加快了改革步伐，逐步实现了四个转变：一、从过去主要搞旅游接待，转变为开发建设旅游资源与接待并举；二、从只抓国际旅游，转变为国际、国内旅游一起抓；三、以国家投资为主建设旅游基础设施，转变为国家、地方、部门、集体、个人一起上，自力更生与利用外资一起上；四、旅游经营单位（旅行社、旅游饭店、旅游汽车和游船公司等）由事业单位转为企业。1985年，旅游业被列入国家经济和社会发展计划之中。

在旅游业由事业向产业转变的这个阶段，国内旅游开始起步，出境旅游以出国探亲游、边境游为主要类型进行试点试行。初步具有了以创汇为主的经济产业特征。

（二）旅游产业加快成长阶段（1992—1997年）

在我国“八五”（1991—1995年）国民经济和社会发展计划中，旅游业被正式定为产业。1992年，国家出台了《关于加快发展第三产业的决定》，明确旅游业是第三产业的重点。1993年，国务院转发国家旅游局《关于积极发展国内旅游的意见》，提出国内旅游要坚持“搞活市场、正确引导、加强管理、提高质量”的方针，将国内旅游纳入国民经济和社会发展计划。

1997年，香港回归，国家旅游局召开了出境旅游工作会议，正式批准开展中国公民出境旅游业务，推动了内地与香港出入境双向市场的起步发展，使我国旅游业呈现出国内游、出境游和入境游开始同步发展的新格局。

在旅游产业加快成长阶段，三大旅游市场发展相继活跃。

（三）旅游业由经济增长点向新兴产业、国民经济重要产业转型阶段（1998—2008年）

为了扩大内需，激活旅游市场，促使旅游业加快向国民经济重要产业转型，国家采取了以下措施：①在全国经济工作会议上明确提出旅游业为国民经济新的增长点；②开始实行春节、五一、十一3个连续7天的黄金周假期制度；③启动了“中国优秀旅游城市”的评定；④推动旅游发展方式从传统粗放型、数量型向集约型、创新型发展；⑤将发展旅游业的重任由创造就业向就业、旅游扶贫转变；⑥推进旅游业的发展由政府主导向政府、企业、社会共同参与的多主体、多类型、全方位转变。在这个阶段，我国旅游业对城镇化建设、乡村脱贫致富、生态保护、建设美丽中国等起着重大作用。

（四）旅游业由一般性产业向战略性支柱产业转变阶段（2009年至今）

2009年，国务院发布《关于加快发展旅游业的意见》，提出到2020年要将旅游业培育成国民经济的战略性支柱产业和人民群众更加满意的现代服务业。2013年2月，国务院批准发布了《国民旅游休闲纲要（2013—2020年）》，提出到2020年要基本建成与小康社会相适应的现代国民旅游休闲体系。2013年4月，习近平签署主席令，公布了《中华人民共和国旅游法》，明确界定政府公共服务和监督、行业组织自律、企业依法自主经营和旅游者守法的法律规范，是我国旅游业法治化建设的里程碑，充分反映党中央、国务院对旅游业发展的高度重视和把旅游业建设成为国民经济战略性支柱产业的坚定信心。

2016年5月，原国家旅游局制定《导游自由执业试点实施方案》和《导游自由执业试点管理办法》，正式在广东、上海、四川、浙江、江苏等地启动线上线下导游自由执业试点，并于2017年3月1日正式启动建设省级和市级相连接的导游公共服务监管平台。2018年1月实施的《导游管理办法》，进一步规范了导游执业行为，对加强导游队伍建设，提高导游服务质量，更好地满足人民美好生活需要具有重要意义。2018年3月，根据第十三届全国人民代表大会第一次会议批准的《国务院机构改革方案》，原国家旅游局与文化部合并组建了文化和旅游部。这种行政机构上的改革，扫除了文化和旅游产业发展机制上的障碍，有利于统一规划和管理文化、旅游两方面的资源，实现文旅融合发展。

为推进我国旅游高质量发展，2009年11月全国旅游标准化技术委员会成立。自此，该组织先后制定了旅游饭店、旅游景区、旅游度假区、旅行社、旅游车船、导游服务、旅游购物场所和旅游电子商务等领域的设施建设与服务的质量国家标准和行业标准，极大地促进和提升了我国旅游发展水平。近年来，该组织还积极参与和承担旅游领域的国际标准的制定。

2009年以来国家和各地加大了对旅游设施建设和项目的投入，建成了85个国家级旅游度假区和600多个省级旅游度假区，涵盖了多种度假类型。至2024年年底，全国A级旅游景区已达1.65万多家，红色旅游经典景区300个。2020年，我国正式启动国家公园试点工作，

2021年10月三江源、武夷山、海南热带雨林、大熊猫、东北虎豹等第一批5个国家公园正式设立。（*速记：国家公园——三武海大东）

长城国家文化公园（河北段、青海段）、大运河国家文化公园（江苏段）、长征国家文化公园（贵州段、江西段、福建段、陕西段、甘肃段）、黄河国家文化公园（青海段、甘肃段、内蒙古段、河南段、山东段）的建设已列入《“十四五”旅游发展规划》。（*速记：国家文化公园——长大长黄）

2009年以来，在产业融合发展、资本并购、连锁经营和“互联网＋”“旅游＋”“＋旅游”等的创新发展中，旅游新业态层出不穷，涌现出一批有竞争潜力的大型旅游企业，线上旅游增长迅速，旅游产业规模和实力显著提升，旅游已成为国家和地方经济增长的重要驱动力，几乎所有的省（区、市）都将旅游业作为战略性支柱产业。

目前，中国特色社会主义与我国经济发展一同进入了新时代，其主要特征是我国经济已由高速增长阶段转向高质量发展阶段。为加快旅游业的发展，2024年5月17日，全国旅游发展大会在京召开。这次会议是党中央首次以旅游发展为主题召开的重要会议。会上传达了习近平总书记对旅游工作作出的重要指示，强调着力完善现代旅游业体系，加快建设旅游强国，推动旅游业高质量发展行稳致远。概括起来，一是关于战略定位，习近平总书记强调旅游是不同国家、不同文化交流互鉴的重要渠道，是发展经济、增加就业的有效手段，也是提高人民生活水平的重要产业。旅游业从小到大、由弱渐强，日益成为新兴的战略性支柱产业和具有显著时代特征的民生产业、幸福产业；二是关于目标任务，总书记强调要加快建设旅游强国，让旅游业更好服务美好生活、促进经济发展、构筑精神家园、展示中国形象、增进文明互鉴，要把提升服务业比重作为产业结构优化升级的战略重点，加快形成以旅游业为龙头、现代服务业为主导的服务业产业体系；三是关于方法要求，总书记提出了坚持守正创新、坚持提质增效、坚持融合发展的“三个坚持”，统筹政府与市场、供给与需求、保护与开发、国内与国际、发展与安全的“五个统筹”等重要要求。

第二节　中国旅游三大市场

一、中国入境旅游市场及其特点

（一）构成

我国入境旅游市场是指我国境外的客源市场，由外国人市场和中国港澳台地区市场两部分组成。

（二）特点

（1）我国的入境旅游人数一直在上升。

（2）在入境游客人数中，我国香港、澳门、台湾的游客一直占绝大多数。

（3）我国的外国人旅游市场基本稳定，美国作为我国旅游的主要客源国，其他客源国主要集中在东北亚和东南亚地区，其中排名前十的旅华客源国分别为缅甸、越南、韩国、俄罗斯、日本、美国、蒙古国、马来西亚、菲律宾和新加坡。

（4）入境散客化、个性化趋势更加明显，需求日趋多元。旅行服务商也在不断创新商业模式，开发新的入境旅游产品和服务，以满足不同客源市场和不同细分市场的游客需求。其中既有常规团队旅游产品，又有特色体验产品。

（5）随着我国入境游客人数的增多，我国的旅游外汇收入也在增加。

（6）旅游便利化，包括签证便利、支付便利、直航增多加密等，加上系统化的中国形象推广、目的地营销和离境退税等入境旅游政策优化，我国入境旅游迎来了新的发展时期。

（三）免签政策对入境旅游市场的影响

我国推出多项免签政策，显著刺激了外国人旅游市场的复苏。

（1）单方面免签。截至2025年6月，文莱、法国、德国等47个国家持普通护照人员来华经商、旅游观光、探亲访友、交流访问、过境不超过30天，可免办签证入境。

（2）互免签证。截至2024年底，中国与新加坡、泰国、马来西亚等157个国家缔结互免签证协定。

（3）过境免签政策全面放宽优化。2024年12月17日，国家移民管理局发布公告，即日起全面放宽优化过境免签政策，将过境免签外国人在境内停留时间由原72小时和144小时均延长为240小时（10天），同时新增21个口岸为过境免签人员入出境口岸，并进一步扩大停留活动区域。

二、中国国内旅游市场及其特点

（一）范围

我国国内旅游市场是指大陆范围内的旅游市场，即境内旅游市场。

（二）特点

（1）国内旅游市场规模大，发展潜力足。无论是出游人数还是旅游消费总额都远远超过了入境旅游市场。自20世纪80年代以来，我国国内旅游人数一直在增加，我国已成为世界上最大的国内旅游市场。

（2）旅游形式以散客为主。在国内旅游中，绝大多数游客都采取的是自助游，旅行社组织的只占很小一部分。

（3）旅游收入增长快，超过同期旅游人数增长速度。

三、中国出境旅游市场及其特点

（一）概念

出境旅游是指中国公民到境外其他国家和地区的旅游。我国公民的出境旅游包括出国旅游和港澳台地区旅游。

（二）特点

2019年，我国公民出境旅游人数达到1.55亿人次，是世界第一大出境旅游市场和第一大出境旅游消费国。

（1）中国公民出境旅游支出增长速度快于出境旅游人数增长速度。

（2）团队出游仍占据优势，但散客化趋势明显。团队出游和自助出行的比例较为接近。

（3）出境旅游目的地以近程为主。港澳台是最主要的目的地，同时以东南亚、东北亚为主体的“大热带”近程目的地长期保持稳定，由于免签、落地签等签证条件改善，直航航班和高强度促销形成的“小热点”不时出现。2019年，亚洲继续在洲际目的地中占据首位，占比超过80%，之后依次为欧洲、美洲、大洋洲、非洲和其他地区。

（4）“双下沉”（下沉目的地、下沉客源地），从客源地的视角看，国内二、三线城市及县域市场的出境游需求增长,“小镇青年”成为出境旅游的新兴消费群体；从目的地的视角看，越来越多的中国出境游客开始从传统热门城市向小众城镇扩散，追求差异化体验。

（5）在境外工作、生活的中国公民规模扩大，其本地化的旅游消费需求（如探亲游、周边游）越来越引起市场主体的关注，成为市场新的增长点。

（6）入境、国内和出境三大市场的发展存在着紧密的联系，既相互支撑，又有所竞争。国内旅游品质的提升会分流部分出境需求，尤其对短途出境游（如东南亚）形成替代效应；同时，出境游的高性价比目的地也会对国内高端旅游市场构成竞争。

第三节　旅游日与世界性旅游组织

一、旅游日

名称	内容
中国旅游日	2011年3月30日，国务院常务会议通过决议，确定将《徐霞客游记》首篇《游天台山日记》的开篇之日——5月19日定为中国旅游日。各地会在这天举行隆重的旅游节庆活动。
世界旅游日	每年9月27日，是世界旅游组织确定的旅游工作者和旅游者的节日。1971年，世界旅游组织的前身国际官方旅游组织联盟应非洲官方旅游组织的建议，拟设立“世界旅游日”。1979年9月27日，世界旅游组织第三次代表大会正式确定9月27日为世界旅游日，1980年开始施行，世界旅游组织的各成员国应围绕该组织制定的当年世界旅游日主题开展纪念活动，如发行纪念邮票、开辟旅游新线路等。设立世界旅游日，意义在于纪念世界旅游组织成立章程的通过，引起公众对旅游事业的重视，促进旅游的宣传工作和各国在旅游方面的交流与合作。

二、世界性旅游组织

名称	成立时间	性质及特点	总部	我国加入时间
世界旅游组织（UNWTO）	1925年	唯一的政府间国际旅游组织	马德里	1983年
亚太旅游协会（PATA）	1951年	民间性、行业性、地区性、非政府间	曼谷	1993年
世界旅行社协会联合会（UFTAA）	1966年	最大的民间性国际旅游组织之一（每个国家只能有一个代表加入）	布鲁塞尔	1995年
世界旅游城市联合会（WTCF）	2012年	非政府性、非营利性（主旨："旅游让城市生活更美好"）	北京	2012年
世界旅游联盟（WTA）	2017年	全球性、综合性、非政府性、非营利性（宗旨："旅游让世界和生活更美好"）	杭州	2017年
国际山地旅游联盟（IMTA）	2017年	第一个以山地旅游为主题的国际旅游组织（在贵州兴义成立）	贵阳	2017年

（一）世界旅游组织概况（UNWTO）

世界旅游组织是全球唯一的政府间国际旅游组织。该组织由1925年在荷兰海牙成立的国际官方旅游组织联盟（IUOTO）发展而来。2003年11月成为联合国的专门机构。现有159个正式会员国和6个联系成员，总部设在西班牙马德里。

该组织的宗旨是促进和发展旅游事业，使之有利于经济发展、国家间相互了解、和平与繁荣。其主要工作是收集和分析旅游数据，定期向成员国提供统计资料、研究报告，制定国际性旅游公约、宣言、规则、范本和研究全球旅游政策。

我国于1983年加入该组织，成为第106个正式成员国。2003年11月，该组织的第15次大会在北京召开。此后，该组织的高级官员（包括秘书长）多次应邀来我国出席有关旅游庆祝活动，2016年5月该组织与我国在北京联合举办了首届世界旅游发展大会，2017年9月11—16日，该组织第22届全体大会在我国四川成都召开，会议期间，成立了"世界旅游联盟"。此外，我国还与该组织开展了若干技术合作项目，如聘请该组织的国际专家参与制定西藏、云南、贵州、四川的中、长期旅游发展规划，资助建立天津中国旅游管理干部学院等。

（二）亚太旅游协会（PATA）

太平洋亚洲旅游协会成立于1951年1月。1986年在科伦坡，经理事会表决，协会正式更名为亚太旅游协会，它是一个民间性、行业性、地区性、非政府间的国际旅游组织，总部原设在美国旧金山，1988年移至曼谷。2007年，在原国家旅游局的支持下，PATA北京办事处成立，这是第一个在中国正式注册的旅游相关国际组织。

该组织的宗旨是发展、促进和便利世界其他地区的游客前来太平洋地区各国旅游以及太平洋地区各国居民在本地区内开展国际旅游。该组织的成员较广，既有国家旅游组织和本地区各国的各种旅游协会，也有旅游企业和与旅游相关的组织团体。

我国于1993年3月正式加入该组织，成为其官方会员。此外，北京市旅游发展委员会、上海市旅游局、广州市旅游局和中国国际航空公司、中国国际旅行社总社等15个单位也分别加入该组织，成为其联系官方会员、航空公司会员或企业会员。

（三）世界旅行社协会联合会（UFTAA）

世界旅行社协会联合会1966年在意大利罗马成立，总部设在比利时的布鲁塞尔。它是世界上最大的民间性国际旅游组织之一，其正式成员是世界各国的旅行社协会，每个国家只能有一个全国性的旅行社协会代表该国参加。

该组织的宗旨是团结和加强各国旅行社协会和组织，并协助解决会员间在专业问题上可能发生的纠纷，在国际上代表旅行社行业同旅游及有关的各组织与企业建立联系，进行合作，确保旅行社业务在经济、法律和社会领域内最大限度地得到协调、赢得信誉、受到保护及得到发展，向会员提供所有必要的物质上、业务上、技术上的指导和帮助，使其能在世界旅游业中占有适当的地位。

自1974年以来，该组织就一直同我国保持着友好交往。1995年8月1日，中国旅游协会正式加入该组织及其所属亚太地区联盟（UAPA）。

（四）世界旅游城市联合会（WTCF）

世界旅游城市联合会成立于2012年9月15日。它是一个旅游领域的非政府、非营利性国际组织，也是首个总部落户中国、落户北京的国际性旅游组织，是全球第一个以城市为主体的国际旅游组织。

该组织的主旨为“旅游让城市生活更美好”，是世界旅游城市互利共赢合作发展的平台。世界旅游城市联合会致力于推动会员城市间的交流合作，共享旅游业发展，加强旅游市场合作开发，提升旅游业发展水平，促进世界旅游城市经济社会协调发展。

在联合会成立大会上公布了《北京宣言》，宣言提出：“城市是人类文明的结晶，旅游是和平与友谊的使者。城市是旅游的首要目的地，又是重要的客源地。”宣言明确了世界旅游城市联合会将致力于实践“旅游让城市生活更美好”的核心理念。大会发布了世界旅游城市评价体系，下一步将在成员国间讨论确定评价体系的可行性，最后依据该评价体系在城市之间进行旅游服务等多项指标的排名。

（五）世界旅游联盟（WTA）

世界旅游联盟成立于2017年9月12日，是一个全球性、综合性、非政府性、非营利性的世界旅游组织。

宗旨：“旅游让世界和生活更美好”。

使命：旅游促进和平、旅游促进发展 、旅游促进减贫。

原则：互信互尊、互利共赢。

该组织还致力于加强全球旅游业界的国际交流，促进共识、分享经验、深化合作，推动全球旅游业可持续、包容性发展。主要工作为：①为会员提供交流平台，促进会员间业务合作和经验分享；②与一些重要国际组织沟通合作；③研究全球旅游发展趋势，收集、分析、发布旅游数据；④提供规划、制定服务、行业咨询和业务培训；⑤召开联盟年会、峰会和博览会，开展旅游市场宣传推介，促进资源共享，跨界跨业合作；⑥为政府和企业发展旅游业提供咨询。

该组织的主要机构包括大会、理事会和秘书处。大会是该组织的最高权力机构，由全体会员组成；理事会是会员大会的执行机构；秘书处是该组织的日常行政管理机构。该组织总部设在杭州。其工作语言为中文、英语、法语、俄语、阿拉伯语和西班牙语。

（六）国际山地旅游联盟（IMTA）

国际山地旅游联盟，是世界上第一个以山地旅游为主题的国际旅游组织，于2017年8月15日在贵州省黔西南布依族苗族自治州兴义市成立，总部设在贵州省省会贵阳市，北京设有联络处。目前有40个国家和地区的207个团体和个人加入该联盟。

该组织的宗旨是保护山地资源、传承山地文明、发展山地经济、造福山地民众，致力于山地旅游资源的保护与利用，促进旅游业的国际交往和业务合作，总结推广发展山地旅游的成功经验，促进山地经济、文化和社会繁荣，推动山地和生态旅游可持续发展。

第四节　旅游发展热点问题概述

一、文旅融合

党的十九届五中全会确立了到2035年建成文化强国的远景目标，为文化和旅游发展擘画了蓝图。习近平总书记指出：文化产业和旅游产业密不可分，要坚持以文塑旅、以旅彰文，推动文化和旅游融合发展，让人们在领略自然之美中感悟文化之美、陶冶心灵之美。

文化与旅游密不可分。如今的旅游市场，游客更加追求精神的愉悦和深度体验，为满足游客需求，就要提供更加丰富多彩的文化产品。因而，文化构成了旅游的核心资源，而旅游则成为文化的重要市场。所以，文化与旅游的融合发展既是文化和旅游互动共荣的客观需要，也是文化和旅游发展的必然规律。

文化和旅游融合发展是我国新时期的重大战略部署。文旅融合战略的总的思路是找准文化和旅游工作的最大公约数、最佳连接点，推动文化和旅游工作各领域、多方位、全链条深度融合，实现资源共享、优势互补、协同并进，为文化建设和旅游发展提供新引擎、新动力，形成发展新优势。促进文化与旅游的融合发展，也是当今世界旅游发展的大趋势和一些旅游发达地区的成功经验。

（一）文旅融合的主要内容

（1）进一步提升旅游的文化内涵。旅游业的高质量发展需要高品位的文化支撑。坚持以文塑旅，用丰厚的文化资源来丰富旅游内涵，提升旅游品位，让人们在领略自然之美中感悟文化之美、陶冶心灵之美，将文化内容、文化符号、文化故事融入景区景点，把优秀传统文化、革命文化、社会主义先进文化纳入旅游的线路设计，展陈展示、讲解体验，增强人们对中华文化的感悟和自信，让旅游成为人们难忘的精神之旅、文化之旅。

（2）加强旅游促进文化传播。坚持以旅彰文，通过发挥旅游覆盖面广、市场化程度高的优势推动中华传统文化“活”起来、革命文化和红色基因传下去、社会主义先进文化弘扬开，用旅游带动文化传播，推动文化繁荣。

（3）培育文化和旅游融合发展新业态、新模式。找准文化与旅游的契合处、联结点，形成兼具文化和旅游特色的新产品、新服务、新业态、新模式，推进文化和旅游的业态融合、产品融合、市场融合，为文化和旅游高质量发展注入新动能，切实提高人民群众的获得感、幸福感、安全感。

（4）构建文旅融合的体制机制、政策体系。推进文化和旅游发展的理念创新、服务创新、管理方式创新、“放管服”改革，放宽市场准入，促进公平竞争，保护知识产权，营造市场化、法治化、国际化营商环境，激发文化和旅游市场主体创新创造活力。

（二）文旅融合的重要意义

（1）推动文化与旅游的融合有利于推动文化旅游产业形成新动能、新优势。文化与旅游的融合包括六个方面：理念融合、职能融合、产业融合、市场融合、服务融合以及对外和对港澳台交流融合。积极推进这些方面的融合有利于实现双方的优势互补，从而形成发展合力。集中二者的优势资源可以建设一批富有文化底蕴的世界级旅游景区和度假区，打造一批文化特色鲜明的国家级旅游休闲城市和街区。

（2）推动文化与旅游的融合有利于促进文化和旅游业的提质增效。二者融合，①有助于提升旅游产品的品位和档次，提高旅游产品的知名度和吸引力；②文化产业可以利用旅游业覆盖面广、市场化程度高的优势，传播悠久灿烂的历史文化，并通过对传统文化的再创新，促进从单一的文物观光向文化体验转变，从而实现文化与旅游产业由量到质的转变。

（3）文化与旅游的融合有利于推进双方功能的完善。过去旅游产业更多地强调其经济功能，而文化产业则更多地注重其公益性。二者的融合发展，对旅游产业来说可进一步促进人们身心健康、知识增加、境界提升，使旅游产业的公益目的、教育目的和文化传播目的得到更好的彰显；二者的融合发展，对文化产业来说，可通过旅游产业这一平台，推出各种文化创意产品，可使静态的文化产品活起来，既能增加对游客的吸引力和感染力，又能实现经济效益的提升。

（4）文化与旅游的融合有利于促进旅游目的地品牌价值的提升。旅游目的地的品牌主要体现在旅游目的地的知名度和美誉度，在旅游市场上表现为游客的集中度。品牌价值高意味着游客到访的密度也高。

（5）文化与旅游的融合发展有利于丰富旅游的内涵，提升旅游目的地的品位。纵观国内外旅游业发展的实际，凡是文化资源丰富、厚重的地区和国家，其旅游业也十分发达。可见文化与旅游的相互融合发展对提升旅游目的地的品牌价值非常重要。

二、智慧旅游

智慧旅游，也被称为智能旅游，是以信息技术为引领的现代科技与旅游产业深度融合的产物。它通过云计算、物联网、大数据、人工智能、5G通信、区块链、虚拟现实等新技术，借助智能手机、智能穿戴设备等便携终端，实现对旅游资源、旅游经济、旅游活动和旅游者等方面信息的智能感知与互联互通，包括智慧管理、智慧服务、智慧营销三大领域。其核心特征体现在三个方面：一是通过传感器网络实时采集景区环境、客流等数据；二是利用大数据分析提供个性化服务；三是借助移动互联网实现信息的即时交互。

智慧旅游覆盖从内部管理、场景模拟、智慧导航、智慧预订到安全监控和预警、智慧服务、智慧统计等诸多领域。其应用贯穿旅游全过程，包括行前的虚拟体验、行中的智能导览、行后的反馈评价，构建了完整的智慧化服务体系，可以运用到智慧景区、智慧酒店、智慧交通、智慧政务服务等诸多场景。

近年来，我国智慧旅游建设取得显著进展。在基础设施方面，全国4A级以上旅游景区基本实现无线网络覆盖，90%的5A级旅游景区建立了电子票务系统。例如故宫博物院推出的“数字故宫”项目，利用3D建模和AR技术，让观众通过手机就能近距离观赏《千里江山图》的笔触细节，甚至“走进”养心殿体验帝王批阅奏折的场景；杭州西湖景区运用“城市大脑”实现客流实时监测和智能疏导等。

国家高度重视智慧旅游发展。文化和旅游部《“十四五”文化和旅游发展规划》明确提出“推进智慧旅游发展，推动新技术在旅游领域的应用，建设智慧景区，培育智慧旅游创新企业和示范项目”。2020年发布的《关于推动数字文化产业高质量发展的意见》强调要发展沉浸式体验、虚拟现实等新型旅游产品。各地方政府积极响应，如四川省推出“智游天府”文化和旅游公共服务平台，河南省启动“行走河南·读懂中国”数字化工程等。这些政策措施从基础设施建设、标准体系完善、创新应用示范等多个维度为智慧旅游发展提供了制度保障。

随着技术进步，智慧旅游将呈现三大发展方向：一是体验升级，元宇宙技术的应用将创造更多沉浸式旅游产品；二是服务深化，基于人工智能的个性化推荐系统将实现“千人千面”的服务；三是管理创新，区块链技术有望解决旅游诚信体系建设难题。但同时也需注意解决数据安全、技术标准统一等问题，确保智慧旅游发展成果惠及各类旅游主体，真正实现“科技赋能旅游，智慧创造美好”的行业发展愿景。

三、生态旅游

生态旅游是指以可持续发展为理念，以保护生态环境为前提，以统筹人与自然和谐为准则，并依托良好的自然生态环境和独特的人文生态系统，采取生态友好方式开展的生态体验、生态教育、生态认知并获得心身愉悦的旅游方式。

生态旅游作为一种绿色消费方式，自世界自然保护联盟1983年首次提出后，迅速普及全球。中国地理位置独特，地形地貌复杂，气候类型多样，生物多样性丰富，各类自然保护区众多，为发展生态旅游奠定了坚实的资源基础。20世纪90年代，随着我国实施可持续发展战略，生态旅游概念正式引入中国。经过多年的发展，生态旅游已成为一种增进环保、崇尚绿色、倡导人与自然和谐共生的旅游方式，并初步形成了以自然保护区、风景名胜区、森林公园、地质公园及湿地公园、沙漠公园、水利风景区等为主要载体的生态旅游目的地体系，基本涵盖了山地、森林、草原、湿地、海洋、荒漠以及人文生态等7大类型。

（一）发展生态旅游的重要意义

生态旅游作为一种注重保护自然环境、尊重并体验当地文化和生活方式，以及支持和促进都市和乡村社会经济可持续发展的旅游方式，其发展的意义特别重大：

（1）促进环境保护。生态旅游强调环境友好型旅游方式，推动游客采取低碳出行、节约能源、保护野生动植物等行为，形成环境保护的共识和习惯。此外，它还能够推动当地居民环保意识的普及，培养更好的环保习惯，形成良好的生态文明。

（2）促进文化传承与发展。通过生态旅游，游客可以接触到当地原生态文化和风俗习惯，了解当地历史遗迹和非物质文化遗产，增强文化认同感，推动传统文化的传承和发展。

（3）带动相关产业发展。生态旅游的发展能够吸引大量的游客，带动酒店、餐饮、交通等相关产业的发展，增加就业岗位，增强居民的幸福感和获得感。

（4）促进社会进步。发展生态旅游能够提高当地居民的生活水平，减少贫困人口，增进民族团结，促进社会进步。

（5）促进生态文明建设。生态文明是人类文明发展的历史趋势，它强调人与自然、人与人、人与社会和谐共生，倡导绿色低碳、循环可持续的生产生活方式。要求人们在追求经济发展的同时，注重生态环境保护，实现经济发展与生态环境保护的良性循环。生态旅游让人们更加深入地了解自然环境和生态系统的价值，增强环保意识，实现可持续发展，进而推动生态文明建设。

（二）发展生态旅游的重要途径

生态旅游发展的目标是实现人与自然的和谐共生。达成这一目标的重要途径是：

（1）保护优先，合理利用。要把保护放在生态旅游发展的首位，正确处理资源保护与利用的关系，坚守生态底线，科学适度开发。尤其在自然保护区的核心区，风景名胜区的核心景区，重要自然生态系统严重退化的区域（如水土流失和石漠化脆弱区），具有重要科学价值的自然遗迹和濒危物种分布区、水源地保护区等重要和敏感的生态区域，要严守生态红线，禁止旅游项目开发和服务设施建设。

（2）建立游客容量调控制度，科学合理确定景区承载量。重点生态旅游目的地特别是大江大河源头区、高山峡谷区、生态极度脆弱区等地区，按照《景区最大承载量核定导则》，严格限定游客数量、开放时段和活动规模，健全资源管理、环境监测等其他保护管理制度，严格评估游客活动对景区环境的影响，规范景区工作人员和游客行为，避免过度开发造成生态的破坏。

（3）健全生态旅游教育引导机制。要把生态旅游价值观和道德观教育纳入导游引导游客文明旅游体系中，强化从业人员生态教育与引导能力。要建设自导式教育体系和向导式教育体系，加强解说牌、专题折页、路边展示、解说步道、体验设施、小型教育场馆、新媒体等载体建设，多渠道培养旅游者尊重自然、顺应自然、保护自然的意识。

（4）构建共治共享的生态文明机制，促进生态旅游可持续发展。要积极探索生态价值转化为经济效益的新模式，大力实施生态建设促进乡村振兴战略，进一步完善全民参与生态文明建设的体制机制，推动形成生态文明主流价值观，促进生态旅游可持续发展。

未来，随着科技的进步和环保理念的深入人心，绿色、低碳、智能将成为生态旅游发展的新趋势，推动旅游业向更加环保、节能、高效的方向发展。

四、乡村旅游

乡村旅游是以具有乡村性的自然和人文客体为旅游吸引物，依托农村区域的自然环境、优美景观、特色建筑和文化习俗等资源，在传统农村休闲游和农业体验游的基础上，拓展开发会务度假、休闲娱乐等项目的新兴旅游方式。乡村旅游的概念包含了两个方面：一是发生在乡村地区，二是以乡村性作为旅游吸引物，二者缺一不可。可分为以下七种类型乡村旅游：观光型、体验型、休闲度假型、时尚运动型、健康疗养型、科普教育型和民俗文化型。

乡村旅游的产生及发展对于解决“三农”问题起着推动作用：第一，乡村旅游作为连接城市和乡村的纽带，有利于促进社会资源和文明成果在城乡之间的共享；第二，通过发展乡村旅游，可以逐步缩小地区间经济发展差异和城乡差别，是脱贫攻坚和关联性产业振兴的重要抓手；第三，在乡村振兴的历史进程中，乡村旅游发展可持续性强、产业依托广泛、发展空间可观等特性在推动欠发达、开发不足的乡村地区经济、社会、环境和文化的可持续发展上发挥了重要作用。

2021年，在世界旅游组织第24届全体大会上，我国浙江余村和安徽西递村入选为该组织“最佳旅游乡村”，至2024年年底，全国已有15个乡村获评该荣誉，总数稳居世界第一。（2021年2个：浙江余村、安徽西递村；2022年2个：广西大寨村、重庆荆竹村；2023年4个：江西篁岭村、浙江下姜村、甘肃扎尕那村、陕西朱家湾村；2024年7个：云南阿者科村、福建官洋村、湖南十八洞村、四川桃坪村、安徽小岗村、浙江溪头村、山东烟墩角村。）成都郫都区农科村是原国家旅游局授牌的“中国农家乐发源地”，安徽西递宏村、江西婺源古村、安吉余村、丹巴藏寨、西江千户苗寨、肇兴侗寨等都是国内知名的“最美乡村”。

五、红色旅游

红色旅游是指近代以来，中国人民特别是在中国共产党领导下，在争取民族独立、国家富强和人民幸福的过程中，建树丰功伟绩所形成的纪念地、标志物，以其所承载的革命历史、革命事迹和革命精神为内涵，组织接待旅游者开展缅怀学习、参观游览的主题性学习与休闲活动。红色旅游是把红色人文景观和绿色自然景观结合起来，把革命传统教育与促进旅游产业发展结合起来的一种新型的主题旅游形式。其打造的红色旅游线路和经典景区，将观光赏景与革命历史相结合，既增长革命斗争知识，学习革命斗争精神，又可以培育新的时代精神，并使之成为一种文化。

发展红色旅游，对于加强革命传统教育，增强全国人民特别是青少年的爱国情感，弘扬和培育民族精神，带动革命老区经济社会协调发展，具有重要现实意义和深远历史意义。

（1）有利于加强和改进新时期爱国主义教育。积极发展红色旅游，寓思想道德教育于参观游览之中，将革命历史、革命传统和革命精神通过旅游传输给广大人民群众，有利于提高人们的思想道德素质，增强爱国主义教育效果，给人们以知识的汲取、心灵的震撼、精神的激励和思想的启迪，从而更加满怀信心地投入到中国特色社会主义的建设中。

（2）有利于保护和利用革命历史文化遗产。革命历史文化遗产是中华民族宝贵的精神财富，是社会主义思想文化的重要阵地。通过发展红色旅游，把这些革命历史文化遗产保护好、管理好、利用好，对于建设和巩固社会主义思想文化阵地，大力发展先进文化，具有重要而深远的意义。

（3）有利于带动革命老区经济社会的协调发展。发展红色旅游可以使革命老区将历史、文化和资源优势转化为经济优势，推动经济结构调整，培育特色产业，带动交通、电信、商贸、乡村建设等相关行业的发展。

（4）有利于弘扬民族精神。中国共产党在追求民族独立、人民解放的革命征程中，形成了许多让人敬仰和崇敬的革命精神，如井冈山精神、长征精神、延安精神、太行精神等。它们是中华民族精神的重要组成部分。人们参加红色旅游，既是参观赏景的过程，也是学习历史、增长知识、陶冶情操、振奋民族精神的过程。

因此，党和国家高度重视红色旅游的发展。习近平总书记多次指出：无数革命先烈留下的优良传统是永远激励我们前进的宝贵财富，任何时候都不能丢。有关部门先后制定《全国红色旅游发展规划纲要》和《全国红色旅游经典景区总体建设方案》，确定数批全国红色旅游经典景区基础设施建设项目。目前已有红色旅游经典景区300余家，初步形成反映不同历史时期的红色旅游经典景区体系。

六、康养旅游

“康养旅游”作为一种新型业态被国家相关部门纳入我国旅游发展战略，从而进入规范化的发展道路。康养旅游的目的就是放松身心、释放压力、追求快乐、增进游客的幸福感。康养旅游作为旅游的新业态、新模式，满足了消费者对健康养生的多元化需求，成为未来旅游行业发展的潮流。

国际上一般称康养旅游为医疗健康旅游。近两年，康养旅游作为新兴旅游产品越来越受青睐。它是一种建立在自然生态环境、人文环境、文化环境的基础上，结合观赏、休闲、康体、游乐等形式，以达到延年益寿、强身健体、修身养性、医疗、复健等目的的旅游活动。康养旅游着重于“养、情、闲”，会根据季节的变化差异选择最适宜的旅游度假区，打造康养度假基地，让游客尽情享受慢时尚。

七、研学旅游

研学旅游是指以探究式学习为宗旨的旅游活动，是与传统的观光旅游、休闲旅游、度假旅游、商务旅游等并列的一种旅游方式，本质上是“旅游+教育”的产物。研学旅游中“研”是学习的方式，“学”是旅游的目的，“游”是活动的载体。研学旅游既包括家庭自助的亲子游，也包括中小学校组织的中小学生“研学旅行”（教育部门称为“研学实践”）和旅行社组织的青少年冬、夏令营，出境交流团，还包括各种以探究式学习为目的的的成人旅游活动，如党建、团建活动，各类成人专题研修旅游等。

学生是研学旅游的主体，有组织的学生研学活动也备受文旅行业重视，中小学校组织的研学旅行，旅行社组织的青少年冬、夏令营和出境交流团，都是近年来旅游市场的热点和焦点。

其中，研学旅行是学校教育的一部分。按照2016年11月教育部、国家发展改革委等11部门发布的《关于推进中小学生研学旅行的意见》和2017年教育部印发的《中小学综合实践活动课程指导纲要》，中小学生研学旅行是由教育部门和学校有计划地组织安排，通过集体旅行、集中食宿方式开展的研究性学习和旅行体验相结合的校外教育活动，是学校教育和校外教育衔接的创新形式，是教育教学的重要内容，是综合实践育人的有效途径。学校开展研学旅行要坚持教育性、实践性、安全性和公益性原则，要把研学旅行纳入学校教育教学计划，促进研学旅行和学校课程有机融合，逐步建立小学阶段以乡土乡情为主，初中阶段以县情市情为主，高中阶段以省情国情为主的研学旅行活动课程体系。要让广大中小学生在研学旅行中感受祖国大好河山，感受中华传统美德，感受革命光荣传统，感受改革开放伟大成就，增强对坚定“四个自信”的理解和认同，同时学会动手动脑，学会生存生活，学会做人做事，促进形成正确的世界观、人生观、价值观。

研学旅行最重要的性质是教育性。由于纳入了教育教学计划，研学时间一般安排在学生在校学习期间，即教学周内的周一至周五。研学行程以当日往返为主，两三日为辅，研学成绩也要计入学生综合实践课程评价体系中。所以，这种研学活动具有较强的事业性和公益性，学校是不能营利的。根据规定，中小学校开展研学旅行活动，可以自行开展，也可以委托企业或机构开展，并做到“活动有方案，行前有备案，应急有预案”。学校委托开展研学旅行的，要与有资质、信誉好的企业或机构签订协议书，明确由企业或机构承担学生研学旅行的安全责任。

为了支持研学旅行工作的有序开展，2016年国家旅游局发布《研学旅行服务规范》，对承接中小学校研学旅行服务的旅行社应具备的资质、研学活动过程中人员的配置、研学产品的设计、研学服务项目（教育、交通、住宿、餐饮、导游讲解服务、医疗及救助服务等）的规范、安全与应急管理、服务改进和投诉处理等做出了详尽的规定，对于规范研学旅行服务流程、提升服务质量、引导和推动研学旅行健康发展具有重要意义。

与中小学校组织的研学旅行不同，旅行社组织的冬、夏令营或出境交流团是完全市场化的行为，由旅行社自主开发研学线路、招徕研学学生，并与学生家长签订旅游合同。研学过程中产生的旅游纠纷、投诉和质量问题，原则上向旅游质量监管相关部门申请仲裁和处理。为促进旅行社研学旅游业务的健康有序发展，切实提高产品质量和服务水平，2024年11月，文化和旅游部办公厅发布了《关于促进旅行社研学旅游业务健康发展的通知》，从促进研学旅游业态发展、规范旅行社与消费者签约履约行为、强化研学旅游安全管理和风险防范、加强研学旅游市场监管4个方面提出了9条措施：①注重研学旅游正向引导；②丰富研学旅游资源供给；③发挥研学旅游标准引领作用；④制定推广研学旅游合同示范文本；⑤强化研学旅游安全管理；⑥防范出境研学旅游风险；⑦加强研学旅游市场监管；⑧培育研学旅游专门人才；⑨落实研学旅游主体责任。依据该通知，全国旅游标准化技术委员会制定了《研学旅游服务要求》《出境研学旅游服务要求》和《研学旅游课程与线路设计指南》3个行业标准。

研学旅游大多采取团队出游的方式，并拒绝不合理低价游，这与传统旅行社擅长的“团队观光”业务很吻合，因此很受传统旅行社和导游人员的欢迎；研学旅游对资源的要求不高，一切有研学价值的事物都可以成为研学的对象，很多并不知名的景区、文博场所或非遗项目只要做好课程，都可能获得研学的客源，而且其中很大一部分是工作日出游的增量客源，正好弥补了“假日经济”的缺陷，因此研学旅游也很受旅游景区、文博单位的重视；尤其重要的是，研学旅游有助于推动教育部门全面实施素质教育，创新人才培养模式，落实“立德树人”的根本任务；有助于广大青少年培育并践行社会主义核心价值观，激发对党、对国家、对人民的热爱之情，成为德、智、体、美、劳全面发展的社会主义建设者和接班人。由此可见，发展研学旅游对于文旅和教育行业都具有非常积极的意义。

八、冰雪旅游

冰雪旅游是以冰雪气候资源为主要旅游吸引物，涵盖从观赏雪景、参与冰雪运动到体验冰雪文化等所有旅游活动形式的总称，不仅具有极高的观赏价值，更以其独特的体验性和参与性，得到国家和有关部门以及各地的高度重视。2015年7月，2022年北京冬奥会申奥成功。2016年3月，习近平总书记指出“绿水青山就是金山银山，冰山雪地也是金山银山”。2018年，习近平总书记在东北考察时强调，大力发展寒地冰雪经济，有力地促进了冰雪旅游、冰雪文化和冰雪运动的发展。2019年，中办、国办出台了《关于以2022年北京冬奥会为契机大力发展冰雪运动的意见》，其中提出，推动冰雪旅游产业发展，促进冰雪产业与相关产业深度融合。近两年，相关政策密集出台，涉及冰雪旅游规划、滑雪场基础设施建设、群众冬季运动普及、北京冬奥会遗产战略计划等。2020年1月，全国文化和旅游厅局长会议明确提出推动冰雪旅游，冰雪旅游在文旅产业发展中的地位迅速凸显。吉林、黑龙江、河北、北京等省份，张家口、长春、呼伦贝尔等城市，纷纷出台冰雪旅游有关意见和相关规划。

冰雪旅游的产品类型多种多样，从观光型到全民娱乐型、休闲度假型、观光采风型以及专业运动型，应有尽有。其中，观光型冰雪旅游产品主要包括观赏雪景、冰雕、雪雕等冰雪艺术景观；全民娱乐型产品则以亲子、中青年伙伴为主要目标群体，提供冰滑梯、雪地摩托、溜冰、打雪仗等趣味盎然的冰雪活动；休闲度假型产品则侧重于为游客提供舒适的住宿环境和丰富的冰雪体验；观光采风型产品则适合对冰雪文化有浓厚兴趣的游客；而专业运动型产品则针对专业冰雪运动爱好者或发烧友，提供滑雪、滑冰等专业的冰雪运动项目。

随着旅游市场的不断变化和消费者需求的升级，冰雪旅游正呈现出一些新的发展趋势。首先，个性化与定制化服务将成为冰雪旅游的重要发展方向。游客越来越追求独特的体验和个性化的服务，冰雪旅游企业需要提供更多样化、个性化的旅游产品和服务，以满足游客的不同需求。其次，冰雪旅游与科技的结合将更加紧密。借助虚拟现实、增强现实等先进技术，游客可以在冰雪世界中获得更加沉浸式的体验。同时，智能化技术的应用也将提高冰雪旅游的管理水平和服务质量，为游客提供更加便捷、舒适的旅游体验。

此外，冰雪旅游的可持续发展也将成为重要议题。随着环境保护意识的提高，冰雪旅游企业需要更注重环境保护和资源节约，推动冰雪旅游的绿色发展。同时，通过文化传承和创新，冰雪旅游可以成为展示当地文化和历史的重要窗口，为游客提供更丰富的文化体验。

冰雪旅游对发展地方经济和冰雪运动、丰富休闲娱乐方式等方面都具有重要作用。它不仅能带动当地酒店、餐饮、交通等相关产业的发展，提高当地人的收入，还能推动冰雪运动的发展，培养冰雪运动爱好者，推动体育事业发展，培养更多优秀的冰雪运动人才，提高国家的体育竞技水平。此外，冰雪旅游还能增强人们的身体素质和心理健康，提高人们的生活质量。未来，随着国家对冰雪旅游发展的重视和相关政策的支持，以及冰雪资源的丰富和技术的不断创新，冰雪旅游的发展前景将更加广阔，成为中国冬季旅游市场的重要支柱之一。

九、定制旅游

定制旅游是根据市场特定需求迅速反馈而形成的旅游产品形式。在定制旅游中，游客得到更多的权利和自由度，能够不同程度地参与线路创意设计，有更多的自主权来决定旅游要素的组合。通过量身定制的旅游方案，旅游者深度参与旅游体验创意和实现的全过程，很多时候在其中发挥主导作用。旅游产品提供商据此更精准也更有效率地整合供应链，通过服务品质的提高协助旅游者更自如地决定时间安排、出游主题和要素选择组合。

定制旅游产品专属性强、个性化突出，强调更多的情感代入和深入体验，具有更多的交互性，拓展性强，对创意和供应链的要求高。在发展之初，定制旅游更多地聚焦高端消费群体，市场面较小。随着我国中产阶层的成长，定制化需求开始得到更多认可和推崇，市场前景更趋光明。

十、低空旅游

低空旅游是国家打造低空经济新兴产业背景下发展起来的旅游新业态。2023年中央经济工作会议提出，“打造生物制造、商业航天、低空经济等若干战略性新兴产业”。2024年全国两会首次将“低空经济”写入政府工作报告。低空经济成为我国经济增长的新引擎。

低空经济是以1000米以下空域为载体，通过有人/无人驾驶航空器的各类飞行活动，辐射带动低空制造、低空飞行、低空保障及综合服务相关产业链发展的新质生产力形态，其应用场景包括交通出行、物流配送、农业植保、城市管理、医疗救助、旅游观光等广泛领域。

低空旅游是在低空空域范围内依托通用航空运输、通用航空器和各类低空飞行器（包括直升机、固定翼运动型飞机、滑翔翼、热气球、降落伞等）所开展的以注重旅游者自身体验、愉悦身心、带有休闲娱乐性质的旅游活动。低空旅游作为一种新兴的旅游模式创新，为游客提供全新的视角和体验方式，不仅丰富了传统的观光旅游内容，还满足了人们对新奇、刺激旅行体验的追求。低空旅游打破了地面交通的限制，让游客能更直接地接触到天空与自然，感受云海翻腾、山川壮丽的壮观景象，极大地拓展了旅游业的发展空间和市场潜力，让游客获得前所未有的旅游体验。

低空旅游的主要形式包括：直升机观光（如城市天际线、峡谷、海岸线游览）、热气球旅行（如土耳其卡帕多西亚、云南腾冲）、滑翔伞与动力伞（山地或海滨地区的空中运动）、低空旅拍（如大堡礁、非洲草原航拍）、无人机体验等。

低空旅游兴起于欧美，逐步成为高端旅游的重要业态，在欧美、澳大利亚、新西兰等国家已形成较为成熟的产业体系。低空旅游具有市场成熟，产品多样化；政策环境宽松，空域开放度高；产业链完善，商业模式清晰；安全与环保标准严格等特点。

近年来，随着我国消费升级和旅游业多元化发展，游客对差异化体验需求增长，低空旅游因其独特视角和刺激性受到市场青睐。浙江、海南、云南、四川等地已推出直升机观光、热气球等项目，低空旅游市场初具规模；通航公司、景区、旅游平台形成合作模式，产业链逐步完善，但整体仍处于培育期；海南、湖南、江西等地开展低空旅游试点，探索可持续运营路径。

国家高度重视低空旅游发展。《“十四五”旅游业发展规划》明确将“低空旅游”列为重点培育的旅游新业态。推动航空与文旅融合，并开展低空空域管理改革试点（如海南全域开放3000米以下空域）。地方层面，多地出台补贴政策，鼓励通航企业开发低空旅游产品。

低空旅游作为新兴的高端旅游业态，正逐步从小众走向大众。随着政策支持、技术进步和市场需求的增长，未来可能成为旅游行业的重要增长点。但其发展仍需解决安全、成本和环保等问题。

十一、银发旅游

银发旅游是指以老年群体为主要消费群体，以满足老年人观光、休闲、康养、社交等需求为核心的旅游活动。银发旅游的兴起是受人口老龄化影响的结果。银发旅游市场正从小众市场向主流市场转型。

2016年3月，国家旅游局出台《旅行社老年旅游服务规范》，要求旅行社为包机、包船、旅游专列以及百人以上的老年团配备随团医生，75岁以上的老年旅游者参团应请成年直系家属签字等。2024年8月，国务院发布《关于促进服务消费高质量发展的意见》，明确要求“增开银发旅游专列，对车厢进行适老化、舒适化改造，丰富旅游线路和服务供给”。2025年2月，商务部等9部门印发《关于增开银发旅游列车促进服务消费发展的行动计划》，提出到2027年，构建覆盖全国、线路多样、主题丰富、服务全面的银发旅游列车产品体系，银发旅游列车服务标准体系基本建立。从2025年起，银发专列开始大量推向市场，大大促进了银发旅游的发展。

银发旅游者多在旅游淡季出行，具有慢节奏（偏好深度体验）、高安全性（注重医疗保障和无障碍设施）、强社交性（青睐团体活动和代际同游）、重情怀（热衷文化怀旧等主题）、性价比导向等特点。银发旅游者常见的出行目的是观光旅游、康养旅居、乡村休闲和文化寻踪等，比较偏爱的出行方式是专列旅游、邮轮旅游和旅行社夕阳红团队旅游。

银发旅游不仅是经济机遇，也是应对老龄化社会的重要民生工程。随着全球人口老龄化加剧和老年人消费能力提升，这一市场正成为旅游业的重要增长点并展现出巨大的发展潜力。未来通过提升服务精细度，保障消费权益，加强适老化标准建设，创新服务模式，可以让更多老年人实现“诗与远方”的理想晚年生活。

易错考题小试牛刀

1.（判断题）低空旅游是指利用低空飞行器开展的观光、体验和娱乐活动。（　）

2.（判断题）1985 年，旅游业被列入国家经济和社会发展计划之中。（　）

3.（单选题）世界旅游组织总部设在（　）。

A. 旧金山　B. 曼谷　C. 海牙　D. 马德里

4.（单选题）将每年的 5 月 19 日确定为中国旅游日是因为（　）。

A. 徐霞客诞生于这一天　B. 徐霞客开始旅行于这一天

C. 徐霞客去世于这一天　D.《徐霞客游记》开篇于这一天

5.（多选题）在世界旅游组织第 24 届全体大会上，（　）入选为该组织“最佳旅游乡村”。

A. 安徽西递宏村　B. 浙江余村　C. 肇兴侗寨　D. 江西婺源　E. 广西大寨村

6.（多选题）发展红色旅游的意义在于（　）。

A. 有利于保护和利用革命历史文化遗产

B. 有利于加强和改进新时期爱国主义教育

C. 有利于弘扬民族精神

D. 有利于弘扬中华优秀传统文化

E. 有利于带动革命老区经济社会的协调发展

【答案】1. 对　2. 对　3.D　4.D　5.AB　6.ABCE

第三章
中国历史文化知识

【考试大纲】

- **了解**：中国戏剧戏曲、中医中药、书画艺术的发展等常识，主要科技发明成果。
- **熟悉**：中国不同历史时期的发展概况及主要成就，历史上的重大事件和重要人物，中国传统哲学思想。
- **掌握**：中国历史的发展脉络，古代著名文化类型和代表性遗址。

【历年分值】

年份	判断（题）	单选（题）	多选（题）	分值（分）
2019	4	12	3	11
2020	3	14	8	16.5
2023	4	11	2	9.5
2024	3	4	6	9.5

中国朝代发展顺序：夏—商—西周—东周（春秋—战国）—秦—汉—（西汉—新—东汉）—三国（魏—蜀—吴）—西晋—东晋—十六国—南北朝（南朝：宋—齐—梁—陈；北朝：北魏—东魏—北齐—西魏—北周）—隋—唐—五代（后梁—后唐—后晋—后汉—后周）—十国—北宋（辽—西夏）—南宋（金）—元—明—清—中华民国。

（朝代歌：三皇五帝始，尧舜禹相传；夏商与西周，东周分两段；春秋和战国，一统秦两汉；三分魏蜀吴，二晋前后延；南北朝并立，隋唐五代传；宋元明清后，皇朝至此完。）

中国是世界文明摇篮之一。在尼罗河文明（古埃及）、两河文明（巴比伦王国）、恒河文明（古印度）和黄河长江文明（华夏）四大文明中，古埃及和巴比伦王国的历史都因为外敌入侵而中断，古老的文明没有能够传承下来。古印度历史虽然延续下来，但印度有经学（表现为宗教）传统却没有史学传统，早期历史是一片空白。四大文明发祥地中，只有华夏文明既有经学（表现为儒学）传统也有史学传统，也只有华夏文明的历史连续不断地发展下来并连续不断地记载下来。华夏文明源远流长、博大精深，文化旅游成为中国旅游最大的特色。

总结：（1）古埃及和古巴比伦文明——历史中断；（2）古印度文明——有经学，但没有史学；（3）华夏文明——经学史学齐全，历史连续。

第一节　中国历史的发展脉络

一、中国原始社会

关于“原始社会”的定义如下：

（1）旧石器时代：由于原始社会人类使用的工具主要是石器，因此考古界称之为“石器时代”，并根据石器制作水平，把最初的简单打制而成的石器叫旧石器，使用旧石器的时代叫作旧石器时代。

（2）新石器时代：后来经过磨光、钻孔技术精细加工而成的石器被叫新石器，使用新石器的时代叫作新石器时代。

旧石器时代人类以原始群的方式生存，新石器时代人类出现氏族组织，前期是母系氏族，后期发展为父系氏族。

（一）远古人类及代表

人是从古猿进化而来的。最初的人具有人和猿的双重特征，因此称为“猿人”。区分猿和人的重要标志是：是否制造工具。劳动就是人与动物的区别，劳动离不开工具的制造。大约在距今二三百万年前，古猿开始进化成人。

类型	时间	特点
北京人	距今70万年—20万年	发现6个头盖骨和40个男女个体的人体化石、10多万件石器，有长期使用天然火的痕迹。北京人身体进化不平衡，呈现四肢发达、头部原始的特征，这是劳动创造人的生动证明。
山顶洞人	距今约3万年（旧石器时代晚期）	共出土8个男女个体化石，其身体进化已经达到与现代人基本相似的程度，并出现了人种分化。山顶洞人开始使用磨光、钻孔技术制造工具，已经掌握人工取火技术，用骨针缝衣，佩戴兽牙和石珠做成的项链，在墓葬周边撒赤铁矿粉，代表他们已经有灵魂不死的意识，原始宗教信仰开始萌芽。

（二）中国石器时代文化

人类在距今 1 万年左右进入新石器时代。为了适应农业灌溉的需要，人们从山洞走向平原，开始了定居生活的三个标志：（1）广泛采用磨光、钻孔技术制造工具，石器种类因而更多也更加精细；（2）原始农业和家畜饲养业出现；（3）人类发明了陶器。

类型	特征	时间	代表
旧石器时代（距今300万年—1万年）（XX人遗址）	打制石器	原始群 距今250万年—180万年	湖北省恩施建始县巨猿洞、重庆市巫山县龙骨坡、安徽省芜湖市繁昌区人字洞、山西省芮城县西侯度村。
		距今170万年	云南省元谋县上那蚌村发现了猿人化石，命名为元谋人。
新石器时代（距今1万年—约3000年）（XX文化）	磨光及钻孔石器	前期为母系氏族 距今约7000年—5000年	仰韶文化——北方黄河流域——西安半坡遗址和临潼姜寨；河姆渡文化——南方长江流域。
		后期为父系氏族 距今约5000年—4000年	北方黄河流域的龙山文化；南方长江流域的良渚文化。

（三）中国著名古代文化

类型	时间	特征	代表
仰韶文化	母系氏族距今7000年—5000年（新石器时代前期）	居民种植粟，使用彩陶，修建半地穴式建筑。	母系氏族社会盛行族外群婚，男女各自生活在自己的氏族中，两性关系不固定，生出的孩子“知母不知父”，由母亲家庭抚养，所以世系按照母系计算。由于生产力低下，人类只能以血缘氏族为基础共同劳动，共享成果，实行财产公有制。
河姆渡文化		居民种植水稻，使用黑陶，修建干栏式建筑。	

（续表）

类型	时间	特征	代表
龙山文化	父系氏族距今5000年—4000年（新石器时代后期）	有山东龙山、陕西龙山、河南龙山等亚型，其轮制的黑陶薄如蛋壳，十分精良。	父系氏族时期，农业、畜牧业、手工业成为社会主要生产部门，社会财富增多并开始分配给个人。男子是主要劳动力，分配的财富多。男子要将财富传给后人，就必须改变“知母不知父”的现象，明确自己对子女的所有权。于是一夫一妻制成为父系氏族社会典型的婚姻形式，世系开始按照男方血统计算。
良渚文化		主要分布在浙江杭州钱塘江流域和太湖流域，以余杭区最为集中，已发掘出村落、墓地、祭坛和占地290多万平方米的城址，标志着人类进入了文明时代，证明中华民族拥有5000多年的文明史。最具特色的是玉器，以玉琮最为精美。	

中国新石器文化还有湖北屈家岭文化、东北红山文化、山东大汶口文化以及甘肃马家窑文化和齐家文化，时间跨越新石器时代前期和后期，这不仅证明了中华民族起源的多样性，也奠定了中华民族多元一体发展的基本格局。

*速记：母系半姜河姆渡；父系红山大良龙；河姆良渚居长江；黄河半姜和大龙。仰韶半姜做彩陶，河姆打井留稻种。

（半姜——西安半坡、临潼姜寨，红山大良龙——红山、大汶口、良渚、龙山）

（四）中国古代文献反映的原始社会文化

类别	说明
图腾崇拜	“图腾”来源于印第安语，意为“他的亲族”。 游牧民族以动物为图腾，农耕民族以植物为图腾，图腾成为一个民族的标志，叫族徽。中国古代许多部族都有自己的图腾，如黄帝统率的部落有“熊、罴、狼、豹、貙、虎、雕、鹖、鹰、鸢”等，太昊部落以龙为图腾，商以“玄鸟（燕子）”为图腾。传说中盘古狗身人面、女娲蛇身人面，都与图腾崇拜相关。 *速记：熊罴狼豹黄帝养；龙太昊，燕子商，盘古狗身女娲蛇。
社稷崇拜	中国古代农业兴旺，于是产生了对土地和谷物的崇拜。社：土地神；稷：谷物神。“社稷”成为国家的象征。中国古代有两大祭祀活动最受重视，一是祭祀祖先，二是祭祀社稷，祭祀地点不在郊野而在皇城内。明清故宫建筑“左祖右社”，就是指宫殿区的左侧是祭祖先的祖庙（又称太庙，今劳动人民文化宫），右侧是祭社稷神的社稷坛（今中山公园）。祖庙供奉列祖列宗牌位，《尚书》云“有功赏于祖”，表示光宗耀祖；社稷坛用五色土组成祭坛，象征“普天之下，莫非王土”。坛中立“社主石”（又称江山石），象征“江山永固，社稷长存”。《尚书》云“有罪戮于社”，代表辱及社稷。 *速记：五色土——青赤白黑黄，东南西北中。
母系社会传说	商代始祖“契”，传说是其母误吞“玄鸟”蛋受孕所生。（商契之母吞鸟蛋） 周代始祖“弃”，传说是其母在野外踏了巨人脚印而生。（周弃老妈踏脚印） 这其实是母系社会“知母不知父”制度的反映。我国最早的姓多带女旁，如姜、姬、偃、嬴等。姓表示血缘关系，证明最初的血缘关系是按女方来确定的。

（续表）

类别	说明
禅让制	中国古代有“三皇五帝”等神话人物。传说“五帝”的产生是严格按照“传贤”的原则民主推选的，不能世袭，叫作“禅让”（即让贤），这实际上是原始社会氏族内部民主政治的反映。禅让制传承到大禹时，被其子夏启破坏，改为王位世袭制。

二、夏、商与西周

约公元前21世纪，禹建立夏朝。约公元前1600年，汤发兵讨桀，建立商朝。公元前1046年，周武王伐纣灭商，建立周朝，史称西周。

（一）历史梗概

时间	重大事件
夏	传说夏是中国历史上第一个王朝，伴随着夏奴隶制国家政权的建立，人类脱离了蒙昧时代和野蛮时代，正式进入文明社会。考古发现的河南偃师“二里头文化”和河南登封“郜城遗址”，高度疑似夏文化遗址，但尚未得到明确的证明。夏统治近500年，夏桀时被商朝首领汤消灭，史称“成汤灭夏”。
商	商是黄河中下游兴起的古老部落，统治中原500多年。商朝王位继承最初是兄终弟及制，至武丁之后才确立起嫡长子继承制。商朝前期都城屡迁，原因不详。中期商王盘庚迁都到殷（今河南安阳“殷墟”），商朝统治才稳定下来，殷成为商朝后期273年的政治中心，也是后来商朝甲骨文、宗庙宫殿遗址和商王陵墓的主要发现地，这些发现使商朝的历史得到证实。
西周	周是渭水中游黄土高原上兴起的农耕部落，原为商的方国，周文王教民礼仪，出现“文王之治”，其子武王趁势发动“牧野之战”灭商并建立周朝。西周中期爆发“国人暴动”，国人赶走“专利”（垄断山林川泽收益）、“作威”（禁止庶民议政）的周厉王，由周定公、召穆公“共和行政”。公元前771年，因周幽王擅自废立申后和太子，其岳父申侯勾结犬戎进攻镐京，杀幽王于骊山，西周灭亡。

（二）社会事件

类别	说明
青铜文化	☆夏商周——青铜时代，青铜器被大量用作贵族生活用具和礼器。 ☆商朝代表性器物是高达133厘米、重达832.84公斤的后母戊鼎，是迄今世界上发现的最大的青铜器。 ☆西周青铜器还有毛公鼎、大盂鼎、散氏盘和虢季子白盘“四大重器”。 ☆商周青铜器上常有铭文（又称金文或钟鼎文），商器字数少，周器字数多，其中西周毛公鼎竟达497个字（也有人释读成499字）。西周还出现了因记载某件事而铸造青铜器的现象。 ☆在四川省广汉市发现的三星堆遗址，出土商周时期古蜀国大量的青铜器和玉器、金器、陶器，显示出当时的蜀文化丝毫不亚于北方的商周文化。
甲骨文	甲骨文是刻写在龟甲和牛肩胛骨上的文字，是商周官府占卜用的原始档案，对于商周历史和文字学研究意义重大。甲骨文主要发现于商朝殷墟遗址，但在西周“周原”（陕西岐山、扶风）等地也有少量出土。安阳殷墟发现的甲骨片超过15万片，发现单字4000多个，超过半数已被识读，证明甲骨文已经具备了汉字基本的造字法“四书”（象形、会意、指事、形声），是一种非常成熟的文字。

（续表）

类别	说明
“神本”转“人本”思想	考古发现商朝有杀人祭祀和杀人殉葬的习俗，西周建立后这种现象才逐步消失，取而代之的是陶俑（人或六畜），体现出对生命的尊重。《礼记》记载：“殷人尊神，先鬼而后礼；周人尊礼，事鬼敬神而远之。”尽管春秋时孔子曾经诅咒“始作俑者，其无后乎”，但用俑殉葬比起用人殉葬来讲，确实是历史的一大进步。

三、春秋和战国

西周灭亡后，周平王迁都洛阳，史称东周。东周可分为春秋和战国两个时期。

时间	说明
春秋	周天子地位衰微，诸侯坐大，出现齐桓公、晋文公、楚庄王、吴王阖闾和越王勾践等霸主。
战国	出现韩、赵、魏、楚、燕、齐、秦等强国的对峙，其中韩、赵、魏由春秋时期的晋国分裂而来，史称“三家分晋”。

为了争霸战争的需要，春秋时期吴开凿邗沟，沟通了长江和淮河，战国时期魏开凿鸿沟，沟通了黄河和淮河。这两大工程打通了长江到黄河的水上交通航道，促进了中国南北方交通的发展，并成为隋代大运河的雏形。此外，秦在关中修建郑国渠，在蜀郡修建都江堰，主要用于农业灌溉，使关中平原和成都平原成为沃野。（*速记：吴邗沟通江淮、魏鸿沟通黄淮、秦郑国渠，蜀郡都江堰）

都江堰——秦蜀郡守李冰主持修建，通过修建分水堤的方式将凶猛的岷江水一分为二，既减缓了水势，实现了防洪的目的，又引内江水灌溉了成都平原。两千多年来一直发挥着巨大作用，使成都平原从此“水旱从人，不知饥馑”，成为天府之国。2000年，都江堰水利工程被联合国教科文组织列入《世界文化遗产名录》。

春秋战国——铁器和牛耕大量用于农业生产，使荒地开垦、私田增加，经济发展，并导致井田破坏，旧贵族衰落，新兴地主兴起，各国变法不断，社会发生剧烈演变，诸子百家思想应运而生。

春秋战国是民族融合的伟大时期。内地上百个诸侯小国被消灭，四夷（蛮、夷、戎、狄）等边疆居民内迁，在黄河和长江流域逐步形成了具有统一语言、文化和风俗习惯的核心民族——华夏族（汉朝以后又称汉族）。秦统一六国，民族融合的成果得以固化。

四、秦、两汉

（一）秦

类别	说明
建立	公元前221年秦始皇统一六国而建立，是中国第一个高度集权的封建专制王朝。
政治上	为了维护大一统局面，实行皇帝制度、三公九卿制度、郡县制度和思想专制制度，统一了刑律，制造了“焚书坑儒”事件。

（续表）

类别	说明
经济、文化上	统一度量衡、货币、文字（车同轨，书同文）。
军事上	北伐匈奴并修建万里长城，南征岭南并开凿灵渠，促进了民族融合和区域经济发展。
灭亡	秦由于暴政二世而亡，统治全国不足15年（前221—前207年）。

（二）西汉

类别	说明
建立	秦灭亡后，楚王项羽和汉王刘邦展开了长达四年的“楚汉相争”，最终刘邦获胜，建立起西汉政权，建都长安。
初期	汉承秦制，但治国思想从法家改为道家，主张无为而治。至汉武帝时经济恢复，才“罢黜百家，独尊儒术”。 分封皇室子弟为王，叫同姓王；分封韩信等将领为王，叫异姓王。王国势力强大，曾发动七国之乱。汉朝采取废除叛乱王国、削弱王国领地、剥夺王国行政权和军权等方式削弱王国势力，强化了国力。
汉武帝时期	汉武帝时出现极盛景象。汉武帝趁势发动了反击匈奴的战争，大将卫青、霍去病深入沙漠腹地千余里，迫使匈奴向北向西迁徙，取得了反击匈奴的决定性胜利。与此同时，汉武帝派张骞出使西域，开通了陆上丝绸之路。史称张骞到达西域后，竟然发现西域有出售中国巴蜀地区所产“蜀布”和“邛杖”。其来源应当是缅甸、斯里兰卡，也就是南方丝绸之路，证明南方丝绸之路同样是古代中外交流的重要通道。
后期	土地兼并日趋严重，大量失地农民沦为奴婢或流民，社会动荡不堪，公元8年，西汉被外戚王莽篡位而亡。

（三）东汉

由西汉王室刘秀创建，建都洛阳。东汉仍然没有解决土地两极分化问题，致使地主庄园遍地开花，向国家纳税的编户相应减少，削弱了中央实力；东汉吏治腐败，外戚与宦官轮流执政，农民起义频繁。汉末，朝政被曹操控制。曹操虽败于赤壁，但统一了北方并牢牢挟制着汉献帝。

（*注意：曾经出现过宦官专权的朝代——东汉、唐朝、明朝）

五、魏、晋与南北朝

（一）魏、西晋

公元220年汉献帝被迫禅位于曹操之子曹丕，魏国建立。次年，刘备在成都承汉统，史称蜀汉。229年孙权称吴帝，建都建业（今南京），三国鼎立局面正式形成。

三国时期，魏自曹操起经济上实行屯田制，政治上实行唯才是举的选官制度，经济逐步恢复，人才大量聚集，越来越强大。蜀在诸葛亮治理下吏治清明，人怀自励，但人才匮乏，尤其五次北伐导致国力衰退，最后灭于曹魏。吴鼎足江东，坐观成败，但称帝51年后（280年）被西晋灭亡。

西晋是魏国权臣司马懿及其子司马师、司马昭和孙子司马炎建立的政权。西晋时期，选官注重门第，诸王拥兵内讧，名士清谈玄学，加上北方少数民族内迁等引发诸多矛盾，最终短命而亡。（*速记：一父二子一孙）

（二）东晋、南朝

西晋灭亡后，琅琊士族王导、王敦在建康拥立西晋皇室司马睿建立东晋，二王掌控实权，“王与马，共天下”。除琅琊王氏外，东晋还有颍川庾氏、谯国桓氏、陈郡谢氏等豪门先后掌权。谢安曾经取得淝水大战胜利，保全了东晋。公元420年，东晋被北府兵统帅刘裕取代，此后南方经历宋、齐、梁、陈四朝，史称南朝。南朝在梁武帝时被东魏大将侯景攻破，经济严重破坏，从此由盛转衰，直至被隋朝统一。江南豪门也随之衰落，寒门庶人开始兴起。

（三）十六国、北朝

与东晋南朝相对应，北方是少数民族内迁形成的十六国北朝政权。北方少数民族内迁始于东汉。

公元46年，蒙古草原遭遇特大旱灾，加上东汉政府不断反击，居住在蒙古草原的匈奴人发生分化，一部分匈奴人西迁，一部分南下投降汉朝，被安置在长城周边。蒙古草原成为真空地带，兴起于东北大兴安岭的少数民族鲜卑族乘虚而入，迫使长城周边的少数民族进一步南下，山西、河北和关中地区出现“胡汉杂居”现象。

公元304年，氐人李特的儿子李雄在成都称成都王，匈奴人刘渊在山西离石称汉王，北方开始成为匈奴、鲜卑、羯、氐、羌“五胡”角逐的战场，此后北方及巴蜀地区先后建立20多个地方政权，史称十六国时期。

公元386年，鲜卑拓跋部建立北魏。439年北魏统一北方，北方进入北朝时期。北魏孝文帝一方面推行均田制和租调制度，另一方面在政治上推行汉化改革，迁都洛阳，倡导鲜卑贵族改汉姓、穿汉服、说汉话，促进了民族融合。北魏后来分裂为东魏—北齐和西魏—北周，最后由北周完成了对北方的统一。

魏晋南北朝时期北方地区长期战乱导致北人大批南迁，形成中国历史上规模最大、持续时间最长、对南方文化影响最深的一次民族大迁徙运动，促进了南方的开发，为中国经济重心从北方黄河流域向南方长江流域转移奠定了坚实的基础。北方少数民族的内迁，客观上促进了民族大融合，至隋朝统一，匈奴、鲜卑、羯、氐和进入中原的羌族基本上都融入了汉族的大家庭。

六、隋、唐与五代

时间	事件
隋	北周外戚杨坚建立的政权，建都大兴城（长安）。隋朝统治时间不长（581—618年），但它结束了魏晋南北朝以来300多年南北方长期分裂的局面，创立了三省六部制度和科举制度，修建了以洛阳为中心的大运河，沟通了南北交通，对后代政治制度和经济发展影响巨大。
唐与五代	唐朝是隋太原留守李渊于公元618年建立的政权，定都长安。前期大力推行均田制和租庸调制，加上唐太宗、武则天时期政治安定、经济繁荣，最终在唐玄宗开元年间出现盛世景象，史称“开元盛世”。安史之乱是唐朝由盛到衰的转折点，安史之乱后唐朝出现藩镇割据、宦官专权、农民起义三大痼疾，直到公元907年被节度使朱温取代。

（续表）

时间	事件
	此后北方经过后梁、后唐、后晋、后汉、后周五代，南方先后建立吴、楚、闽、吴越、前蜀、后蜀、南汉、南唐、南平（荆南）九个割据政权，加上山西地区建立的北汉政权，统称十国。五代十国本质上是唐朝藩镇割据局面的继续。 隋唐五代是中国思想文化大发展时期，也是中国经济重心向南方转移的关键时期，安史之乱后“扬一益二”［扬州、益州（成都）］局面的出现，预示着长江流域已经成为社会经济发展和政府赋税征收新的中心。

七、宋、元、明、清

（一）宋、元、明

时间		事件
宋	北宋	960年，后周禁军统帅赵匡胤发动“陈桥驿兵变”，被部下黄袍加身，建立北宋政权，定都开封。 初期：推行中央集权制度改革，将兵权与财政权集中于中央，对官员权力进行细分，虽然避免了唐后期藩镇割据的乱象，但也导致官僚机构膨胀、人浮于事，国家积贫积弱，在与辽国、西夏和金国的战争中屡屡失利。 中期：范仲淹、王安石先后变法，但收效甚微。 末年：山东爆发宋江起义，安徽爆发方腊起义。1127年，北宋被金国灭亡。
	南宋	1127年，宋徽宗第九子康王赵构（宋高宗）建立南宋政权，定都临安府（杭州）。南宋初年岳飞坚持抗金，被力主和议的宋高宗和秦桧以“莫须有”的“谋反”罪名杀害。南宋与金签订“绍兴和议”，双方以秦岭至淮河一线为界。南宋时期城市经济发达、商业经济繁荣，瓷器生产中心从北方移至江南，景德镇成为著名的制瓷业中心，中国经济重心也从黄河流域转到长江流域。
元		前身是蒙古族成吉思汗所建大蒙古国。建国后成吉思汗及孙子三次西征，最远抵达西亚和东欧，建立了横跨欧亚大陆的蒙古帝国。公元1206年成吉思汗建立蒙古帝国，相继消灭了西夏和金朝政权，但在进攻南宋时遭到顽强抵抗。1259年7月，成吉思汗孙子、蒙古大汗蒙哥在进攻四川合川（现属重庆市管辖）钓鱼城时，被炮石重伤，数日后死于军中（一说染病而死），蒙古军被迫北撤。这大大缓解了南宋的危机，也减缓了蒙古军队对欧洲和中东地区的攻势。因为欧洲人称蒙古军队为“上帝之鞭”，所以钓鱼城也被后人誉为“上帝折鞭处”。1271年，成吉思汗孙子忽必烈就任蒙古帝国大汗，改国号为元，元朝正式建立，定都大都（今北京）。1279年，元朝消灭南宋，统一中国。共统治97年，长期实行民族四等级制。元朝结束了自唐末以来300多年国家分裂的局面，实现了全国的统一。元朝将以洛阳为中心的大运河改为以北京为中心，先后挖通了（通惠、会通、济州）三河形成京杭大运河，比隋代大运河缩短900多千米。元朝开始有效治理云南、台湾、西藏，并强化了蒙古、汉、藏、契丹、女真、维吾尔等各民族间的友好关系，维护了民族团结和国家统一，宋、元、明、清时期因此成为中国历史上第三个民族融合的伟大时期。
明		朱元璋于1368年创建，初期定都南京，明成祖时迁都北京。明朝废除了丞相，实行内阁制度，并设立东厂、西厂和锦衣卫等特务组织以加强中央集权。明朝中后期党争不断，宦官专权，加上蒙古人频繁南侵和连绵的农民起义，明朝统治危机四伏。1644年，明朝被李自成的大顺政权灭亡。明朝手工业和商品经济繁荣，大量商业资本转化为产业资本，出现了商业集镇和资本主义萌芽。

（二）清

类别	说明
建立	是满洲人建立的政权。原称女真，1616年努尔哈赤统一女真各部，建立后金政权。1636年皇太极称帝，改国号为大清，改女真族为满族。1644年清军趁李自成起义军占领北京立足未稳的机会，勾结吴三桂进入山海关，迅速占领北京，开始了清朝统治。（*注意：清朝12位皇帝，入关前2位，入关后10位）
初期	☆康熙年间：平“三藩”（三藩：平西王吴三桂、平南王尚可喜、靖南王耿精忠）；统一台湾；与沙俄签署《尼布楚条约》，划中俄界线，维护国家主权。 ☆雍正年间：“摊丁入亩”，取消人头税制度，促进了人口增长；改革土司制度，实行“改土归流”，加强了对民族地区的统治。 ☆乾隆年间：平新疆叛乱，对西藏颁行《钦定藏内善后章程二十九条》，巩固了包括达赖喇嘛、班禅额尔德尼在内的各大活佛圆寂后其灵童转世的金瓶掣签制度，明确中央对西藏的统治。
中期	英国为了打开中国市场，在1840年发动了鸦片战争，清朝战败。1842年清朝签订中国近代史上第一个不平等条约《南京条约》，被迫割让香港岛，向英国赔款，开放广州、福州、厦门、宁波、上海五处为通商口岸，并丧失关税自主权。鸦片战争是中国近代史的开端，中国逐步沦为半殖民地半封建社会。
洋务运动	“师夷长技以制夷。”以奕䜣和文祥为中央代表，以曾国藩、李鸿章、左宗棠、张之洞为地方代表的洋务派，大规模引进西方先进的科学技术、兴办近代军事工业和民用企业。1894年甲午战争中清朝北洋海军全军覆没，标志着洋务运动失败。
戊戌变法	以康有为、梁启超为代表的维新派在光绪皇帝支持下开始戊戌变法，主张改革政治、提倡科学。变法历时103天，因慈禧太后发动戊戌政变而失败，光绪皇帝被囚禁，维新派谭嗣同等“六君子”英勇就义，康、梁等被迫出逃。
义和团运动	19世纪末，山东爆发义和团运动，口号是“扶清灭洋”。运动得到清廷支持。1900年，日本、美国、奥匈帝国、英国、法国、德国、意大利和俄国组成八国联军攻入北京，慈禧太后带着光绪皇帝西逃。次年，清政府被迫与11国（8国加比、荷、西）签订《辛丑条约》。清政府向各国赔款4.5亿两白银（分39年还清，本息共计9.8亿两白银），同时向列强道歉，允许列强在京津一带驻军、惩办官员，中国民族危机进一步加深。
三民主义	1905年，孙中山、黄兴等在日本东京成立中国同盟会，确定了“驱除鞑虏，恢复中华，创立民国，平均地权”的16字纲领。孙中山在中国同盟会机关报《民报》发刊词中，首次提出以“民族、民权、民生”为核心内容的三民主义思想。
保路运动	1911年夏天，湘、鄂、粤、川等省爆发保路运动。9月25日，四川荣县率先宣布脱离清王朝独立；10月10日，武昌爆发革命党人起义（辛亥革命），起义的士兵占领武汉三镇，成立湖北军政府，并得到各省的响应。1912年1月1日，中华民国临时政府在南京正式成立，孙中山就任中华民国临时大总统。
灭亡	1912年2月12日，清廷发布退位诏书，清朝正式灭亡，统治中国两千多年的封建帝制宣告结束（袁世凯起了很关键作用）。

八、民国时期

（1）袁世凯篡夺辛亥革命成果，中国遂陷入军阀混战的局面，袁世凯、张勋先后企图复辟帝制但失败了。

（2）北洋军阀直系冯国璋、曹锟，皖系段祺瑞，奉系张作霖争权夺利，连年混战，民不聊生。东西列强趁机加大对中国的掠夺，中华民族危机重重。

（3）以陈独秀、李大钊、鲁迅、胡适为代表的先进知识分子开始总结辛亥革命的教训，提倡民主和科学，掀起了轰轰烈烈的新文化运动，启迪了民智。

（4）1917年，俄国十月革命一声炮响，给中国送来马克思主义，为中国革命指明方向。

（5）1919年中国外交在巴黎和会上遭受屈辱性失败，北京爆发彻底的反帝反封建的"五四"爱国运动，标志着工人阶级正式登上历史舞台，资产阶级领导的旧民主主义革命结束，无产阶级领导的新民主主义革命迎来伟大开端。

第二节　中国古代哲学

一、中国古代基本哲学

（一）阴阳五行

阴阳五行学说起源于古代中国人的自然观。人们认为，宇宙的初始状态是"无"，称"无极"；由无极产生地球的雏形，即圆形的"太极"；太极中包括"两仪"（阴气和阳气），用黑白的阴阳鱼图形表示。古人认为阴阳二气是构成天下万物的基础，叫"无极变太极，太极变两仪，两仪变四象，四象生八卦"，最终形成五行和八卦，构成纷繁复杂的世界，道家叫"道生一，一生二，二生三，三生万物"。

阴阳五行思想早在西周已经出现。《周易》认为宇宙万物具有阴阳两个对立面。《尚书·洪范》把世界本源归结为金、木、水、火、土五种物质，即五行，认为自然界是五行相互演变（相生）或相互替代（相克）的结果。战国时期阴阳学家邹衍用"五行相胜"来解释社会现象。阴阳五行思想给君权披上了一层"神授"的外衣。

五行相克：金克木，木克土，土克水，水克火，火克金。

五行相生：金生水，水生木，木生火，火生土，土生金。

五行相生相克图

（二）八卦学说

最早记载于《周易》一书，传说伏羲氏"仰则观象于天，俯则观法于地……于是始作八卦，以通神明之德"。传说周文王曾悉心研究八卦，并推演出64个卦象。八卦即乾、坤、巽、震、坎、离、艮、兑。分别代表天、地、风、雷、水、火、山、泽8种自然现象。

它们不同的排列组合，构成了纷繁复杂的世界。但后世多将八卦用于预测吉凶命运，赋予其浓重的唯心主义和神秘主义色彩。

八卦包含阴阳，所以用“⚊”（阳）和“⚋”（阴）两个符号来代表。其中三条阳线为乾（天），三条阴线为坤（地）。

*速记：乾三连，坤六段；震仰盂，艮覆碗；离中虚，坎中满，兑上缺，巽下断。

太极八卦图（*说明：内下外上）

卦名	乾	坤	震	艮	离	坎	兑	巽
卦画	☰	☷	☳	☶	☲	☵	☱	☴
卦象	天	地	雷	山	火	水	泽	风
口诀	乾三连	坤六段	震仰盂	艮覆碗	离中虚	坎中满	兑上缺	巽下断

二、中国古代哲学思想

（一）诸子百家

春秋战国时期，各阶层出现了自己的代表人物，这就形成诸子百家学说和百家争鸣的局面。《汉书·艺文志》归纳的哲学流派有——儒家、道家、阴阳家、法家、名家、墨家、纵横家、杂家、农家、小说家十家，各家著书立说的代表人物合起来上百人，所以称为诸子百家（兵家未列入十家流派之中）。

流派	代表人物及主张
儒家	孔子（名丘）、孟子（名轲），主张恢复西周旧制度，主要著作分别有《论语》《春秋》和《孟子》。
道家	老子（李耳，老聃，著作《老子》）、庄子（名周，著作《庄子》），主张反文明教化，回归原始生活，有消极遁世思想。
墨家	墨子（名翟，著作《墨子》），主张“兼爱”“非攻”。
法家	商鞅和韩非（著作被后人分别辑录为《商君书》和《韩非子》），主张严刑峻法，战国中后期受秦国的重用。
兵家	春秋孙武（著有《孙子兵法》）、战国孙膑（著有《孙膑兵法》），讲求实效和辩证法，关心“知己与知彼”“强与弱”“多与寡”“攻与守”的辩证关系。

（二）儒学

儒学又称儒家、经学，是汉武帝“罢黜百家、独尊儒术”后长期占据统治地位的哲学思想，对中国传统伦理思想和人文心态影响至深。可分以下四个阶段：

1.先秦儒学

先秦是儒学创立时期，以孔子和孟子为代表，他们周游列国、游说诸侯，但各国统治者忙于富国强兵，并不重视儒学，儒学一直处于在野的状态。

孔子——儒学创始人，名丘，字仲尼，春秋时期鲁国陬邑（今山东曲阜）人。

☆孔子整理了古代文献《诗》《书》《礼》《易》，与其撰写的鲁国编年体史书《春秋》一起，被后世奉为经典，称“五经”。孔子死后，其生前的言论被弟子辑录成《论语》。

☆孔子伦理思想可以概括为两个字：“仁”和“礼”。“仁”是主张“仁者爱人”“己所不欲，勿施于人”。落实到政治上是提倡“仁治”，反对苛政。“礼”是西周等级制度，孔子“礼”的伦理思想落实到政治上是提倡“礼治”，要求君臣父子、亲疏贵贱都安分守己，不能超越对应的等级。

☆孔子是中国古代最伟大的教育家，被后世统治者尊为“至圣先师”“万世师表”。唐玄宗封之为“文宣王”。文庙就是祭祀“文宣王”的寝庙，宋以后多由“四配”（颜回、曾参、子思、孟轲）陪祭。

孟子——战国时期儒学代表人物，名轲。

☆孟子主张“人性善”，但认为后天环境会让一些人丧失善性，因此很强调成长教育，“孟母三迁”就体现了教育环境的重要性。

☆孟子具有较强的民本思想，主张“民为贵，社稷次之，君为轻”，要求君主“与民同乐”。

☆孟子主张统治者对人民实行“仁政”，通过恢复井田制的方式让人民获得土地，叫“制民恒产”。

☆孟子的著作《孟子》，“四书”之一，在宋代理学兴起后受到重视，孟子也被封为“亚圣”。

2.汉代儒学

今文经：秦朝“焚书坑儒”，儒学遭受灭顶之灾。汉初开始恢复儒学，因为距秦朝时间很近，伏生等老儒生尚在，于是采用汉代通行的隶书把儒经默写下来，成为最早恢复的一批儒家经典，叫今文经。

古文经：汉武帝以后，民间先后找到一批秦焚书前隐匿的经书，由于是用先秦古文字书写，被称为古文经。

同一部经书，今文经与古文经在篇目、文字上略有差异，但两派最大差别还在于学风不同：今文经视经书为政治蓝本，主张“微言大义”，用经书来治国平天下，而古文经重点研究古文字的形、音、义，把经书当作研究古代历史学、文字学的资料。

时间	人物及事件
西汉	☆董仲舒是今文经学代表人物，他研究《春秋公羊传》，主张“大一统”，加强皇权。 ☆董仲舒吸收道家思想，主张轻徭薄赋、休养生息；吸收法家思想，主张德法兼用、恩威并济；吸收阴阳五行家思想，主张天人感应、君权神授。 ☆经董仲舒改革后的儒学顺应了汉武帝加强中央集权的愿望，汉武帝“罢黜百家，独尊儒术”，立五经博士，并打破常规用儒生公孙弘为宰相，儒学从此成为中国正统思想，实现了从低谷向辉煌的跨越。

（续表）

时间	人物及事件	
东汉	政府打破门户之见，统一了今文经和古文经，东汉由此产生一批经学大师。	郑玄所注经书代表了汉代经学研究的最高成就，被称为“郑学”。
		许慎编纂了中国第一部字典《说文解字》，保存了大批先秦字体和汉代的文字训诂，反映了上古汉语词汇的面貌。
		蔡邕主持刻写熹平石经，置于洛阳太学，成为中国历史上第一部官定的儒经经文。

汉代以来儒学的独尊，客观上扼制了各种新思想的萌芽，中国社会再难产生超过前人的伟大思想家。

3.宋代儒学

从汉至唐，儒学均重视“五经”。北宋以后，一方面儒学界出现超越“五经”、还原圣人思想的风气，更加重视《论语》《孟子》和从《礼记》中抽出的《大学》《中庸》，合称“四书”（*速记：孟中大论）；另一方面儒学受到佛教和道教的影响，最终形成新的流派，即理学，又称“道学”，其代表人物是北宋程颢和程颐，南宋朱熹，史称“程朱理学”。朱熹著有《朱子语类》《四书集注》等书，是著名的理学著作，尤其《四书集注》后来成为科举考试标准的范本，答案不能背离朱子的注解。

理学认为“人性善”，提出“存天理，灭人欲”（来源于佛教）。不过，理学的“天理”不是佛教的“五戒”“八戒”，而是封建的“三纲五常”，让人们甘受政权、神权、族权和夫权的约束，所以理学家总是不遗余力地宣传“君臣父子”“孝子贞妇”，反对妇女再嫁，所谓“饿死事小，失节事大”。

理学使中国人思想更僵化，社会风气更保守，但也能树立部分中国人的浩然之气，使孟子“富贵不能淫，贫贱不能移，威武不能屈”的大丈夫气概得到发扬。

4.清代儒学

清代受文字狱的影响，儒学脱离政治，重视考证经书的音韵、文字、训诂并延伸到古籍的校勘、辑佚、辨伪，形成考据学派。因其不尚空谈，又称朴学。又因其在乾隆、嘉庆两朝达到极盛，还被称为乾嘉学派。清代考据学派肇始于顾炎武，吴派以惠栋为代表，主张“凡古必真”“凡汉皆好”“唯汉是信”；皖派以戴震为代表，主张以语言文字作为治经的途径。考据学派从“疑古”开始，通过实证和逻辑推理，证实了很多儒学经典为前人伪作，在文化上的贡献极大，而且也在学术界形成了“严谨治学”的文化氛围。

汉代以来儒学的独尊，客观上扼制了各种新思想的萌芽，中国社会再难产生超过前人的伟大思想家。正如明代李贽所说“咸以孔子之是非为是非，故未尝有是非耳”。“五四运动”前后，包括马克思主义在内的各种新思想、新学说传入中国。为了破除对孔子的迷信，解放思想，早在新文化运动中就喊响的口号“打倒孔家店”被广泛传播，封建礼教受到了无情批判。在当时历史背景下，打破儒学垄断地位无疑是社会进步的表现。

三、中国古代史学文化

商周以来，中国就开始设立史官，负责记载天下大事和帝王言行，所谓“左史记言，右史记事”。（《后汉书·艺文志》）

通常而言，史学功能主要有：历史记录；政治蓝本；行为规范。

中国古代的史学著作主要有：

☆《尚书》和甲骨文是最早的档案类史料；

☆春秋时期孔子著《春秋》，1.8万字，“为尊者讳，为亲者讳，为贤者讳”，政治色彩浓厚，是中国现存最早的一部编年体史书；

☆西汉时期司马迁创作《史记》，首次采用“纪”“传”的方式，记叙了从传说中的黄帝到汉武帝时期2000多年的历史，是中国第一部纪传体通史，被鲁迅誉为“史家之绝唱，无韵之离骚”；

☆中国是世界上唯一拥有4000多年连贯历史记载的国家。被列为正史的有“二十四史”（不含清朝历史），加上《清史稿》就是“二十五史”，共3749卷。中国古代史书形成了纪传体、编年体、纪事本末体、政书四大体裁。其中政书专门记载历朝典章制度，代表作有杜佑（唐）《通典》、郑樵（南宋）《通志》和马端临（元）《文献通考》。

但是，旧史学缺陷的存在是不容忽视的事实。主要表现在：

☆它没有说明人民群众的活动，不过是帝王将相的家谱；

☆它只记录了历史事实，没有找到历史发展变化的规律性。

因此，唯物史观的传入成为历史趋势，大批倡导新史学的人物和著作陆续出现：清末民初，维新派学者梁启超开始批判旧史学，倡导史学革命。新文化运动尤其是十月革命以后，马克思主义大规模传入中国，李大钊（李守常）著《史学要论》，大力宣传马克思主义唯物史观。郭沫若、范文澜等一批学者也先后运用唯物史观开展历史研究，使中国旧史学缺陷逐步得到克服，马克思主义唯物史观开始主导新史学的发展。

四、中国古代选官制度

（一）选官制度

时间	制度	事件
尧舜禹	禅让制	受原始民主制遗风的影响，核心是让贤。
夏商周	世卿世禄制	夏启之后，出现“家天下”的世袭制，不仅君王职位世袭，贵族同样享有世袭身份。
战国	奖励军功	废井田、开阡陌，旧贵族世代当官、世代享受俸禄的特权陆续被终结，出现奖励军功的制度。
汉代	察举制	地方官向中央举荐人才，察举的科目有秀才、明经、孝廉、贤良、方正等。
	征辟制	直接征召名望高的人士做官，其中皇帝选聘重要官员叫征，其他高官选聘幕僚为辟。

（续表）

时间	制度	事件
曹操时期	唯才是举	规定只要有治国用兵之术，即使“不仁不孝”都可以选用。
魏晋	九品中正制	地方设“中正”官负责选官，根据德、才将士人分为九品向中央举荐，到西晋时中正选官基本上只看门第、不重才学，出现“上品无寒门，下品无士族”现象。西晋和东晋时期郡太守以上级别的高官基本被豪门垄断，社会上形成一批世代显宦的家族，称为门阀士族。
隋唐	科举制	隋文帝罢中正官，隋炀帝时又设进士科，允许士人自由报考，标志着科举制正式创立。科举制是世界上最早的考试录用官员制度，它打破了魏晋南北朝门阀士族垄断高官的现象，促进了寒门势力的兴起。至唐代后期，门阀士族已经风光不再，出现“旧时王谢堂前燕，飞入寻常百姓家”的局面。
明清	科举制	明清有完善的官学体系，中央有国子监，地方有府学和县学。学生学成后根据科举考试的结果录用。清朝末年，随着西方科技的传入和新式学堂的发展，科举考试已经严重落伍。1905年，延续1300多年的科举考试正式被清廷宣布废除。

（二）科举制度

（1）考试制度固定，一般每三年举行一次，每次两轮。

（2）第一轮于秋天在省城举行，叫“乡试”（又称“秋闱”），各府州的“生员”（或称“庠生”“秀才”）参加，考取者称为“举人”。

（3）第二轮次年春天在京师举行，叫“会试”（又称“春闱”），由礼部主持，举人才有资格参加考试，考中者称为“贡士”。“贡士”还须经过皇帝主持的“殿试”（又称“廷试”）才能排定名次。

（4）殿试排名分三等，称“三甲”，一甲取前三名，分别称为“状元”“榜眼”“探花”，赐予“进士及第”称号；二甲和三甲人数较多，分别赐予“进士出身”和“同进士出身”称号。“三甲”发榜时用黄纸书写，故称金榜题名。明清科举考试内容以儒学“四书五经”为主，格式限定为八股文。

（5）考生如果能够在两轮三次考试中都获得第一名，即“乡试”第一名“解元”，“会试”第一名“会元”，“殿试”第一名“状元”，史称“连中三元”，不过历史上“连中三元”的人微乎其微，每朝也就两三人而已。

科举考试	时间	举行地点	参加者	主持人	考取者	第一名
乡试（秋闱）	秋天	省城	生员/庠生/秀才	各府州官员	举人	解元
会试（春闱）	春天	京师	举人	礼部	贡士	会元
殿试（廷试）	—	皇宫	贡士	皇帝	进士	状元

五、中国古代戏剧戏曲

（一）古代戏剧艺术发展

发展阶段	简述
起源	起源于原始歌舞，是劳动人民在生产生活或祭祀活动中抒发情感的一种方式。如：周代的佾舞，《诗经》的“风”“雅”“颂”，《楚辞》的“九歌”。
东汉	滑稽剧：四川民间广泛流行一种说唱艺术，演员大腹便便，满脸堆笑，一边敲鼓，一边演唱，十分滑稽。
唐玄宗时期	选“乐部伎”子弟三百人教于“梨园”，梨园成为教授歌舞戏曲的学校，学生被称为“梨园子弟”。
元	戏曲艺术形式基本成熟，出现以歌唱为主、结合说白表演的折子戏，称为元曲或杂剧。
	曲一般是四折一楔，角色有旦、末、净、外、杂五大类。
	元曲四大家及其代表作：关汉卿《窦娥冤》、白朴《墙头马上》、马致远《汉宫秋》、郑光祖《倩女离魂》。
明中期	江南兴起了昆腔，安徽、江西流行弋阳腔，剧种间交流频繁。当时南方经济发达，文化消费强劲；加上富庶的徽州商人习惯蓄养戏班，使安徽的戏曲文化最为繁荣。
清乾隆	“四大徽班进京”，京剧艺术形式基本成熟。

*注意：中国四大古典戏曲——元朝王实甫《西厢记》、明朝汤显祖《牡丹亭》、清朝孔尚任《桃花扇》、清朝洪昇《长生殿》。元杂剧四大悲剧——关汉卿《窦娥冤》、马致远《汉宫秋》、白朴《梧桐雨》、纪君祥《赵氏孤儿》。

（二）京剧艺术

为庆祝乾隆皇帝八旬寿辰，扬州盐商江鹤亭于1790年秋组织安庆戏班“三庆班”进京演出，接着又有四喜班、和春班、春台班等入京，即历史上的“四大徽班进京”（三庆四喜和春台）。此后昆曲、京腔、秦腔、汉调演员逐渐融入徽班，京剧艺术形式基本成熟。

类别	说明
唱腔	“西皮”与“二黄”两类。
表演手法	唱、念、做、打。
行当	生、旦、净、丑。
京剧四大名旦	梅兰芳、尚小云、程砚秋、荀慧生。
海派京剧（上海）	清末民初，受地方戏曲和西方戏剧的影响，主张“七分话白三分唱”。著名艺人有王鸿寿、汪笑侬、潘月樵、周信芳、盖叫天等。

六、中国古代书画艺术

（一）书法艺术

从先秦到魏晋，中国文字书体经历了从甲骨文、金文、大篆向小篆、隶书、草书、行书、楷书的演变。

文字书体	时间	简述
甲骨文和金文	商	中国最早的书法作品，分别镌刻在甲骨和青铜器上。
大篆（籀文）	西周	西周，太史籀发明大篆，唐代曾在陕西发现十只先秦石鼓，上面镌刻的文字（“石鼓文”）就是大篆。
小篆	秦	春秋战国时期毛笔开始运用于简牍中，书法成为文人的基本功，书法意识增强，文字开始规范，最终由秦丞相李斯创制小篆，实现了字体统一。李斯小篆代表作有《峄山石刻》《泰山石刻》《琅琊石刻》《会稽石刻》等。
隶书	汉	汉代流行，书法界有“汉隶唐楷”之说，汉隶字形结构化繁为简、化圆为方、化弧为直，字体方正，讲究“蚕头燕尾”“一波三折”。汉隶代表作有东汉《石门颂》《孔宙碑》《衡方碑》《曹全碑》《张迁碑》等。
草书	东汉、三国后	名家有东汉张芝，擅今草；唐朝张旭和怀素，擅狂草。三人均有“草圣”之誉。
楷书		楷书之祖是汉末三国人钟繇，他与东晋王羲之合称“钟王”，魏晋南北朝“魏碑”是著名的楷书作品。唐朝欧阳询、颜真卿、柳公权与元朝赵孟頫，合称“楷书四大家”。
行书		东晋王羲之成就最高，人称“书圣”，代表作《兰亭集序》被誉为“天下第一行书”。唐颜真卿的《祭侄文稿》也是著名的行书作品。

（二）绘画艺术

中国画又称国画，按照题材划分，中国画可分为人物画、山水画和花鸟画等类型，有工笔、写意、水墨、勾勒等多种技法，注重神似不重形似。

发展阶段	简述
起源	原始岩画，曾在贺兰山等地发现几十处古代岩画，不仅记录着远古人类生产、生活的场景，也代表着原始绘画艺术的产生。后来新石器时代半坡遗址出土的人面鱼纹盆，商周青铜器盛行的各种纹饰，战国时期流行的帛画，汉代的画像砖，都是传统国画艺术在不同载体上的呈现。
东晋	代表人物顾恺之，擅长人物画，主张“以形写神”，代表作《女史箴图》《洛神赋图》。
隋	代表人物展子虔，被认为是“唐画之祖”，代表作《游春图》，是现存最早的卷轴画。
初唐	代表人物阎立本，“昭陵六骏”图样设计师，被誉为“丹青神话”，有《步辇图》《历代帝王图》。
中唐	代表人物吴道子，人称“画圣”，有“吴带当风”之说，代表作《送子天王图》。 代表人物王维，被誉为山水画“南宗鼻祖”，因其画作“诗中有画，画中有诗”，被后世奉为文人画的始祖。但未有真迹保留。
宋	代表人物张择端，代表作《清明上河图》。
元	“元四家”：黄公望、倪瓒、王蒙、吴镇。其中，黄公望的《富春山居图》是中国十大传世名画之一，前半卷收藏在浙江省博物馆，后半卷在台北故宫博物院，2011 年曾首度在台北故宫博物院合璧展出。
明	有以戴进为代表的浙派，以沈周、文徵明为代表的吴派，以董其昌、陈继儒为代表的松江派。

（续表）

发展阶段	简述
清	有"扬州画派"等，其代表人物是以金农、郑燮（板桥）为首的"扬州八怪"。另有山水画家石涛、花鸟画家朱耷等。

第三节　中国古代主要科技发明

一、天文历法

（一）天文

时间	说明
商	甲骨文中就有星名和日食、月食的记载。
春秋	《尚书》《春秋》《诗经》中都有大量的天象记录。
战国	《甘石星经》是世界上最早的天文学著作，记录了800多颗恒星的名字。
汉	《史记》《汉书》专门设有《天官书》和《天文志》，反映天象与人事的关系。

（二）历法

中国古代历法实行的是阴阳合历，历法与农业生产的联系十分紧密。

朝代	时间	地位
黄帝历	远古	中国最早的历法。
夏历	夏	古代汉族历法之一，与黄帝历、颛顼历、殷历、周历、鲁历合称古六历。
颛顼历	秦	秦统一六国后实行。
太初历	西汉	邓平、唐都、落下闳等编制。
大明历	南朝	祖冲之编定过。
大衍历	唐开元年间	僧一行编定。
授时历	元代	郭守敬制定，是中国古代使用时间最长、精确度最高的历法。

二、四大发明

名称	说明
造纸术	萌芽于西汉，考古发现过这一时期质地较粗糙的麻纸，但难以用于书写。东汉时期，宦官蔡伦改进造纸法，造出质地细腻、便于书写的"蔡侯纸"。魏晋时期纸张广泛用于书写，曾因左思的《三都赋》，出现过"洛阳纸贵"的现象。

（续表）

名称	说明
印刷术	☆雏形：在陶器表面刻印各种纹饰，后来的印章也是一种简单的印刷行为。 ☆雕版印刷：目前所能见到的最早的印刷品，是唐代印制的《金刚经》（868年），方法是在木版上刻写内容，再印制在纸质媒介上。 ☆活字印刷术：北宋时，平民毕昇发明，使用胶泥制作单字，再排版印刷，效率大大提升。活字印刷术在将胶泥改成铅字后，一直沿用到电脑打印技术的出现才逐步废弃。
火药	其发明与道士炼丹有关。唐代孙思邈曾经记载用硫磺、硝石和木炭制造火药，唐末火药开始用于军事，宋代甚至出现“霹雳炮”“震天炮”等火器。元时，火药从阿拉伯传到欧洲并被广泛运用于枪炮制造。
指南针	传说黄帝大战蚩尤就曾用指南车指引方向，战国时使用的“司南”也是一种指南装置。北宋时出现人工磁化制造的指南针，科学家沈括还发现了磁偏角现象。南宋时出现导航用指南针，称为“罗盘”，为后来欧洲航海家洲际航行和地理大发现准备了条件。

三、中医中药

（一）中医

中医中药既是我国的国宝，又是珍贵的文化遗产。

中医是汉族创造的传统医学，传说“神农尝百草”开创了中医学。中医以阴阳五行作为理论基础，将人体看成是气、形、神的统一体，通过望、闻、问、切“四诊”的方法辨证施治。中医判别病症有八个症候，叫“八纲”，它们是阴阳、表里、寒热、虚实。其治病方法有中药内服、艾灸、针灸、拔罐、气功、食疗、推拿、按摩等多种手段，最终使人体达到阴阳调和而康复。日本的汉方医学等都是以中医为基础发展起来的。

时间	成果	人物	地位
西汉	《黄帝内经》	—	包括《素问》和《灵枢》，奠定传统中医学理论基础，现存最早的医书。
东汉	《伤寒杂病论》	张仲景	人称“医圣”，开创用八纲辨证施治。
	“麻沸散” “五禽戏”	华佗	“神医”，发明了用“麻沸散”进行全麻后施行腹腔手术。自创“五禽戏”，开中国保健医学先河。
西晋	《脉经》	王叔和	最早的脉学著作。
	《针灸甲乙经》	皇甫谧	我国第一部针灸学著作。
唐	《千金方》	孙思邈	被誉为“东方医学圣典”，孙思邈被誉为“药王”。
南宋	《洗冤录》	宋慈	中国第一部法医学专著。

* 注意：中国各地药王庙供奉的药王有神农氏、孙思邈、铁拐李、邳彤等。

（二）中药

中药是配合传统中医理论用于治疗的药物。中药主要来源于天然药及其加工品，包括植物药、动物药、矿物药及部分化学、生物制品类药物。由于中药以植物药居多，故有

“诸药以草为本”的说法。

类别	说明
配伍	选择两种以上的药物合在一起应用。
相须	药物间有协同作用、能提高药效。
相杀	能减轻或消除毒副作用，以保证安全用药。
相恶	药物间有拮抗作用，会抵消或削弱其中一种药物功效。
相反	药物间能产生毒性反应或强烈副作用。

中国古代著名的药物学著作有：

时间	著作	说明
东汉	《神农本草经》	我国第一部药物学著作。
唐	《唐本草》	由政府颁定，是世界上第一部由国家颁布的药典。
明	《本草纲目》	李时珍著，是集中国古代药物学大成的巨著，被誉为“东方药学巨典”。

四、农业科技

中国是世界上最早栽桑、养蚕、饮茶的国家，也是水稻、粟、大豆和苎麻的原产地之一。早在春秋战国时期，中国已经掌握了人工灌溉、施肥和牛耕技术，著名的都江堰水利工程一直沿用至今。西汉时期开始茶叶种植，四川省名山区蒙顶山的皇茶园，至今保存着中国最早人工种植的七株茶树。唐朝以后，饮茶习俗传遍全国。西汉农具出现耧车（畜力播种工具）和龙骨水车（灌溉工具）。唐朝还出现轻便省力、适宜深耕的曲辕犁。

下表为中国历代出现的农学著作。其中，《氾胜之书》《齐民要术》《农书》《农政全书》被誉为中国古代“四大农书”。

农学著作	时间	作者	地位
《氾胜之书》	西汉晚期	—	中国最早的农书；记载黄河流域农业生产经验和耕作技术，包括选种、栽培、收获、贮藏等技术，对农作物“区种法”比较推崇。
《齐民要术》	北魏	贾思勰	主要记载北方黄河中下游地区农牧业生产、食品加工与贮藏、荒地治理的经验，被誉为“中国古代农业百科全书”，这本书也是中国早期农书中保存最完整的一部。
《茶经》	唐	陆羽	记载了茶的起源、采制技术、饮茶习俗、茶具和茶叶产地等知识，是世界上第一部关于茶叶的专著，陆羽因此被茶界奉为“茶圣”。
《农桑辑要》	元初	政府	指导农业生产。
《农书》	元代中期	王祯	既讲北方也总结南方农业生产的经验，还绘制了200多幅农具图，弥补了前人著作的缺陷。
《农政全书》	明	徐光启	中国古代农学著作的集大成者，不仅总结了历代农业技术，更重要的是用了近一半的篇幅讲述“农政”思想，如开垦、水利、备荒等政策，站位更加高远。

五、其他科技成就

（一）数学

时间	事件
商	甲骨文中已经使用十进位制。
西周	将“数”列为“六艺”之一。
春秋	出现乘法口诀、分数概念。
西汉	《周髀算经》是最早的数学著作，涉及复杂分数运算和开平方，并提出了勾股定理。
东汉	《九章算术》提出了负数概念及正负数运算法则，标志着我国古代数学体系基本形成。
魏晋	刘徽注《九章算术》，解决了求圆的面积和圆柱、圆锥体积的方法。
南朝	祖冲之首次将圆周率精确到小数点后第7位；其子祖暅提出了计算球体体积的祖暅原理。
宋元	珠算开始广泛使用。

*速记：南朝一个数——圆周率；两汉两本书——《周髀算经》和《九章算术》；三位数学家：刘徽（三国魏晋）、祖冲之（南朝）、祖暅（祖暅原理）。

*速记：西汉周髀见勾股；东汉九章分正负。

（二）地理学

时间	人物	事件
北魏	郦道元	为《水经》作注，是中国古代最全面、最系统的综合性地理著作。
明	王士性	“无时不游，无地不游，无官不游”，被誉为中国人文地理学的开山鼻祖，代表作《广志绎》，是一部很有价值的人文地理学著作。
	徐霞客（徐弘祖）	《徐霞客游记》开篇之日被确定为中国旅游日。徐霞客是世界上最早对石灰岩地貌进行系统考察的地理学家，论证了金沙江才是长江的源头，否定了《禹贡》中关于“岷山导江”的说法。 《徐霞客游记》堪称中国旅游史及中国文化史上的一座里程碑。

（三）综合性科技著作

时间	作者	著作	地位
北宋	沈括	《梦溪笔谈》	英国科学史家李约瑟评价此书为“中国科学史上的里程碑”。
明	宋应星	《天工开物》	是世界上第一部关于农业和手工业生产的综合性科技著作，有明代末年资本主义萌芽的相关记载，外国学者称它为“中国17世纪的工艺百科全书”。

第四节　中国古代历史文化常识

一、姓、氏和名、字

（一）姓、氏

类别	说明
姓	族号，代表相同的血缘关系，有“别婚姻”的作用。同姓不婚，以避免近亲繁殖。如黄帝姓“姬”，号轩辕氏，而姬姓还有高阳氏、高辛氏等；商族姓“子”，下面有殷、时、来、宋等氏。
氏	姓的分支，是由于人口繁衍，一姓之下不同分支为表示区别而取的称号，氏主要来自封地、居住地或者官名、职业，如南郭、南宫、卜、祝、司马、陶等。由于氏之间贫富有别，因此氏又有“明贵贱”的作用。

战国以后，以氏为姓，姓氏逐渐合而为一。魏晋南北朝时期大量少数民族内迁，他们一部分改为汉姓，也有一部分沿用少数民族的复姓，如长孙、慕容、尉迟等，使中国人的姓更加丰富。

（二）名、字

名：一般婴儿出生满百日后由父亲取名。

字：男子二十、女子十五后举行成人礼，再取字。

名、字有取同义的，如屈平，字原（广平为原）；颜回，字渊（渊，回水也）；也有取反义的，如曾点，字皙（“点”指小黑，“皙”指白洁）。先秦人取“字”多是一个字，汉以后则多取两个字，如诸葛亮，字孔明（即大明）。

二、避讳和称号

（一）避讳

古代“为尊者讳”。尊者的“名”是不能随便叫的，平常互相称“字”。如果是皇帝或孔子等圣人的名字，常人更不能用，要“避讳”，一般是“改字”或“缺笔”。如汉高祖刘邦时，凡“邦”字一律改称“国”；唐太宗李世民时，观世音也被迫称为“观音”；康熙名玄烨，玄武门都只能叫“元武门”或“神武门”。如果需要书写避讳的字时，往往采用缺笔法，如将世写作卅，丘缺右边一竖。

（二）称号

称号	释义
别号	古代文人为自己取的雅号，如东晋道士葛洪号“抱朴子”，陶潜号“五柳先生”，北宋苏轼号“东坡居士”。

（续表）

称号	释义
谥号	古代帝王、诸侯、高官死后，朝廷根据他们生平事迹给予的称号，目的是褒贬善恶。 ☆表扬：如“文”“武”“成”“景”。例如诸葛亮谥为“忠武”（忠武侯），欧阳修谥“文忠”（文忠公）。 ☆批评：如“炀”（好内远礼）、“厉”（杀戮无辜）。 ☆同情：短命叫“哀”，遭受国难叫“愍”。 秦始皇时曾认为谥号是“臣议君，子议父”，一度加以废除。
庙号	☆庙号：逝去帝王在宗庙中的称号。 ☆牌位：历朝一般都会建宗庙供奉逝去的列祖列宗牌位。牌位摆放以始祖居中，称为“祖”（如高祖或太祖、世祖），其后继者按照左昭右穆顺序排列两侧，称为宗（如唐太宗、唐高宗）。 ☆祭祀：以猪、羊祭祀叫少牢，以猪、牛、羊祭祀叫太牢。

三、天文和历法

（一）天文

类别	说明
七曜	又称七政，指日、月和金星、木星、水星、火星、土星。 其中，金星又称为“明星”“太白”，五星中亮度最强。金星在黎明时现于东方，叫“启明”，黄昏时在西方，叫“长庚”。《诗经》有“东有启明，西有长庚”之说。
二十八宿（二十八颗恒星）	☆东方苍龙七宿：角、亢、氐、房、心、尾、箕。指七星构成青龙形状。 ☆北方玄武七宿：斗、牛、女、虚、危、室、壁。指七星构成龟蛇形状。 ☆西方白虎七宿：奎、娄、胃、昴、毕、觜、参。指七星构成白虎形状。 ☆南方朱雀七宿：井、鬼、柳、星、张、翼、轸。指七星构成一只鸟形。
占星术	《史记》说：“天有列宿，地有州域”，指天上的星宿与地上的州郡是对应的，这叫“分野”。如东方苍龙七宿中的角、亢、氐代表兖州，房、心代表豫州，尾、箕代表幽州。古人认为天象的变化预示着人事的吉凶，如木星（又叫岁星）代表五谷丰登，日食是上天对天子的警告，彗星是兵灾的凶象——当彗星在二十八宿某个星座，代表所对应的州郡有兵火之灾。占星家还认为某星主水旱，某星主饥馑，某星主瘟疫，某星主盗贼，根据它们的隐现或光色的变化，预测所配州郡的未来吉凶，迷信色彩浓厚。

（二）历法

1.纪年法

中国古代最早采用的是帝王纪年法，在西周“国人暴动”前，历代帝王统治的具体时间和年限缺乏明确的记载。自“国人暴动”周公和召公“共和行政”（前841）起，历代帝王统治的年限才明晰起来，中国历史才有了确切的纪年。

西汉武帝时，开始采用年号纪年。汉武帝先后用过元光、元朔、元狩、元鼎等10个年号。改年号叫改元。改年号后新的年号从元年开始重新计数。汉武帝之后，新皇帝即位必须改年号，而且一个皇帝先后使用多个年号的现象也比较常见，只有明清两代皇帝基本上不改年号，因此后人可以用年号来称谓明清皇帝，如明世宗的年号是嘉靖，称为嘉靖皇帝，清高宗年号是乾隆，称为乾隆皇帝。辛亥革命后建立“中华民国”政权，年号纪年法被废除，统一改为民国纪年。1912年为民国元年，此后以此类推。1949年中华人民共和国成立，正式改为公元纪年。（*注意：帝号—年号—民国—公元）

2.闰年

太阳的出没和月亮的盈亏是天象中最常见的，也是常见的计年参照物。我国古代实行阴阳合历，即以月亮盈亏计月（阴历），以太阳年计年（阳历）。规定一年12个月，大月30天，小月29天，全年共354天，这比太阳实际运转1年少了11¼天，积三年就相差一个月，于是每三年增加一个月，叫置闰，这一年就有13个月。

3.天干和地支

中国古代用十天干与十二地支相配，得到60个干支组合，最早用于计日，后来用于计年。计年时每60年一个轮回，称一个“甲子”或“花甲”。

古人还用十二地支计时。方法是将一天分为12个时辰，对应十二地支，开始于子时（23—次日1点），结束于亥时（21—23点），2小时为一个时辰。另外，十二地支还对应12种动物，叫十二生肖。

（1）天干

1	2	3	4	5	6	7	8	9	10
甲	乙	丙	丁	戊	己	庚	辛	壬	癸

（2）地支

1	2	3	4	5	6	7	8	9	10	11	12
子	丑	寅	卯	辰	巳	午	未	申	酉	戌	亥
鼠	牛	虎	兔	龙	蛇	马	羊	猴	鸡	狗	猪

（3）六十甲子表

甲子	乙丑	丙寅	丁卯	戊辰	己巳	庚午	辛未	壬申	癸酉
甲戌	乙亥	丙子	丁丑	戊寅	己卯	庚辰	辛巳	壬午	癸未
甲申	乙酉	丙戌	丁亥	戊子	己丑	庚寅	辛卯	壬辰	癸巳
甲午	乙未	丙申	丁酉	戊戌	己亥	庚子	辛丑	壬寅	癸卯
甲辰	乙巳	丙午	丁未	戊申	己酉	庚戌	辛亥	壬子	癸丑
甲寅	乙卯	丙辰	丁巳	戊午	己未	庚申	辛酉	壬戌	癸亥

（4）一昼夜12时辰与24小时对应表

子时	丑时	寅时	卯时	辰时	巳时
23—次日1	1—3	3—5	5—7	7—9	9—11
午时	**未时**	**申时**	**酉时**	**戌时**	**亥时**
11—13	13—15	15—17	17—19	19—21	21—23

也可参见下图：

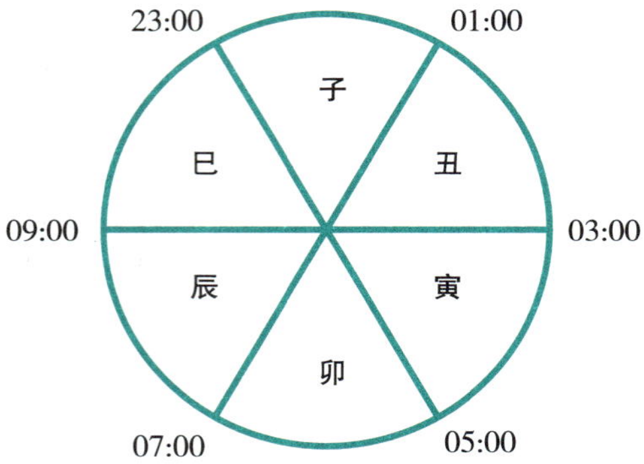

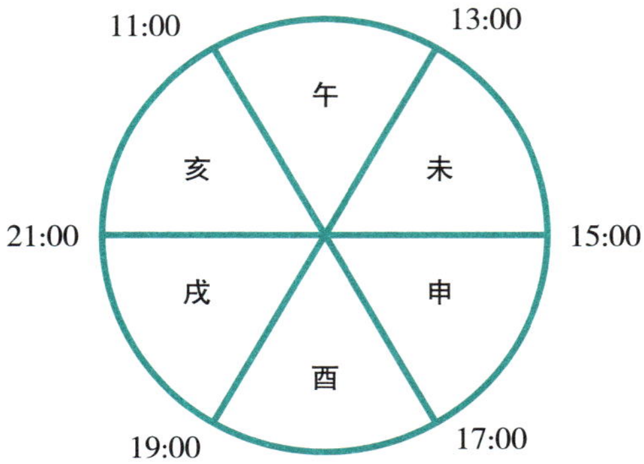

如果已知时辰，则计算时间的公式为：地支顺序数*2–1=终点的时间。

如：已知时辰为申时，其顺序为9，则具体时间为：9*2–1=17（点）（处于申时末点上）。

拓展：

年份	1984	1985	1986	1987	1988	1989
地支	子鼠	丑牛	寅虎	卯兔	辰龙	巳蛇
年份	1990	1991	1992	1993	1994	1995
地支	午马	未羊	申猴	酉鸡	戌狗	亥猪

4.四季

古代把一年分为春、夏、秋、冬四季，每季三个月，分别用孟、仲、季来称呼。

每个月的初一叫朔，最后一天叫晦，中间十五（大月十六）那天叫望。

季节	孟	仲	季
春	1 月	2 月	3 月
夏	4 月	5 月	6 月
秋	7 月	8 月	9 月
冬	10 月	11 月	12 月

5. 节气

把一年 365¼ 天平分为二十四节气，以反映四季中气温、雨雪的变化，便于安排农事。

季节	月份	节气	节气歌
春天	1—3 月	立春、雨水、惊蛰、春分、清明、谷雨	春雨惊春清谷天
夏天	4—6 月	立夏、小满、芒种、夏至、小暑、大暑	夏满芒夏暑相连
秋天	7—9 月	立秋、处暑、白露、秋分、寒露、霜降	秋处露秋寒霜降
冬天	10—12 月	立冬、小雪、大雪、冬至、小寒、大寒	冬雪雪冬小大寒

易错考题小试牛刀

1.（判断题）北京人遗址发掘表明北京人身体进化已经达到与现代人基本相似的程度，并出现了人种分化。（　）

2.（单选题）会试考中者称（　）。

A. 秀才　B. 举人　C. 贡士　D. 进士

3.（多选题）下列关于庙号制度的说法中，正确的是（　）。

A. 帝王逝去后，朝廷根据他们生平事迹给予的称号叫庙号

B. 古代帝王都建有宗庙，供奉逝去的列祖列宗牌位

C. 牌位的摆放以始祖居中，称为“祖”

D. 后继者按照左昭右穆顺序排列两侧，称为宗

E. 以猪、羊祭祀叫少牢，以猪、牛、羊祭祀叫太牢

4.（多选题）中国国画按照题材内容可以分为（　）种类。

A. 人物画　B. 花鸟画　C. 山水画　D. 抽象画　E. 静物画

5.（多选题）《周易》中的八个符号，象征着八种基本自然现象。下列表述正确的是（　）。

A. 乾卦象征天　B. 震卦象征山　C. 坤卦象征地　D. 兑卦象征火　E. 坎卦象征风

6.（多选题）汉代的选官制度有（　）。

A. 世卿世禄制　B. 科举制　C. 征辟制　D. 察举制　E. 禅让制

【答案】1. 错　2.C　3.BCDE　4.ABC　5.AC　6.CD

第四章
中国文学常识

【考试大纲】

- **了解：**中国古典和近当代文学重要知识、重要文化名人及作品、旅游相关诗词名篇。
- **熟悉：**名胜古迹中的著名楹联。
- **掌握：**中国汉字的起源、发展与格律常识，历代游记名篇《兰亭集序》《滕王阁序》《岳阳楼记》《赤壁赋》赏析。

【历年分值】

年份	判断（题）	单选（题）	多选（题）	分值（分）
2019	1	4	0	2.5
2020	3	4	0	3.5
2023	2	5	3	6.5
2024	2	4	2	5

第一节 中国汉字的起源、发展

一、起源

在文字产生之前，人们为了帮助记忆、交流思想、传递信息，曾经采用过最原始的实物记事、结绳记事、契刻记事等方式，并进一步发展为图画记事。

据古书记载，上古时伏羲观万物而画卦象，仓颉观鸟迹虫文始制文字，就是用图画的线条把要表达的物体的外形特征勾画出来。用图画来帮助记忆、表达思想，让“图画”发挥文字的作用，形成“图画文字”。“图画文字”在广泛使用的过程中为公众所接受，约定俗成，逐渐形成了比较固定的形、音、义，于是文字就从图画中分离出来，原始文字就这样出现了。

书画同源，原始文字的来源就是图画，所以原始文字大多是象形字。象形造字的局限性很大，因为有些实体事物和抽象事物是画不出来的。因此，以象形字为基础，汉字增加了其他的造字方法，发展成表意文字，如“四书”中的会意、指事、形声。这些新的造字方法，仍是建基在原有的象形字之上，即以象形字作为基础，拼合、减省或增加象征性符号而造出新字。

中国文字的萌芽大约在距今6000年前，母系氏族社会时期仰韶文化的半坡、姜寨等遗址出土的彩陶上已经有类似文字的刻画符号，后来父系氏族社会时期山东大汶口遗址发现的陶器上也刻有类似原始文字的“陶文”，个别文字可能已经代表固定的含义，因此可以说这些刻画符号代表着中国文字的最初萌芽。

甲骨文是中国最早的成熟文字，是大约在公元前14世纪殷商后期形成的一种初步的定型文字。因其刻写在龟甲和牛肩胛骨上而得名。其刻写的内容多为殷商王朝占问吉凶的“占卜辞”及少量的“记事辞”，是殷商王朝的官方档案。19世纪末以来，在河南安阳殷墟遗址先后出土了超过15万片的甲骨片，共有4000多个单字，其中经过学者考证可以释读的超过2000个。甲骨文中多数是象形字，也有不少形声、会意字。最早形成体系的汉字是殷商甲骨文。

二、发展

汉字在漫长的使用实践中，顺应社会的发展，顺应刻写主体、载体、技术、使用对象、使用范围的变化而不断发展演变。这种发展演变最为直观的是汉字字体形态逐步规范化和稳定化。譬如，小篆使每个字的笔画数固定下来，隶书构成了新的笔形系统，字形渐成扁方形。楷书诞生以后，汉字的字形字体就稳定下来，确定了“横、竖、撇、点、捺、挑、折”的基本笔画，笔形得到进一步的规范，汉字的笔画数和笔顺也固定了。

汉字发展演变的过程就是汉字从难到易、由繁到简、由乱到治、逐步规范的过程。汉字发展演变的规律可以概括为以下三个方面：

汉字发展演变的规律

- **笔画的线条化**：从甲骨文到篆文，汉字笔画逐渐演变形成直笔和圆转两种线条。线条比图形简单、统一，易于刻写。隶书以后逐渐形成笔画匀称、线条统一的楷体字笔画系统。
- **字形的符号化**：文字起源于图画，但一旦固定成形，广泛使用，其字形就不再是图画，而是一种具有特定读音、含义，可以独立使用的符号。将字形符号化就意味着可以灵活使用这些符号，运用汉字指事、会意、形声等其他造字方法，造出想要的汉字。尤其形声字的出现，使任何抽象的、无法描画形状的事物，皆可以选取一个具有其类别特征的字作为形符，再找一个读音相近的字作声符，造出一个新字。不同形符、声符的配合可以造出无穷的新字，这也是形声字占汉字总数80%以上的原因。
- **结构的规范化**：汉字的形成、使用存在时代和地区差异，所以同一字而结构不同、笔画有异的现象历代皆有。文字的发展演变需要不断地整理、规范，使之“书同文”，才能充分发挥文字记录、交流、沟通的社会功用。从甲骨文、篆文、隶书、楷书到现今的规范汉字，就是不断对字体大小、字形结构、笔画书写等调整统一，使汉字变得越来越整齐规范、大小一致、造型美观。

三、字和词的关系

字是记录语言的符号。字有字义，往往由字形体现出来。造字之初，字义是单一的。但在长期的使用过程中，由于文字的假借、通假、引申等，因此词义是多变的。词是字在不同语言环境中的运用，词有词义，词义既与字义有关，又不等同于字义，在不同的语言环境中，同一个字的运用可能产生出不同的含义，即字义是相对不变的，而词义则随其具体的语言环境而多变。

当字义和词义相同时，字义就是词的本义。但当字义和词义不同时，词义更多是文字的引申义、假借义，甚至是特有的修辞义。如“向”字，金文中是个象形字，描摹的是房屋墙上开一个口，就是窗。“窗”就是“向”字的本义。《诗经·豳风·七月》：“穹窒熏鼠，塞向墐户。”“向”在这里的词义就是其字义。但《庄子·秋水》：“河伯望洋向若而叹”，陶渊明《饮酒》诗之三：“道丧向千载”，刘禹锡《秋中暑退赠乐天》诗：“人情皆向菊”，陈毅《过旭角》诗：“红日指路不迷向”等处，“向”的词义分别为面对、临近、偏爱、方向，这些都是由“窗”“朝北的窗”这个字义引申出来的词义。

由此可见，同一字的词义是多变的，但在具体语言环境中，词义又是唯一的，因为语言环境是具体的。因此，阅读理解文学作品中的词语，应该认真体会语境中的词义，不能简单地望文生义、错误解释。

第二节 中国诗词的发展与格律、楹联常识

一、诗体流变

关于诗体的流变，南宋严羽《沧浪诗话》概括为："风、雅、颂既亡，一变而为离骚，再变而为西汉五言，三变而为歌行杂体，四变而为沈宋律诗。"这基本上反映了中国古体诗的流变轨迹。

（一）风、雅、颂既亡

风、雅、颂指《诗经》。

《诗经》中的大多数篇章都是四言句型，两字一顿，偶数句末押韵。如《关雎》："关关/雎鸠，在河/之洲。窈窕/淑女，君子/好逑。"又如《蒹葭》："蒹葭/苍苍，白露/为霜。所谓/伊人，在水/一方。"

（二）一变而为离骚

《离骚》指楚辞体。

"楚辞"的句式从三言到八言都有，长短不拘，参差错落。有的在句与句之间以及一句之中用"兮"字以表停顿语气。如《离骚》："帝高阳之苗裔兮，朕皇考曰伯庸……路漫漫其修远兮，吾将上下而求索。"有的在七言句中的第四字上用"兮"，形成三字一顿的节奏。如《国殇》："操吴戈兮披犀甲，车错毂兮短兵接。旌蔽日兮敌若云，矢交坠兮士争先。"三字一顿的节奏，丰富了诗歌语言的表现力，为五言诗、七言诗的发展准备了条件。

（三）再变而为西汉五言

汉代诗歌在《诗经》《楚辞》和秦汉民歌的基础上，经历了从民间歌谣到文人创作、从乐府歌辞到文人"古诗"、从四言体到五言体、从骚体到七言体、从叙事诗到抒情诗的发展过程。班固的《咏史诗》，标志着五言诗的成熟。无名氏的《古诗十九首》代表了汉代文人五言诗的最高成就。

（四）三变而为歌行杂体

七言诗的起源可能早于五言诗，但其成熟却晚于五言诗。

东汉张衡的《四愁诗》："我所思兮在太山，欲往从之梁父艰，侧身东望涕沾翰。美人赠我金错刀，何以报之英琼瑶。路远莫致倚逍遥，何为怀忧心烦劳。"已表现出七言诗的雏形。三国时期魏国曹丕的《燕歌行》："秋风萧瑟天气凉，草木摇落露为霜。群燕辞归雁南翔，念君客游思断肠。"通篇七言，被认为是我国现存第一首文人创作的七言诗，标志着七言诗的形成。

"歌行杂体"指的是魏晋南北朝时以鲍照为代表的一批诗人，继承汉乐府歌行体，运

用了大量的七言句，又夹杂一些五言句，不必严格齐言而又句句押韵，形成了一种新的七言歌行杂体。如鲍照的《拟行路难》：“泻水置平地，各自东西南北流。人生亦有命，安能行叹复坐愁？酌酒以自宽，举杯断绝歌路难。心非木石岂无感？吞声踯躅不敢言。对案不能食，拔剑击柱长叹息。丈夫生世会几时？安能蹀躞垂羽翼！弃置罢官去，还家自休息。朝出与亲辞，暮还在亲侧。弄儿床前戏，看妇机中织。自古圣贤尽贫贱，何况我辈孤且直！”这种五言、七言歌行杂体，不仅对唐代歌行体产生了极大影响，为唐代五言、七言格律诗的形成亦奠定了形式上的基础。

（五）四变而为沈宋律诗

“沈宋律诗”，指的是唐代格律诗。

初唐诗人沈佺期、宋之问，世称“沈宋”，他们的诗歌多宫廷应制之作，内容空洞，无甚可取。但辞采绮丽，讲求格律，精研音韵，标志着五、七言律诗的定型，成为律诗创作所遵循的标准，因而成为唐代格律诗的代称。唐代格律诗之前的诗可以通称为古体诗。

二、诗词格律常识

（一）近体格律诗

格律诗，包括律诗和绝句，是唐朝人创制定型的。唐朝人称这种新诗体为近体诗或今体诗，唐朝人这么叫，我们现在也这么叫。有了近体诗以后，唐以前的诗，就通称为“古体诗”。唐以后不合近体格律的诗，也称为古体诗。

近体格律诗有固定的格式和规律，主要体现在以下几个方面：

<table>
<tr><th>规律</th><th colspan="2">内容</th></tr>
<tr><td>字数</td><td colspan="2">☆五言：每句五字。
☆七言：每句七字。</td></tr>
<tr><td rowspan="2">句数</td><td>四句</td><td>☆四句一首的叫“绝句”。
☆五言四句的称“五言绝句”，简称“五绝”。
☆七言四句的称“七言绝句”，简称“七绝”。</td></tr>
<tr><td>八句</td><td>☆八句一首的叫“律诗”。
☆五言八句的称“五言律诗”，简称“五律”。
☆七言八句的称“七言律诗”，简称“七律”。</td></tr>
<tr><td rowspan="2">平仄</td><td>五言</td><td>平平仄仄平，仄仄仄平平，仄仄平平仄，平平仄仄平。</td></tr>
<tr><td>七言</td><td>平平仄仄平平仄，仄仄平平仄仄平，仄仄平平平仄仄，平平仄仄仄平平。</td></tr>
<tr><td>押韵</td><td colspan="2">绝句、律诗一律押平声韵，不换韵。“押韵”也叫“叶韵”。平起的诗首句起韵，仄起的诗第二句起韵，其下都是隔句押韵。如王维《竹里馆》。</td></tr>
<tr><td>对句</td><td colspan="2">对句又称“对偶”或“对仗”，就是上下两句配成对，不但字句平仄要相对，而且字义也要相对。律诗每两句为一联，依次称首联、颔联、颈联、尾联。每联上句叫出句，下句叫对句。律诗的颔联和颈联一定要各自对仗。首联和尾联不作规定。绝句只要求平仄相对，而不要求字义上相对。如孟浩然《宿建德江》。</td></tr>
</table>

（二）平仄声

平仄是格律诗中的重要因素。所谓“格律”主要就是讲平仄。平仄，是汉字声调的分类。

每个汉字就是一个“音节”，每一个音节都有它自己的声调，而且声调具有辨义的重要作用。

从六朝以来，即有平、上（shǎng）、去、入四种声调的说法。“平声”就是调值与“平”字相当的声调，上、去、入可依此类推。一般认为，平声字较多，占2/5强，平声字读音较为舒和、悠扬；上、去、入三个声调的字占1/3弱，上、去、入三个调类的字则读音比较曲折、急促。

古今对比：

（1）古平声——平；古上、去、入声——仄。

（2）现代汉语拼音中，可简单归类：

阴平（第1声）——平

阳平（第2声）——平

上声（第3声）——仄

去声（第4声）——仄

作诗的人，为了使诗句读起来抑扬顿挫，使音节显得起伏灵动，就把平声字与上、去、入三声字交错在诗句中使用。因为上、去、入三声字读起来险仄、急促，所以就以“仄”字来代替。这就是平仄音律的得名。平仄在同一句中是交替的，在对句中是相反的。一首平仄调和的诗，读起来就会声调铿锵、抑扬有致。

古今语音是不断变化的。六朝以来“平、上、去、入”的四种声调与现今普通话的“阴平、阳平、上声、去声”四调是不能简单对应的。说直白些，现代普通话中的阴平、阳平基本上就是古代的平声（只是有少量的入声字，约650字混入），上声、去声基本就是仄声。

（三）格律诗的押韵和平仄格式

1.押韵

指在需要押韵的韵位用同一个韵（或邻近韵）的字，使之产生一种声音回环的和谐美。押韵字称为“韵脚”。律诗押韵的原则是，每联的对句必须押韵，即二、四、六句押韵；而且只押平声韵（仄声韵极少），一韵到底；首联出句可以入韵，也可以不入韵。

如：杜甫《登高》

风急天高猿啸哀，渚清沙白鸟飞回。（首联）

无边落木萧萧下，不尽长江滚滚来。（颔联）

万里悲秋常作客，百年多病独登台。（颈联）

艰难苦恨繁霜鬓，潦倒新停浊酒杯。（尾联）

这首七言律诗，首句就入韵，句末字押韵，四联全都对仗到底（律诗要求中间两联须对仗），且首联中还句中自对，实属不易。

2.平仄

律诗平仄搭配的原则有两个：

一是“对”。即一联之中，出句和对句的第二、四、六字平仄必须相对，而绝不能相同。其目的是在一联中声调有变化，念起来抑扬顿挫、和谐优美。

二是“粘”。“粘”是指下一联出句与上一联对句的第二、四、六字平仄必须相同，即“粘”在一起。这样就会使上下两联的平仄不雷同而有变化。

如：王之涣《登鹳雀楼》

白日依山尽，（仄仄平平仄）

黄河入海流。（平平仄仄平）

欲穷千里目，（平平平仄仄）

更上一层楼。（仄仄仄平平）

对——很工整，上下句“平”“仄”相对；

粘——2、3句，4、5句，6、7句之间第二、四、六个字平仄相同；如示例中第三句第二个字“穷”与第二句第二个字“河”均为平声，符合“粘”的要求。

按照“对”“粘”以及押韵原则的要求，五律、七律平仄的格式不外乎各有以下4种：首句平起入韵式、首句平起不入韵式、首句仄起入韵式、首句仄起不入韵式。五律以首句不入韵为正轨，以仄起为常见。七律与五律相反，以首句入韵为正轨，仍以仄起为常见。

（四）词牌、词韵、词的平仄和句式

词来自民间，它本是配乐的歌词，所以当初称为曲子词。

词牌本来是指填写歌词时所依据的音乐曲调的名称，所以词牌又称词调、词谱，有固定的长短格式与曲调声律。后来，词与曲调逐渐脱离，词牌就由乐曲的名称变成一种填词的有关字数、句数、分段、平仄、押韵等规定的固定格式。

随着词作的发展繁荣，词牌的数量也愈益繁多，据统计，有数千种。

词牌的来源大致有三种：

来源	举例
直接用乐曲名称	《苏幕遮》原是高昌（今新疆吐鲁番）的舞曲，舞时要相互泼水，“苏幕遮”就是防水用的油布帽子，以它作为乐曲的名称。
	《菩萨蛮》是因女蛮国（今缅甸境内）进贡时，梳着高髻，戴着金冠，身上佩挂着珠宝，人称“菩萨蛮队”，乐工就谱成了“菩萨蛮曲”。
	《竹枝词》是建平（今四川巫山）一带的民歌，《鹊踏枝》《西江月》是唐代教坊（音乐机关）的曲名，等等。
由歌词的内容概括而得名	《渔歌子》是歌唱渔夫生活的，《踏歌词》是歌咏舞蹈的。
摘取词的部分字句命名	《忆秦娥》是由于这个词牌的第一首歌词有“箫声咽，秦娥梦断秦楼月”句，因而得名；《忆江南》原名《谢秋娘》，后来白居易填写本词有“能不忆江南”句，因而改名，等等。

*速记：采用歌词内容的词牌（2个带“歌”字）——《渔歌子》《踏歌词》；采用部分字句的词牌（2个带“忆”字）——《忆秦娥》《忆江南》；采用乐曲名的词牌（5个，排除带“歌”字和带“忆”字的词牌）——《苏幕遮》《菩萨蛮》《竹枝词》《鹊踏枝》《西江月》。

词牌广泛流传之后，不仅没有曲谱的作用，而且词的内容与原来的词牌名也没有太多的联系，仅仅表示一种格式。所以，在填词时往往要另外加题目。例如辛弃疾的《永遇乐·京口北固亭怀古》、毛泽东的《浪淘沙·北戴河》。

不同的词牌，有着各自不同的字数、句数、分段、平仄和押韵的要求。填词时必须按照词谱，不可移易。

词韵——已找不到唐宋人规定词韵的专书。不过，词是可以吟唱的诗，词韵基本上也就是诗韵。词最初是民间的歌辞，它的押韵比用作科举考试的诗韵更宽些，更自由些。

词的句式——大体可以分为律句和非律句两类。所谓“律句”，平仄格式与近体诗的句式相同，即以两字为一个节奏点，平仄交替，一三五不论，二四六分明，可以说是律诗的句式在词中的运用，在词中占绝大多数。

非律句——是词中的特有句式，从字数多少来看，最短的有一字句，最长的有十一字句。如李清照《十六字令》的“诗，几许清奇几许痴。夕霞晚，魂梦几人知”；苏轼《水调歌头·明月几时有》“不知天上宫阙，今夕是何年”“不应有恨，何事长向别时圆”。

三、对联、楹联常识

（一）对联的起源与发展

对联又称对子或联语，以其上下两联必须对偶而得名。对联通常张贴于楹柱上，故又称楹联。

时间	说明
晚唐	对联开始从诗词、赋体中脱胎出来，走向独立。
五代	把对联贴在大门两旁作为春联，最早的春联为五代后蜀孟昶的“新年纳余庆，嘉节号长春”。
北宋	龙华寺（在今上海市）僧人契盈在碧波亭柱上写下——“三千里外一条水，十二时中两度潮。”（较早的游览题联） 北宋苏轼题黄鹤楼联——“爽气西来，云雾扫开天地憾；大江东去，波涛洗尽古今愁。”（较早的名胜题联）
明代	进入了对联发展的黄金时代。
清代	对联发展的极盛时期。乾隆皇帝就极喜爱对联。长联的兴起，使对联这一文学形式更能容纳丰富的内容，更富有表现力。如孙髯的《昆明大观楼联》共180字。之后，又出现了一批“特长联”，如著名的《成都望江楼崇丽阁联》《贵阳甲秀楼联》等。在对联的收集整理方面也取得了较好的成绩，如梁章钜的《楹联丛话》。

（二）对联的特点

特点	说明
字句相等	上下联字数和句数都相等。这是对联最基本的特点。
词性相当	上下联中处于对应位置的词或词组必须有相同的词性。
结构相应	上下联在句法结构上互相照应，彼此对称。也就是说句型要一致。
节奏相称	上下联停顿的地方必须一致。
语意相关	上下联应围绕相关的主题，有并列、正反、因果等关系。
平仄相谐	上下联的用字要平仄相对，一联之内要平仄交替。

（三）楹联的横额及书写格式

1.楹联的横额

横额也叫横批，是一副对联不可分割的一部分，有统领、协调上下联的作用。横额要求十分精练，多为四个字，也有少于四个字或多于四个字的，如《无锡梅园香雪海联》“七十二峰青未断；万八千株芳不孤”，横额“香雪海”。有的横额语句精粹，起到画龙点睛的作用，如郭沫若《题四川中江县黄继光纪念馆联》。

2.楹联的书写格式

传统的做法是竖写，不用标点符号，上联在右，从右至左写。下联在左，从左至右写，最后一行要空几格，形成“门”字形，称为“龙门写法”。横额旧时习惯也是自右至左，现在也有自左至右的。对联有时有题跋、落款，说明撰写的时间、作者、意图与背景，可写在正文的前后。

*注意：面对大门，左下联，右上联。上联末字仄声，下联末字平声。（仄起平落）

第三节　历代游记名篇选读

1. 兰亭集序[1]——东晋 · 王羲之

永和九年，岁在癸丑[2]，暮春之初，会于会稽山阴之兰亭，修禊事也[3]。群贤毕至，少长咸集。（时间，地点，事由，有些什么人到场）

此地有崇山峻岭，茂林修竹；又有清流激湍，映带左右[4]，引以为流觞曲水[5]，列坐其次。虽无丝竹管弦之盛，一觞一咏，亦足以畅叙幽情。（环境，游戏规则，活动意义）

是日也，天朗气清，惠风和畅。仰观宇宙之大，俯察品类之盛，所以游目骋怀，足以极视听之娱，信可乐也[6]。（天气，视听盛宴）

夫人之相与，俯仰一世。或取诸怀抱，晤言一室之内；或因寄所托，放浪形骸之外[7]。虽趣舍万殊，静躁不同[8]，当其欣于所遇，暂得于己，快然自足，不知老之将至。及其所之既倦，情随事迁，感慨系之矣。向之所欣，俯仰之间，已为陈迹，犹不能不以之兴怀，

况修短随化[9]，终期于尽！古人云："死生亦大矣。"岂不痛哉！（感慨志趣不同的人们享受人生，忘记衰老死亡）

每览昔人兴感之由，若合一契，未尝不临文嗟悼，不能喻之于怀[10]。固知一死生为虚诞，齐彭殇为妄作[11]。后之视今，亦犹今之视昔，悲夫！故列叙时人，录其所述，虽世殊事异，所以兴怀，其致一也。后之览者，亦将有感于斯文[12]。（作此《序》的缘由）

【注释】[1] 王羲之（321—379）：字逸少，祖籍琅琊临沂（今属山东），移居会稽山阴（今浙江绍兴）；曾官右军将军、会稽内史，世称"王右军"；又以其书法极为后人所重，世又称"书圣"；是东晋有名的书法家、文学家，著有《王右军集》。《兰亭集序》是王羲之为《兰亭集》写的序言。《兰亭集》，是王羲之与当时名士谢安、孙绰等 41 人在兰亭聚会时所写诗的结集。兰亭：在今浙江绍兴兰渚山麓的兰溪江畔。[2] 永和九年，岁在癸丑：东晋穆帝的永和九年（353 年），是甲子纪年的癸丑年。[3] 修禊（xì）：古代民间一种郊游祭祀的习俗。三月上旬巳日（自三国魏以后，固定为三月初三）会聚于水边洗濯、宴饮，以祓除不祥，称为"修禊"。后世渐成为游春节日。[4] 映带：辉映环绕。[5] 流觞（shāng）曲水：本指在水边相聚宴饮，即修禊。后人仿行，在环曲的水流旁宴聚，在水的上流放置酒杯，任其顺流而下，杯停在谁的面前，谁就取饮吟诗，泛指水边宴聚。觞：酒杯。[6] 游目骋怀：放眼观览，舒畅情怀。信：果真，确实。[7] 人之相与：指人们友好相处。与，给予、参与，愉悦交往。俯仰一世：俯仰之间就是一生，形容人生极为短暂。取诸怀抱：指掏出肺腑之言。晤言：会晤交谈。或因寄所托：或由于某种原因而有所寄托。放浪形骸：指言行放纵，不拘形迹。[8] 静躁不同：指安静与躁动性格气质各不相同。[9] 兴怀：引起感触。修短：长短。指人的寿命长短，听凭造化。[10] 契（qì）：契据，符节。古代将契一分为两半，双方各执其一，用时将两半合对以作征信。若合一契，指与古人的情怀如同符契一样相合，完全一致。喻：知晓，说明。不能喻之于怀，是指无法把心里的话说出来。[11] 彭殇：指寿命长短。彭，指彭祖，传说中人物，据说活了 800 多岁。殇，未成年而死。这两句话的意思是，固然知道齐一死生，把长寿高龄与短命夭折看作一回事是虚妄荒谬的。一、齐：同义，作动词用，齐一、等同的意思。[12] 录其所述：指《兰亭集》收录了参加宴聚各位的述作。后之览者：后世的读者。斯文：指《兰亭集》所收录的这些诗文。

【赏析】这篇序文更类似游记散文，叙事、写景、抒情融为一体。记叙了当时春游"修禊"的习俗；描绘了兰亭山水的俊美清幽；抒写了游目骋怀的欢乐情怀；亦流露出年寿有尽的感伤。文辞清新朴直、流畅优美，为千古传诵的名篇。

2. 滕王阁序[1]——唐 · 王勃

豫章故郡，洪都新府[2]。星分翼轸，地接衡庐[3]。襟三江而带五湖，控蛮荆而引瓯越[4]。物华天宝，龙光射牛斗之墟；人杰地灵，徐孺下陈蕃之榻[5]。雄州雾列，俊采星驰。台隍枕夷夏之交，宾主尽东南之美[6]。都督阎公之雅望，棨戟遥临；宇文新州之懿范，襜帷暂驻[7]。十旬休假，胜友如云；千里逢迎，高朋满座[8]。腾蛟起凤，孟学士之词宗；紫电青霜，王将军之武库[9]。家君作宰，路出名区；童子何知，躬逢胜饯[10]。

时维九月，序属三秋[11]。潦水尽而寒潭清，烟光凝而暮山紫[12]。俨骖騑于上路，访风景于崇阿[13]。临帝子之长洲，得仙人之旧馆[14]。层峦耸翠，上出重霄；飞阁流丹，下临无地[15]。鹤汀凫渚，穷岛屿之萦回；桂殿兰宫，即冈峦之体势[16]。

披绣闼，俯雕甍，山原旷其盈视，川泽纡其骇瞩[17]。闾阎扑地，钟鸣鼎食之家；舸舰弥津，青雀黄龙之舳[18]。云销雨霁，彩彻区明[19]。落霞与孤鹜齐飞，秋水共长天一色[20]。渔舟唱晚，响穷彭蠡之滨，雁阵惊寒，声断衡阳之浦[21]。

遥吟俯畅，逸兴遄飞[22]。爽籁发而清风生，纤歌凝而白云遏[23]。睢园绿竹，气凌彭泽之樽；邺水朱华，光照临川之笔[24]。四美具，二难并[25]。穷睇眄于中天，极娱游于暇日[26]。天高地迥，觉宇宙之无穷；兴尽悲来，识盈虚之有数[27]。望长安于日下，指吴会于云间[28]。地势极而南溟深，天柱高而北辰远[29]。关山难越，谁悲失路之人；萍水相逢，尽是他乡之客[30]。怀帝阍而不见，奉宣室以何年[31]？

嗟乎！时运不齐，命途多舛[32]。冯唐易老，李广难封[33]。屈贾谊于长沙，非无圣主；窜梁鸿于海曲，岂乏明时[34]？所赖君子见机，达人知命[35]。老当益壮，宁移白首之心；穷且益坚，不坠青云之志[36]。酌贪泉而觉爽，处涸辙以犹欢[37]。北海虽赊，扶摇可接；东隅已逝，桑榆非晚[38]。孟尝高洁，空馀报国之情；阮籍猖狂，岂效穷途之哭[39]！

勃三尺微命，一介书生[40]。无路请缨，等终军之弱冠；有怀投笔，慕宗悫之长风[41]。舍簪笏于百龄，奉晨昏于万里[42]。非谢家之宝树，接孟氏之芳邻[43]。他日趋庭，叨陪鲤对；今兹捧袂，喜托龙门[44]。杨意不逢，抚凌云而自惜；钟期既遇，奏流水以何惭[45]？

呜呼！胜地不常，盛筵难再；兰亭已矣，梓泽丘墟[46]。临别赠言，幸承恩于伟饯；登高作赋，是所望于群公[47]。敢竭鄙怀，恭疏短引；一言均赋，四韵俱成[48]。请洒潘江，各倾陆海云尔[49]。

【注释】［1］王勃（649—676）：字子安，绛州龙门（今山西河津）人。应举及第，曾任沛王府修撰、虢州参军。后往交趾（今广东和越南国北部一带）探望父亲，渡南海，溺水受惊而死。少时即显露才华，与杨炯、卢照邻、骆宾王以文辞齐名，并称“初唐四杰”。其诗偏于描写个人生活，也有少数抒发政治感慨、隐喻对豪门世族不满之作，风格较为清新。其散文《秋日登洪府滕王阁饯别序》，后人简称为《滕王阁序》为最有名。滕王阁：在江西南昌市沿江路赣江边。唐高宗显庆四年（659年），太宗之弟滕王李元婴都督洪州（今属南昌）时营建，阁以其封号命名。1000多年来，屡建屡毁，1926年被北洋军阀邓如琢烧毁，近年重建。［2］豫章：汉时郡名，治所在南昌（今江西南昌县）。隋曾一度改为洪州，不久又恢复豫章郡之名，所以称“故郡”。唐又改为“洪州”，设大都督府，所以称“新府”。［3］翼、轸（zhěn）：星宿名，属二十八宿。古人习惯以天上星宿与地上区域对应，称为“某地在某星之分野”。衡庐：指湖南的衡山和江西的庐山。［4］三江：太湖的支流松江、娄江、东江，泛指长江中下游的江河。五湖：一说指太湖、鄱阳湖、青草湖、丹阳湖、洞庭湖，又一说指菱湖、游湖、莫湖、贡湖、胥湖，皆在鄱阳湖周围，与鄱阳湖相连。此泛指南方湖泊。蛮荆：古楚地，今湖北、湖南一带。瓯越：指福建、广东、广西等地。这两句大意是：以三江为衣襟（可以包揽），以五湖为腰带（可以管束），控制楚地，连接闽越。［5］物华天宝：物产华美犹如天之珍宝。龙光：指宝剑的光。牛、斗：星宿名。墟：区域，所在之处。据《晋书·张华传》：晋初，牛、斗二星之间常有紫气照射。张华请教精通天象的雷焕，雷焕称这是宝剑之精，上彻于天。张华命雷焕为丰城令寻剑，果然在丰城（今江西省丰城市，古属豫章郡）牢狱的地下，掘地四丈，得一石匣，内有龙泉、太阿二剑。后来这对宝剑入水化为双龙。人杰地灵：人中之俊杰是由于地的灵气。徐孺下陈蕃之榻：据《后汉书·徐稚传》：东汉名士陈蕃为豫章太守，不接宾客，唯徐稚来访时，才设一睡榻，徐稚去后又悬置起来。徐孺，徐孺子的省称，名稚，东汉豫章南昌人，当时隐士。榻（tà），床。［6］雄州：指洪州。雾列：房屋像雾一样浓密排列，形容繁华。俊采：才俊，人才。俊采星驰：俊杰人士像群星涌现，形容众多。台隍枕夷夏之交：楼台城池占据于外族与中原交接之地，这是说洪州处于要害之地。隍，指护城河，有水叫池，无水叫隍。尽：都是。东南之美：泛指各地的英雄才俊。［7］都督：掌管督察诸州军事的官员。阎公：阎伯屿，时任洪州都督。雅望：崇高名望。棨（qǐ）戟：有赤黑色缯套的木戟，古代官员出行时所用的仪仗。遥临：远道来临。宇文新州：复姓宇文的新州（在今广东境内）刺史，名未详。懿范：美德风范。襜（chān）帷：车上的帷帐，代指车马。暂驻：暂时停留。［8］十旬休假：唐制，十日为一旬，遇旬日则官员休沐，称为“旬休”。胜友：才华出众的友人。高朋：高贵的朋友，贵宾。［9］腾蛟起凤：宛如蛟龙腾跃、凤凰起舞，形容文才之丰富多彩。孟学士：名不详，学士是朝廷掌管文学撰著的官员。词宗：文坛宗主，众人尊崇的文章能手。紫电、青霜：皆为宝剑名。据《古今注》：吴帝（孙权）有宝剑曰紫电；据《西京杂记》：汉高祖（刘邦）斩白蛇剑，刃上常带霜雪。王将军：王姓的将军，名未详。武库：武器库。这几句大意是：参与宴会的人无论文臣武将都是很有才学的。［10］家君：家父。作宰：作县官。当时王勃之父任交趾县令。路出名区：（因探望父亲）路过这个有名的地方（指洪州）。童子：王勃自称。躬逢胜饯：自己幸遇，参加了这场盛大的宴会。［11］维：在。序：（春夏秋冬的）时序。三秋：古人称七、八、九月为孟秋、仲秋、季秋，三秋即季秋、九月。［12］潦（lǎo）水：雨后的积水。潭：深渊，大的深水池。这二句的大意是：雨后的积水消尽，寒凉的潭水清澈，天空凝结着淡淡的云烟，暮霭中山峦呈现一片紫色。［13］俨：整肃的样子。骖騑：驾在车两旁的马，此指车马。访：查访，观看。崇阿：高大的山陵。［14］帝子：指滕王李元婴。长洲：指滕王阁前赣江中的沙洲。旧馆：指滕王阁。［15］飞阁：架空建筑的阁道。临：由上看下。这几句的意思是：山峦重叠，青翠的山峰耸入云霄；凌空的楼阁、红色的阁道犹如飞翔在天，从阁上看不到地面。［16］汀：水边平地。凫（fú）：野鸭。渚：水中小洲。穷：穷尽，极尽。萦回：曲折。桂殿兰宫：形容宫殿的华丽，用名贵的桂、兰香木修建。这几句大意是：仙鹤、野鸭栖止的水边平地和水中小洲，极尽岛屿的迂曲回环之势；华丽的宫殿高低不齐地排列，依凭起伏的山峦而建。［17］披：推开。绣闼（tà）：绘饰华美的门。雕甍（méng）：雕饰华美的屋脊。旷：空阔。盈视：极目远望，满眼都是。川泽：河流湖泊。纡（yū）：迂回曲折。骇瞩：对所见的景物感到惊骇。［18］闾阎：里巷的门，此指房屋。扑地：满地，遍地。钟鸣鼎食：古代贵族鸣钟列鼎而食，故此代指名门望族。舸：船，凡船大者谓之舸。弥：满。青雀黄龙：指华丽大船，装饰成鸟、龙的形状。

舳（zhú）：船尾把舵处，此指船。［19］销：通“消”，消散。霁（jì）：雨过天晴。彩：日光。彻：通贯。区：区域，指天空。［20］鹜（wù）：此指野鸭。这两句意思是：落日映射下的彩霞与孤独的野鸭一齐飞翔，秋天的江水和辽阔的天空连成一片，浑然一色。［21］穷：穷尽，引申为“直到”。彭蠡：古湖名，在江西省，隋时因湖接鄱阳山，故又名鄱阳湖。断：止。衡阳：今属湖南省，境内有回雁峰，相传秋雁到此不再南飞，待春而返。浦：水边、岸边。［22］遥：远望。俯：指登高俯瞰。逸兴：超逸豪迈的兴致。遄（chuán）：疾速，迅速。这二句大意是：登高望远，胸怀顿时舒畅，超逸的兴致迅速升起。［23］爽籁：清爽的排箫音乐。籁，箫，古代一种竹制管乐器。遏：阻止，停止。这二句大意是：排箫的乐音引来徐徐清风；柔美的歌声使飘动的白云驻足倾听；形容音乐优美迷人。［24］睢园绿竹：睢园，即汉梁孝王菟园，园内多竹圃，世人又称梁王竹园，梁孝王常在此园中聚集文人饮酒赋诗。凌：超过。彭泽之樽：指陶渊明的酒量。陶渊明曾为彭泽（今江西彭泽）县令，世称陶彭泽，喜饮酒。樽，酒器。陶渊明《归去来兮辞》有“有酒盈樽”之句。邺水：在邺下（今河北临漳），是曹魏兴起的地方，曹植曾在此作《公宴诗》有“朱华冒绿池”之句。朱华，即荷花。照：映照，辉映。临川：郡名，此指谢灵运，因其曾任临川（今江西临川）内史。这几句大意是：今日盛宴好比当年梁园雅集，各位的酒量也胜过陶渊明。参加宴会的文人学士，就像当年的曹植，能写出“朱华冒绿池”的诗句，其风流文采能与谢灵运的诗笔交相辉映。［25］四美：指良辰、美景、赏心、乐事。谢灵运《拟魏太子邺中集诗序》：“天下良辰、美景、赏心、乐事，四者难并。”二难：指贤主、嘉宾难得。［26］穷、极：穷尽、极尽。睇眄（dì miàn）：斜视，顾盼，目光左右流动着看。中天：半天空。娱游：娱乐嬉游。［27］迥（jiǒng）：遥远，僻远。宇宙：指天地，《淮南子·原道训》高诱注：“四方上下曰宇，古往今来曰宙。”盈虚：指盛衰、消长的变化。数：运数，命运。［28］长安：唐代的京城。吴会（kuài）：古代绍兴的别称，绍兴古称吴会、会稽，是三吴（吴会、吴郡、吴兴）之首，唐代绍兴是国际大都市，与长安齐名。这两句的意思是：远望长安在夕阳下，遥看吴越在云海间。［29］极：远。南溟：南方的大海。事见《庄子·逍遥游》。天柱：传说中昆仑山高耸入天的铜柱。《神异经》：“昆仑之山，有铜柱焉。其高入天，所谓天柱也。”北辰：北极星，比喻国君。《论语·为政》：“为政以德，譬如北辰，居其所而众星共（拱）之。”［30］关山：险关和高山。悲：同情，可怜。失路：比喻不得志，仕途不遇。萍水相逢：浮萍随水漂泊，聚散不定。比喻向来不认识的人偶然相遇。他乡之客：离开故乡，客居各地的人。［31］帝阍：天帝的守门人，此代指皇帝的宫门。宣室：汉未央宫正殿，为皇帝召见大臣议事之处。汉贾谊迁谪长沙四年后，文帝复召他回长安，于宣室中问鬼神之事。奉命宣室，即指入朝做官。［32］时运不齐（jì）：命运不好，人生不成功。齐，通“济”，成功。舛（chuǎn）：背逆，不顺。［33］冯唐易老：冯唐在汉文帝、景帝时不被重用，汉武帝时被举荐，已是90多岁，“不能复为官”。事见《史记·冯唐列传》。李广难封：汉武帝时的名将李广，多次与匈奴作战，军功卓著，却始终未获封爵。［34］屈贾谊于长沙：汉文帝本想任用贾谊为公卿，但屈服于老臣的压力，只得任贾谊为长沙王太傅。圣主：圣明的君主，此指汉文帝。梁鸿：东汉人，作《五噫歌》讽刺朝廷，因此得罪汉章帝，避居齐鲁、吴中。海曲：海滨，海岛。齐鲁濒临大海，故以海曲称齐鲁。明时：政治清明的时代，此指汉章帝时代。[35]见机：能在事前洞察事物的走向。《易·系辞下》："君子见几而作，不俟终日。"机，预兆，细微的征兆。达人知命：通达事理的人知道自己的命运。《易·系辞上》："乐天知命，故不忧。"[36]坠：坠落，引申为"放弃"。青云之志：喻指远大志向。这几句的意思是：年岁虽老而心志更壮，干劲更足，能理解君子达人在白头时仍能坚持初心，在遭遇穷困时意志更加坚定，在任何情况下也不会放弃自己的远大之志向。[37]贪泉：在广州附近的石门，传说饮此水会贪得无厌。据《晋书·吴隐之传》，廉官吴隐之赴广州刺史任，饮贪泉之水，并作诗说："古人云此水，一歃怀千金。试使（伯）夷（叔）齐饮，终当不易心"，吴隐之喝下此水操守反而更加坚定。爽：清爽廉洁。涸（hé）辙：干涸的车辙，比喻困厄的处境。[38]赊（shē）：距离远。扶摇：旋风。这里化用《庄子·逍遥游》"鹏之徙于南冥也，水击三千里，抟扶摇而上者九万里"的语意。东隅：东方日出的地方，指早晨，引申为"早年"。桑榆：日落时，余光还留在桑榆树梢，喻黄昏，引申为"晚年"。这二句的意思是：如果能奋发有为，永远不晚。[39]孟尝：据《后汉书·孟尝传》，孟尝字伯周，东汉会稽上虞人，曾任合浦太守，以廉洁奉公著称，后因病隐居。桓帝时，虽有人屡次荐举，终不见用。阮籍：字嗣宗，晋代名士，不满世事，佯装狂放，时率意独驾，不由径路。车迹所穷，辄恸哭而返。这几句的意思是：虽然不为世用，也不要颓废。[40]三尺：此指衣带下垂的长度。古时服饰制度规定"士三尺"。微命：指卑微的官阶，王勃曾为虢州参军。一介：一个。[41]请缨：请求赐予长缨，意思是请求赐予上阵杀敌的命令。缨，系在马颈用以驾车的皮条。等：等于，相同。终军：字子云，汉代济南人，武帝时出使南越，自请"愿受长缨，必羁南越王而致之阙下"，时仅20余岁。弱冠：古人20岁行冠礼，表示成年，称"弱冠"。投笔：汉代班超初做抄写工作，忽一日，投笔叹曰：大丈夫无他志略，犹当立功异域，以取封侯，安能久事笔砚间乎？后来从军，因通西域有功，封定远侯。事见《后汉书·班超传》。宗悫（què）：字元幹，南朝宋南阳（今河南南阳）人，年少时向叔父自述志向，说"愿乘长风破万里浪"。后因战功受封，官至将军。事见《宋书·宗悫传》。[42]簪笏：冠簪、手版。官吏用物，这里代指官职地位。百龄：百年，指一生。奉晨昏：侍奉父母。《礼记·曲礼上》："凡为人子之礼，冬温而夏凊（qìng，使凉快），昏定而晨省。"[43]谢家之宝树：指谢玄。《世说新语·言语》载，谢安问他的子侄，为什么人们总希望子弟好？其他人都回答不上，侄子谢玄答道："譬如芝兰玉树，欲使其生于庭阶耳。"这里喻指好子弟。接孟氏之芳邻：据说孟轲的母亲为教育儿子而三迁择邻，最后定居于学宫附近。事见《列女传·母仪篇》。接，通"结"，结交。这句是说自己能和众贤士相交游。[44]趋庭：在庭院中疾步走过。叨陪：谦称，陪侍、陪伴。鲤对：孔鲤（孔子的儿子）与父亲的对答、回答。《论语·季氏》："（孔子）尝独立，（孔）鲤趋而过庭。（子）曰：'学诗乎？'对曰：'未也。''不学诗，无以言。'鲤退而学诗。他日，又独立，鲤趋而过庭。（子）曰：'学礼乎？'对曰：'未也。''不学礼，无以立。'鲤退而学礼。"这二句的意思是：过些日子，我将到父亲身边，一定要像孔鲤那样接受父亲的教诲。捧袂：举起双袖，表示恭敬奉陪。龙门：《后汉书·李膺传》："膺以声名自高，士有被其容接者，名为登龙门。"喻指声望高、名气大的人或府第。这二句的意思是：今天我有幸能奉陪阎公，得到阎公的接待，高兴得如登龙门。[45]杨意：即杨得意，为汉武帝"狗监"，司马相如得到他的推荐而做了官。凌云：指司马相如的《大人赋》。据《史记·司马相如列传》，司马相如经蜀人杨得意引荐，方得入朝见汉武帝，奏上《大人赋》，天子大悦，赞其"飘飘有凌云之气"。钟期：即钟子期，春秋时楚人，此指知音。《列子·汤问》：伯牙善鼓琴，钟子期善听。子期死，伯牙破琴绝弦，终身不复鼓琴。[46]胜地：名胜之地。兰亭：在今浙江绍兴兰渚山麓的兰溪江畔，晋穆帝永和九年（353年）三月三日上巳节，王羲之与群贤宴集于此，行修禊礼，著有《兰亭集序》。梓泽：晋石崇金谷园的别名，故址在今河南省洛阳市西北。丘墟：废墟，荒地。[47]临别赠言：临别时赠送之言以互相勉励，此指本文。登高作赋：《汉书·艺文志》："登高能赋，可以为大夫。"这是恭维在座的宾客都是君子、大夫。望：期望，指望。[48]恭疏短引：恭敬地写下这篇小序。一言：指诗一首。均赋：指每人都赋一篇。四韵：指诗，诗一般是两句为一韵，四韵共八句。[49]请洒潘江，各倾陆海：钟嵘《诗品》说"陆（机）才如海，潘（岳）才如江"。这二句大意是：请在座各位展示你们如陆机、潘岳一样江海般广博的文才，题诗作赋吧。

【赏析】王勃于唐高宗上元二年（675年）前往交趾探望被贬谪的父亲，九月路经洪州（今南昌市），适逢都督阎伯屿重修滕王阁落成，大会宾僚，乃赴其会，即席赋诗，并撰此序。

文章从滕王阁所在的地域位置和物产名士写起，浓笔描绘了滕王阁之壮观，三秋景色之华美和盛宴之高朋满座。然后从欢宴、美景，转而写自己身世之感、羁旅之情，抒发报国无门、怀才不遇的苦闷。最后请众宾客题诗作赋。

通篇辞采华美，对仗齐整，声律严密，用典繁丽，写景抒情，自然融合，为骈文之佳作。其中"落霞与孤鹜齐飞，秋水共长天一色""老当益壮，宁移白首之心；穷且益坚，不坠青云之志"更是脍炙人口的名句。

3. 岳阳楼记[1]——宋·范仲淹

庆历四年春，滕子京谪守巴陵郡[2]。越明年，政通人和，百废具兴。乃重修岳阳楼，增其旧制，刻唐贤今人诗赋于其上，属予作文以记之[3]。

予观夫巴陵胜状，在洞庭一湖[4]。衔远山，吞长江，浩浩汤汤，横无际涯，朝晖夕阴，气象万千。此则岳阳楼之大观也，前人之述备矣[5]。然则北通巫峡，南极潇湘，迁客骚人，多会于此，览物之情，得无异乎[6]？

若夫淫雨霏霏，连月不开，阴风怒号，浊浪排空；日星隐耀，山岳潜形；商旅不行，樯倾楫摧；薄暮冥冥，虎啸猿啼[7]。登斯楼也，则有去国怀乡，忧谗畏讥，满目萧然，感极而悲者矣[8]。

至若春和景明，波澜不惊，上下天光，一碧万顷；沙鸥翔集，锦鳞游泳；岸芷汀兰，郁郁青青[9]。而或长烟一空，皓月千里，浮光跃金，静影沉璧，渔歌互答，此乐何极[10]！登斯楼也，则有心旷神怡，宠辱偕忘，把酒临风，其喜洋洋者矣[11]。

嗟夫！予尝求古仁人之心，或异二者之为，何哉[12]？不以物喜，不以己悲；居庙堂之高则忧其民，处江湖之远则忧其君[13]。是进亦忧，退亦忧[14]。然则何时而乐耶？其必曰“先天下之忧而忧，后天下之乐而乐”乎。噫！微斯人，吾谁与归[16]？

时六年九月十五日[17]。

【注释】［1］范仲淹（989—1052）：字希文，北宋苏州吴县（今苏州吴中区）人。幼年家贫，刻苦求学，真宗大中祥符八年（1015年）进士。仁宗时，西夏侵扰延州（今陕西延安），以龙图阁直学士为陕西经略安抚副使，抵御西夏。后回朝任枢密副使，又迁升参知政事。他积极主张革除时弊，受到保守派势力打击排挤，出任邓州（今河南邓州市）等地的地方官。他的诗词散文都有很高的思想性和艺术性。岳阳楼：在湖南省岳阳市洞庭湖畔，矗立于岳阳古城西门城楼上，相传原为三国吴将鲁肃训练水师的阅兵台。唐开元年间中书令张说谪守岳州，始建楼阁，取名岳阳楼，一时成为文人雅士荟萃之地。北宋庆历五年（1045年），滕子京谪守巴陵郡时重修，邀请好友范仲淹作《岳阳楼记》使得岳阳楼著称于世，与湖北武汉黄鹤楼、江西南昌滕王阁并称为“江南三大名楼”。［2］庆历四年：1044年。庆历，宋仁宗赵祯的年号。滕子京：名宗谅，字子京，和范仲淹同年中进士。范仲淹在抵抗西夏用兵时，曾推荐宗谅任一方军职。不久，宗谅被御史诬劾为“处置戎事，用度不节”，而被贬官岳州。谪（zhé）守：贬官，降职任岳州太守。［3］越明年：到了第二年，就是庆历五年（1045年）。政通人和：政事顺利，百姓和乐。百废具兴：各种荒废的事务都恢复、兴办起来。具，通“俱”，全，皆。增其旧制：扩大原有的规模。唐贤今人：唐代和宋代的名人。属（zhǔ）予（yú）作文以记之：嘱托我写一篇文章来记述这件事情。属，通“嘱”，嘱托、嘱咐。予，我。［4］巴陵：古地名，即岳阳一带，西晋时设巴陵县，南朝时为巴陵郡，隋唐时改称岳州。胜状：胜景，好景色。洞庭一湖：洞庭湖，历史上有云梦、九江、重湖、太湖等之称，在湖南省北部，长江中游荆江南岸，号称“八百里洞庭”，中国第二大淡水湖。［5］衔（xián）远山：衔接、连接远处的山峦（指君山，位于洞庭湖中）。吞长江：吞吐、吞没长江的水流。洞庭湖北会长江，江水蓄入洞庭湖，所以说“吞”。浩浩汤汤（shāng shāng）：水势壮阔的样子。横无际涯：宽阔无边。横，广远。际，专指陆地边界。涯，专指水的边界。朝晖夕阴：早晨日光灿烂明亮，傍晚夕照阴晦迷蒙。晖：日光，明亮，鲜明。大观：宏大壮丽的景观、景象。备：详尽，完备。［6］北通巫峡：在北面连通巫峡。巫峡，长江三峡之一，西起重庆市巫山县大溪，东至湖北省巴东县官渡口，因巫山而得名。两岸绝壁，江水湍急，船行极险。南极潇湘：南面直到潇水、湘水。极，至，到达。潇水是湘水的支流，皆在湖南境内，湘水流入洞庭湖。迁客：被贬谪流迁的官员。骚人：诗人。得无异乎：能够没有不同、没有区别吗？［7］淫（yín）雨：久雨。霏霏：形容雨下得很密的样子。不开：天不开朗，不放晴。阴风怒号（háo）：阴冷寒风猛烈呼啸。号，呼啸，吼叫。浊浪排空：浑浊的浪涛排击天空。形容波涛汹涌澎湃好像在击打推开天空。日星隐耀（yào）：太阳和星星隐藏起光辉。耀，一本作“曜”，同音同义，皆可通。山岳潜形：山岳隐没了形状。岳，高大的山。潜，隐藏，隐没。形，形状，形迹。樯（qiáng）倾楫（jí）摧：桅杆倒下，船桨折断。樯，桅杆。

倾，倒下。楫，船桨。摧，折断。薄暮冥冥：临近傍晚，天色昏暗。薄，迫近。冥冥，昏暗的样子。虎啸猿啼：形容阴风怒号、浊浪排空，惊心动魄，如老虎咆哮，猿猴哀鸣。［8］去国怀乡：离开国都，怀念家乡。忧谗（chán）畏讥：担忧、畏惧被人毁谤打击。谗，谗言，毁谤。讥，讥刺，诽谤。萧然：萧条、悲凉的样子。感极而悲：感慨到了极点，而非常悲哀。［9］春和景明：春天气候和暖，阳光明媚。景，日光。波澜不惊：指岳阳湖湖面平静，没有惊涛骇浪。上下天光，一碧万顷：天色湖光相接，一片碧绿，广阔无际。沙鸥翔集：沙鸥时而飞翔，时而停歇。沙鸥，沙洲上的鸥鸟。集，栖止，鸟停息在树上。锦鳞游泳：美丽的鱼时而浮游，时而潜沉。锦鳞，指美丽的鱼。游，贴着水面。泳，潜入水里。岸芷（zhǐ）汀（tīng）兰：岸上与小洲上的花草。芷，香草的一种。汀：小洲，水边平地。郁郁青青：形容草木茂盛，颜色青翠。［10］而或长烟一空：有时大片烟云雾气完全消散。一空，完全空白，完全消散。浮光跃金：（明月下）浮动的波光闪烁着金色。这是描写月光照耀下的水波。静影沉璧：静静的月影像沉入水中的璧玉。这是写无风时水中的月影。璧，圆形玉器。渔歌互答：渔人唱着歌互相应答。互答，一唱一和。何极：哪有穷尽。［11］心旷神怡：心情开朗，精神愉快。宠辱偕（xié）忘：荣耀和屈辱一并都忘了。宠，宠荣，荣耀。把酒临风：端起酒杯，面临和风。把，把握，把持。临，面对。指对着这样的景色喝酒。洋洋：高兴得意的样子。［12］尝：曾经。求：探求，寻求。古仁人之心：古时品德高尚之人的思想感情。或异二者之为：或许不同于（以上）两种或喜或悲的心情。何哉：为什么。［13］不以物喜，不以己悲：不因外物、景色的好坏，而其喜洋洋；也不因自己的得失宠辱，感极而悲。居庙堂之高：指在朝中做官。庙堂，宗庙，殿堂，指朝廷。处江湖之远：处在僻远的江湖间，意思是不在朝廷做官。［14］进亦忧，退亦忧。然则何时而乐耶：指在朝廷做官也担忧，身处僻远的江湖也担忧。既然这样，那么他们什么时候才会感到快乐呢？［15］先天下之忧而忧，后天下之乐而乐：为天下分愁担忧先于一切，个人的愉悦快乐放在最后。意思是，（作为仁人，一个道德高尚的人）应该把国家、民族的利益摆在首位，为祖国的前途、命运分愁担忧；自己个人的忧乐不足萦怀。［16］微斯人，吾谁与归：意思是，（如果）没有这样的人，我能归向哪里，与谁同行呢？微，无，没有。斯人，这样的人。归，归附，趋向。［17］六年：庆历六年（1046年）。

【赏析】文章从写作缘起入手，接着以浓墨重彩铺叙登楼所见的不同景象。笔力雄健，气象阔大，描摹传神，是写景状物的杰作。写景同时，深切地表达了作者的人生感受和远大抱负。为革除北宋弊政，范仲淹主持“庆历新政”，遭到保守派的反对而失败，主张革新的官员纷遭贬谪。面对挫折，作者泰然处之。“不以物喜，不以己悲”，是对滕宗谅的安慰和鼓舞，也是作者的自勉。“先天下之忧而忧，后天下之乐而乐”，更表现出作者宽阔的胸襟和以天下为己任的崇高品质，成为后代检验人格品质最简朴的标准，家喻户晓，脍炙人口。

全文结构谨严，气势恢宏，骈散结合，抑扬顿挫，富有节奏感和音乐感。

4. 赤壁赋[1]——宋·苏轼

壬戌之秋，七月既望，苏子与客泛舟游于赤壁之下[2]。清风徐来，水波不兴。举酒属客，诵明月之诗，歌窈窕之章[3]。少焉，月出于东山之上，徘徊于斗牛之间[4]。白露横江[5]，水光接天。纵一苇之所如，凌万顷之茫然[6]。浩浩乎如冯虚御风，而不知其所止；飘飘乎如遗世独立，羽化而登仙[7]。

于是饮酒乐甚，扣舷而歌之[8]。歌曰："桂棹兮兰桨，击空明兮溯流光。渺渺兮予怀，望美人兮天一方[9]。"客有吹洞箫者，倚歌而和之。其声呜呜然，如怨如慕，如泣如诉；余音袅袅，不绝如缕[10]。舞幽壑之潜蛟，泣孤舟之嫠妇[11]。

苏子愀然，正襟危坐而问客曰："何为其然也[12]？"客曰："'月明星稀，乌鹊南飞'。此非曹孟德之诗乎[13]？西望夏口，东望武昌，山川相缪，郁乎苍苍，此非孟德之困于周郎者乎[14]？方其破荆州，下江陵，顺流而东也，舳舻千里，旌旗蔽空，酾酒临江，横槊赋诗，固一世之雄也，而今安在哉[15]？况吾与子渔樵于江渚之上，侣鱼虾而友麋鹿，驾一叶之扁舟，举匏樽以相属，寄蜉蝣于天地，渺沧海之一粟[16]！哀吾生之须臾，羡长江之无穷，挟飞仙以遨游，抱明月而长终。知不可乎骤得，托遗响于悲风[17]。"

苏子曰："客亦知夫水与月乎？逝者如斯，而未尝往也；盈虚者如彼，而卒莫消长也[18]。盖将自其变者而观之，则天地曾不能以一瞬；自其不变者而观之，则物与我皆无尽也，而又何羡乎[19]？且夫天地之间，物各有主，苟非吾之所有，虽一毫而莫取。惟江上之清风，与山间之明月，耳得之而为声，目遇之而成色，取之无禁，用之不竭。是造物者之无尽藏也，而吾与子之所共适[20]。"

客喜而笑，洗盏更酌[21]。肴核既尽，杯盘狼藉[22]。相与枕藉乎舟中，不知东方之既白[23]。

【注释】[1] 苏轼（1037—1101）：字子瞻，号东坡居士，眉山（今四川眉山市）人。宋仁宗嘉祐二年（1057 年）进士，为主考官欧阳修所赏识，授大理评事等职。宋神宗熙宁四年（1071 年），因反对王安石新法而出为杭州等处的地方官。后又被控作诗讽刺新法，被捕下狱，贬为黄州（今湖北黄冈市）团练副使。哲宗即位，召还为翰林学士，又受到旧党的打击，出知杭、颍等州。新党再度当权，先后被贬惠州（今广东惠州市）和儋州（今海南儋州）。徽宗即位后赦还，第二年卒于常州（今属江苏）。他的诗歌具有浓厚的浪漫主义色彩，词作开创了豪放派风格，散文是"唐宋八大家"之一，有《东坡全集》。此外，绘画、书法也有很高成就。本文是苏轼被贬为黄州团练副使后的作品。赤壁：苏轼谪居黄州，两次游黄州城外的"赤鼻矶"（以音近，也称为"赤壁"），前一次写了《赤壁赋》（后人称为《前赤壁赋》），后一次写了《后赤壁赋》。《赤壁赋》里谈到周瑜大破曹操的故事，其实，破曹操的赤壁并不在这里，而是在湖北嘉鱼县东北。[2] 壬戌（rén xū）：宋神宗元丰五年（1082 年），岁次壬戌。古代以干支纪年，该年为壬戌年。望：月满为望，农历每月十五日为"望日"。既望，望日的后一日，十六日。泛舟：漂荡着小船。[3] 徐来：徐缓、舒缓地吹来。举酒属（zhǔ）客：举起酒杯劝请客人喝酒。属，通"嘱"，致意，劝请。窈窕（yǎo tiǎo）之章：《诗经·陈风·月出》诗首章为："月出皎兮，佼人僚兮，舒窈纠兮，劳心悄兮”，“窈纠”同“窈窕”。这二句大意是，吟咏着明月、美女的诗歌。[4]少焉：一会儿。斗牛：星宿名，二十八星宿中的斗宿和牛宿，此泛指星辰。[5]白露：白茫茫的水汽。横江：横铺、笼罩在江面上。[6]纵：放纵，任凭。一苇：比喻极小的船。《诗经·卫风·河广》：“谁谓河广，一苇杭（航）之。”如：往。凌：越过。万顷：形容江面宽广。茫然：旷远的样子。[7]浩浩：水面浩大宽阔的样子。冯（píng）虚：凌空。冯，通“凭”。虚，虚空，太空。御风：乘风，驾风。遗世：遗弃尘世，离开世界。羽化：道教把成仙叫作“羽化”，认为成仙后能够飞升。登仙：登上仙境。[8]扣舷（xián）：敲打着船边，指打节拍。[9]桂棹（zhào）兰桨：用兰、桂香木制成的船桨。空明：月亮倒映水中的澄明之色。溯：逆流而上。流光：在水波上闪动的月光。渺渺：悠远的样子。美人：比喻内心思慕的人。[10]呜呜：拟声词，形容低沉悲哀的声音。如怨如慕、如泣如诉：像哀怨又像眷慕，像哭泣又像诉说。余音：尾声。袅袅（niǎo）：形容声音婉转悠长。缕：细丝。[11]幽壑：深谷，这里指深渊。此句意谓：潜藏在深渊里的蛟龙为之起舞。形容深受触动。嫠（lí）妇：寡妇。[12]愀（qiǎo）然：忧愁凄怆的样子。正襟危坐：整理衣襟，端直坐着。危坐，以两膝着地，耸起上身端坐，表示严肃恭敬。何为其然也：箫声为什么会这么悲凉呢？[13]曹孟德：曹操，字孟德。其《短歌行》中有“月明星稀，乌鹊南飞，绕树三匝，无枝可依”诗句，抒发了曹操广求贤才，必欲建功立业的情怀。[14]夏口：今湖北武昌。武昌：今湖北鄂州市。缪（liǎo）：通“缭”，盘绕，环绕。郁：草木茂盛的样子。周郎：三国时吴将周瑜，字公瑾，年少即为中郎将，吴中皆呼为周郎。汉献帝建安十三年（208年），曹操率军南下，周瑜与刘备合兵，大败曹操于赤壁。[15]方：当。破荆州，下江陵：指赤壁大战之前，曹操已占据了北方的绝大部分地盘，于是率军南下，欲攻打荆州。荆州牧刘表不战而亡，其二儿子刘琮率众投降，曹军不战而占领了荆州大部分地区（辖南阳、江夏、长沙等八郡，今湖南、湖北一带），只有刘表的大儿子刘琦追随刘备退守在江夏。这时的曹操更加激情冲动，不听劝阻，乘势发兵欲攻占江陵（当时的荆州首府，今湖北县名），彻底占据荆州，进而攻下孙权江东之地。最后却兵败赤壁，失去统一天下的有利机会，形成三国鼎立局面。舳舻（zhú lú）：船尾为舳，船头为舻，此指船头、船尾相连接的船。酾（shī）酒临江：面对大江豪饮。酾酒，滤酒，斟酒。横槊（shuò）赋诗：横执长矛吟诗。槊，古代兵器，长矛。固一世之雄：真是一代英雄！固，副词，必定，确定。安在：在哪里呢？安，此作代词，表疑问，意为“什么”“什么地方”。[16]渔樵于江渚（zhǔ）之上：捕鱼、打柴于江中岛上。渚，小洲小岛，小块陆地。侣鱼虾而友麋（mí）鹿：以鱼虾、麋鹿为伴侣朋友。侣、友，皆意动用法，以之为……的意思。麋：鹿的一种。扁（piān）舟：小舟。匏樽（páo zūn）：酒葫芦。寄：寓托。蜉蝣（fú yóu）：一种朝生暮死的昆虫。喻指自己生命之短暂，像蜉蝣一样寄托于永恒的天地之中。渺：小。沧海：大海。喻指个人在天地之间极为渺小，像沧海里的一粒小米。[17]须臾：片刻，形容生命之短暂。挟：携带，陪伴。飞仙：飞行空中的仙人。遨游：游乐，嬉游。抱：怀抱，拥有。意思是：同明月一起长存。骤：突然，骤然。遗响：余音，指箫声。悲风：秋风。意思是：“挟飞仙以遨游，抱明月而长终”的愿望明知不可能轻易得到，只好把表达这种心情的曲调在悲凉的秋风中吹出。[18]逝者如斯：指光阴如流水一去不复返。语出《论语·子罕》：“子在川上曰：逝者如斯夫，不舍昼夜。”逝，往。斯，此，指流水。盈虚者如彼：指事物有充盈、虚空的变化如同那月亮的圆缺。卒莫消长：最终没有消减增加。[19]盖将自其变者而观之，则天地曾不能以一瞬；自其不变者而观之，则物与我皆无尽也，而又何羡乎：从事物“变”的一面看，天地万事万物时刻都在变动，连一眨眼的工夫都不停止；而从“不变”的一面看，万物以及我们个人都是永恒的；又还有什么可羡慕的呢？[20]造物者：大自然的创造者，创造万物的神。无尽藏（cáng）：原佛教语，意思是佛德广大无边，作用于万物，无穷无尽。后泛指事物之取用无穷者。适：舒适，安适。这几句意思是，清风明月，取之无禁，用之不竭，我和你可以共同愉快地享受。[21]洗盏更酌：清洗杯子，重新斟酒。酌，斟酒，倒酒。[22]狼藉（jí）：乱七八糟，混杂散乱的样子。[23]枕藉（jiè）：纵横相枕而卧。不知东方之既白：不知不觉东方已经露出白色的光。既，已经。白，指日光。

【赏析】苏轼被贬为黄州团练副使，曾两次泛舟夜游黄州城外的“赤鼻矶”（也称为“赤壁”），写了前后《赤壁赋》两篇，皆为传世佳作。本篇为前《赤壁赋》。文章开头写作者与客人秋夜泛舟的情景和飘飘欲仙的心境。接着写“饮酒乐甚，扣舷而歌之”，而“客有吹洞箫者，其声呜呜然”，问其“何为其然”，引出曹孟德“一世之雄，而今安在”的感慨。

作者明知曹操大败的赤壁并不是在黄州，不过巧妙关联，借题发挥，抒写自己谪迁失意之怀。艺术手法高超，把写景抒情、叙事说理结合起来，熔为一炉，寓情于景，借景明理。行文富于变化，继承运用了赋体传统的对话手法，韵文和对偶句的章法结构、语言格式，同时又注入了更多的散文因素，使其更具节奏感、音韵美，成为六朝骈赋和唐代律赋之后出现的新体散文赋的最佳之作。

第四节　旅游相关诗词名篇

1. 送杜少府之任蜀州[1]——唐·王勃

城阙辅三秦，风烟望五津[2]。

与君离别意，同是宦游人[3]。

海内存知己，天涯若比邻[4]。

无为在歧路，儿女共沾巾[5]。

【注释】[1]王勃（649—676）：唐代诗人，字子安，绛州龙门（今山西河津）人。应举及第，曾任沛王府修撰、虢州参军。后往交趾探望父亲，渡南海，溺水受惊而死。少时即显露才华，与杨炯、卢照邻、骆宾王以文辞齐名，并称“初唐四杰”。其诗偏于描写个人生活，也有少数抒发政治感慨、隐喻对豪门世族不满之作，风格较为清新。其散文《滕王阁序》颇为有名。原有集，已散佚，明人辑有《王子安集》。少府：官名，唐时对县尉的通称。杜少府，杜姓友人，其名不详。之任：到任、赴任。蜀州：今四川崇州。[2]城阙(què)：城郭宫阙，此指唐代京师长安城。辅：辅卫、护卫。三秦：泛指长安附近的关中之地，即今陕西省潼关以西一带。秦朝末年，项羽破秦，把关中分为三区，分别封给三个秦国的降将，所以称三秦。五津：指杜少府上任的地方四川。岷江从灌县以下到犍为，古时有五个大的渡口，即白华津、万里津、江首津、涉头津、江南津。这里泛指蜀川。这二句大意是：京城长安有三秦之地护卫，遥望蜀州，风烟迷茫。[3]宦（huàn）游：到外地做官。[4]海内：四海之内，即普天之下。古人认为环宇四周皆海，所以称天下为四海之内。天涯：天边，这里比喻极远的地方。比邻：并邻，近邻。[5]无为：无须、不必。歧（qí）路：岔路。古人送行常在大路分岔处告别。沾巾：泪水沾湿衣服和腰带。意思是悲伤落泪。

【赏析】此诗是送别诗的名作，诗意慰勉勿在离别之时悲哀。起句严整对仗，三句、四句以散调相承，以实转虚，文情跌宕。第三联“海内存知己，天涯若比邻”，奇峰突起，高度地概括了“友情深厚，江山难阻”的情景，尾联点出“送”的主题。全诗开合顿挫，气脉流通，意境旷达，音调明快，语言清新。一洗往昔送别诗中悲苦缠绵之态，体现出诗人高远的志向、豁达的情趣和旷达的胸怀。

2. 使至塞上[1]——唐 · 王维

单车欲问边，属国过居延[2]。
征蓬出汉塞，归雁入胡天。
大漠孤烟直，长河落日圆。
萧关逢候骑，都护在燕然[3]。

【注释】[1]王维（701—761）：字摩诘，原籍祁（今山西祁县）人。其父时迁于蒲州（今山西永济），21岁中进士，任太乐丞，后累经贬迁，仕途生涯很不得意。王维前期诗歌积极开朗，极具现实意义。如《观猎》《少年行》诸作。后期主要写隐居终南、辋川的闲情逸致。诗的艺术成就很高，是盛唐山水田园诗代表。此诗作于唐开元二十五年（737年）春，当时河西节度副使崔希逸战胜吐蕃，王维奉使出塞慰问，并留在河西节度使幕府任判官。[2]属国：典属国的简称，指掌管附属国事务的官员，此指使臣，是王维自指。居延：地名，在今甘肃张掖西北。[3]萧关：在今宁夏固原东南。候骑（jì）：骑马的侦察兵。都护：边疆重镇都护府的长官，此指河西节度使。燕然：即今蒙境内的杭爱山，后汉车骑将军窦宪大破北单于，登燕然山刻石纪功而还。此代指边塞最前线，并非实指。

【赏析】这首诗写景抒情，为我们描绘了雄奇悲凉的塞外风光。塞外大沙漠，苍茫孤寂，诗人感觉烽火台上狼烟更“直”，九曲黄河中落日更“圆”。到达了边关，却没有遇见将官，侦察兵告诉使臣，首将正在燕然前线。

本诗直白如话，意境幽远。苏轼称其“诗中有画”“画中有诗”。

3. 宿建德江[1]——唐 · 孟浩然

移舟泊烟渚，日暮客愁新[2]。

野旷天低树，江清月近人[3]。

【注释】[1]孟浩然（689—740）：名浩，字浩然。襄州襄阳（今湖北襄阳）人。早年隐居鹿门山，开元中入长安赶考落第，失意东归。他布衣终老，其诗多写山水田园的幽清境界，不时流露出一种失意情怀，淡雅壮逸，为当时诗坛所推崇。在描写山水田园上，孟浩然与王维齐名，世称“王孟”。建德江：新安江流经浙江建德的一段江面。[2]移舟：摇船。烟渚：暮色迷茫中的小洲。客愁新：客居他乡使人新添愁思。[3]江清：指平静的江面。月：指江中的月影。

【赏析】日暮之时，行船停靠在江中一个烟雾朦胧的小洲，羁旅愁绪不禁蓦然而生。苍茫旷野，一望无垠，远处的天空显得比近处的树木还要低。夜色降临，明月映在澄清的江水中，和舟中漂泊的游客是那么近。

本诗善于捕捉能衬托诗人心情的景物点缀入诗，情景交融，风韵天成，淡中有味，含而不露。

4. 黄鹤楼[1]——唐·崔颢

昔人已乘黄鹤去[2]，此地空余黄鹤楼。
黄鹤一去不复返，白云千载空悠悠。
晴川历历汉阳树，芳草萋萋鹦鹉洲[3]。
日暮乡关何处是？烟波江上使人愁。

【注释】[1]崔颢（704—754）：汴州（今河南省开封市）人。官至太仆寺丞，司勋员外郎，这首七律是他的代表作。黄鹤楼：位于武昌西黄鹤矶上，始建于三国吴黄武二年（223年），原本只是瞭望守成的“军事楼”，因其高踞大江之上，可俯瞰滔滔千里长江，所以演变为登临咏唱的胜地、游乐观赏的名楼，历代多有翻新增建，地址也略有变迁。据传说有仙人子安乘鹤过此，又传说是费文伟登仙驾鹤过此，故名黄鹤楼。[2]昔人：传说中乘鹤的仙人。[3]历历：清楚可数。汉阳：位于江汉两水夹角地带，与武昌黄鹤楼隔江相望。萋萋：形容草木茂盛。鹦鹉洲：在湖北武昌西南，长江中的小绿洲，后被淹没。据《后汉书》记载，汉黄祖担任江夏太守时，在此大宴宾客，有人献上鹦鹉，故名。

【赏析】前四句凭借传说，抒发了登临怀古之情。仙去楼空，唯余白云，悠悠千载，含有世事茫茫的寓意。后四句写登楼所见所感：晴川草树，历历在目，萋萋满洲，乡关何处，归思难禁。

全诗意中有象，虚实相生；声韵铿锵，清朗和谐；极富意境美、图画美、音律美；成为诗人游黄鹤楼留下的千古绝唱。据说李白登黄鹤楼，有诗感叹：“眼前有景道不得，崔颢题诗在上头。”严羽《沧浪诗话》评：“唐人七言律诗，当以崔颢《黄鹤楼》为第一。”

5. 送友人[1]——唐·李白

青山横北郭，白水绕东城[2]。

此地一为别，孤蓬万里征[3]。
浮云游子意，落日故人情[4]。
挥手自兹去，萧萧班马鸣[5]。

【注释】[1]李白（701—762）：字太白，号青莲居士，又号“谪仙人”，唐代伟大的浪漫主义诗人，被后人誉为“诗仙”。与杜甫并称为“李杜”（“大李杜”）。代表作有《望庐山瀑布》《行路难》《蜀道难》《将进酒》《越女词》《早发白帝城》等，有《李太白集》传世。[2]郭：城外墙。白水：清澈的水。[3]孤蓬：此指即将孤身远行的朋友。蓬，一种植物，干枯后根株断开，遇风飞旋，也称“飞蓬”“转蓬”，常喻指漂泊流浪。征：远行。[4]浮云：飘浮的云，喻指离家远游的人一往而无定处。故人：作者自指。[5]兹：此。萧萧：马的嘶鸣声。班马：载人离去之马。

【赏析】这是一首情意深长的送别诗。作者通过送别环境的刻画，气氛的渲染，表达出依依惜别之意。诗中青山流水、红日白云，相互映衬，色彩鲜明。挥手告别，班马长鸣，形象鲜活，有声有色。自然美与人情美交织在一起，新颖别致，流畅自然，情意绵绵，动人肺腑。

6. 登楼[1]——唐·杜甫

花近高楼伤客心，万方多难此登临[2]。
锦江春色来天地，玉垒浮云变古今[3]。
北极朝廷终不改，西山寇盗莫相侵[4]。
可怜后主还祠庙，日暮聊为《梁甫吟》[5]。

【注释】[1]杜甫（712—770）：字子美，自号少陵野老。举进士不第，曾任检校工部员外郎，故世称杜工部。是唐代伟大的现实主义诗人，宋以后被尊为“诗圣”，与李白并称“李杜”。其诗大胆揭露当时社会矛盾，对穷苦人民寄予深切同情，内容深刻。许多优秀作品，显示了唐代由盛转衰的历史过程，因此被称为“诗史”。在艺术上，善于运用各种诗歌形式，尤长于律诗；风格多样，而以沉郁为主；语言精练，具有高超的表达能力。存诗1400多首，有《杜工部集》。登楼：此诗为作者客居成都时所写，此楼无须确指，乃诗人借登楼远眺，驰骋遐思，抒写情怀而已。[2]客心：客居者之心。万方多难：指吐蕃之乱，唐广德元年（763年）冬，吐蕃曾攻陷京师，后来郭子仪收复长安，代宗回长安复位。广德二年（764年）十二月，吐蕃又侵占了松、维、保三州（都在四川）。登临：登高观览。临，从高处往下看。[3]锦江：即濯锦江，是岷江支流，自成都郫县向东南流经成都西南。成都出锦，锦在江中漂洗，色泽更加鲜明，因此命名濯锦江。来天地：从天地边际奔腾而来。玉垒，山名，在四川灌县西，成都西北。这一句大意是：遥远的玉垒山浮云缥缈犹如古今世事变幻迷茫。[4]北极：北天极，又名北辰，喻指朝廷。寇盗：指入侵的吐蕃。这二句的大意是：北极的位置是永不改变的，唐代政权也是稳固、不容篡夺的，正告吐蕃不要徒劳无益地屡次侵扰。[5]后主：刘备的儿子刘禅，三国时蜀国之后主。曹魏灭蜀，他辞庙北上，成亡国之君。《梁甫吟》：古乐府歌题，《三国志》说诸葛亮躬耕陇亩，好为《梁甫吟》。这二句大意是：可叹刘禅这样的亡国昏君竟然还有祠庙，配享后人祭祀，而诸葛亮那样的贤相空怀济世之心，苦无献身之路，聊以吟诗自遣，如斯而已！

【赏析】这首诗是唐代宗广德二年（764 年）春，杜甫在成都所写。当时诗人客居四川已是第五个年头。上一年正月，官军收复河南河北，安史之乱平定；十月便发生了吐蕃攻陷长安、立傀儡、改年号，代宗奔逃陕州的事；不久郭子仪收复京师。年底，吐蕃又破松、维、保等州（在今四川北部），继而再攻陷剑南、西山诸州。同时，朝中宦官专权，藩镇割据，朝廷内外交困、灾患重重。在这样一个万方多难的时候，流离他乡的诗人愁思满腹，登上此楼，虽然繁花触目，诗人却忧愁伤感，更加黯然心伤。

全诗格律严谨，对仗工稳，写景抒情，委婉含讽。写山川联系着古往今来社会的变化，谈人事又借助自然界的景物，互相渗透，互相包容。融自然景象、国家灾难、个人情思为一体，语境壮阔，寄意深远，体现了诗人沉郁顿挫的艺术风格。

7. 枫桥夜泊[1]——唐 · 张继

月落乌啼霜满天，江枫渔火对愁眠。

姑苏城外寒山寺，夜半钟声到客船[2]。

【注释】[1] 张继（？—约 779）：字懿孙，湖北襄州（今襄阳）人，唐天宝十二年（753 年）进士。安史乱起，避地吴越。大历初入京任侍御，后以检校祠部员外郎充转运判官。诗作多登临纪行之作，清远自然，不事雕琢。著有《张祠部诗集》。枫桥：原名封桥，在今苏州市阊门外西九里。[2] 姑苏：苏州的别称，因苏州西南有姑苏山而得名。寒山寺：在枫桥西一里，始建于南朝梁代，唐初高僧寒山曾在此住持，因而得名。夜半钟声：据《南史》记载，寺庙有夜半敲钟的习俗，但写在诗歌中，成为诗歌意境的点眼，这却是首见。

【赏析】这首诗以白描手法，抒写了诗人羁旅漂泊，深夜难眠时的所见、所闻、所感。夜幕高挂，满天飞霜，江枫簇簇，渔火点点，是诗人的所见。寒夜乌啼，夜半钟声，是诗人的所闻。他乡游子见此景、闻此声，怎不思绪万千，长夜难眠？这是诗人的所感。景真情切，意境悠远，语言晓畅，千古传诵。小小的枫桥、不知名的寒山寺因此有了大名声，成了旅游胜地。清代邹福保《苏州寒山寺联》赞曰：“诗人题二十八字，长留胜迹，可知佳句不须多。”

8. 泊秦淮[1]——唐 · 杜牧

烟笼寒水月笼沙，夜泊秦淮近酒家[2]。

商女不知亡国恨，隔江犹唱《后庭花》[3]。

【注释】[1] 杜牧（803—约 852）：字牧之，号樊川居士，京兆万年（今陕西西安）人。诗赋散文，各体皆擅。尤长于七言近体，或写景抒情，或咏古怀史，情致豪迈，议论精警，风格俊爽，于晚唐诗坛独持拗峭，直可追步盛唐。世称“小杜”，以别于杜甫。与李商隐并称“小李杜”。七律《河湟》为其代表作，七绝《江南春》《泊秦淮》《过华清宫》等尤脍炙人口。著有《樊川文集》。秦淮：河名，源出今江苏溧水区，穿过金陵（南京），入长江。金陵是南朝陈的国都。［2］烟：指河水上的雾气。这二句大意是：月光和雾气笼罩着河水和岸边沙地。小船夜泊秦淮，靠近岸边酒家。［3］商女：卖唱的歌女，歌妓。后庭花：歌曲名，《玉树后庭花》的简称。陈后主都金陵时，沉溺声色，作此舞曲，日日歌舞升平，饮酒作乐，终于亡国。此代指亡国之音。

【赏析】首句写景，烟、水、月、沙，朦胧柔和，清淡素雅。二句叙事，点明夜泊地点，承上启下，表明美景之所在，歌声之所来。三句、四句感怀，由酒家歌妓的靡靡之音，牵出“不知亡国恨”的悲愤，于婉曲轻利的风调中，表现出辛辣的讽刺、深沉的悲痛、无限的感慨。全诗思想深刻犀利，富有艺术感染力。

9. 夜雨寄北[1]——唐·李商隐

君问归期未有期，巴山夜雨涨秋池[2]。

何当共剪西窗烛，却话巴山夜雨时[3]。

【注释】［1］李商隐（813—858）：字义山，号玉溪生、樊南生，怀州河内（今河南沁阳）人。唐文宗开成年间进士，曾任县尉、秘书郎和东川节度使判官等职。因受牛李党争影响，被人排挤，潦倒终生。所作咏史诗多托古以讽时政，无题诗很有名。擅长律绝，富于文采，构思精密，情致婉曲，具有独特风格。然有用典太多、意旨隐晦之病。他和杜牧合称“小李杜”，与温庭筠合称为“温李”。著有《李义山诗集》。寄北：写诗寄给北方的人。诗人当时在巴蜀（现在四川省），他的亲友在长安，所以说“寄北”。又有题作《夜雨寄内》，“内”，即“内人”，妻子。［2］君：对对方的尊称，等于现代汉语中的“您”。巴山：指大巴山，在陕西南部和四川东北交界处。这里泛指巴蜀一带。秋池：秋天的池塘。［3］何当：什么时候。剪西窗烛：剪烛，剪去燃焦的烛芯，使灯光明亮。这里形容深夜秉烛长谈。却话：回头说，追述。

【赏析】这首七绝表达了诗人对亲友的深刻怀念。即兴写来，情思婉曲，悱恻缠绵，含蓄隽永，艺术构思及其章法结构极具独创性。近体诗，一般是要避免字面重复的，这首诗却有意打破常规，短短二十八字中“期”字两见，“巴山夜雨”重出，构成了音调与章法的回环往复之妙，表现了时间与空间回环往复的意境之美，达到了内容与形式的完美结合。

10. 望洞庭[1]——唐·刘禹锡

湖光秋月两相和，潭面无风镜未磨。

遥望洞庭山水翠，白银盘里一青螺[2]。

【注释】［1］刘禹锡（772—842）：字梦得，洛阳（今河南洛阳市）人。唐德宗贞元进士，官监察御史。因事贬朗州司马，后任太子宾客。在文学成就上，他是韩柳古文运动的积极支持者。他的散文被柳宗元推许为“俊而豪，味无穷而炙愈出”，世有“刘柳”之称。他的诗歌曾与白居易齐名，号称“刘白”。著有《刘宾客集》。洞庭：指洞庭湖，在湖南省北部，长江中游荆江南岸，号称“八百里洞庭”，是中国第二大淡水湖。［2］山：指君山，是洞庭湖中一小岛，由大小72座山峰组成。又称洞庭山、湘山、有缘山。

【赏析】这是诗人贬赴朗州途中月夜游洞庭时的佳作。诗人虽于贬谪途中，但怀着对祖国山河热爱的情感，把秋夜洞庭的湖光山色描绘得栩栩如生，宛若一幅淡雅的水墨画。全诗由一个“望”字着眼，由近及远，水月交融的光影，水平如镜的湖面，洞庭山愈显青翠，洞庭水愈显清澈，山水浑然一体，宛如一个晶莹剔透的大银盘里放了一颗玲珑青翠的海螺。

全诗想象丰富、比喻新奇、格调清雅，给人以清新隽永之感。

11. 暮江吟[1]——唐 · 白居易

一道残阳铺水中，半江瑟瑟半江红[2]。

可怜九月初三夜，露似真珠月似弓[3]。

【注释】[1]白居易（772—846）：字乐天，号香山居士，原籍太原（今属山西），徙居下邽（今陕西渭南），生于新郑（今属河南）。唐德宗贞元进士，授秘书省校书郎。唐宪宗元和年间历任周至县尉、翰林学士、左拾遗及左赞善大夫。后以越职言事，贬江州司马。以后任忠州、杭州、苏州刺史，秘书监，刑部侍郎，太子少傅等职。在文学上，主张“文章合为时而著，歌诗合为事而作”，是新乐府运动的倡导者。其诗平易直质，风格清新明快。《暮江吟》《钱塘湖春行》《赋得古原草送别》等脍炙人口。和元稹并称“元白”，和刘禹锡并称“刘白”。著有《白氏长庆集》。暮江吟：黄昏时分在江边所作的诗。吟，古代诗歌的一种形式。[2]残阳：夕阳，快落山的太阳。也指晚霞。瑟瑟：碧玉的样子，此处指碧绿色。[3]可怜：可爱。真珠：即珍珠。月似弓：农历九月初三，上弦月，其弯如弓。

【赏析】此诗大约是唐长庆二年（822年）白居易赴杭州任刺史的途中所作。当时朝廷政治昏暗，牛李党争激烈，诗人自求外任，离开朝廷后心情轻松畅快，因作此诗。

全诗寓情于景，构思精妙。两幅优美的自然界画面，一幅是夕阳西沉、晚霞映江的绚丽景象；一幅是弯月初升，露珠晶莹的朦胧夜色。两者分开，各具佳景；组接起来，诗意深邃。愉悦的色彩，生动的比喻，使九月初三的月夜没有悲凉，让人不禁脱口赞美它的美妙可爱。

12. 望海潮[1]——宋 · 柳永

东南形胜，三吴都会，钱塘自古繁华[2]。烟柳画桥，风帘翠幕，参差十万人家[3]。云树绕堤沙，怒涛卷霜雪，天堑无涯[4]。市列珠玑，户盈罗绮，竞豪奢[5]。

重湖叠巘清嘉，有三秋桂子，十里荷花[6]。羌管弄晴，菱歌泛夜，嬉嬉钓叟莲娃[7]。千骑拥高牙，乘醉听箫鼓，吟赏烟霞[8]。异日图将好景，归去凤池夸[9]。

【注释】[1]柳永（约987—约1053）：北宋著名词人，崇安（今福建武夷山）人，原名三变，字景庄，后改名永，字耆卿，排行第七，又称柳七。宋仁宗朝进士，官至屯田员外郎，故世称柳屯田。他自称“奉旨填词柳三变”，以毕生精力作词，并以“白衣卿相”自诩。其词多描绘城市风光和歌妓生活，尤长于抒写羁旅行役之情，创作慢词独多。铺叙刻画，情景交融，语言通俗，音律谐婉，在当时流传极其广泛，人称“凡有井水饮处，皆能歌柳词”。是婉约派最具代表性人物之一，对宋词的发展有重大影响。代表作有《雨霖铃》《八声甘州》

等。望海潮：柳永将钱塘观潮的感受谱入律吕而创制的新声，成为词牌名。据杨湜《古今词话》记载，柳耆卿与孙沔为布衣交。孙知杭州，门禁甚严。耆卿欲见之不得，作《望海潮》词，往谒名妓楚楚曰："欲见孙相，恨无门路。若因府会，愿借朱唇歌于孙相公之前。若问谁为此词，但说柳七。"中秋府会，楚楚宛转歌之，孙即日迎耆卿预坐。［2］形胜：地形险要，风景优美之地。三吴：吴兴（今浙江湖州）、吴郡（今江苏苏州）、会稽（今浙江绍兴）三郡，此泛指今江苏和浙江地区。钱塘：今浙江杭州，古时吴国的一个郡。［3］烟柳：雾气笼罩着的柳树。画桥：装饰华美的桥。风帘：挡风用的帘子。翠幕：青绿色的帷幕。参差：高低不齐的样子。［4］云树：烟云掩映的树木。怒涛卷霜雪：又高又急的潮水奔涌，波涛翻卷着像霜雪般的浪花。天堑：天然沟壑，人间险阻。此指钱塘江。［5］珠玑：珠是珍珠，玑是一种不圆的珠子。此泛指珍贵物品。盈：满。罗绮（qǐ）：精美的丝织品，喻指丝绸衣服，华丽服装。竞豪奢：相互竞争，比豪华、斗奢侈。［6］重湖：以白堤为界，西湖分为里湖和外湖，所以称重湖。叠巘（yǎn）：层层叠叠的山峦。此指西湖周围的山。巘，山峰。清嘉：秀丽美好。三秋：秋季，或秋季第三月，即农历九月。桂子：桂花。［7］羌管：羌笛，羌族之簧管乐器。此泛指乐器。弄：吹奏。菱歌泛夜：采菱夜归的船上一片歌声。菱：菱角。泛：漂流。莲娃：采莲的美少女。［8］千骑：汉代太守有随从骑兵千人，宋代州郡长官也兼知州军事，所以用"千骑"作为地方官的代称。此指驻守杭州的两浙转运使孙沔。高牙：高高的牙旗。古代主将主帅出行前有牙旗（旗杆上装饰有象牙的大旗）引导。这句大意是：地方主将孙沔在高高的牙旗下，被成千骑兵簇拥着，是多么威武。吟赏烟霞：歌咏和观赏湖山中烟霞变幻的美景。［9］异日：他日，以后。图：图画，描绘。凤池：全称凤凰池，原指皇宫禁苑中的池沼，此指朝廷。这二句的大意是：有朝一日把这美好的景致画出来，回京升官时向人们夸耀一番吧！

【赏析】《望海潮》词调为柳永所创新声，本为求见已身为高官的老朋友两浙转运使孙沔而作。因构思精巧、语意妥帖、形容得体、音律谐婉，成为描写杭州风景的名篇佳作。通过颂扬杭州繁盛，对坐镇此地的孙沔表示谀美之意。上阕总写杭州全貌，赞其江山形胜、历史悠久、都市繁华、风物优美。下阕则歌咏西湖秀丽景色，描绘社会承平安宁。全篇状物写景，名句迭出，曲尽其妙。特别是由数字组成的词组，如"三吴都会""十万人家""三秋桂子""十里荷花""千骑拥高牙"等，对仗工稳，情韵悠扬，生动形象，极富艺术感染力。

13. 定风波[1]——宋·苏轼

三月七日，沙湖道中遇雨[2]。雨具先去，同行皆狼狈，余独不觉，已而遂晴[3]。故作此词。

莫听穿林打叶声，何妨吟啸且徐行[4]。竹杖芒鞋轻胜马[5]，谁怕？一蓑烟雨任平生[6]。

料峭春风吹酒醒，微冷，山头斜照却相迎[7]。回首向来萧瑟处，归去，也无风雨也无晴[8]。

【注释】［1］苏轼（1037—1101）：宋代文学家，字子瞻，一字和仲，号东坡居士，眉州眉山（今四川眉山）人。宋仁宗嘉祐二年（1057 年）进士。神宗时因反对王安石新法而求外调，先后任杭州、密州、徐州通判，湖州知州。又因作诗讽刺新法，被诬"谤讪朝廷"而获罪，下御史台狱，酿成"乌台诗案"，贬黄州团练副使。宋哲宗元祐初年（1086 年）

任中书舍人、翰林学士兼侍读。因反对司马光等尽废新法，再求外调，出知杭州、颍州等。宋元祐七年（1092年）复授翰林侍读学士、礼部尚书。次年，哲宗亲政，新党重新掌权，又被斥为以文字“讥刺先朝”，贬谪惠州、儋州。宋元符三年（1100年）遇赦北归。次年，卒于常州。谥文忠，与父苏洵、弟苏辙合称“三苏”。其文纵横恣肆，为“唐宋八大家”之一。其诗题材广阔、清新豪健，善用夸张比喻，与黄庭坚并称“苏黄”。词开豪放一派，与辛弃疾并称“苏辛”。又工书画。堪称北宋文化最高成就之代表。著作颇丰，有《东坡全集》《东坡乐府》《东坡易传》等。定风波：词牌名，又名“定风流”“定风波令”等，为唐教坊曲名。［2］沙湖：在今湖北黄冈东南三十里，又名螺丝店。［3］狼狈：进退皆难的困顿窘迫之状。已而：一会儿，不久。［4］穿林打叶声：指大雨点穿透树林打在树叶上的声音。吟啸：放声吟咏。徐行：慢慢行走。［5］芒鞋：草鞋。竹杖草鞋，轻便快捷，胜过骑马。［6］一蓑（suō）烟雨任平生：一身蓑衣任凭风吹雨打，一辈子处之泰然。蓑，蓑衣，用棕制成的雨披。［7］料峭：风寒浸肌肤战栗的样子，多形容春寒。斜照：偏西的阳光。［8］向来：方才。萧瑟：指风雨声势。也无风雨也无晴：意谓既不在乎风雨险恶，也不在乎阳光明媚。

【赏析】此词作于宋神宗元丰五年（1082年）春，当时苏轼因“乌台诗案”被贬为黄州（今湖北黄冈）团练副使已整整两年。在第三年春天，他与朋友出游，风雨忽至，朋友深感狼狈，苏轼却毫不在乎，泰然处之。上阕写风狂雨骤，吟啸徐行，表现出作者搏击风雨、笑傲人生的豪迈之情。下阕写雨后放晴，斜照相迎，让作者在大自然微妙的一瞬获得了“也无风雨也无晴”的人生顿悟和启示。自然界的雨晴既属寻常，不必在意；社会人生中的政治风云、荣辱得失又何足挂齿？

全词即景生情、豪放乐观、风趣幽默，使读者在谈笑风生中得到启发，在诙谐调侃中享受快乐。

14. 永遇乐·京口北固亭怀古[1]——宋·辛弃疾

千古江山，英雄无觅，孙仲谋处[2]。舞榭歌台，风流总被，雨打风吹去[3]。斜阳草树，寻常巷陌，人道寄奴曾住[4]。想当年，金戈铁马，气吞万里如虎[5]。

元嘉草草，封狼居胥，赢得仓皇北顾[6]。四十三年，望中犹记，烽火扬州路[7]。可堪回首，佛狸祠下，一片神鸦社鼓[8]。凭谁问、廉颇老矣，尚能饭否[9]？

【注释】［1］辛弃疾（1140—1207）：南宋词人。原字坦夫，改字幼安，号稼轩，历城（今山东济南）人。21岁参加抗金义军，曾任耿京军的掌书记，不久投归南宋。历任江阴签判，建康通判，江西提点刑狱，湖南、湖北转运使，湖南、江西安抚使等职。42岁遭谗落职，退居江西信州，长达20年之久，其间一度起为福建提点刑狱、福建安抚使。64岁再起为浙东安抚使、镇江知府，不久罢归。一生力主抗金北伐，并提出有关方略，均未被采纳。其词题材广泛，田园风光、世情民俗、吊古伤今，皆有涉及。又善化用前人典故入词。风格沉雄豪迈又不乏细腻柔媚。为豪放派词人代表，与苏轼并称为“苏辛”。著有《稼轩词》以及今人辑本《辛稼轩诗文钞存》。永遇乐：词牌，又名“消息”。京口：古城名，即今江苏镇江。

因临京岘山、长江口而得名。北固亭：在镇江东北的北固山上，东晋蔡谟始建，原本作为放置军事物资的城楼，故又称“北固楼”“北顾楼”。[2] 孙仲谋：孙权（182—252），字仲谋，三国时吴国的君主，曾经建都京口。汉献帝建安十三年（208年），他在著名的赤壁之战中打败了从北方来进攻的曹操。作者坚持抗击北方金国的侵扰，所以怀念孙权的英雄业绩。这三句大意是：千古江山依旧，曾经在京口建都的孙仲谋这样的英雄，却无处寻觅了。感叹以南胜北这样的事业，后继无人。[3] 舞榭（xiè）歌台：演出歌舞的台榭，这里代指孙权故宫。榭，建在高台上的房子。风流：遗风，杰出的风度，此指历代英雄杰出的功业。[4] 寻常巷陌：极窄狭的街道。寻常，古代指长度，八尺为寻，倍寻为常，形容窄狭。引申为普通、平常。巷、陌，这里都指街道。寄奴：南朝宋武帝刘裕小名。刘裕家在京口，东晋安帝时任下邳（今江苏宿迁）太守。桓玄叛晋，刘裕起兵京口，平定了桓玄。后来他推翻东晋，建立宋。[5] 金戈：用金属制成的长枪；铁马：披着铁甲的战马；金戈铁马：形容兵强马壮。气吞万里如虎：形容气势威猛，足以一举吞灭敌人。“想当年”三句：刘裕曾两次领兵北伐，先后灭掉鲜卑族慕容氏建立的南燕和羌族姚氏建立的后秦，收复洛阳、长安等地。[6] 元嘉：宋文帝刘义隆的年号（424—453）。刘义隆是刘裕的儿子，他有意继承他父亲北伐中原的事业，但不做认真充分准备，好大喜功，草率用兵，让北魏太武帝拓跋焘抓住机会，率军南下，追至瓜州（今扬州市邗江区），与京口隔长江相对。刘义隆登烽火台北望，形势仓皇，深感悔恨，曾有“北顾涕交流”之言。草草，草率，轻率。封狼居胥：在狼居胥山筑坛祭天，纪念成功。狼居胥，山名，又称狼山，在内蒙古自治区西北部。汉武帝元狩四年（前119年）霍去病远征匈奴，歼敌七万余，于是“封狼居胥山，禅于姑衍”。积土为坛于山上，祭天曰封，祭地曰禅，以示庆贺胜利。刘义隆在北伐前曾表示自己“有封狼居胥意”，意谓北伐必胜，志在必得，哪知却落得仓皇北顾的结局。[7] 四十三年：作者于宋高宗绍兴三十二年（1162年）从北方抗金南归，至宋宁宗开禧元年（1205年）任镇江知府登北固亭写这首词时已有43年。烽火扬州路：指当年扬州地区，到处都是抗击金兵南侵的战火烽烟。路，宋朝时的行政区划，扬州属淮南东路。扬州在京口对岸，天朗气清时可以遥遥望见。[8] 堪：忍受。可堪，可以忍受吗？以疑问语气表否定，意思是“岂能忍受”“哪能忍受”。回首：回顾，追忆。佛（bì）狸祠：拓跋焘小名佛狸。南朝宋元嘉二十七年（450年），他击败刘宋，追到长江边上，在瓜步山（在今江苏六合区东南）上建立行宫，后来改为太武庙，又称佛狸祠。神鸦：祭祀时来吃祭品的乌鸦。社鼓：祭祀时的鼓声。这三句话的大意是：岂能忍受得了回忆中原大地沦陷的痛苦，但现今人们却把佛狸祠当作供奉神祇的地方，香火兴盛，一片神鸦社鼓，而忘却了它原来是北方异族统治者的行宫。[9] 廉颇：战国时赵国名将，他遭谗离赵，居住在魏国。秦国后来屡次攻赵，赵王想重新起用廉颇，派使者到魏国看他是否还可用。廉颇知道使者的来意，见面时，特别吃了一斗米的饭和十斤肉，并披甲上马，以示可用。但使者事先受了仇家的贿赂，向赵王回报说：“廉颇将军虽老，尚善饭，然与臣坐，顷之三遗矢矣。”赵王以为廉颇已老，遂不用。这三句大意是，让谁来询问，廉颇老了，还能吃饭吗？运用廉颇的故事，表明了自己老当益壮，希望为国杀敌立功的雄心壮志，也抒发了对南宋统治者、投降派的愤慨心情。

【赏析】《永遇乐·京口北固亭怀古》写于宋宁宗开禧元年（1205年），辛弃疾66岁。当时韩侂胄执政，正积极筹划北伐，赋闲已久的辛弃疾于前一年被起用为浙东安抚使，这年春初，又受命担任镇江知府，戍守江防要地京口。从表面看来，朝廷对他似乎很重视，然而实际上只不过是利用他那主战派元老的招牌作为号召而已。辛弃疾到任后，一方面积极布置军事进攻的准备工作。但另一方面，他又清楚地意识到政治斗争的险恶，自身处境的孤危，深感很难有所作为。辛弃疾支持北伐抗金的决策，但是对独揽朝政的韩侂胄轻敌冒进的做法又感到忧心忡忡，他认为应当做好充分准备，绝不能草率从事，否则难免重蹈覆辙，使北伐再次遭到失败。辛弃疾的意见没有引起南宋当权者的重视，他来到京口北固亭，登高眺望，怀古忆昔，心潮澎湃，感慨万千，于是写下了这篇词中佳作。

上阕写京口的历史人物孙权、刘裕，及其英雄业绩，表达了作者渴望抗敌救国的心情。下阕写北固亭的历史事件：元嘉草草，仓皇北顾；佛狸祠下，祭祀迎神；表达了作者对收复失地的深谋远虑和对安于现状、民族将亡的隐忧。又以廉颇自比，抒写了作者为国效劳之心。

全词善于运用典故史事，紧扣题旨，贴切精当，影射现实，感染力强。词气豪壮悲凉、义重情深，放射着爱国主义的思想光辉。

15. 扬州慢[1]——宋·姜夔

淳熙丙申至日，予过维扬[2]。夜雪初霁，荠麦弥望[3]。入其城，则四顾萧条，寒水自碧，暮色渐起，戍角悲吟[4]。予怀怆然，感慨今昔，因自度此曲[5]。千岩老人以为有《黍离》之悲也[6]。

淮左名都，竹西佳处，解鞍少驻初程[7]。过春风十里，尽荠麦青青[8]。自胡马窥江去后，废池乔木，犹厌言兵[9]。渐黄昏，清角吹寒，都在空城[10]。

杜郎俊赏，算而今重到须惊[11]。纵豆蔻词工，青楼梦好，难赋深情[12]。二十四桥仍在，波心荡，冷月无声[13]。念桥边红药，年年知为谁生[14]？

【注释】[1]姜夔（kuí）（1154—1221）：字尧章，号白石道人，饶州鄱阳（今江西鄱阳）人。南宋文学家、音乐家。少时随父宦游汉阳（今湖北武汉）。父死，流寓湘鄂间。后来家居浙江吴兴（今浙江湖州）。应试不第，一生未曾仕宦。卖字而外，皆靠他人周济生活。漫游于湖州、杭州、苏州、金陵、合肥等地，与杨万里、范成大、辛弃疾、萧德藻等相结交。工诗词骈文，善书法音律。文辞精妙，意境幽隽，清空冷峭，以空灵含蓄著称。著有《白石道人诗集》《白石道人歌曲》《续书谱》《绛帖平》等。扬州慢：词牌，姜夔自度曲。[2]淳熙丙申：即淳熙三年（1176年），岁次丙申。至日：冬至日。维扬：即扬州（今属江苏）。《尚书·禹贡》记载“淮海维扬州”，后来就截取“维扬”两字代表扬州。[3]霁（jì）：雨雪停止。荠麦：荠菜和麦苗。弥望：满眼皆是。[4]萧条：凋零。戍角：军中号角。[5]自度此曲：不依旧谱而自己谱制了《扬州慢》这首新曲。[6]千岩老人：南宋诗人萧德藻，字东夫，自号千岩老人。他很称赞姜夔的诗词，把侄女嫁给他，并常常资助他。黍离：《诗经·王风》的一篇，叙说周平王东迁后，周大夫经过西周故都，看见宗庙毁坏，尽为禾黍，彷徨不忍离去，于是作了《黍离》诗。后以“黍离”

表示对故国衰落之忧思。［7］淮左名都：指扬州。淮左，即淮东。宋朝的行政区设有淮南东路和淮南西路，扬州是淮南东路的首府，故称淮左名都。左，古人方位名，面朝南时，东为左，西为右。名都，著名的都会。竹西：亭名，在扬州城东禅智寺旁。杜牧《题扬州禅智寺》诗：“谁知竹西路，歌吹是扬州。”这里以竹西佳处指扬州地域。解（jiě）鞍：松开、解下马鞍。少驻：稍作停留。初程：开初的一段行程。这三句大意是：在这淮东名城扬州的地域，我走了开头的一段路程之后，解下马鞍，稍事停留。［8］春风十里：杜牧《赠别》诗“春风十里扬州路，卷上珠帘总不如”，这里指先前扬州的繁华街道。这二句大意是：昔日繁华热闹的扬州路，如今长满了野菜麦苗，一片荒凉。［9］胡马窥江：指金兵入侵，打到长江边上。金人于建炎三年（1129年）攻入扬州，焚烧了扬州城，然后退去。绍兴三十一年（1161年）再度大举南侵，又攻入扬州。两次都进行了严重的破坏。厌：厌恶，憎恨。这三句的大意是：尽管胡马窥江去后，已经十多年了，可是池台庭院荒废，高大古树残存，人们憎恨谈论兵乱之事，不愿再谈论那残酷的战争。［10］渐：向，到，临近。清角：凄清的戍角声。这三句大意是：临近黄昏，凄清的戍角声响起，回荡在这座凄凉残破的空城。［11］杜郎：即杜牧。唐文宗大和七年到九年（833—835），杜牧在扬州任淮南节度使掌书记。俊赏：快意游赏。这二句大意是：料想他现在再来的话也会感到震惊。［12］豆蔻：形容少女美艳。青楼：妓院。杜牧《赠别》诗“娉娉袅袅十三余，豆蔻梢头二月初”；《遣怀》诗“十年一觉扬州梦，赢得青楼薄幸名”。这三句的大意是：纵然杜牧的“豆蔻”诗写得词语精工；“青楼”梦写得意境美好，但他也难以抒写这种深沉悲怆的感情吧。［13］二十四桥：唐朝时扬州最繁华，城南北十五里，东西七里，共有二十四座桥。杜牧《寄扬州韩绰判官》诗有“二十四桥明月夜，玉人何处教吹箫”的句子。到北宋时，二十四桥只剩下七桥，作者这里说“仍在”，并非纪实，文学语言而已。这三句大意是：二十四桥虽然还在，但月下吹箫的安宁快乐没有了，波心荡漾的只是冷月凄清、寂寥无声。［14］红药：红芍药花，是扬州繁华时期的名花。这二句大意是：想那桥边红色的芍药花年年花叶繁荣，可它们为谁生长为谁开放呢？意思是，如今扬州荒凉残破，花开无人观赏。

【赏析】《扬州慢》词调是姜夔创制的。词前有较长的题目作为小序，交代了写作的缘由、背景、时间、地点、内容、主旨。

宋高宗绍兴三十一年（1161年），金人南侵，兵败采石，遂移军扬州烧杀抢掠，致使商贾云集、珠帘十里的繁华都会变成一片废墟。以致时隔15年后的宋孝宗淳熙三年（1176年），作者路过扬州，仍是一片衰败景象。在“四顾萧条，寒水自碧，暮色渐起，戍角悲吟”的氛围中，作者满怀怆然，因作此篇，抒发黍离之悲。上阕描写在扬州所见的残破荒凉之状，下阕用杜牧游赏扬州的典故并化用其诗句，表达今昔盛衰之感。

全词移情入景，借景抒情，语言含蓄，寄慨深长。笔法清雅空灵，声调清刚峭拔，尤其善于化用前人诗境，极富艺术感染力。

16. 游山西村[1]——宋·陆游

莫笑农家腊酒浑，丰年留客足鸡豚[2]。
山重水复疑无路，柳暗花明又一村[3]。
箫鼓追随春社近，衣冠简朴古风存[4]。
从今若许闲乘月，拄杖无时夜叩门[5]。

【注释】[1] 陆游（1125—1210）：字务观，号放翁，越州山阴（今浙江绍兴）人，南宋文学家。生逢北宋灭亡之际，两岁遭靖康之难，随父南迁。宋高宗绍兴二十三年（1153年）进士第一，然殿试时为秦桧除名，仕途不畅。宋孝宗隆兴元年（1163年），赐进士出身。次年调镇江府通判，乾道二年（1166年）罢官，归居山阴。乾道五年（1169年），起任为夔州通判。后历任四川宣抚司干办公事、四川制置司参议官，知叙州、严州。宋宁宗嘉泰二年（1202年），奉诏入京，为中大夫，兼修国史。晚年退居家乡。其经历丰富，视野广阔，师法广泛，诗、词、文皆工。尤其诗歌数量多，今尚存9000多首；内容极为丰富，风格出奇无穷。著述颇丰，主要有《剑南诗稿》《渭南文集》《老学庵笔记》《入蜀记》《放翁逸稿》《南唐书》等。山西村：作者故乡山阴的一个村庄。据考，此诗作于宋孝宗乾道三年（1167年）初春。此前一年，即乾道二年（1166年），陆游因"交结台谏，鼓唱是非，力说张浚用兵"的罪名罢官归里。[2] 腊酒：头一年腊月里酿造的酒。足：足够，丰盛。豚（tún）：小猪，代指猪肉。这二句大意是：不要笑话农家腊月里酿的酒浑浊不醇厚，丰收年景农家待客菜肴非常丰盛。[3] 山重水复：一座座山、一道道水重重叠叠。柳暗花明：柳色深绿，花色红艳。这二句大意是：山峦重叠，水流曲折，正疑虑无路可走，忽然在柳绿花红间又出现一个山村。[4] 箫鼓：吹箫打鼓。春社：古代把立春后第五个戊日作为春社日，拜祭社神（土地神）和五谷神，祈求丰收。这二句大意是：吹箫打鼓，春社的日子已经接近；布衣素冠，淳朴的古代风俗依旧保存。[5] 闲乘月：有空闲时乘着月光前来。无时：没有一定的时间，即随时。叩（kòu）门：敲门。这二句大意是：今后如果还能乘大好月色出外闲游，我随时会拄着拐杖来敲你的家门。

【赏析】这是一首纪游抒情诗。首写诗人出游到村民农家，次写村外山水景物，复写村中祭社情事，末写乘月夜游之想象。诗句中虽然没有一个"游"字，但是处处切合"村游"，游兴十足，游意不尽。结构严谨，主线突出，层次分明，对仗工整，立意新巧，自然成趣。

"山重水复疑无路，柳暗花明又一村"，既是写景，也是抒情。人生前行，疑若无路，忽又开朗，反映了诗人对前途所抱的希望，道出了世间事物消长变化的哲理，超越了纯自然景色的描写，从而具有很强的艺术生命力，成为千古传诵的名句。

17. 过零丁洋[1]——宋·文天祥

辛苦遭逢起一经，干戈寥落四周星[2]。
山河破碎风飘絮，身世浮沉雨打萍[3]。
惶恐滩头说惶恐，零丁洋里叹零丁[4]。

人生自古谁无死？留取丹心照汗青[5]。

【注释】[1]文天祥（1236—1283）：字履善，又字宋瑞，自号文山，吉州庐陵（今江西吉安）人，南宋末大臣，文学家。理宗宝祐四年（1256年）进士状元，历知瑞州（高安）、赣州，任江西提刑。宋恭帝德祐元年（1275年），元军侵宋，文天祥招募义军抗击，被召入临安，出知平江，入卫余杭。次年朝中大臣纷纷逃散，恭帝任命他为右丞相兼枢密副使。元军围临安，被派往元军营中谈判，被扣留，押送北方。临安陷落，恭帝和皇太后被俘，宋端宗逃到温州（今浙江温州）。此时文天祥也从敌营中逃出到了温州。他坚持抗元，转战南方，于端宗景炎三年（也是帝昺祥兴元年，1278年）十二月，被元军都元帅汉奸张弘范击败，在海丰再次被俘。次年正月，他被元军押随兵船追击逃往厓山（今广东新会县南海中）的帝昺。张弘范一再逼迫他写信招降在海上抗击元军的张世杰，他就写了这首诗，表示了自己宁死不屈的决心。二月，宋亡，文天祥被押送至大都（今北京），拘囚三年，坚贞不屈，后从容就义于大都柴市。其诗《扬子江》《过零丁洋》《正气歌》，其文《指南录后序》等皆为千古传诵名篇。有《文山先生全集》二十卷传世。零丁洋：又称“伶仃洋”，在广东珠江口外。1278年年底，文天祥率军在广东五坡岭与元军激战，兵败被俘，囚禁船上曾经过零丁洋。[2]遭逢：遭遇。起一经：起源于精通一种经书。指熟读经书，通过科举考试而被朝廷起用做官。干戈：指抗元战争。寥（liáo）落：荒凉冷落，指宋末战争使得社会残破衰败。周星：又称岁星，这里指代周年。文天祥从1275年起兵抗元，到1278年被俘，一共四年。这二句追忆自己平生辛苦的经历，由进士起家，官至宰相；外族入侵，国家危急，抗敌四年，成功渺茫。[3]山河破碎：指祖国大地被元军占据蹂躏，国土残破。风飘絮：比喻国家危亡，如同狂风吹柳絮一样飘散零落。恭帝德祐二年（1276年），临安弃守，恭帝赵㬎被俘，宋朝事实上已经灭亡，剩下的只是各地方军民自发组织起来抵抗。文天祥、张世杰等人拥立的端宗赵昰在逃难中惊悸而死，陆秀夫复立八岁的赵昺建行宫于厓山，各处流亡。故此用“山河破碎风飘絮”来形容这种局面。身世：个人的生活遭遇。雨打萍：形容自己身处战乱，如雨中浮萍漂泊无根，动荡不安。这时文天祥母亲被俘，妻妾被囚，大儿丧亡，真如水上浮萍，无依无附了。[4]惶恐滩：在今江西省万安县，赣江十八滩之一，本名黄公滩，因其滩险难渡，让人特别惊慌恐惧，故又称惶恐滩。1277年，文天祥在江西被元军打败，所率军队死伤惨重，妻子儿女也被元军俘虏。他经惶恐滩撤到福建。零丁：孤苦无依的样子。这二句大意是：惶恐滩的惨败我至今惶恐，零丁洋里我身陷元虏孤苦无依。[5]丹心：红心，比喻忠心。汗青：又称汗竹，用竹简写字。古代用竹简刻写文字，先用火烤干其中的水分，干后易刻写且不受虫蛀。此指载入史册。这二句大意是：人终不免一死，倘若能为国尽忠，死后仍可光照千秋、青史留名。

【赏析】这首诗作于宋祥兴二年（1279年）正月。祥兴元年（1278年）十二月，文天祥在广东海丰北五坡岭兵败被俘，被押解过零丁洋。张弘范逼迫他写信招降固守厓山的张世杰、陆秀夫等人，文天祥出示此诗以明志。

诗的开头二句，回顾身世。表明自己身为大宋“状元宰相”，艰难抗敌、无所畏惧、绝不变节的决心。第三、第四句吟咏国家民族的灾难和个人的坎坷经历，表达了作者对现实清醒的认识和深沉的忧愤。第五、六句叹息败退惶恐滩与囚拘零丁洋，再度展示了诗人因国家覆灭和自身遭遇危难而战栗的痛苦心灵。结尾二句以磅礴的气势收敛全篇，写出了宁死不屈的壮烈誓词：人生哪有不死的呢？留下爱国忠心，光耀千古史册！慷慨激昂、掷地有声，显示了诗人的民族气节和舍生取义的生死观。

全诗对仗工整，比喻贴切；巧用地名，出语自然；意境高亢深邃，格调沉郁悲壮。

18. 浪淘沙 · 北戴河[1]——现当代 · 毛泽东

大雨落幽燕，白浪滔天，秦皇岛外打鱼船[2]。一片汪洋都不见，知向谁边[3]？

往事越千年，魏武挥鞭，东临碣石有遗篇[4]。萧瑟秋风今又是，换了人间[5]。

【注释】[1] 毛泽东（1893—1976）：字润之，湖南湘潭人。他是中国人民的伟大领袖，马克思主义者，伟大的无产阶级革命家，中国共产党、中国人民解放军和中华人民共和国的主要缔造者和领导人，诗人，书法家。曾任中国共产党中央军事委员会主席，中华人民共和国中央人民政府主席和中华人民共和国主席。其诗词在表现手法上继承古典诗词传统，想象丰富，语言凝练，风格雄浑壮美。在内容上古为今用，推陈出新，抒写现实。如《七律·长征》“红军不怕远征难，万水千山只等闲”，表现了红军二万五千里长征的壮举和共产主义者的革命斗志。《沁园春 · 雪》“北国风光，千里冰封，万里雪飘”，写景咏史，表现出作者雄视百代的豪情壮志，气度非凡。已出版发行的有《毛泽东选集》《毛泽东诗词选》等。浪淘沙：词牌名。北戴河：在河北省东北部渤海边秦皇岛市西南海滨，是著名的夏季休养地。[2] 幽燕：古幽州及燕国，在今河北省北部及东北部。滔天：形容水势很大。浪花翻滚，铺天盖地，与天连成了一片。秦皇岛：地名，在河北省东北部，北依燕山，南临渤海，因秦始皇东巡至此并派人入海求仙而得名，现已成为河北省地级市。[3] 汪洋：宽广无涯，形容水势浩大的样子。谁边：何处，哪里。[4] 往事：过去的事。千年：只是一个大概数，实际已 1700 多年。魏武：即曹操（155—220）。东汉末年，豪强割据，曹操陆续击败北方各世族军阀武装的势力，统一中原，成为汉朝的实际统治者，封魏王。他的儿子曹丕废汉献帝自立后，追赠他为魏武帝。挥鞭：挥鞭策马，这里指骑马出征。建安十二年（207 年），曹操北征乌桓（古代部族名，分布在辽宁西部和河北东北一带）经过碣石山时写下《步出夏门行 · 观沧海》诗，其中有“东临碣石，以观沧海”之句。碣石：古代山名。一般认为，即今位于河北昌黎城北 1 千米的碣石山，与北戴河毗邻。也有认为是在河北乐亭西南海边滦河口，已沉入海内，今已不可得见。[5] 萧瑟：秋风声，秋风吹过的样子。曹操《步出夏门行 · 观沧海》：“秋风萧瑟，洪波涌起。”这二句大意是：现在的北戴河，又是秋风萧瑟，但是社会已经变换了新面貌。

【赏析】1954 年夏，毛泽东到北戴河住过一些日子，在此填了这首词。那时中华人民共和国初成立，气象万新，蓬勃发展。正如展现在眼前的北戴河，“大雨落幽燕，白浪滔天”，波涛汹涌澎湃，气势豪迈磅礴。“秦皇岛外打鱼船”，在惊涛骇浪中奋勇前行，到达哪里了？此时此地此景，不由使人想起历史上曹操统一北方、登临碣石、以观沧海的往事。秋风萧瑟，风景依旧，但社会已发生了天翻地覆的变化。

以小见大，以北戴河之景展示出一种寥廓深邃的宇宙感、历史感，表现出作者改天换地的革命豪情和革命志向。这首词想象丰富，激情豪迈，善于化用前人诗句，意味深长，余韵悠远。

19. 蜀相——唐 · 杜甫[1]

丞相[2]祠堂[3]何处寻，锦官城[4]外柏森森[5]。

映阶[6]碧草[7]自春色，隔叶黄鹂空好音[8]。

三顾频烦[9]天下计[10]，两朝[11]开济[12]老臣心。

出师未捷身先死[13]，长[14]使英雄[15]泪满襟。

【注释】[1] 杜甫：见前篇《登楼》。蜀相：指诸葛亮，三国时蜀国丞相。东汉末年，天下大乱，诸葛亮辅佐刘备渡过危难，建立了蜀汉政权，在外交、内政和军事方面成效卓著。刘备临终托孤，继续辅佐刘禅，一生为统一中原的事业“鞠躬尽瘁，死而后已”。生前被封为武乡侯，死后谥号为“忠武”，后世称为武侯。[2] 丞相：古代辅佐君主的最高行政长官。[3] 祠堂：祭祀祖宗或先贤的庙堂，这里指成都武侯祠。诸葛亮纪念祠在国内多地建有，如河南南阳的诸葛亮纪念祠，位于南阳市区西南七里的卧龙岗，这里是诸葛亮隐居之地。又有陕西汉中的勉县武侯墓，这是诸葛亮的陵园，位于勉县城西定军山下。四川成都的武侯祠也是纪念诸葛亮的重要场所，与刘备陵寝相邻，是全国影响最大的诸葛亮纪念地之一。据记载，蜀汉先主刘备于公元 223 年病故白帝城之后，灵柩运回成都下葬，建“惠陵”。而按照汉制，有陵必有庙，所以在同时期，就有了“汉昭烈庙”。纪念诸葛亮的“武侯祠”始建于唐代，与刘备的“昭烈庙”相邻，明朝初年重建“武侯祠”时，将昭烈庙、惠陵和武侯祠三者并在一起，形成了独特的君臣合庙的景象。现在的武侯祠主体建筑是清朝康熙年间修建的，文物价值极大。[4] 锦官城：也称锦城，三国蜀汉管理织锦之官驻此，故名。后人用做成都的别称。[5] 柏森森：翠柏耸立，郁郁葱葱。森森：繁密的样子。[6] 映阶：掩映台阶。[7] 自春色：自呈一片春天春色。自：兀自，徒自。[8] 空好音：空自啼鸣。空：徒然，白白地。[9] 三顾频烦：三顾茅庐，多次烦扰。顾：看望，拜访。频：屡次。[10] 天下计：统一天下的谋略。刘备为统一天下而三顾茅庐，问计于诸葛亮。这是在赞美诸葛亮在对策中所表现出的远见卓识。[11] 两朝：指刘备、刘禅父子两代。[12] 开济：开创大业，匡济危时。指帮助刘备开创基业和辅佐刘禅度过危难。[13] 出师未捷身先死：指诸葛亮多次伐魏，未能成功，至蜀建兴十二年（234 年）卒于五丈原（今陕西岐山东南）军中。捷：胜利，成功。[14] 长：经常。[15] 英雄：指才能勇武过人的人，是像诸葛亮那样为国为民、大智大勇的仁人志士。

【赏析】唐朝安史之乱，杜甫流寓成都，急切寻觅瞻仰蜀相祠堂。凭吊古迹，颂扬了诸葛亮的鞠躬尽瘁、死而后已。表达了作者期盼明君贤相，让天下苍生安宁的深挚感情。首联意思是：祭祀蜀相诸葛亮的祠堂在哪里呢？就在成都城外那柏树茂密的地方。开门见山，洒脱问答，自开自合，表明祠堂所在。一个“寻”字，一个“柏森森”的景象，表达出诗人对诸葛亮的仰慕崇敬。颔联意思是：碧草掩映台阶，自呈春色；黄鹂隔着树枝，徒自鸣唱，景色虽好，世事沧桑。表明作者无意观赏美景，而意在凭吊蜀相，突出了对诸葛亮崇敬之情。“草自春色”“鸟空好音”，写祠堂的荒凉，字里行间寄寓感物思人的情怀。后半首写丞相史迹。颈联写他雄才大略（“天下计”）、忠心报国（“老臣心”）。末联叹惜他壮志未酬身先死的遗憾，激发千载英雄、事业未竟者的共鸣。诗人所怀者社稷苍生，所感者英雄伟业。格局宏大，格调沉郁，以是之故，感人至深。

20. 饮湖上初晴后雨——宋·苏轼[1]

水光潋滟[2]晴方[3]好，山色空蒙[4]雨亦奇[5]。

欲[6]把西湖比西子[7]，淡妆浓抹[8]总相宜[9]。

【注释】[1] 苏轼：见前篇《赤壁赋》。这是一首赞美西湖美景七言绝句，写于诗人任杭州通判期间。原作有两首，这是第二首。湖：指西湖。[2] 潋滟（liànyàn）：水光波动的样子。[3] 方：副词，正，表示某种状态正在持续或某种动作正在进行。[4] 空蒙：又写作“空濛”，细雨迷茫的样子。[5] 奇：奇妙。[6] 欲：又有写作“若”，如果。[7] 西子：西施，春秋时代越国有名的美女，原名施夷光，或称先施，居古代四大美女（西施、王昭君、貂蝉、杨玉环）之首。[8] 淡妆浓抹（mǒ）：淡雅和浓艳两种不同的妆饰打扮。[9] 相宜：合适，恰当。

【赏析】这首诗不是描写西湖一时一处之景，而是对西湖美景的全面描写，概括品评。简短的二十八个字，就具有了超越时空的艺术生命力。上半首写西湖的水光山色，晴姿雨态。阳光下，西湖水波粼粼，波光艳丽，景色正美好；细雨迷蒙中，山色若有若无，风景也非常奇妙。下半首巧妙比喻，空灵贴切。若把西湖比作美女西施，无论淡妆还是浓抹，无论晴天还是雨天，都是那么美丽宜人。从此之后，人们常以“西子湖”作为西湖的别称。王文诰《苏文忠公诗编注集成》中称这首诗是“前无古人，后无来者”的名篇。

21. 清平乐·六盘山[1]——现当代·毛泽东

天高云淡，望断[2]南飞雁。不到长城[3]非好汉，屈指[4]行程二万[5]。

六盘山上高峰，红旗[6]漫卷[7]西风。今日长缨[8]在手，何时缚住[9]苍龙[10]？

【注释】[1] 清平乐：词牌名，原为唐教坊曲名，取用汉乐府“清乐”“平乐”这两个乐调而命名。六盘山：位于宁夏回族自治区南部，甘肃省东部，是陇山山脉的主峰，主峰海拔 2928 米。山路险狭曲折，经盘道六重才能到达峰顶，故名。1935 年 9 月中旬红军长征队伍进入甘肃省南部，10 月 7 日，中央红军在六盘山击溃敌军的骑兵团，当天下午一鼓作气翻越六盘山。[2] 望断：望得远，望得久，直到看不见。[3] 长城：这里喻指抗日前线。毛泽东《论反对日本帝国主义的策略》说：长征是把战略性的大转移变为奔赴抗日前线与敌血战到底，是古今中外从未有过的壮举，“它向全世界宣告，红军是英雄好汉”。[4] 屈指：弯着手指头计算。[5] 行程二万：自 1934 年 10 月初，中央红军从江西革命根据地出发，经过福建、江西、广东、湖南、广西、贵州、云南、西康、四川、甘肃，征途二万五千里，在 1935 年 10 月到达陕甘边区。[6] 红旗：1957 年在《诗刊》创刊号上发表时作“旄头”。1961 年 9 月为宁夏干部书写此词时改为“红旗”，手迹发表在 1961 年 10 月 7 日的《光明日报》。[7] 漫卷：任意吹卷。[8] 长缨：指捆缚敌人的长绳，出自“终军请缨”的典故，《汉书·终军传》：“愿受长缨，必羁南越王而致之阙下”，这里指革命武装。[9] 缚住：捆缚擒住。[10] 苍龙：《后汉书·张纯传》注：“苍龙，太岁也。”古代方士以太岁所在为凶方，因称太岁为凶神恶煞。苍龙，毛泽东注：此处指蒋介石的国民党反动派，因为当前主要对付的是国民党反动派。

【赏析】1935 年 10 月初，毛泽东率领中央红军摧毁了长征途中敌人的最后一道封锁线，翻越六盘山高峰，即将与陕甘宁边区的红军会合，胜利在望时写下了这首词。抒发了不畏艰难险阻，胜利完成长征的英雄气概和誓将革命进行到底的豪情壮志。

上阕表明“不到长城非好汉”的战斗决心。经历了爬雪山、过草地，后有追兵、前有强敌等常人难以想象的艰难险阻，完成了震惊世界的二万五千里长征。诗人用“屈指”二字，于轻描淡写中凸显出对漫漫险途等闲视之的英雄气概，抒写了革命者从容豪迈、不畏艰难困苦、投身抗日前线的英雄本色。

下阕展现“何时缚住苍龙”的革命前景。六盘山顶，红旗招展，长征即将胜利结束。放眼将来，中国工农红军保存的革命力量，一定会打倒凶神恶煞般的蒋介石国民党反动政权。

表现手法上，词的上下两阕都是前两句写景，后两句抒情言志，结构对称工整。词中善于用典，巧妙借喻，以“长缨”喻指革命武装力量，“苍龙”喻指国民党反动派，表现了高度的革命浪漫主义精神。语言浅近清新，却又耐人寻味。郭沫若赞评曰：写景抒情工整分明，流转自然，洋溢着革命胜利的豪情。用高亢雄壮的语气，抒发了“长缨在手”定当“缚住苍龙”的革命豪情。

22. 水调歌头[1]·游泳[2]——现当代·毛泽东

才饮长沙水，又食武昌鱼[3]。万里长江[4]横渡，极目[5]楚天[6]舒[7]。不管风吹浪打，胜似闲庭[8]信步[9]，今日得宽余[10]。子在川上曰：逝者如斯夫[11]！

风樯[12]动，龟蛇[13]静，起宏图。一桥飞架南北，天堑变通途[14]。更立西江石壁，截断巫山云雨，高峡出平湖[15]。神女应无恙[16]，当惊世界殊[17]。

【注释】[1] 水调歌头：词牌名。相传隋炀帝开汴河时制《水调歌》，唐人衍为大曲，有散序、中序、入破三部分。后截其歌头（中序第一章）另倚新声，故得其名。又名《元会曲》《凯歌》《台城游》等。[2] 游泳：1956 年 6 月，毛泽东巡视南方，在武汉三次游泳横渡长江，考察了正在建设中的武汉长江大桥。他既为长江的宏伟气势所鼓舞，又为长江大桥的建设场面所激动，即兴写下了这首词。[3] 才饮长沙水，又食武昌鱼：这两句话的意思是刚刚离开湖南长沙，便来到了湖北武汉的武昌。长沙水，毛泽东自注：“民谣：常德德山山有德，长沙沙水水无沙。所谓长沙水，地在长沙城东，有一个有名的‘白沙井’。”这里代指长沙。长沙，是湖南省省会，是楚文明和湘楚文化的发源地，有 3000 年悠久的历史文化，约有 2400 年建城史，在春秋战国时期始建城，属楚国。武昌鱼，据《三国志·吴书·陆凯传》记载，吴主孙皓要把都城从建业（故城在今南京市南）迁到武昌，老百姓不愿意，有童谣说：“宁饮建业水，不食武昌鱼”。这里是化用童谣。武昌鱼，指古武昌（今鄂城）樊口的鳊（biān）

鱼，称团头鳊或团头鲂。这里代指武昌。武昌，位于长江南岸，是湖北省委、省政府所在地，湖北省的政治、经济、文化和信息中心，是武汉市重要组成部分。[4] 长江：世界第三大河，亚洲第一大河，仅次于南美洲的亚马孙河与非洲的尼罗河。长江支流众多，流经青海、西藏、四川、云南、重庆、湖北、湖南、江西、安徽、江苏、上海 11 个省（自治区、直辖市），最后在上海注入东海，和黄河并称为中华民族的“母亲河”。湖南境内的湘江是长江的主要支流。[5] 极目：放眼远望。[6] 楚天：楚国的天空，指武昌一带。在春秋战国时武昌一带属于楚国。[7] 舒：舒展，开阔。柳永词《雨霖铃》：“暮霭沉沉楚天阔”。毛泽东在 1957 年 2 月 11 日给黄炎培的信中说：“游长江二小时飘三十多里才达彼岸，可见水流之急。都是仰游侧游，故用‘极目楚天舒’为宜。”[8] 闲庭：庭院。闲，用于遮拦阻隔的栅栏。[9] 信步：漫步。[10] 宽余：指神态舒缓，心情畅快。[11] 子在川上曰，逝者如斯夫：《论语·子罕》：“子在川上，曰：‘逝者如斯夫！不舍昼夜。’”意思是孔子在河边感叹道：“时光像流水一样消逝，日夜不停。”[12] 风樯（qiáng）：指帆船。樯：桅杆。[13] 龟蛇：武汉市境内的龟山和蛇山。[14] 一桥飞架南北，天堑变通途：指当时正在修建的武汉长江大桥。1958 年版《毛主席诗词十九首》和 1963 年版《毛主席诗词》，作者曾将此句改为“一桥飞架，南北天堑变通途”，后经作者同意恢复原句。天堑（qiàn）：古人把长江视为“天堑”。据《南史·孔范传》记载，隋伐陈，孔范向陈叔宝后主说：“长江天堑，古来限隔，虏军岂能飞渡？”堑，沟壕。[15] 更立西江石壁，截断巫山云雨，高峡出平湖：这几句的意思是，将来还打算在长江三峡一带建立巨型水坝，水坝上游原来高峡间狭窄汹涌的江面将变为平静的大湖。到那时，巫山的雨水也都流入这个“平湖”。西江石壁，指在湘江之西修建大坝。此后之 1971 年 5 月，国家开工兴建，在湖北省宜昌市境内的长江三峡末端河段上，修建了举世瞩目的葛洲坝水利工程，它具有蓄水、发电、改善航道等巨大的综合效益。巫山，在重庆市巫山县东南。巫山形成的峡谷巫峡和上游的瞿塘峡、下游的西陵峡合称三峡。巫山云雨，战国楚人宋玉《高唐赋》中说，楚襄王在游云梦泽的高唐时曾梦与巫山神女相遇，神女自称“旦为朝云，暮为行雨，朝朝暮暮，阳台之上”。这里只是借用这个故事中的字面和人物。高峡出平湖：意谓将来还打算在鄂西、川东长江三峡一带建立巨型水坝蓄水发电，水坝上游原来高峡间狭窄汹涌的江面将变为平静的大湖。[16] 无恙：没有疾病，没有忧患。恙：病患，灾害。[17] 殊：差异，不同。

【赏析】词的上阕描绘了祖国江山雄伟瑰丽的图景，抒发了诗人畅游长江的豪情逸兴。起句“才饮长沙水，又食武昌鱼”，诗人将两句古童谣信手拈来，改造用之，手法高超，对仗工整，含义深刻，一方面表明了诗人的行踪，也说明了游泳的地点。“万里长江横渡，极目楚天舒”，写事抒情，情景交融，显示出诗人藐视天堑的恢宏气度。“不管风吹浪打，胜似闲庭信步”，引出一个新奇的比喻，在动静两种环境中强烈对比，表达了在中流击浪前进的壮志豪情。“子在川上曰：逝者如斯夫”，取用孔子名言，看似随意，却对时光易逝感慨良深，催人奋进。

词的下阕书写在社会主义条件下长江的伟大变革。“风樯动，龟蛇静，起宏图”，以“风”字起，紧接上阕意脉，一“动”一“静”，相映成趣。“一桥飞架”，耸然挺拔，凸显新意，充分表现了新中国人民建设祖国、改变山河的豪迈气概。又由眼前的大桥兴建，展望到未来“更立西江石壁”的宏图，并融入历史故事、神话传说，用革命的现实主义和革命的浪漫主义相结合的创作方法，从游泳观景中谱写了一曲社会主义革命和建设的战歌。诗词的雄壮气势和乐观精神，在风险里见豪情的内涵，都给我们以力量和新的启示。

第五节　古典旅游名联选读

1. 承德避暑山庄万壑松风联[1]——清·纪昀

八十君王，处处十八公，道旁介寿[2]；

九重天子，年年重九节，塞上称觞[3]。

【注释】[1] 纪昀（1724—1805）：字晓岚，一字春帆，号石云，河北献县人。清代乾隆时进士，官至礼部尚书，协办大学士，是清代著名的学者和文学家。曾任四库全书馆总纂官，纂定《四库全书总目提要》。一生著述甚多，有《阅微草堂笔记》等。一说此联上联为彭元瑞所作，下联为纪昀所对。避暑山庄：又名热河行宫、承德离宫，在河北省承德市，是清代皇帝避暑和处理政务的地方。万壑松风：位于避暑山庄东北部的一组建筑群，以其周围古松参天、壑虚风度、松涛阵阵而得名。万壑松风主殿坐南朝北，据岗临湖，景色优美，环境清幽，康熙、乾隆经常在这里接见官吏，批阅奏章，读书写字。[2] 八十君王：指清高宗乾隆（1711—1799），他活了 89 岁。十八公：“松”字的笔画组合，指松。介寿：祝寿的意思。《诗经·豳风·七月》“为此春酒，以介眉寿”。[3] 九重天子：指皇帝。九重，指皇宫，言其深远。塞上：指边关险要的地方，避暑山庄在长城北，故称塞上。称觞（shāng）：举杯祝酒。觞，酒器。

【赏析】上联将“八十”颠倒为“十八”，突出一个“松”字，切合“万壑松风”的风物特点。下联把“九重”颠倒为“重九”，表达皇帝避暑的生活情趣。对仗工整，巧借“松”字为寿，既切合环境，又寓指松鹤延年。

2. 题陕西黄帝陵联[1]——现当代·姜园宪

自轩辕创业，上下五千年，古国文明光广宇[2]；

看松柏凌霄，纵横十万里，全球赤子仰黄陵[3]。

【注释】[1] 姜园宪：现当代人。黄帝陵：位于陕西黄陵县城北的桥山，是轩辕黄帝的陵寝。《史记》载：“黄帝崩，葬桥山。”早在秦灵公三年（前 422 年），便在此“专祭黄帝”，以后历代王朝皆在此举行国家大祭。1961 年，黄帝陵被国务院公布为第一批全国重点文物保护单位。2006 年，清明公祭轩辕黄帝典礼（黄帝陵祭典）活动被列入第一批国家级非物质文化遗产名录。2014 年黄帝陵被列入申报世界文化遗产项目。[2] 轩辕：即黄帝，古史传说姓公孙，居于轩辕之丘，故名轩辕。战胜炎帝于阪泉，战胜蚩尤于涿鹿，诸侯尊为天子。光：光耀。［3］松柏凌霄：黄帝陵所在的桥山树木茂密，古柏覆盖，计有古柏8万多株，其中千年以上的3万多株。在轩辕庙山门内西侧还有一棵高大粗壮的古柏，相传为黄帝亲手种植，是世界上最古老的柏树。赤子：古代指百姓，现指对故土怀有纯挚感情的人。

【赏析】上联赞颂伟大始祖轩辕黄帝开创了中华民族五千年的文明，功业辉煌，光耀广阔寰宇。下联描写黄帝陵古柏参天，繁茂昌盛，中华儿女遍布全球，敬仰共同的先祖黄帝。咏史写景，直白浅显，而含义深远，讴歌了中华祖先，表达了全球赤子的爱国情思。如今，祭黄帝陵已成为海内外中华儿女的一项神圣大事，也是当地旅游业的一件盛事。

3. 应县木塔联[1]——佚名

俯瞩桑干，滚滚波涛萦似带[2]；

遥临恒岳，苍苍岫嶂屹如屏[3]。

【注释】［1］应县木塔：位于山西应县城内佛宫寺中，本名佛宫寺释迦塔，因其“通体上下皆巨木为之”，故称之木塔。佛宫寺始建于辽清宁二年（1056年），后经历代重修，唯木塔为辽代结构。塔高67.31米，外观五层六檐。因各层间又夹设暗层，塔身实为九层。是我国现存最高大、古老的木结构式建筑。木塔从辽金到明清，曾经历七次大地震，但始终岿然不动，实为中外建筑史上的奇迹。［2］俯瞩：从上往下看。桑干：桑干河，即古漯水，今永定河之上游。相传每年桑葚成熟时河水干涸，故名。在应县城西20里。［3］遥临：遥望，从远处看。恒岳：即恒山，主峰在河北省曲阳县西北，为五岳之北岳，故称。岫（xiù）：有洞穴的山；嶂：屹立如屏障的山；岫嶂，泛指山峰、山峦。

【赏析】对联的意思是：木塔巍然高耸，俯瞰着桑干河，波涛滚滚如玉带萦绕；遥望恒山，峰峦起伏，莽莽苍苍如屏障突兀。充分展示了木塔之巍峨壮观，登塔之视野开阔。比喻贴切，对仗工稳。

4. 南京莫愁湖郁金堂联[1]——清·唐理淮

湖属卢家，唯江头明月，曾领略画艇风光，韵事相传，付与骚人作诗料[2]；

地归徐氏，以国手胜棋，博优游名园汤沐，英雄安在，遥闻商女唱歌声[3]。

【注释】［1］唐理淮：安徽合肥人，清末文人。莫愁湖：在南京水西门外，明时为中山王徐达的家园，相传为古代歌女莫愁旧居，因而得名。又因近石头城（南京市西），故又称石城湖。明初在湖上筑胜棋楼，清乾隆时建郁金堂、湖心亭等，曾被誉为“金陵第一湖”，现为著名公园。郁金堂：与胜棋楼有九曲长廊相通，传说是莫愁女住过的地方。梁武帝萧衍《河中之水歌》：“河中之水向东流，洛阳女儿名莫愁。十五嫁为卢家妇，十六生儿字阿侯。卢家兰室桂为梁，中有郁金苏合香”；唐代诗人沈佺期《古意呈补阙乔知之》诗中亦有“卢家少妇郁金香”之句，故名郁金堂。郁金，香名。［2］湖属卢家：指莫愁女夫家姓卢。韵事：风雅之事，此指莫愁女的传说。骚人：诗人。［3］徐氏：指徐达（1332—1385），明朝开国第一功臣，追随朱元璋转战南北，功高不矜，被朱元璋誉为“万里长城”。朱元璋得天下，史称明太祖，对于帮助自己打天下的诸多功臣抱有戒心。一日，召见徐达下棋，而且要求徐达拿出真本事来对弈。徐达只得硬着头皮与皇帝下棋，从早晨一直下到中午都未分胜负，正当朱元璋连吃徐达两子自鸣得意时，徐达却不再落子，跪倒在地，请皇上细看棋局。原来棋盘上的棋子已经被徐达摆成了“万岁”两字。朱元璋一高兴便把下棋的楼连同莫愁湖花园一起赐给了徐达，那座楼就称为“胜棋楼”。优游：悠闲自得，逍遥自在的样子。汤沐：沐浴，此代指居家休闲。商女：指旧社会卖唱的女子。杜牧《泊秦淮》：“商女不知亡国恨，隔江犹唱《后庭花》。”

【赏析】这副对联概括了莫愁湖古往今来的情事，上联讲莫愁的传说，下联叙徐达的故事。写景清雅，抒情深沉。怀古伤今，抒发了对世事变化的感慨。

5. 苏州寒山寺联[1]——清 · 邹福保

尘劫历一千余年，重复旧观，幸有名贤来作主[2]；

诗人题二十八字，长留胜迹，可知佳句不须多[3]。

【注释】[1] 邹福保：清代文人。寒山寺：在苏州阊门外枫桥旁，建于梁天监年间。唐代有高僧寒山在此住持，改名寒山寺。[2] 尘劫：佛经谓天地一生一灭为一劫，无量无边劫为尘劫，喻指人世的变迁。一千余年：指寒山寺从建成到清光绪年间重修，历时 1000 余年。名贤：指光绪年间集资重修寒山寺的苏州知府。[3] 二十八字：指唐代诗人张继《枫桥夜泊》诗“月落乌啼霜满天，江枫渔火对愁眠。姑苏城外寒山寺，夜半钟声到客船”，传诵天下。有诗碑存寺内，原为明代的文徵明所书，后来字已残缺模糊，清光绪年间由俞樾重写再刻。胜迹：风景名胜。佳句：精彩的诗句。

【赏析】这副对联，把长留人世的寒山寺与脍炙人口的《枫桥夜泊》诗互为因果地紧紧结合在一起，既推崇了佳句，又赞颂了胜迹。全联无一字直写寒山寺，而又字字离不开寒山寺，别具匠心。

6. 杭州灵隐寺联[1]——近现代 · 江庸

古迹重湖山，历数名贤，最难忘白傅留诗，苏公判牍[2]；

胜缘结香火，来游福地，莫虚负荷花十里，桂子三秋[3]。

【注释】[1] 江庸（1878—1960）：字翊云，晚号澹翁，出生在四川璧山（今重庆璧山），曾任上海市文史研究馆馆长。他到杭州灵隐寺玩赏，题写了此联。灵隐寺：在浙江杭州西湖西北灵隐山麓，东晋咸和元年（326 年）始建，明重建，清康熙时曾改名云林寺。1958 年重修大雄宝殿。寺前有飞来峰、冷泉、龙泓洞等胜景，高崖深穴，有宋元石刻佛像，为西湖游览胜地。[2] 白傅：即白居易（772—846），我国唐代著名诗人，进士及第，授秘书省校书郎，任左拾遗及左赞善大夫，晚年曾任太子少傅，故称白傅。白傅留诗，是指白居易在长庆初年任杭州刺史时，对灵隐寺风景十分赞赏，常与韬光禅师互相唱和，留下不少诗篇，如《寄韬光禅师诗》等。苏公：即苏轼（1037—1101），北宋著名文学家、书画家。字子瞻，号东坡居士，眉山（今属四川）人。嘉祐进士，历神宗、哲宗两朝，官至翰林学士、礼部尚书，是唐宋八大家之一。判：评判，处理。牍：古代写字用的木片，指文牍，公文。苏公判牍，是指苏轼出任杭州通判时，与佛印大师交厚，常在灵隐寺、冷泉等地评阅公文、处理公务。［3］胜缘：名胜佛缘之地，指灵隐寺。结：连接，不断，指供奉神佛的香烛灯火接续不断，香火兴盛。福地：福缘之地。荷花十里，桂子三秋：化用宋代柳永《望海潮》词句“重湖叠巘清嘉，有三秋桂子，十里荷花”。

【赏析】这副对联联想丰富，借古颂今，把“白傅留诗”“苏公判牍”的历史佳话与古刹胜迹巧妙结合，使内容别开生面，不落俗套，妙趣横生，既赞美了千古胜迹，又颂扬了历代文豪。读之令人心潮起伏，豪情满怀，意往神驰，游兴倍增。

7. 温州江心屿江心寺联[1]——宋·王十朋

云朝朝朝朝朝朝朝散[2]；

潮长长长长长长长消[3]。

【注释】［1］王十朋（1112—1171）：字龟龄，号梅溪，温州乐清人，南宋高宗绍兴二十七年（1157年）进士第一，曾任国史院编修，以龙图阁学士致仕。于宋金对峙之时力主抗战，颇负时誉，卒谥“忠文”。工诗文，有《梅溪集》。江心屿：位于温州市区北面瓯江中游的小岛，呈东西长、南北狭的形状，属于中国四大名屿，风景秀丽，被称为“瓯江蓬莱”。历代著名诗人谢灵运、孟浩然、韩愈、陆游、文天祥等都曾相继留迹江心屿。江心寺：位于江心屿岛上，唐咸通七年（866年）修建，本名普济禅院，宋高宗赐改名为龙翔禅寺，因寺在江中，俗称“江心寺”。现存江心寺为清乾隆五十四年（1789年）重建。寺院大门两边有题为宋王十朋撰书的叠字联：“云朝朝朝朝朝朝朝散，潮长长长长长长长消”。由书法家方介堪正楷重写。寺周古木参天，景色清幽。1983年列为全国对外开放的142座重点寺院之一。［2］朝：多音字，读“zhāo”时，意为早晨；读“cháo”时，意为朝拜，引申为聚拢，汇集。［3］长：多音字，读“zhǎng”时，同“涨”，意为涨潮，高涨；读“cháng”时，意为长久，经常。

【赏析】此联利用汉字一字多音多义的特点，采用谐音假借的手法，巧妙地构成一副谜一样的叠字对联。切合江心寺高耸，云聚云散；江心屿环水，潮涨潮落的自然景象。寓意深刻，令人深思，耐人寻味。此对联的读法为：

云 /zhāo cháo/zhāo zhāo cháo/zhāo cháo/zhāo 散；

潮 /cháng zhǎng/cháng cháng zhǎng/cháng zhǎng/cháng 消。

8. 湖南岳阳楼联[1]——清·何绍基

一楼何奇：杜少陵五言绝唱，范希文两字关情，滕子京百废俱兴，吕纯阳三过必醉[2]。诗耶？儒耶？吏耶？仙耶[3]？前不见古人，使我怆然涕下[4]。

请君试看：洞庭湖南极潇湘，扬子江北通巫峡，巴陵山西来爽气，岳州城东道岩疆[5]。潴者，流者，峙者，镇者[6]。此中有真意，问谁领会得来[7]。

【注释】［1］何绍基（1799—1893），字子贞，号东洲，道州（今湖南道县）人。道光进士，官翰林院编修，任国史馆总纂。清咸丰二年（1852 年）官四川学使。博学多识，精六经子史，能诗文，又是著名的书法家。善撰对联，许多名胜都有他撰书的对联。著作有《惜道味斋经说》《东洲草堂诗集》等。岳阳楼：在湖南岳阳市西门城墙上，始为三国吴将鲁肃训练水军的阅兵台。唐玄宗开元四年（716 年）张说谪守岳州，在此修楼，正式定名为岳阳楼。宋仁宗庆历五年（1045 年）滕子京守巴陵郡时重修，并请范仲淹撰《岳阳楼记》，使岳阳楼名扬天下。［2］杜少陵：杜甫，自称少陵野老。五言绝唱：指杜甫五言律诗《登岳阳楼》“昔闻洞庭水，今上岳阳楼”。范希文：宋政治家、文学家范仲淹。两字：指范仲淹《岳阳楼记》：“先天下之忧而忧，后天下之乐而乐”中的“忧”“乐”二字。吕纯阳：即吕洞宾，名岩，号纯阳。传说他入终南山修道成仙，为八仙之一。他是唐代人，两举进士不第，浪游江湖，传说他曾在岳阳楼饮酒赋诗，三次醉倒岳阳楼。［3］这几句提出疑问，是杜甫的诗歌、范仲淹的豪情、滕子京的吏迹，还是吕纯阳的酒醉，到底哪件事使岳阳楼如此神奇呢？［4］怆然涕下：悲伤落泪。［5］极：极点，终极，指边界、接界。扬子江：长江。巫峡：长江三峡之一。巴陵山：位于岳阳楼西洞庭湖滨，又名天岳山。岩疆：边远险要之地。［6］潴（zhū）者：水聚集处，指洞庭湖。流者：指扬子江。峙者：指巴陵山。镇者：指岳阳城。［7］真意：自然的意趣。领会：领悟理解。

【赏析】上联从诗人、儒者、郡吏、神仙，落笔于岳阳楼的奇伟，感叹岳阳楼所经历的人世变化。下联以洞庭湖、扬子江、巴陵山、岳州城极力渲染岳阳楼的地理形胜，赞美岳阳楼的自然风光。全联层次分明、对仗工整，气势非凡，用典多而自然贴切。

9. 南昌滕王阁联[1]——清 · 刘坤一

兴废总关情，看落霞孤骛，秋水长天，幸此地湖山无恙[2]；

古今才一瞬，问江上才人，阁中帝子，比当年风景如何[3]？

【注释】［1］刘坤一（1830—1902），字岘庄，湖南新宁人，清末大臣，湘军将领。又与李鸿章等创办洋务，官至两江总督。滕王阁：在江西南昌市沿江路赣江边。唐高宗显庆四年（659 年），太宗之弟滕王李元婴都督洪州（今属南昌）时营建，阁以其封号命名。1000 多年来，屡建屡毁，1926 年被北洋军阀邓如琢烧毁，近年重建。［2］关情：关系着感情，牵动着情怀。人们为滕王阁的兴废而感慨。骛（wù）：鸭子。唐代诗人王勃《滕王阁序》中名句：“落霞与孤骛齐飞，秋水共长天一色。”这里化用王勃名句，赞美滕王阁风景依旧。无恙：没有疾病，这里指没有灾祸损害。［3］江上才人：指王勃，初唐四杰之一。他 20 余岁时，前往交趾探望父亲，途经南昌，写下了流传千古的名篇《滕王阁序》。此后不久，因渡南海溺水受惊而死。阁中帝子：指滕王李元婴。

【赏析】上联写滕王阁的兴废与风景，一个“幸”字，传达出作者对此胜地的关切之情。下联以设问追忆古人，通过古今对比，来赞颂滕王阁风景佳丽，抒发登临之感慨。湖山、高阁依旧，而才人、帝子何存？风景比当年如何？这正是作者“兴废关情”的表露。吊古怀今，伤感中却不乏高亢之气势，堪称佳作。

10. 成都武侯祠联[1]——清·赵藩

能攻心则反侧自消，从古知兵非好战[2]；

不审势即宽严皆误，后来治蜀要深思[3]。

【注释】[1]赵藩(1851—1927)：字樾村，一字介庵，云南剑川人。清光绪二十八年(1902年)，时任四川盐茶使的赵藩游览武侯祠，追思诸葛亮治军理政成绩，并联想新任四川总督岑春煊准备以武力镇压红灯教的情况，趁其拜谒武侯祠时撰写了这副对联“讽谏”，后来岑春煊由于形势所迫采取了这个“攻心”的建议，却认为这副对联伤了面子，赵藩因此被贬。武侯：诸葛亮(181—234)，三国蜀相，阳都(今山东沂南)人，字孔明，隐居隆中(今湖北襄阳西郊)，自比管仲、乐毅，人称“卧龙”。蜀先主刘备三顾始见之，为刘备谋划据荆益、联孙权、拒曹操之策，辅佐刘备取荆州、定益州，遂与魏、吴成鼎足之势。曹丕代汉，刘备称帝于成都，以亮为丞相。刘备死，亮辅后主刘禅，以丞相封武乡侯，谥“忠武”。武侯祠，位于成都市南郊。原在成都少城内，明初并入蜀先主刘备昭烈庙，故大门额书“汉昭烈庙”。清康熙十一年(1672年)重建。[2]攻心：从精神上、心理上征服战胜。古人云：“用兵之道，攻心为上，攻城为下。心战为上，兵战为下。”此处指以德克敌制胜。反侧：辗转翻覆，不安稳、不顺服的样子。知兵：通晓军事，熟知兵法。好(hào)战：热衷于战争，偏好于用武力解决问题。[3]审势：审时度(duó)势，分析时势，估计其发展趋势。宽严：指政策宽松与严厉。后来：历来，从来，指历代治蜀官员。

【赏析】此联为成都武侯祠诸葛亮殿正中的楹联，被誉为武侯祠楹联中的精品。上联写诸葛亮的军事成就，主要特点是“攻心”，能采用攻心战术才能最终取胜，自古以来通晓军事的并不好战，并不希望用武力解决问题。下联写诸葛亮治蜀，主要特点是“审势”，告诫后来治蜀者，只有审时度势制定出宽严适度的法规，才能治理好巴蜀之地。

全联精辟地指出统治者处理政务的要害，揭示了正反、宽严、文治武功等矛盾的对立统一，概括了诸葛亮的文韬武略。思想精深，艺术完美，给人启迪。

11. 成都杜甫草堂大廨联[1]——清·顾复初

异代不同时，问如此江山，龙蜷虎卧几诗客[2]；

先生亦流寓，有长留天地，月白风清一草堂[3]。

【注释】[1]顾复初(1813—1894)：字子远，号幼耕，长洲(今苏州)人，拔贡生，以州判仕蜀，入成都将军完颜崇实幕。同治年间改官光禄寺署正。曾为吴棠、丁宝桢、刘秉璋幕僚。通辞章、擅楹对、工书画，光绪中被推为蜀中第一书家。成都杜甫草堂：位于成都西郊浣花溪旁。杜甫(712—770)：唐代伟大诗人。唐肃宗乾元二年(759年)，杜甫因安史之乱流亡成都，在友人严武的帮助下于浣花溪畔盖起了一座茅屋，并在此居住了4年。直到严武去世，杜甫才离开成都。诗人曾用“万里桥西宅，百花潭北庄”来形容其位置。杜甫所建草堂，早已不可寻见，现有建筑大多为明弘治十三年(1500年)和清嘉庆十六年(1811年)所兴建，以后不断有增修。廨(xiè)：官舍，官署。大廨，为清嘉庆年间重修草堂时修建。[2]异代不同时：杜甫《咏怀古迹》诗“怅望千秋一洒泪，萧条异代不同时”。龙蜷（quán）虎卧：如巨龙盘曲，猛虎伏卧，喻指俊杰人士隐居不得志。诗客：客居的诗人，指杜甫。［3］流寓：流落他乡居住。长留天地：杜甫《送孔巢父谢病归游江东兼呈李白》诗“诗卷长留天地间，钓竿欲拂珊瑚树”。月白风清：月光皎洁、微风清爽，形容景色美好。

【赏析】上联说千百年来经历了不同时代，又有如此广阔的江河山岳，像杜甫这样杰出隐逸的诗人有几个呢？下联说这么伟大的诗人当时也不得意，流寓四川，但他的诗歌写尽民间疾苦，被誉为“诗史”，长留天地；这景色优美的草堂，也成为人们的游赏胜地。上下联皆化用杜甫诗句，巧妙贴切，赞扬了杜甫诗歌的伟大成就，抒写了同为流寓诗人的感慨。

12. 新都宝光寺大雄宝殿联[1]——清·何元普

世外人法无定法，然后知非法法也[2]；

天下事了犹未了，何妨以不了了之[3]。

【注释】［1］何元普（1829—1905）：字芝亭，号麓生，又号金台山樵，成都金堂人。清代咸丰、同治、光绪三朝官员，曾任御前按察使、甘肃安肃道台、湖北荆宜施道台等职。为人耿直，处处锋芒毕露，在官场上受不了倾轧，遭贬后，不再为官。1888年，为新都宝光寺撰写此联。新都宝光寺：位于成都市新都区，相传始建于东汉，隋代名“大石寺”，自清代被称为南方“四大佛教丛林”之一。寺院深幽，古木葱茏，历史悠久，为全国重点文物保护单位。大雄宝殿：佛寺中供奉佛祖释迦牟尼的大殿。大雄，梵文的意译，原为古印度耆那教对其教主的尊称，佛教亦用为释迦牟尼的尊号。［2］世外人：超脱世俗的人，常指僧道、神仙。法：法理，规律，标准，模式。定法：固定不变的法理、模式。非法：即法无定法。［3］何妨：无碍，不妨。了（liǎo）：了结，解决，结束。

【赏析】上联说，超凡脱俗的人懂得世间万事万物都没有固定的法理、模式，知道了这一点，然后就能顺其自然，看似没有规律，其实正是规律。下联说，天下烦恼事情层出不穷，以为可以一了百了，哪里能做得到呢，何不潇洒面对，用不做了结的心态去做一个了结。切合佛家教义，抒写自身遭贬感慨，劝诫世人洒脱面对人生，不必刻意追求，自寻烦恼。细细品来，仁者见仁，智者见智，引人悟得真谛。

13. 崇州陆游祠联[1]——现当代·汪德嘉

宦游巴蜀，志复中原，高吟铁马铜驼，烟尘誓扫还金阙[2]；

诗继少陵，派开南宋，更入清风明月，池馆重新接草堂[3]。

【注释】［1］汪德嘉（1900—1984）：成都华阳新兴乡人，诗人，教师。长于诗词书法。崇州陆游祠：位于四川省崇州市崇阳镇大东街南罨画池内，始建于明初（1368年），以纪念曾任蜀州（今崇州市）通判的爱国诗人陆游。这是除陆游家乡浙江绍兴外，全国仅有的纪念陆游的专祠。［2］宦游巴蜀：指陆游离开家乡，在巴蜀之地做官。古巴、蜀二郡，皆在今四川省。铁马铜驼：披挂着铁铜鞍鞯的马匹、骆驼，喻指披挂上战场。烟尘：指战火烽烟，激战烟火。金阙：宫阙，喻指朝廷、国家政权。［3］少陵：杜甫，其自称少陵野老。池馆：指陆游居住的馆阁房舍。陆游在成都，也曾在浣花溪畔居住，与杜甫草堂毗邻。

【赏析】上联说，陆游宦游巴蜀，而他始终怀抱收复中原、统一国家的伟大志向；他的诗雄迈豪放，吟咏金戈铁马，激战烽烟，发誓歼灭敌人，收复中原，回到朝廷。下联说，陆游是继杜甫之后的又一伟大诗人，开启南宋豪放一派文风，来到清风月明、风景优美的成都，居家住地又与杜甫草堂毗邻。称颂了陆游“志复中原”的爱国激情与“诗继少陵，派开南宋”的文学成就。

全联结构严谨，一气呵成，内容精要，气势雄浑，堪称佳联。

14. 昆明滇池大观楼联[1]——清 · 孙髯

五百里滇池，奔来眼底。披襟岸帻[2]，喜茫茫空阔无边。看东骧神骏，西翥灵仪，北走蜿蜒，南翔缟素[3]，高人韵士，何妨选胜登临，趁蟹屿螺洲，梳裹就风鬟雾鬓[4]。更蘋天苇地，点缀些翠羽丹霞[5]。莫辜负四围香稻，万顷晴沙，九夏芙蓉，三春杨柳[6]。

数千年往事，注到心头。把酒凌虚[7]，叹滚滚英雄谁在？想汉习楼船，唐标铁柱，宋挥玉斧，元跨革囊[8]。伟烈丰功，费尽移山心力，尽珠帘画栋，卷不及暮雨朝云[9]。便断碣残碑，都付与苍烟落照[10]。只赢得几杵疏钟，半江渔火，两行秋雁，一枕清霜[11]。

【注释】[1] 孙髯（1685—1774）：字髯翁，号颐庵，祖籍陕西三原县，因其父在云南任武官，自幼随父定居昆明，晚年移居弥勒（属云南红河州）并长眠于此。博览群书，学识渊博，终身不仕，自称“万树梅花一布衣”。著有《永言堂诗文集》等。滇池：亦称昆明湖、昆明池、滇南泽、滇海，在昆明市西南。是云南省最大的淡水湖，有高原明珠之称。大观楼：位于昆明西郊滇池之滨，在今昆明市大观楼公园内，与太华山隔水相望。清初为观音寺，清康熙三十五年（1696 年）在寺址建楼，名大观楼。乾隆年间，孙髯登楼题写此联，昆明名士陆树堂用行书书写刊刻。咸丰七年（1857 年），挂联与楼同毁于兵燹。现存三层楼宇为清同治五年（1866 年）所建，现存挂联是光绪十四年（1888 年）云贵总督岑毓英托赵藩以工笔楷书重刻而成。[2] 披襟岸帻（zé）：敞开衣襟，推开头巾，袒露出胸怀额头，形容观赏兴致高，洒脱不羁的样子。岸，作动词用，推高的意思。帻，头巾。[3] 东骧神骏：喻指昆明东边的金马山。骧，马昂首奔跃的样子。西翥（zhù）灵仪：喻指昆明西面的碧鸡山。翥，鸟展翅飞翔的样子。灵仪，古代对凤凰的别称。北走蜿蜒：喻指昆明北面的蛇山，其山势有如长蛇曲折蜿蜒。南翔缟素：喻指昆明南面的白鹤山。缟素，白色的丝织品。[4] 高人韵士：高洁的隐逸之人和有风雅韵致的诗人。何妨：无碍，不妨。趁：赶赴，登临。蟹屿螺洲：指滇池中像蟹、螺那样的小洲小岛。梳裹就风鬟（huán）雾鬓：形容滇池小岛上薄雾中的绿树垂柳像少女梳理后的秀发一般摇曳，朦胧秀丽，多姿多彩。[5] 蘋（pín）天苇地：水草芦苇铺天盖地，形容草木丰茂。蘋，水草。翠羽：翠绿色羽毛的飞鸟。丹霞：红色云霞。[6] 辜负：亏负，对不住。万顷晴沙：指广阔明净的滇池湖水在阳光照耀下如万顷金沙熠熠闪亮。九夏：夏天，夏季。以一季有九十天而称。芙蓉：荷花的别名。三春：春天，春季。以一季可三分为孟、仲、季而称。[7] 把酒凌虚：举起酒杯遥望，恍如身临太空。[8] 汉习楼船：汉武帝为攻取滇国（今云南），仿滇池修昆明池于长安西南，造楼船，习水战。唐标铁柱：唐太宗时御史唐九征率兵攻进云南，击溃吐蕃，立铁柱记功而还。宋挥玉斧：史载，宋初，既平蜀，或欲乘势取云南，宋太祖展地图以谋划，以为唐天宝之祸，起于南诏，以玉斧画大渡河以西曰："此外，非我有也。"意思是，宋太祖也曾拿着玉斧，查看地图，意欲攻取云南。玉斧，玉制斧形的物件，此用作镇纸之用。元跨革囊：史载，元世祖忽必烈"征大理，过大渡河，至金沙口，乘革囊及筏以渡"。意思是，元世祖乘革囊征战打到了云南这一带。革囊：皮筏。[9]珠帘画栋、暮雨朝云：王勃《滕王阁诗》："画栋朝飞南浦云，珠帘暮卷西山雨"，形容宫殿豪华，风景优美。[10]断碣残碑：断裂残缺的碑碣，此指汉唐宋元历代帝王的"功业"碑，经历岁月洗礼，风化雨蚀，已断裂残破。碣，顶为圆形的碑。苍烟落照：暮色中云雾苍茫，落日下光线昏暗，形容时光流逝，盛极而衰。这几句的大意是：英雄们费尽移山心力创建的丰功伟业都付与苍烟落照，随时光流逝，只有风景依旧。[11]杵（chǔ）：鼓捣撞击用的棒槌，此指寺庙撞钟的声音。渔火：渔船上的灯火。一枕清霜：一觉醒来，遍地寒霜。

【赏析】全联180字，有景有情，有叙有议，几百年来备受推崇，被誉为"古今第一长联""四海长联第一佳者"。上联写登楼眺望滇池风光，想象丰富，比喻奇特，充满诗情画意。下联由景抒情，追溯了汉唐宋元云南兴衰嬗变的历史，含蓄地表达了对历史兴亡的感慨。情景交融，叙议相间，使叙事、写景、抒情、议论融于一联之中，扩大了对联的创作视野，丰富了对联的表现手法。结构严谨，首尾贯注，巧于化用前人诗句，遣词造句精练圆熟，音韵节奏铿锵流美。

15. 蝴蝶泉联[1]——彭祜

蝴蝶舞翩跹，为万紫千红飞去飞来，前生疑是庄周化[2]；

青山留胜迹，有层峦叠嶂宜晴宜雨，此地重吟道韫诗[3]。

【注释】[1]彭祜：生平不详。蝴蝶泉：位于云南大理旧城北20千米苍山云弄峰麓的神摩山下，以泉、树、蝶为主要景观。泉池约50平方米，砌以大理石护栏，有郭沫若所书"蝴蝶泉"石匾。池畔林木秀拔，有一古老香树，其叶似蝶，花香四溢，招引无数蝴蝶在泉边飞舞。《徐霞客游记》记载说："泉上大树，当四月初即发，花如蛱蝶，须翅栩然，与生蝶无异。又有真蝶千万，连鬚勾足，自树巅倒悬而下，及于泉面，缤纷络绎，五色焕然。游人俱从此月群而观之，过五月乃已。"[2]翩跹（piān xiān）：飘逸飞舞的样子。庄周：即庄子，战国时期思想家、道家代表人物，名周。《庄子·齐物论》："昔者庄周梦为蝴蝶，栩栩然蝴蝶也。自喻适志与，不知周也。俄然觉，则蘧蘧然周也。"这几句大意是：或许庄周梦化的蝴蝶，也来到这里翩跹起舞，飞来飞去吧。[3]道韫：东晋女诗人谢道韫，聪慧有才辩，曾以"柳絮因风起"的诗句形容雪花飞舞而得到叔父谢安的赞赏。这几句大意是：青山胜迹，无论晴雨都风景优美，在这里可以吟咏出谢道韫"咏絮"诗一样的名篇佳句。

【赏析】作者善于联想，用典贴切。由翩翩起舞的蝴蝶，联想到庄周梦化成蝶，自适惬意的典故；由层峦叠嶂的美景，联想到道韫写景名句流传千古的美谈，将蝴蝶泉之神奇魅力烘托得朦胧迷人，必欲游赏为快！

16. 广州越秀山镇海楼联[1]——清·彭玉麟

万千劫，危楼尚存，问谁摘斗摩霄，目空今古[2]；

五百年，故侯安在，徒我倚阑看剑，泪洒英雄[3]。

【注释】[1]彭玉麟（1816—1890）：字雪琴，号退省庵主人，湖南衡阳人。清道光年间，为曾国藩幕僚，湘军水师创建者、统领。后历任广东按察使、安徽巡抚等，官至兵部尚书。喜画梅题联，著有《彭刚直公诗集》。越秀山：在广州市北面，俗称观音山，现为越秀公园。镇海楼：在越秀山顶，原名望海楼。建于明太祖洪武十三年（1380年），楼名寓“雄镇海疆”之意。楼高28米，分五层，俗称五层楼。气势雄伟，登楼能眺望广州全貌，为清代羊城八景之一。[2]万千劫：多次劫难。万千，极言其多。危楼：高楼，指镇海楼。镇海楼多次遭遇兵、火劫难。摘斗摩霄：摘取星斗，触摸青天。形容镇海楼之高大宏伟。目空今古：一切都不放在眼里，形容无可比拟，天下无双。[3]五百年：五百年，指修楼至作联相距约500年。故侯：指明代朱亮祖，因战功，被明太祖封为永嘉侯。他在广州时主持修了这座镇海楼。倚阑看剑、泪洒英雄：化用辛弃疾词《水龙吟·登建康赏心亭》：“江南游子，把吴钩看了，栏杆拍遍，无人会，登临意……倩何人唤取，红巾翠袖，揾英雄泪。”

【赏析】上联写镇海楼历经劫难，雄镇海疆，高大雄伟，天下无双。下联感慨建楼的永嘉侯已成历史，但我们永远缅怀保卫海疆的英雄。吊古抒怀，情深意切；化用辛弃疾词句，格调更显悲壮激昂。

17. 厦门郑成功纪念馆联[1]——现当代·郭沫若

开辟荆榛，千秋功业[2]；

驱除荷虏，一代英雄[3]。

【注释】[1]郭沫若（1892—1978）：文学家、历史学家、社会活动家，四川乐山人，曾任中华人民共和国政务院副总理、中国科学院院长、中国文联主席、全国人大常委会副委员长、全国政协副主席等职。一生著述宏富，有《郭沫若全集》出版发行。郑成功（1624—1662）：明代福建南安人，初名森，字大木，明唐王赐姓朱，改名成功。其父郑芝龙叛明降清，成功不屈，遁入海岛，据南澳，继续抗清。桂王立，封为延平郡王、招讨大将军。明永历十三年（清顺治十六年，1659年）成功引军自崇明入江，直抵南京，旋败，退还厦门。清顺治十八年（1661年），郑成功进兵台湾，于1662年2月击溃荷兰侵略军，收复台湾。郑成功纪念馆：位于福建厦门鼓浪屿日光岩北麓。日光岩是郑成功屯兵之处。为纪念郑成功收复台湾300周年，于1962年2月建此纪念馆，郭沫若撰书此联。[2]开辟荆榛（zhēn）：指开发台湾。荆榛，泛指灌木丛生，形容荒凉萧条。郑成功抵台前，台湾的经济状况较原始落后。千秋功业：指贡献巨大，恩泽惠及千代后世。[3]驱逐荷虏：指打败荷兰殖民者。明万历年间，荷兰遣军以贸易为名，驾舰携炮直抵南海群岛、香山、澳门一带，又以重金贿赂明税使，登上澎湖，伐木筑舍为久居计。明天启元年（1621年），荷军以武力侵占台湾，并以此为据点，伺机侵犯中国东南沿海各岛屿。明军多次抗击，但未能迫其退出台湾。至1662年，荷兰占据台湾38年，郑家军一举收复。一代：一个朝代，一个时代。

【赏析】联语简洁明快，肯定了郑成功收复台湾的伟大功业，赞颂郑成功是一个时代的历史英雄。对仗工稳、平仄合律，抑扬顿挫、朗朗上口。

18. 海角天涯胜迹联[1]——现当代 · 李求真

万里晴空，几片闲云浮海角[2]；

一湾碧水，八方游子恋天涯[3]。

【注释】[1] 李求真（1935—　）：广东五华人，海南省楹联学会名誉会长，中国楹联学会常务理事。海角天涯：又称天涯海角，这里指海南省三亚市的一处著名海滨风景旅游区，位于三亚市西南，三亚湾和红塘湾之间的岬角上。景区以两块巨石分别刻有“天涯”“海角”以及郭沫若先生题写的“天涯海角游览区”而得名。这一带原名下马岭，古代为蛮荒僻远之地，现今是蓝天碧水，白云沙滩，奇石林立，椰树婆娑，成为著名旅游胜地。[2] 海角：常喻指极远僻之地。据载，抗战时期，国民党琼崖守备司令王毅将军在海滨巨石上题写了“海角”二字。[3] 天涯：据载，清雍正五年（1727 年），崖州知州程哲于海滨巨石上题刻“天涯”二字。

【赏析】海角天涯地处僻远，但从旅游者的心理讲，越是僻远的地方越有刺激性和诱惑力。此联既突出了此地独特的晴空碧水，也揭示了八方游子恋天涯的心态，并将“海角”“天涯”嵌入上下联尾，可谓匠心独具，巧妙工稳。

第六节　中国古典和近当代文学重要知识、重要文化名人及作品

一、上古—秦汉文学

（一）文学作品的产生

最早的口头文学主要有两种形式：原始歌谣和原始神话。

☆原始歌谣：原始人的集体口头创作。大多以简短朴实的语言反映当时的生活内容，传达出生活的节奏和旋律。如《吴越春秋》卷九所载的《弹歌》：“断竹，续竹，飞土，逐宍”。

☆原始神话：远古时代人们对世界起源、自然现象及社会生活充满奇幻想象的故事和传说。原始神话具有一定的故事情节，富有奇幻绚丽的色彩和抒情的韵味，是我国浪漫主义文学的源头。比较著名的有《女娲补天》《夸父逐日》《后羿射日》《嫦娥奔月》等，这些神话大多保存在先秦诸子散文及《楚辞》《山海经》《淮南子》等著作中。

（二）春秋战国时期文学

主要形式是诗歌和散文。

1.《诗经》

我国第一部诗歌总集，产生于春秋时期，最后编定成书大约在公元前 6 世纪，共收录了西周初年至春秋中叶约 500 年间的 305 篇作品，作者大多不可考。

划分	名称	释义
音乐特点	风	民间歌谣，由于汇集了 15 个地区的民歌，又称“十五国风”。
	雅	分为大雅、小雅两部分，为朝廷上演奏歌唱的诗乐。
	颂	分为周颂、鲁颂、商颂三部分，为宗庙祭祀时用的乐歌。
表现手法	赋	铺陈其事而直言之。
	比	以彼物比此物，即比喻。
	兴	感物起情，即先说别的事物，以别的事物引发出所咏唱的情意。

《诗经》反映了当时社会政治、经济、战争、农事、阶级矛盾等情况，其中不少诗反映了人民的爱情婚姻生活，表达了人民的美好愿望。有些诗还揭露了统治阶级的荒淫残暴，奠定了中国文学的现实主义传统。

2. 诗歌创作

在诗歌创作方面，战国时期楚国诗人屈原和宋玉具有崇高地位，二人并称“屈宋”。

诗人	成就
屈原	☆战国时期楚国诗人。我国第一个伟大的诗人。 ☆他在楚地民歌的基础上汲取了中原文化而创造出楚辞，创作出《离骚》《九歌》《九章》《天问》等。 ☆《离骚》长达 370 多句，诗句“路漫漫其修远兮，吾将上下而求索”在中国家喻户晓。
宋玉	☆著名辞赋家，在楚辞向汉赋过渡阶段成就最高。 ☆代表作有《风赋》《高唐赋》《神女赋》《登徒子好色赋》等。

3. 散文

主要分为历史散文与诸子百家政论性散文，历史散文如《尚书》《春秋》《左传》等；诸子散文，如《论语》《墨子》《老子》《孟子》《庄子》《荀子》《韩非子》等。其中：

☆《论语》：语录体散文集，由孔子门人编撰而成，主要记载孔子及其弟子的言行，文约旨博，语言概括性强，如“智者乐水，仁者乐山”“三人行必有我师”等。

☆《老子》（《道德经》）：相传是老聃（李耳）所著，主要阐述自然无为的思想，语辞凝练，音节铿锵，理虽玄远，文实多姿。有“祸兮，福之所倚；福兮，祸之所伏”“知足不辱，知止不殆”等名句。

☆《庄子》：庄周的著作集，既是道家经典，也是杰出的文学著作。其文章充满奇幻想象，大量运用寓言、历史传说和民间故事，具有构思奇特、想象丰富、辞藻瑰奇的特点，开创了我国浪漫主义文学的先河。其名篇有《逍遥游》《庖丁解牛》《秋水》《胠箧》等。

（三）秦汉时期文学

1. 秦代文学

秦朝二世而亡，这一时期文学作家作品不多，值得一提的唯有李斯的《谏逐客书》和一些石刻碑文。

☆《谏逐客书》写于秦王统一六国之前，李斯在文中反复论证秦王逐客之错，铺陈排比，辞气慷慨，议论精辟，显示出散文辞赋化的倾向。

☆石刻碑文刻写于秦统一之后，李斯随秦始皇巡行天下，所到之处，如泰山、琅琊、芝罘、会稽等皆刻写碑文，以歌功颂德。这些碑文在司马迁《史记·秦始皇本纪》中就保留有6篇。其文四言押韵，文风上承战国、下引魏晋。

2. 汉代文学

（1）历史散文和政论性散文

类型	作者	作品	内容
历史散文	司马迁	《史记》	内容丰富，语言精练，人物刻画生动鲜明，故事情节大多曲折完整，被赞誉为“史家之绝唱，无韵之离骚”，开创了历史传记文学体裁。
	班固	《汉书》	记载高祖建汉到王莽政权间230年的历史，其叙事详赡，结构谨严，描写生动，人物形象塑造栩栩如生。如《霍光传》《苏武传》《外戚列传》等，都具有很强的文学艺术感染力。
政论性散文	从思想内容到艺术形式都比先秦散文有明显进步。如贾谊的《过秦论》《陈政事疏》，晁错的《论贵粟疏》《言兵事疏》等，都具有切中时弊、敢于揭露问题、现实针对性强的特点，对唐宋散文有明显的影响。		

（2）汉赋、汉乐府和东汉五言诗

汉代文学中最引人注目的是汉赋、汉乐府。

汉代诗歌是在《诗经》《楚辞》和秦、汉民歌的基础上发展起来的，以两汉乐府民歌和东汉后期无名氏文人创作的五言古诗成就最高。

文学形式	内容
汉赋	继承楚辞而创造出来的文学新体裁。
	主要作家作品有贾谊的《吊屈原赋》，枚乘的《七发》，司马相如的《子虚赋》《上林赋》，张衡的《归田赋》，班固的《两都赋》，扬雄的《羽猎赋》《长杨赋》等。
	总的特点是铺陈夸张、想象丰富、辞藻华美、描写细致、用词典雅、散韵结合。
汉乐府	“乐府”是汉武帝时设立的官署，负责广泛收集、整理民间歌谣以“观民风”。后来人们把经“乐府”整理过的诗统称为乐府诗。
	乐府诗多来自民间，从多方面反映了劳动人民的生产生活和思想感情，具有独特的艺术感染力。
	名篇如《战城南》《十五从军行》《有所思》《陌上桑》等。
	汉乐府诗是继《诗经》、楚辞之后的第三个重要发展阶段。
五言诗	受乐府诗影响，东汉文人开始大量创作五言诗，代表作如《古诗十九首》，其中《行行重行行》《青青河畔草》等开创了我国抒情诗的新风格。

二、魏晋南北朝文学

（一）建安文学

魏晋南北朝文学以汉末建安年间的文学为其光辉开端。建安是汉献帝年号（196—220）。建安文学家敢于揭露现实，在感情上常表现为慷慨不平，在语言上多率直不讳，形成慷慨悲凉的特色，这就是后人称许的“建安风骨”。

重要作家	内容
曹氏父子	☆曹操　文学成就主要表现在诗歌上。他的诗深受乐府民歌的影响，大多采用乐府旧题，以旧题旧调表现新的内容。其名篇有《蒿里行》《短歌行》《步出夏门行》等，分别留下了“白骨露于野，千里无鸡鸣”“山不厌高，海不厌深，周公吐哺，天下归心”“老骥伏枥，志在千里，烈士暮年，壮心不已”等名句。 ☆曹丕　文学成就以诗歌创作和文学批评最为突出。其诗歌代表作《燕歌行》，是我国现存最早的文人创作的完整七言诗，《典论·论文》是我国文学史上第一篇文学批评著作，文中论述了文学乃“经国之大业，不朽之盛事”的社会功能，批评了“文人相轻”的陋习，提出了“文以气为主”的主张。 ☆曹植　建安文学的集大成者。其作品数量多，诗、赋、散文各体皆备。诗代表作有《白马篇》《赠白马王彪》等，赋代表作是《洛神赋》。传说《七步诗》亦为曹植所作。
建安七子	孔融、陈琳、王粲、徐幹、阮瑀、应玚、刘桢。其中成就最高的是王粲，与曹植并称为“曹王”，主要代表作是《七哀诗》和《登楼赋》。

（二）西晋文学

魏晋之际，天下多变，文人学士变“建安风骨”文风为标榜老庄、崇尚清谈。代表人物有西晋时的嵇康、阮籍、向秀、刘伶、阮咸、王戎、山涛，时人称为“竹林七贤”。“竹林七贤”性格桀骜不驯，行为放荡不羁，文学创作注重理想人格的塑造与内在性灵的拓展，析理抒情，高洁幽远。其名篇如阮籍的《咏怀诗》、嵇康的《与山巨源绝交书》、向秀的《思旧赋》等。至西晋时期，文人攀附权贵甚至有“望尘而拜”的行为，因此多歌功颂德的文学作品，人称“剪彩为花”，虽然辞藻艳丽，但没有思想性，缺乏生命力。

（三）东晋南朝文学

东晋南朝偏安江南，门阀贵族精神空虚，形成吟咏山水美景、崇尚田园生活的文学特点。

名家	名作	内容
王羲之	《兰亭集序》	—
陶渊明	《桃花源记》《归去来兮辞》《饮酒诗》等	—
谢灵运	《登池上楼》	爱山水，善诗文，世称谢灵运为“大谢”，谢朓为“小谢”。梁武帝尤其喜欢谢朓诗，曾说“不读谢诗三日，便觉口臭”。
谢朓	《晚登三山还望京邑》	
刘勰	《文心雕龙》	我国第一部文学理论专著，讨论了作品文体、创作和批评等诸多话题，可惜用骈体文写成，晦涩难懂。

（续表）

名家	名作	内容
萧统	《文选》	将文学与经、史、子区分开来，选录了前代 130 位作家 500 多篇作品，是我国现存最早的诗文总集。
徐陵	《玉台新咏》	收录东周至梁朝的情诗 700 多篇，著名民间长篇叙事诗《孔雀东南飞》就首见于此书。

永明体：南朝齐武帝永明年间，以沈约为代表的一些文人在诗歌形式上开始注重音律，讲求对仗，形成一种诗歌新体。标志着我国诗歌从比较自由的“古体”向格律严整的“近体”的过渡，是格律诗的开端。

骈体文：南朝齐武帝永明年间的散文写作也由散入骈，形成了一种讲求对偶工整、音节和谐、多用典故的新文体。

（四）北朝文学

北朝是少数民族政权，汉文化水平不高，但由南朝入北的庾信填补了空白，成为当时最著名的文人。庾信在南朝时经历了侯景之乱，被遣出使北方，最后被迫滞留北朝。他的作品描写“乡关之思”和屈仕北朝的悲痛，内容真切充实，形式上长于用典，讲究对仗，注重音律。其诗歌有些已暗合唐代律诗和绝句的格律，为唐诗的发展开了先路。杜甫评价道：“庾信平生最萧瑟，暮年诗赋动江关。”庾信代表作《哀江南赋并序》，哀叹国家败亡，抒发故国之思。序文骈偶对仗工整，使事用典精巧贴切，是历来公认的骈体文名篇。

（五）民歌

南朝民歌：主要有出自江东的“吴歌曲辞”和出自荆郢的“西曲歌”。其中的名篇如《子夜吴歌》：“春风动春心，流目瞩山林”；《西洲曲》：“忆梅下西洲，折枝寄江北”“南风知我意，吹梦到西洲”等。

北朝民歌：名篇有《敕勒歌》和《木兰辞》。其中《木兰辞》描写花木兰替父从军的故事，反映了北方兵役的沉重。它与建安年间产生的《孔雀东南飞》，被誉为魏晋南北朝民间长篇叙事诗的双璧。

三、唐代文学

唐代是我国历史上最强大的朝代之一，政治、经济、文化全面繁荣。其文学体裁主要有诗歌、散文、传奇小说和词，其中诗歌成就最高。

（一）唐诗

唐诗呈现流派多、作者多和作品多的可喜局面，仅清人编撰的《全唐诗》就收录2200多位诗人近50000首诗歌。唐诗发展大体可分为初唐、盛唐、中唐和晚唐4个时期。

1.初唐时期

时期：从唐朝建立（618年）到玄宗开元初（713年）。

题材：开始打破六朝时期以贵族生活为主的局限，表现更加广阔的社会内容。

风格：逐步克服六朝浮靡艳丽、缺少思想内涵的弊端，建立起积极向上、刚健有力的新诗风。

代表人物：“初唐四杰”——王勃、杨炯、卢照邻、骆宾王。

☆王勃：代表作有《滕王阁序》和《送杜少府之任蜀州》，留下“落霞与孤鹜齐飞，秋水共长天一色”“海内存知己，天涯若比邻”等名句。

☆陈子昂：代表作《登幽州台歌》，留下“前不见古人，后不见来者”的感叹。

2.盛唐时期

时期：玄宗开元初（713年）至代宗大历初（766年）。

成就：这一时期的大诗人，代表了唐诗创作的最高成就。

诗派及其代表人物：

☆山水田园派：王维、孟浩然。

☆边塞诗派：高适、岑参、王昌龄、李颀。

☆浪漫主义诗派：李白。

☆现实主义诗派：杜甫。

著名诗人及其诗歌风格与代表作：

☆李白：诗歌雄奇峭丽、豪放飘逸，凝聚着盛唐的时代精神，世人称其为“诗仙”。代表作有《蜀道难》《将进酒》《行路难》《望庐山瀑布》等。李白与杜甫一起，被誉为诗史上的“双子星座”，合称“李杜”。

☆杜甫：诗歌深刻地反映了安史之乱前后唐代的社会现实和战乱带给人民的巨大伤痛，有“诗史”之誉。还有“诗圣”之称。代表作有“三吏三别”（《新安吏》《石壕吏》《潼关吏》《新婚别》《无家别》《垂老别》）及《春望》《闻官军收河南河北》《蜀相》《登楼》《春夜喜雨》《绝句》等。

☆崔颢：人称“唐人七言律诗第一”。他在武汉黄鹤楼留有“昔人已乘黄鹤去，此地空余黄鹤楼”的名句。

3.中唐时期

从代宗大历元年（766年）到文宗太和九年（835年）为中唐时期。诗歌成就最突出的是新乐府诗。所谓“新乐府”是与古乐府相对而言的，其基本精神是继承并发扬诗歌创作中的现实主义传统，但具有自创新题、表现现实、不必入乐的特点。新乐府诗的创作实践在杜甫身上就有体现，杜甫的“三吏三别”、《兵车行》等皆是自命新题、抒写现实。新乐府的名称是白居易首先标举的，他提出“文章合为时而著，歌诗合为事而作”的创作理论，主张用诗歌反映社会现实，著有《新乐府五十首》《卖炭翁》等作品，并在当时形成了影响很大的诗歌运动，文学史上称为“新乐府运动”。

中唐时期散文大家韩愈、柳宗元倡导了反对因袭、反对骈文的古文运动。所谓“古文”是指先秦两汉传统的散文，与六朝以来风行的骈文相对。韩愈名篇有《师说》《进学解》等。此外，这一时期山水诗、边塞诗继续繁荣，知名诗人有韦应物、孟郊、崔护、刘禹锡、张继等。

4.晚唐时期

从文宗开成元年（836年）到唐末（907年）为晚唐。晚唐诗风衰颓，但在艺术表现手法和技巧上仍有开拓创新。代表诗人是杜牧和李商隐。杜牧擅长七绝，李商隐工于七律，后世将二人合称为“小李杜”。

（二）唐代其他文学形式

中国在秦汉魏晋南北朝时期流行志怪小说，记述神灵鬼怪的荒诞故事，如张华《博物志》、干宝《搜神记》、王嘉《拾遗记》。唐代出现以神奇人物为主的传奇小说，如白行简《李娃传》、李朝威《柳毅传》、元稹《莺莺传》等，内容多为才子佳人历经磨难，终于圆满结合的故事，对后代小说和戏曲发展有较大影响。

唐代散文全面繁荣是中唐时期，韩愈、柳宗元在继承前人的基础上，领导了声势浩大的古文运动，沉重打击了骈体文，开创了散文创作的新体制，成为我国古代散文发展史上重要的里程碑。

词是萌芽于南朝、形成于唐朝的新的文学体裁。唐中期出现文人创作的词，李白被认为是文人词的开山始祖，中唐白居易、刘禹锡等也有少量词作，晚唐时期出现以词创作为主的著名词人温庭筠、韦庄，表明词已经具有独立的地位。

四、宋元文学

宋代文学以词著称，元代则以剧本创作成就最高。

（一）宋词

词在唐代形成后，经过唐晚期的发展，在五代时期形成西蜀和南唐两个中心。西蜀派赵崇祚编成中国第一部词集《花间集》，而南唐派词人李煜（南唐后主）以大量脍炙人口的词作家喻户晓，尤其是他亡国之后的作品哀婉凄凉、意境深远，极富艺术感染力。李煜的代表作有《虞美人·春花秋月何时了》《浪淘沙·帘外雨潺潺》《相见欢·林花谢了春红》《相见欢·无言独上西楼》等。

宋代词的创作达到顶峰，成为主要的文学形式，不仅文人大量写词，而且词在思想内容上也打破了“诗言志，词言情”的狭隘分界，言志抒情、指陈国事均可入词，词与诗具有同等的功能。宋词流派有以柳永、李清照为代表的婉约派，以苏轼、辛弃疾为代表的豪放派。宋词名篇有柳永的《望海潮》，王安石的《桂枝香·金陵怀古》，苏轼的《水调歌头·明月几时有》和《念奴娇·赤壁怀古》，李清照的《如梦令·昨夜雨疏风骤》，辛弃疾的《永遇乐·京口北固亭怀古》和传说为岳飞所创作的《满江红》等。

（二）宋代散文

宋代散文也取得极高的成就。宋代散文名家名篇有：欧阳修《醉翁亭记》、王安石《游褒禅山记》、苏轼《前赤壁赋》、范仲淹《岳阳楼记》、周敦颐《爱莲说》等。

唐宋八大家——唐：韩愈、柳宗元；宋：欧阳修、王安石、苏洵、苏轼、苏辙、曾巩。（*速记：一韩一柳一欧阳，三苏曾巩加老王）

（三）元代戏曲创作

元曲包括散曲与杂剧两部分。

☆散曲产生于辽、金而流行于全国，是在当时已很发达的说唱艺术的影响下逐渐形成的一种文艺形式，有单曲独唱的小令与数曲连唱的套数之分。散曲名篇名句有马致远的《天净沙·秋思》“枯藤老树昏鸦，小桥流水人家”，张养浩的《山坡羊·潼关怀古》“峰峦如聚，波涛如怒，山河表里潼关路”等。

☆元杂剧是一种折子剧，元代出现关汉卿、白朴、马致远、郑光祖、王实甫等一大批剧作家和大量的传世佳作，成为中华民族宝贵的文化遗产。

五、明清文学

朝代	题材	内容
明代	长篇小说	罗贯中的《三国演义》，施耐庵的《水浒传》，吴承恩的《西游记》，兰陵笑笑生的《金瓶梅》等。
	短篇小说	冯梦龙的“三言”(《喻世明言》《警世通言》《醒世恒言》)和凌濛初的“两拍”(《初刻拍案惊奇》《二刻拍案惊奇》)，内容多为爱情婚姻、因果报应等市民生活题材。
	传奇戏曲	传奇戏曲的前身是南戏，产生在浙江温州一带，明时成为主要的戏曲形式，其唱腔因地域不同而各具地方特色。
		主要有“弋阳腔”“余姚腔”“海盐腔”“昆山腔”之分，其中昆山腔影响较大。
		最杰出的传奇剧本作家是汤显祖，代表作有《紫钗记》《牡丹亭》《邯郸记》和《南柯梦》，世称“临川四梦”。
清代	古典小说	蒲松龄《聊斋志异》、吴敬梓《儒林外传》、曹雪芹《红楼梦》，其中《红楼梦》与《水浒传》《三国演义》《西游记》合称为中国古典长篇小说“四大名著”。
	传奇戏曲	洪昇的《长生殿》和孔尚任的《桃花扇》。

六、近现当代文学

（一）近代文学

近代文学指1840年鸦片战争至1919年“五四运动”前夕的文学。这一时期的文学创作充满强烈的忧患意识和抗御外敌的爱国精神，能深刻地反映当时严重的社会问题和民族危机，抒写作者愤世伤时和忧国忧民的思想，反映了中国社会危机和民族危机不断加深背景下部分知识分子的觉醒。

首开风气的是龚自珍、魏源、林则徐。龚自珍的《己亥杂诗》：“九州生气恃风雷，万马齐喑究可哀。我劝天公重抖擞，不拘一格降人才”，主张推进社会改革；魏源的《寰海》诗：“欲师夷技收夷用，上策惟当选节旄”，主张学习西方先进科学技术，“师夷长技以制夷”；林则徐的《赴戍登程口占示家人》诗：“苟利国家生死以，岂因祸福避趋之”，充满爱国情怀。

戊戌变法前后，文学界提出以旧风格含新意境的“诗界革命”，以白话为维新之本，崇白话而废文言的“文界革命”和重视小说对改良社会的作用，主张写政治小说的“小说界革命"主张。主要代表人物有梁启超、黄遵宪、谭嗣同。

辛亥革命时期，陈天华的《猛回头》《警世钟》，邹容的《革命军》和秋瑾的诗文，以强烈的反帝爱国情怀大声呐喊，鼓舞人民群众的革命斗志。

近代还流行谴责小说，李伯元的《官场现形记》、吴趼人的《二十年目睹之怪现状》、刘鹗的《老残游记》和曾朴的《孽海花》，被誉为"清末四大谴责小说"。

近代戏剧创作出现地方戏进一步成熟与昆曲日渐衰落的趋势，京剧逐渐从地方戏剧中脱颖而出，成为全国性大剧种。在外国戏剧的影响下，早期话剧（又称"文明戏"）在我国萌芽。

（二）现代文学（1919—1949 年）

1. 诗歌与散文

1917 年年初，胡适、陈独秀先后在《新青年》上发表了《文学改良刍议》《文学革命论》等文，提倡新文学，反对旧文学，提倡文学观念、文学思想内容与语言形式的全面更新。受此影响，大批新文学作家、作品和新文学社团脱颖而出。率先破土而出的是"白话新诗"。它以白话语言反映现实生活，表现科学与民主的革命内容。胡适是写白话新诗的第一人，他在 1920 年出版了第一部白话新诗集《尝试集》，1921 年郭沫若也出版诗集《女神》。

（1）新诗流派及代表人物

这一时期，各社团、各流派在 1930 年结成"中国左翼作家联盟"（简称"左联"），培养了一大批文学骨干。

新诗社团/流派	主要成员	主张/倾向
文学研究会	茅盾、叶圣陶、朱自清、冰心等	主张文学为人生，倾向于现实主义。
创造社	郭沫若、郁达夫、田汉等	倾向于浪漫主义。
普罗诗派	蒋光慈、殷夫	趋向革命现实主义。
象征诗派	李金发、穆木天	崇尚朦胧、象征诗风。

（2）代表作家与作品

作家	作品
鲁迅	散文诗集《野草》；散文集《朝花夕拾》；杂文集《热风》《坟》《华盖集》《而已集》等十余部。
朱自清	《荷塘月色》《背影》等。
冰心	《往事》《寄小读者》等。
殷夫	《别了，哥哥》等。
闻一多	《死水》等。
徐志摩	《再别康桥》《雪花的快乐》等。

* 注意：鲁迅原名周树人（1881—1936），被誉为"中国现代文学的伟大奠基人"之一，其诗文思想深刻，语言犀利，富有战斗精神，被广为传诵。

（3）抗日战争时期区域作品表现

1931年九一八事变爆发后，中国人民抗日战争正式开始，救亡图存成为文学创作的主流意识；尤其1937年“卢沟桥事变”后，日本全面侵华，中国人民全面抗战，沦陷区、国统区和抗日民主根据地的文学创作呈现不同的风貌。

区域	代表	文学作品风貌
沦陷区	上海、北平等地作家	表现人民的苦难和抗争，以艺术的形式记载日寇、汉奸的罪行，歌颂人民的不屈斗争。
国统区	—	一部分表现爱国军民的奋起抵抗，较多的则是暴露腐败统治的黑暗内幕。
抗日民主根据地	赵树理、孙犁等	热烈讴歌中国共产党领导下抗日军民的英勇斗争，生动地描述根据地的新生活、新气象。

这一时期名诗有艾青的《雪落在中国的土地上》《我爱这土地》、臧克家的《老马》、戴望舒的《雨巷》等。其他代表性作品还有鲁迅的杂文等。

（4）解放战争时期区域作品表现

区域	内容
国统区	以现实主义和现代主义为主，代表作家作品有艾青诗作《向太阳》，穆旦诗作《赞美》《春》，梁实秋散文集《雅舍小品》等。
解放区	1942年5月在延安召开文艺座谈会，毛泽东在会上发表了《在延安文艺座谈会上的讲话》，指明了文艺要为工农兵服务的方向。代表作品有李季叙事诗《王贵与李香香》，茅盾散文《风景谈》《白杨礼赞》等。

2. 小说

（1）新文化运动期间

作者	作品	内容
鲁迅	1918年在《新青年》上发表第一篇白话小说《狂人日记》。	被视为中国文学史上现代白话小说的开山之作。
	短篇小说集《呐喊》《彷徨》等，其中包括《阿Q正传》《祝福》《药》《故乡》《孤独者》等名篇。	反映了从辛亥革命到第一次国内革命战争前夕的社会现状，塑造了阿Q、祥林嫂、闰土、子君等一系列艺术形象，体现了彻底反传统的战斗精神，奠定了中国现代小说的基础。
郁达夫	《沉沦》	—
许地山	《缀网劳蛛》	—

（2）抗战前期（反映社会现实的小说较多）

作者	作品
巴金	☆ 1929 年发表第一部长篇小说：《灭亡》 ☆长篇小说：《爱情三部曲》（《雾》《雨》《电》） ☆长篇小说：《激流三部曲》（《家》《春》《秋》）
夏衍	报告文学：《包身工》
茅盾	☆小说集：《蚀》（包括《幻灭》《动摇》《追求》） ☆长篇小说：《子夜》 ☆短篇小说：《林家铺子》《春蚕》等
老舍	长篇小说：《骆驼祥子》
沈从文	中篇小说：《边城》

（3）抗战后期和解放战争时期

区域	作者	作品
国统区（以揭露社会现实为主题的小说较多）	巴金	《寒夜》
	茅盾	《腐蚀》《霜叶红于二月花》
	萧红	《生死场》《呼兰河传》
	钱钟书	《围城》
	张爱玲	《倾城之恋》《金锁记》
解放区（以讴歌新政权和新鲜事物为主题的小说较多）	赵树理	《小二黑结婚》《李有才板话》
	孙犁	《荷花淀》
	丁玲	《太阳照在桑干河上》
	周立波	《暴风骤雨》

3. 戏剧戏曲

时间	作者	作品	
清末—抗日战争爆发前（早期反封建题材的话剧作品）	胡适	《新青年》发表话剧剧本《终身大事》，是中国最早的话剧作品之一。	
	田汉	《获虎之夜》	
	郭沫若	《三个叛逆的女性》	
	曹禺	第一部话剧作品《雷雨》。《日出》《原野》《蜕变》和《北京人》等作品，标志着现代话剧创作艺术的成熟，奠定了曹禺在中国戏剧史上不可替代的地位。	
抗日战争全面爆发后	中国剧作者协会和上海戏剧救亡协会	抗日话剧	《保卫卢沟桥》
		街头剧	《放下你的鞭子》
	曹禺	四幕剧	《蜕变》，表现出“我们民族在抗战中一种蜕旧变新的气象”。

（续表）

时间	作者	作品	
	郭沫若	大型历史剧	《屈原》《虎符》等，借古讽今，呼吁团结抗日。
	贺敬之等执笔，延安鲁迅艺术学院集体创作	歌剧	《白毛女》，是一部具有深远历史影响的优秀文艺作品。

（三）当代文学

1949年7月，中华全国文学艺术工作者代表大会在北平召开。会上正式确立了以毛泽东《在延安文艺座谈会上的讲话》所提出的“文艺为工农兵服务”为新中国文艺的方向，成立了中华全国文学艺术界联合会（简称“全国文联”），郭沫若任主席。全国文联下设各个协会，其中有中华全国文学工作者协会（后更名为中国作家协会，简称“中国作协”），茅盾任主席。1949年7月新中国“第一次文代会”的召开标志着现代文学的结束和当代文学的开始。

当代文学以1978年改革开放为标志，可以分为前、后两个时期，其主要成就是：

1. 小说

（1）改革开放前

类型	作者	作品	内容
描写革命斗争历史	杨沫	《青春之歌》	反映二十世纪二三十年代革命者的斗争生活及其成长过程。
	梁斌	《红旗谱》	
	欧阳山	《三家巷》	
	冯志	《敌后武工队》	展现抗日战争时期敌后艰苦曲折的斗争生活。
	刘知侠	《铁道游击队》	
	冯德英	《苦菜花》	
	李英儒	《野火春风斗古城》	
	杜鹏程	《保卫延安》	再现了解放战争中敌我双方在几次重大战役中交锋的宏伟场景。
	吴强	《红日》	
描写现实，反映农村生活	赵树理	《三里湾》	—
	周立波	《山乡巨变》	—
	柳青	《创业史》	—
	浩然	《艳阳天》	—
	李準	《李双双小传》	—
	王汶石	《新结识的伙伴》	—
	马烽	《我的第一个上级》	—

（续表）

类型	作者	作品	内容
反映工业建设和其他现实生活	周立波	《铁水奔流》	—
	周而复	《上海的早晨》	—
	杜鹏程	《在和平的日子里》	—
	王蒙	《组织部新来的青年人》	—
	李国文	《改选》	—
	宗璞	《红豆》	—
	陆文夫	《小巷深处》	—

（2）改革开放后

类型	作者	作品
伤痕文学	刘心武	《班主任》
	卢新华	《伤痕》
	鲁彦周	《天云山传奇》
反思文学	李国文	《月食》
	谌容	《人到中年》
	古华	《芙蓉镇》
改革文学	蒋子龙	《乔厂长上任记》
	张洁	《沉重的翅膀》
	张贤亮	《男人的风格》
寻根文学	贾平凹	《商州纪事》
	莫言	《红高粱》
	王安忆	《小鲍庄》
人性文学	张洁	《爱，是不能忘记的》
	古华	《爬满青藤的木屋》
军人文学	徐怀中	《西线轶事》
	李存葆	《高山下的花环》
新写实小说	池莉	《烦恼人生》
	刘震云	《一地鸡毛》
青春派文学	韩寒	《三重门》
网络文学	猫腻	《间客》
	痞子蔡	《第一次亲密接触》
	阿耐	《大江东去》
其中最具代表性的作品有路遥《平凡的世界》，陈忠实《白鹿原》，贾平凹“长篇三部”（《浮躁》《废都》《秦腔》），莫言《红高粱家族》和《丰乳肥臀》《檀香刑》《蛙》。2012 年，莫言获得诺贝尔文学奖，是中国文学史上具有划时代意义的重大突破。		

2. 诗歌

时间	作者	作品
中华人民共和国成立初期	李季	《玉门诗抄》《杨高传》
	闻捷	《天山牧歌》《复仇的火焰》
	郭小川	《致青年公民》《将军三部曲》
	贺敬之	《回延安》《雷锋之歌》
	柯岩	《周总理，你在哪里》
改革开放后（朦胧诗派）	北岛	《回答》《迷途》
	舒婷	《致橡树》
	顾城	《一代人》

3. 散文

时间	类型	作者	作品
前期	通讯报告	魏巍	《谁是最可爱的人》
		黄宗英	《小丫扛大旗》
	抒情散文	秦牧	《花城》《潮汐和船》
		冰心	《樱花赞》
	杂文	邓拓	《燕山夜话》
		吴南星	《三家村札记》
改革开放后	散文集	巴金	《随想录》
	报告文学	徐迟	《哥德巴赫猜想》
	散文集	杨绛	《干校六记》
	散文集	余秋雨	《文化苦旅》
	散文集	贾平凹	《月迹》
	随笔集	张中行	《负暄琐话》

4. 戏剧

时间	分类	作者	作品
改革开放之前30年	话剧	老舍	《龙须沟》《茶馆》
		曹禺	《明朗的天》
	历史剧	郭沫若	《蔡文姬》《武则天》
		田汉	《关汉卿》
	歌剧	—	《洪湖赤卫队》《江姐》《刘三姐》
	昆曲	—	《十五贯》
	黄梅戏	—	《天仙配》
	京剧	—	《白蛇传》

（续表）

时间	分类	作者	作品
改革开放后	豫剧	姚金成	《焦裕禄》
	川剧	谭愫等	《山杠爷》
	沪剧	李莉	《挑山女人》
	秦腔戏	陈彦	《西京故事》
	湖南花鼓戏	赵凤凯等	《老表轶事》
	话剧	苏叔阳	《左邻右舍》（有浓郁“京味”）

易错考题小试牛刀

1.（判断题）《诗经》是中国最早的诗歌总集，收集了西周初期到春秋中叶300首诗歌，分为“风”“雅”“颂”三部分。（ ）

2.（单选题）“月落乌啼霜满天，江枫渔火对愁眠。姑苏城外寒山寺，夜半钟声到客船。”出自唐代（ ）所作的《枫桥夜泊》。

A. 杜牧　　B. 张继　　C. 李商隐　　D. 刘禹锡

3.（单选题）“竹林七贤”的文学创作注重理想人格的塑造与内在性灵的拓展，析理抒情，高洁幽远。（ ）是“竹林七贤”之一阮籍的作品。

A.《思旧赋》　　B.《燕歌行》　　C.《咏怀诗》　　D.《与山巨源绝交书》

4.（单选题）明代出现的长篇小说主要有罗贯中的《三国演义》、施耐庵的《水浒传》、吴承恩的《西游记》和（ ）。

A. 曹雪芹的《红楼梦》　　B. 蒲松龄的《聊斋志异》

C. 徐弘祖的《徐霞客游记》　　D. 兰陵笑笑生的《金瓶梅》

5.（单选题）唐以前的诗以及后人模仿古诗而不按近体诗的格律所写的诗统称为（ ）。

A. 今体诗　　B. 近体诗　　C. 古体诗　　D. 歌行体诗

6.（多选题）改革开放后，青年诗人锐意求新，具有现代主义特质的“朦胧诗派”应运而生，代表作有（ ）。

A. 北岛《迷途》　　B. 舒婷《致橡树》　　C. 顾城《一代人》

D. 北岛《回答》　　E. 莫言《红高粱家族》

7.（多选题）对“可堪回首，佛狸祠下，一片神鸦社鼓”句中解说正确的是（ ）。

A. 佛狸即“狐狸”　　B. 社鼓指祭祀时的鼓声　　C. 神鸦是指祭祀时来吃祭品的乌鸦

D. 佛狸此同“佛理”，佛教的道理　　E. 佛狸此指北魏武帝拓跋焘，其小名佛狸

【答案】1. 错　2.B　3.C　4.D　5.C　6.ABCD　7.BCE

第五章
中国传统工艺美术

【考试大纲】

- **了解：** 中国陶器、瓷器发展概况。中国文房四宝、年画、剪纸和风筝的主要产地和特色。
- **熟悉：** 中国陶器、瓷器、漆器、玉器的主要产地和特色，中国传统四大刺绣及其代表作。
- **掌握：** 唐三彩、龙泉青瓷、宋代五大名窑、青花瓷、德化白瓷、彩瓷（斗彩、粉彩）的特点，景泰蓝工艺等。

【历年分值】

年份	判断（题）	单选（题）	多选（题）	分值（分）
2019	2	6	2	6
2020	5	3	2	6
2023	1	5	3	6
2024	2	3	2	4.5

第一节　中国陶器、瓷器发展概况及宋代五大名窑

一、陶器、瓷器发展概况

（一）定义

陶瓷器是陶器制品和瓷器制品的总称。陶器是用黏土成型，经 700 ～ 800℃的炉温焙烧而成的无釉或上釉的日用品和陈设品。瓷器是一种由瓷土、石英石、莫来石等材料经过高温（约 1280 ～ 1400℃）烧制而成的器物，表面通常施有玻璃质釉或彩绘。

（二）代表

陶器工艺品是我国最古老的工艺美术品。早在新石器时代，我国先民就已经开始制作陶器。新石器时代早期的陶器大多为红陶，制作比较粗糙，纹饰较少，且随意性较强，但也不乏古朴的风格。新石器时代晚期制陶工艺不断发展，品质提高，种类增多，在仰韶、河姆渡、大汶口等文化遗址中，就出土有大量的灰陶、红陶、彩陶和黑陶等，其中仰韶文化彩陶和山东龙山文化黑陶颇具代表性。

类别	特征
仰韶文化彩陶	分布在黄河流域距今约6000年的新石器时代，因最早发现于河南省渑池县仰韶村而得名，被称为“仰韶文化彩陶”。代表性的有：西安半坡村和临潼姜寨的“半坡类型”彩陶，其器型有圆底或平底的盆、小口长颈大腹壶、圆唇直口鼓腹罐等，风格朴实厚重，彩绘纹样有动物纹（人面纹、鱼纹、鱼鸟结合纹等）、几何纹、编织纹等，人面鱼纹彩陶盆是“半坡类型”彩陶的珍品；另有出土于河南陕县庙底沟和陕西华县泉护村“庙底沟类型”彩陶，大多为红陶黑彩，其器型有大口小底曲腹盆和碗等。曲腹是庙底沟陶器的一大特色。
龙山文化蛋壳黑陶	其中的薄胎蛋壳黑陶，是山东龙山文化特有的标志性陶器，是我国古代制陶艺术的巅峰之作。蛋壳黑陶高柄杯“黑如漆、亮如镜、薄如纸、硬如瓷”，堪称史前陶文化高超技艺的典型代表，被考古界誉为“四千年前地球文明最精致之制作”。

（三）陶瓷器各时期的发展概况

时间	特征
商	灰陶为主，后期白陶和印纹硬陶有很大发展，尤以白陶最为精美。同时，还出现了用高岭土作胎、施青色釉的原始瓷器。（* 注意：灰陶 + 白陶和印纹硬陶 + 原始瓷）
周	是陶器发展的重要阶段，陶器大量被应用到建筑上，如板瓦、筒瓦、瓦当、瓦钉、阑干砖等。
两汉	到战国、秦汉时期，用陶俑、陶兽、陶器随葬已成习俗；西安秦始皇陵兵马俑、徐州西汉兵马俑，其造型之精美、阵容之宏伟，从中反映了当时制陶业的水平。两汉时期，釉陶大量替代铜质日用品。汉陶表面被广泛施釉， 开创了我国低温釉陶生产之先河，对我国汉以

（续表）

时间	特征
	后的陶器生产影响深远。唐代的三彩陶，宋、明的琉璃釉陶均从中发展而来。东汉晚期至三国，瓷器的烧造技术逐渐成熟，陶器开始向瓷器过渡。瓷器三特点： 1. 必须是富含石英和绢云母等矿物质的瓷石、瓷土或高岭土为原料； 2. 瓷器的烧成温度必须在 1200℃以上，烧结后，质地致密，胎体吸水率不足 1%； 3. 瓷器表面施有高温下烧成的釉面。
隋唐	陶瓷业进入了迅猛发展的阶段，形成了以浙江越窑为代表的青瓷和以河北邢窑为代表的白瓷两大瓷窑系统，即“南青北白”局面。唐代的瓷器以单色釉为主，陶器以“唐三彩”为标志。“唐三彩”使用白、黄、绿或黄、绿、褐等色釉，其斑驳淋漓的彩釉形成了它独特的艺术风格，是我国古代陶瓷工艺的精品。
宋	中国制瓷业的辉煌时期。有五大名窑：定、汝、官、哥、钧。宋五大名窑之说，始见于明皇室收藏目录《宣德鼎彝谱》：“内库所藏汝、官、哥、钧、定名窑器皿，款式典雅者，写图进呈。”
元	制瓷工艺有新的突破，突出的是青花瓷和釉里红的烧制。（* 速记：元青釉里红）
明	明以前，釉色以青为主，明代成功烧制精致白釉。（* 速记：明代精白釉）
清	元、明、清主流是青花瓷，但明代以后彩瓷的出现，瓷品更加争奇斗艳。明成化时的斗彩，康熙时素三彩、五彩，雍正、乾隆时粉彩、珐琅彩都是闻名中外的精品，最终形成青花瓷类、色釉瓷类、彩瓷类三大系列。（* 速记：三五彩康熙，粉琅彩雍乾）

二、著名陶瓷简介

江西景德镇是现代最著名的“瓷都”。中国瓷器的主要产地有：湖南醴陵、福建德化、浙江龙泉、山东淄博和河北唐山。

类别	产地	特征
景德镇瓷器	江西景德镇	景德镇是“瓷都”，自五代开始生产瓷器。造型优美、品种繁多、装饰丰富、风格独特，以“白如玉，明如镜，薄如纸，声如磬”的独特风格蜚声海内外。 景德镇四大传统名瓷：青花瓷、玲珑瓷、粉彩瓷、颜色釉瓷。青花瓷烧造历史最为悠久，位居四大名瓷之首，享有“瓷国明珠”之美誉。其主要工艺是以色料在胚胎上描绘纹样，然后上透明釉，施釉后经 1300℃左右高温一次烧成。 景德镇传统名瓷中的五彩瓷也很出彩。明清五彩瓷是在宋、辽低温釉的基础上发展起来的，基本色调以红、黄、绿、蓝、紫五种彩料为主，按照花纹的需要施彩，在 700 ~ 800℃的炉中二次焙烧而成。 明朝的彩瓷以青花五彩、斗彩等品种较为著称。斗彩是釉下青花和釉上诸彩相结合的一种工艺，先用青花勾线，再进行彩料填色，色彩丰富又不失典雅。明成化斗彩鸡缸杯便是其中一件绝世佳品。粉彩瓷是景德镇窑创制的新品种，其发展素有“始于康熙、精于雍正、盛于乾隆”之说。粉彩瓷在烧好的胎釉上施含砷物的粉底，涂上颜料后用笔洗开，由于砷的乳蚀作用，其颜色产生粉化效果。粉彩瓷以其粉润柔和的色调和秀丽雅致的图案，成为清代瓷器的代表之一。

（续表）

类别	产地	特征
洛阳唐三彩	多出土于洛阳地区	诞生于唐朝，是盛行一时的低温铅釉陶器。唐三彩的主要原料是含有大量高岭土的白色黏土，先在1000℃以上的窑温下烧制素坯，再施以铁、铜、钴、锰等矿物配制的釉，并以铅作为助熔剂（能降低釉料的熔点，使得釉料在较低温度下就能熔融，均匀地覆盖在坯体表面），再在800℃左右低温下烧制而成。唐三彩色彩丰富，以黄、绿、白三色为主，但也有紫、褐、蓝等多种颜色，其中蓝色是中国最早的以钴土作彩料所呈现的釉色。 考古发现的唐三彩大都用作明器（随葬品），只有小部分为生活用具，现代文创产品则用作旅游纪念品。唐三彩的造型丰富多彩，一般可以分为人物造型、动物造型和器物造型三大类。就人物造型来看，若按人物的不同身份，不同等级来划分的话，有少女、贵妇、文官、武士、侍女等人物。唐三彩女俑都被塑造为“丰颊腴体”的形象。从唐三彩的动物造型看，马与骆驼居多，它的特点是头瘦臀圆、膘肥体壮、骨肉分明、线条流畅。唐三彩器物的造型质量要求也很高，如碗、盘、瓶、壶，个个玲珑剔透、晶莹可爱。 2008年，唐三彩烧制技艺被列入《国家级非物质文化遗产代表性项目名录》。
龙泉青瓷	浙江西南部	龙泉青瓷是南北朝时浙江西南部汉族传统制瓷珍品，南宋时达到巅峰，境内古窑址达360多处，产品有“青如玉、明如镜、薄如纸、声如磬”的特点。 龙泉青瓷传统烧制技艺于2009年入选“人类非遗”名录。其产品有两种： ☆白胎和朱砂胎青瓷，称“弟窑”。“弟窑”青瓷釉层丰润，釉色青碧，光泽柔和，晶莹滋润，胜似翡翠。有梅子青、粉青、月白、豆青、淡蓝、灰黄等不同釉色。 ☆釉面开片的黑胎青瓷，称“哥窑”。“哥窑”青瓷以瑰丽、古朴的纹片为特色，如冰裂纹、蟹爪纹、牛毛纹、流水纹、鱼子纹、鳝血纹、百圾碎等，素有“紫口铁足”之称，与釉面纹片相映，更显古朴、典雅，堪称瓷中珍品。 *速记（哥窑纹片）：牛毛蟹爪鱼子鳝血+冰裂流水百圾碎（动物+自然现象）。
宜兴紫砂器	江苏宜兴	江苏宜兴被认为是中国的“陶都”，其紫砂器享有天下“神品”之称。用质地细腻、含铁量高的特殊陶土制成的无釉细陶器，呈赤褐、浅黄或紫黑色。紫砂茶具造型美观，色彩古朴，胎壁无釉多孔，有较强的吸附力，泡茶数天后不仅不馊而且能保持茶香。
醴陵釉下彩瓷	湖南醴陵	源于清朝雍正年间，其釉面犹如罩上一层透明的玻璃罩，洁白如玉，晶莹润泽，虽长期存放，花纹始终保持原来色彩。有四大特点：无铅毒、耐摩擦、耐高温、耐酸碱腐蚀。
淄博美术陶瓷	山东淄博	汉代时有翠绿、淡绿、栗黄、茶黄（二绿二黄）四种颜色釉陶。现代则以雨点釉、茶叶末釉而著称。雨点釉瓷又名油滴瓷，即在黑色的釉面上均匀地布满银白色的小圆点。曾有“尺瓶寸盂视为无上之品，茗瓯酒盏叹为不世之珍”之说。茶叶末釉是一种含有结晶矿物的无光釉。古人称赞说：“茶叶末，黄杂绿色，娇嫩而不俗，艳于花，美如玉，最养目。”用这种釉制作的各种文具、瓶、罐，釉色纯正，古朴典雅。
福建德化白瓷	福建德化	福建德化是我国白瓷著名产地，是我国古代南方著名瓷窑，历史悠久，历经千年的历史，在中国陶瓷史上留下了光辉的一笔，在世界陶瓷史上“中国白”一词也成了德化白瓷的代名词。

三、宋代五大名窑

名称	特征
定窑	以烧制白瓷而著称，以装饰见长。
汝窑	居于五大名窑之首。因窑址位于宋时河南汝州境内而得名。专为宫廷烧制御用青瓷器，以名贵玛瑙为釉，色泽独特，随光变幻，其釉色如雨过天晴，温润古朴，被称为“似玉、非玉、而胜玉”。传世品极少，被人们视为稀世之珍。
官窑	专为宫廷烧制瓷器，选料精细，用料考究，以古朴庄重的造型、莹润如玉的釉色、粼粼如波的纹片协同“紫口铁足”之美，形成了具有宫廷气势、高雅大气的艺术珍品。
哥窑	瓷器釉质莹润，其重要特征是釉面开片，其通体釉面被粗深或细浅的两种纹线交织切割，俗称“金丝铁线”，是哥窑器物最显著的特点之一。
钧窑	以烧制乳浊釉瓷为主，以其神奇“窑变”而闻名，素有“入窑一色、出窑万彩”“钧瓷无双”的特点。

* 速记：定白汝青钧窑变；官窑庄重哥开片。

第二节　中国漆器、玉器及景泰蓝工艺

一、漆器

漆器是用漆涂在各种器物的表面上所制成的日常器具及工艺品等。

生漆是从漆树上割取的天然液汁，由漆酚、漆酶、树胶质及水分构成。用作涂料，有耐潮、耐高温、耐腐蚀等功能，而且色彩丰富，光彩照人。中国从新石器时代起就认识了漆的性能并制作漆器。当代漆器产地主要分布于北京、福建福州、江苏扬州、四川成都、山西平遥、贵州大方、甘肃天水等地。

类别	特征
北京雕漆	以雕刻见长。在漆胎上涂几十层到几百层漆，厚 15 ~ 25 毫米，再用刀进行雕刻，故称“雕漆”。古代制品以红、绿颜色为主，在史书上雕漆又称为“剔红”。此外，还有剔黑、剔黄、剔绿等，均属于雕漆范畴，只是所涂颜色和表现方法有所不同。目前北京雕漆以剔红、剔黑为主，其他如红底黑花、黑底红花、黄底红花、绿底红花以及黄、绿、红三色的剔彩也常见。
福州脱胎漆器	具有独特民族风格和浓郁地方特色的艺术珍品。先用泥土塑出模型，然后在模型外面裱上夏布，涂上生漆，等漆干了之后脱去土模，再行髹漆加工上色。其质地坚固轻巧、造型别致，装饰技法丰富多样，色彩明丽和谐，可谓集众美于一身，具有非凡的艺术魅力。
扬州镶嵌漆器	历史悠久，其产品以镶嵌螺钿最具特色，造型古朴典雅，纹样优美多姿，色彩和谐绚丽。

* 速记（北京雕漆）：古代雕漆制品以红、绿颜色为主；北京雕漆以剔红、剔黑为主。

二、玉器

（一）玉的概况

类别	说明
玉	全称玉石，有软玉、硬玉之分。广义的玉还包括钻石、玛瑙、水晶、琥珀、绿松石、珊瑚等。 ☆软玉是中国传统的玉料。软玉的硬度一般为 5.6 ~ 6.5 度，呈不透明或半透明状。 ☆硬玉是指产于缅甸的翡翠，质地坚硬，密度较高，硬度 6.5 ~ 7 度。
玉器	天然玉石加工制成的器物。
玉雕	玉石经加工雕琢成为精美的工艺品。
玉石之国	中国素有“玉石之国”的美誉，距今 7000 年的新石器时代晚期就出现了玉质工具，玉器是从玉质工具发展而来的。
主要产地	新疆维吾尔自治区和田市；河南省南阳市的独山；辽宁省鞍山市的岫岩满族自治县等地。
四大名玉	新疆的和田玉；辽宁岫岩满族自治县的岫玉；河南南阳的独山玉；陕西蓝田的蓝田玉。
和田玉	因采自塔里木盆地南缘的昆仑山中，古称昆山玉，简称昆玉。该玉属软玉，有韧性，质地细腻，光泽柔润。其中的羊脂玉（白玉），为和田玉中最佳品。北京故宫的清朝玉雕《大禹治水玉山》就是用整块和田玉雕琢而成。

（二）著名玉雕

名称	特征
北京玉雕	产于北京市，以北京市玉器厂为代表。元代，中国出现了南北不同风格的玉作。南玉以苏州、扬州为中心，北玉以北京为中心。清代南方匠人落户北京传艺，因此北京玉雕集南北技艺之长，造型浑厚、庄重，圆雕和浮雕的作品较多，图纹工艺亦比较复杂，呈现出一种高贵典雅的气质和悠然洒脱、落落大方的京城风貌。尤其是动物形圆雕，无论是兽类还是禽类，大都丰满圆润，刻画得敦实健壮。器皿类则较为厚重、平稳，虽然有时也作花草缠绕、盘根错枝的艺术处理，但不失其淳朴、端庄的地方特点和舒展开朗的北方风格。
扬州玉雕	产于江苏省扬州市。于 2006 年被列入第一批国家级非遗。据出土文物表明，扬州一带在夏代就有玉器制作。唐代的扬州玉器工艺达到新高峰。清乾隆年间扬州玉雕进入全盛时期，有着“天下玉，扬州工”的说法。扬州玉雕将阴线刻、深浅浮雕、立体圆雕、镂空雕等多种技法融于一体，形成了“浑厚、圆润、儒雅、灵秀、精巧”的基本特征，总体风格以“南方之秀”为主，兼具“北方之雄”。尤以“山子雕”及“链子活”技艺独具一格。
苏州玉雕	产于江苏省苏州市。早在原始社会石器时代，先民就能制作十分精良的玉器，当地出土的良渚文化时期的玉石礼器，闪烁着吴地（苏州）先民的聪明智慧和审美情趣。苏州玉雕因其加工精巧、历史悠久，素以“苏帮”而著称。宋、元、明、清均作为贡品进献皇室。“良玉虽集京师，工巧则推吴郡。”至晚清时期，当地玉器作坊达 800 余家。苏州工匠善雕琢中小件，以“小、巧、灵、精”出彩。 ☆“巧”是构思奇巧，特别是巧色巧雕尤其令人叫绝； ☆“灵”是灵气，作者有灵气，作品有灵魂； ☆“精”是一刀一琢皆精致。 薄胎器皿件——充分运用镂空雕、浮雕、圆雕、阴阳细刻、打钻掏膛技术，成为“苏作”细作工艺的扛鼎之作。

三、景泰蓝工艺

类别	说明
诞生	景泰蓝又称“铜胎掐丝珐琅”。诞生于元末明初，结合了中国的青铜器、西方金属的掐丝技术和中国的彩釉烧结技艺，是最具中国特色的传统手工艺品之一，距今已经有 600 多年的历史。因为景泰蓝在明朝的景泰年间最为盛行，制作技艺比较成熟，使用的珐琅彩釉多以蓝色为主，故而得名。
发展	北京是中国景泰蓝的发祥地，也是最重要的产地。景泰蓝以其典雅的造型、繁复的纹样、清丽庄重的色彩而著称，其富丽堂皇的外表，彰显出大气祥和、富贵典雅的气质，因而深受皇家贵族的喜爱。明清时期的景泰蓝制品都是供皇宫御用，清朝后期才作为商品出现在市场上。从道光年间开始出口。（明代御用，清代成商品）
奖项	1904 年，在美国芝加哥世界博览会上，景泰蓝“宝鼎炉”获得一等奖；1915 年巴拿马万国博览会上再获一等奖（* 速记：两个一等奖）。
制作	先要用紫铜制胎；接着进行“掐丝”，即用铜丝掐、掰成各种精美的图案花纹，将铜丝花纹牢牢地黏附、焊接在铜胎上；再用五彩珐琅点填在花纹内进行“点蓝”；然后“烧蓝”，经反复烧制，直至将纹样内的釉料填到与掐丝纹相平；最后磨光、镀金。 （紫铜制胎——掐丝——黏附、焊接——点蓝——烧蓝——磨光、镀金）
荣誉	景泰蓝制作集美术、工艺、雕刻、镶嵌、玻璃熔炼、冶金等专业技术于一体，具有鲜明的民族风格和深刻文化内涵，被称为国宝“京”粹；2006 年入选首批国家非遗。

第三节　中国传统四大刺绣及其代表作

刺绣是以蚕丝为原料的纺织品和刺绣品的总称，属于织绣工艺品。刺绣起源于中国，是中国著名的三大特产之一，汉代之后由“丝绸之路”远销中亚、西亚和地中海沿岸各地。

刺绣是用针引线在绣料上穿刺出一定图案和色彩花纹的装饰织物。明代上海顾名世家的刺绣品“顾绣”尤其闻名。

我国四大名绣——苏州苏绣、湖南湘绣、广东粤绣、四川蜀绣。四大刺绣的特点及其代表作见下表。

名称	特征	代表作
苏绣	产于江苏苏州、南通，在艺术上形成了图案秀丽、色彩和谐、线条明快、针法活泼、绣工精细的地方风格，被誉为“东方明珠”。“双面绣”最能体现苏绣艺术特征，可以从两面观赏。	双面绣《猫》
湘绣	产于湖南长沙，在湖南民间刺绣工艺的基础上，汲取了苏绣和粤绣的精华发展起来，以着色富有层次、绣品若画为特点。	以狮、虎为代表题材，有“苏猫湘虎”的说法
粤绣	产于广东。据传始创于少数民族，明中后期形成特色。它以布局饱满、图案繁茂、场面热烈、用色明快、对比强烈、讲求华丽著称。绣工多为男工。多用金线作刺绣花纹的轮廓线，金银线垫绣是特色工艺，它使刺绣上的形象富有立体感。	《百鸟朝凤》

（续表）

名称	特征	代表作
蜀绣	产于四川成都。以软缎、彩丝为主要原料，其刺绣技法甚为独特，至少有100种精巧的针法绣技，如五彩缤纷的衣锦纹满绣、绣画合一的线条绣、精巧细腻的双面绣和晕针、纱针、点针、覆盖针等都是十分独特而精湛的技法。	《蜀宫乐女演乐图》挂屏 《水草鲤鱼》座屏 《熊猫》座屏 北京人民大会堂四川厅的《芙蓉鲤鱼》

第四节　中国文房四宝、剪纸、年画和风筝的主要产地及特色

一、文房四宝

湖笔、徽墨、宣纸、端砚被称为“文房四宝之首”。其中两项产于安徽。

类别	说明
湖笔	产于浙江湖州市善琏镇，善琏古属湖州府，故称湖笔。有羊毫、狼毫、紫毫、兼毫四大类；具有尖、齐、圆、健四大特点。其中羊毫选用山羊腋下毛，所取毫料须多晒，除去污垢，然后根据毫料扁圆、曲直、长短、有无锋颖等特点，浸于水中进行分类组合，一般要经过浸、拔、并、梳等70余道工序。被誉为“笔中之冠”。
徽墨	徽墨是以松烟、桐油烟、漆烟、胶为主要原料制作而成的一种主要供传统书法、绘画使用的特种颜料，因产于古徽州府而得名。徽墨经点烟、和料、压磨、晾干、挫边、描金、装盒等工序精制而成。成品具有色泽黑润、坚而有光、入纸不晕、舔笔不胶、经久不褪、馨香浓郁、防蛀防虫等特点，是书画艺术的珍品。徽墨有高、中、低三种规格。高档墨有超顶漆烟、桐油烟、特级松烟等。（原料：松桐漆胶）
宣纸	产于安徽省宣城市泾县（宣州），因历史上属宣州府，故名。宣纸最早产于唐代，原料是青檀皮，清代才掺和稻草，改变了用料比例。宣纸分生熟两种，生宣渍水渗化，作写意画最好；熟宣经过胶矾浸染，不渗化，宜工笔，细描细写，为书画最理想的用纸。宣纸具有纸质柔韧、洁白平滑、细腻匀整、不起皱、不掉毛、不怕舒卷、抗老化、久不变色、不蛀不腐、卷折无损等特点，便于收藏，有“纸寿千年”之说法。
端砚	产于广东肇庆（端州），因隋在肇庆设端州府，所以称端砚。端石是一种水成岩，开采于唐，宋代已为世人所重视，其特点是石质细、易发墨、墨汁细稠而不滞、不易干涸。端石以紫色为主，名贵的石品有青花、鱼脑冻、蕉叶白、苏青、冰纹等。端砚贵有石眼，它是天然生长在砚石上的石核形状的眼，人们利用石眼花纹雕刻的砚台尤为名贵，有“端石一斤，价值千金”之说。端石块大的不多，故多随形雕刻，追求气韵。 中国四大名砚——端砚、歙砚、洮河砚、澄泥砚。

二、剪纸

剪纸是一种用剪刀或刻刀在纸或者其他片状材料上剪刻花纹，用于装点生活或配合其

他民俗活动的民间艺术。在中国，剪纸在民间流传极广，历史也很悠久，是各种民俗活动的重要组成部分。2006 年列入第一批“国家非遗”。2009 年，中国剪纸入选联合国教科文组织人类非物质文化遗产代表作名录。剪纸这个中国民间艺术中的瑰宝，也成为世界艺术宝库中的一个珍贵品种。

（一）中国剪纸的用途（四类）

☆张贴——直接张贴于门窗、墙壁、灯彩、彩扎之上以为装饰，如窗花、墙花、顶棚花、烟格子、灯笼花、纸扎花、门笺等。

☆摆衬——用于点缀礼品、嫁妆、祭品、供品，如喜花、供花、礼花、烛台花、斗香花、重阳旗等。

☆刺绣底样——如衣饰、鞋帽、枕头，如鞋花、枕头花、帽花、围涎花、衣袖花、背带花等。

☆印染——作为蓝印花布的印版，用于衣料、被面、门帘、包袱、围兜、头巾等。

* 速记（剪纸用途）：张贴摆放；绣染底样。

（二）中国剪纸的类型

类别	说明
窗花	北方用于张贴窗户，除旧迎新。如动物、花草、人物，还有连续成套的戏文或传说故事窗花。
喜花	婚嫁喜庆时装点各种器物用品和室内陈设用的剪纸，摆衬在日用品上或贴在梳妆镜上。
礼花	摆放在糕饼、寿面、鸡蛋等礼品上的剪纸。 ☆广东潮州——又称“糕饼花”“果花”； ☆浙江平阳——又称“圈盆花”； ☆山东——在庆贺生子的“喜蛋”上贴剪纸； ☆福建——在寿礼上装饰乌龟图案（龟形糕饼、龟形剪纸），象征长寿。
鞋花	用作布鞋鞋面刺绣底样的剪纸。有“鞋头花”“鞋面花”“鞋帮花”。还有一种“鞋底花”，旧时多用于“寿鞋”。有的鞋花在局部剪开而不镂空，此称“暗刀”。
门笺	又称“挂笺”“吊钱”“红笺”“喜笺”“门彩”“斋牒”。有“普天同庆”“国泰民安”“连年有余”“风调雨顺”“金玉满堂”“喜鹊登梅”“福禄寿喜财”等题材。
斗香花	一种套色剪纸，多用于祭祀祖先与神灵等民俗活动时的装饰。题材多选用戏文、历史故事、民间传说、花卉、人物等吉祥图案。一般用金色、大红、桃红、绿、蓝、橘黄、淡黄、黑等蜡光纸组成。

（三）中国剪纸的地域分布

类别	说明
蔚县剪纸	源于明代，制作工艺在中国众多剪纸中独树一帜。这种剪纸不是“剪”，而是“刻”，它是以薄薄的宣纸为原料，用小巧锐利的雕刀刻制，再点染明快绚丽的色彩而成。整个工艺过程有画、订、浸、刻、染、包六道工序，即所谓“阳刻见刀，阴刻见色，应物造型，随类施彩”。蔚县（河北）剪纸在构图、造型和色彩上以其独特的艺术风格，开创了独具一格的民间剪纸新流派。2006 年列入国家非遗。

（续表）

类别	说明
山西剪纸	具有北方地区粗犷、雄壮、简练、淳朴的特点。但因地域环境、生活习俗、审美观念的不同，各地剪纸又有差异： ☆晋南、晋中、晋东南、晋西北、吕梁山区——单色剪纸，风格质朴、粗犷； ☆雁北——染色剪纸，婉约典雅，富丽堂皇。 山西剪纸的体裁格式，根据各地民俗与实用需要因物、因事制宜。最常见的是窗花，它的大小根据窗格的形状来定。如： ☆晋北——窗花小的寸许，大者有四角、六角、八角呼应的“团花”； ☆忻州——春节或操办婚事要贴“全窗花”。
陕西剪纸	其造型古拙，风格粗犷，形式多样，寓意明朗有趣，包含着浓郁的泥土气息和鲜明的地域特色，在全国民间美术中占有重要的位置。陕西剪纸又因地区不同而风格各异： ☆陕北：淳厚、粗壮，线条有力，剪纹简洁； ☆定边、靖边：较细致，线条多直线，流利奔放； ☆宜川：线条粗而曲线多； ☆关中：线条粗似针尖，风格别致； ☆三原：以花卉为主，结构简单，色彩对比强烈。（*注意：五个流派）
扬州剪纸	扬州是中国剪纸流行最早的地区之一，早在唐代，扬州已有剪纸迎春的风俗。立春之日，民间剪纸多为花、春蝶、春钱等，或悬于佳人之首，或缀于花木之下，相观以取乐。扬州剪纸线条清秀流畅，构图精巧雅致，形象夸张简洁，技法变中求新，是南派剪纸的杰出代表之一。 扬州剪纸以素色为主，其表现手法和中国画“白描”手法有异曲同工之妙。白描是以线为表现手段，依靠线本身的变化来表现各种物象，而扬州剪纸整幅作品就是由线条组成，其清秀流畅的线条，成为剪出来的中国白描。
浙江剪纸	主要以浦江、缙云、乐清、永康、桐庐、临海等地最富特色，其风格各有不同，用途亦各异。 ☆金华：窗花和灯花； ☆平阳：“圈盆花”； ☆乐清：装饰龙盘灯，几十种图案交织在一起，层次丰富、主宾分明、疏可走马、密不容针，显现出江南海滨特有的风神气韵，与北方的粗犷形成鲜明对比。 浙江剪纸中的戏曲窗花也有独到之处，擅取戏中典型的场面情节，充分体现人物的身段之美；在大的影像轮廓中剪出细阴线，使形象结构与画面的节奏都增添成色。
佛山剪纸	在宋代已有流传，盛于明清时期。明代大量生产，产品销往省内及中南、西南各省，甚至远销海外。剪纸风格金碧辉煌、苍劲豪放，结构雄伟奔放，用色夸张富丽，有剪、刻两大类。刻纸利用佛山本地特产的铜箔、银箔，用剪、刻、凿等技法，套衬各色和绘印上各种图案，具有鲜明的地方特色。

*速记（中国剪纸六大派别特色）：

蔚县剪纸六工序，以刻代剪成非遗。山西剪纸小到大，四角八角贴窗花。

陕西剪纸有粗细，五个流派同竞技。扬州剪纸剪得早，唐代剪出素白描。

浙江剪纸品种多，舞台形象真不错。佛山剪纸剪又刻，铜箔银箔了不得。

三、年画

年画是我国传统的民俗艺术品。大都用于新年时张贴，装饰环境，含有祝福新年吉祥喜庆之意，故名。木版年画出现于雕版印刷术发明之后的宋代，明代中叶起成为独立的艺术，著名年画产地应运而生，清乾隆年间更为盛行。（* 速记：宋起明独立，乾隆盛）四大民间木版年画产地是：苏州桃花坞、天津杨柳青、山东潍坊杨家埠和四川绵竹。

类别	说明
苏州桃花坞	我国南方流传最广、影响最大的民间木刻画，以门画、中堂、条屏为主要形式，以木版雕刻，用一版一色传统水印法印刷，不仅色彩绚丽夺目，而且构图精巧，形象突出，主次分明，富于装饰性，形成了一种优美清秀、严密工整的独特风格，民间画坛称为“姑苏版”。（* 注意：影响大）
天津杨柳青	产于天津市杨柳青地区。始于明崇祯年间，清中后期最为风行，有“家家会刻版，人人善丹青”之誉。杨柳青年画的特点：木刻水印和手工彩绘相结合，保留了民间绘画的技法，并受清代画院的影响，多取材于旧戏剧，形象有美女、胖娃娃等，构图丰满，线条工整，色彩艳丽，人物的头脸多粉金晕染，极富装饰性。与南方著名的苏州桃花坞年画并称“南桃北柳”。（* 速记：美女娃娃唱旧戏）（* 注意：人数多）
山东潍坊杨家埠	兴于明代，全以手工操作并用传统方式制作，初期受杨柳青的影响，清代达到鼎盛，题材广泛，想象丰富，重用原色，线条粗犷，风格淳朴。（* 注意：粗犷淳朴）
四川绵竹	以彩绘见长，具有浓厚的民族特征和鲜明的地方特色。绵竹年画构图讲求对称、完整、饱满，主次分明，多样统一。色彩上采用对比手法，设色单纯、艳丽，强烈明快，构成红火、热烈的艺术效果。（* 注意：彩绘红火）

* 速记（年画特色）：桃花坞，影响大；杨柳青，家家画；潍坊淳朴线条粗；彩绘红火绵竹画。

四、风筝

（一）风筝概述

类别	说明
概述	中国风筝的发明距今已有2000余年的历史。据史书记载，最初用于军事。唐中期开始从军事转向娱乐，制作材料也由丝绢转而开始使用纸张。到了宋代制作风筝成为一种专门的职业。明清时期是鼎盛时期。
制作技艺	概括四个字：扎、糊、绘、放，简称“四艺”，即扎架子、糊纸面、绘花彩、放风筝。 ☆“扎”——包括选、劈、弯、削、接，要扎得对称，使两侧的受风面积相当。 ☆“糊”——包括选、裁、糊、边、校，保证整体平整、干净利落。 ☆“绘”——包括色、底、描、染、修，远眺清楚、近看真实。 ☆“放”——包括风、线、放、调、收，依据风力调整提线角度。
种类	风筝的种类主要分为“硬翅”和“软翅”两类： ☆“硬翅”风筝——翅膀坚硬，吃风大，飞得高。 ☆“软翅”风筝——翅膀柔软，飞不高，但飞得远。 在样式上，除传统的禽、兽、虫、鱼外，近代还发展出了人物风筝等样式。

（二）两大流派——潍坊和阳江

类别	说明
概述	在风筝的发展过程中，中国传统文化与风筝工艺相融合，产生出许多具有不同地域特色的种类、样式和流派。2006 年，山东省潍坊市、江苏省南通市、西藏自治区拉萨市、北京市、天津市的“风筝制作技艺”被列入第一批国家非遗，而“南有阳江，北有潍坊”的两大风筝流派也颇具特色。
潍坊风筝	山东潍坊是中国著名风筝产地，风筝制作历史悠久，属中国三大风筝派系之一，与京、津风筝齐名鼎立。经过长期的发展创新，潍坊风筝逐渐形成了独特的艺术特点和风格。它选材讲究、造型优美、扎糊精巧、形象生动、绘画精细、品种繁多、起飞灵活。潍坊风筝的题材非常广泛，包括人物、飞禽、鱼虾、文玩器物、历史人物、神话传说等。最能代表潍坊风筝特点的当属“蜈蚣”风筝，现已发展成许多品种，小的放在掌上，大的有几百米长，造型、色彩也各不相同。在 2012 首届中国非物质文化遗产博览会上，以“龙头蜈蚣”为代表的潍坊风筝制作技艺获得金奖。 1984 年起，潍坊每年都举办“国际风筝节”。2006 年，潍坊风筝被列入第一批国家级非物质文化遗产名录。现在潍坊成为世界各国人民承认的“风筝的故乡”。
阳江风筝	广东阳江是南国风筝之乡，为南派风筝的代表之一。阳江于 1993 年被国家体委授予“全国风筝之乡”。阳江风筝种类繁多，造型美观，技术精巧，形神兼备，栩栩如生。不但放飞效果良好，而且具有极高的实用价值、欣赏价值和收藏价值。1990 年在第七届国际风筝会上，阳江市取材于民间传说《白蛇传》扎制而成的“灵芝”风筝，被评为“世界十绝风筝”之一。

易错考题小试牛刀

1.（判断题）钧窑釉色如雨过天晴，温润古朴，被世人称为“似玉、非玉、而胜玉”。（　）

2.（单选题）（　）以着色富有层次、绣品若画为特点。

A. 苏州苏绣　B. 湖南湘绣　C. 广东粤绣　D. 四川蜀绣

3.（单选题）木版年画从（　）中叶起已成为一种独立的艺术形式。

A. 唐代　B. 宋代　C. 明代　D. 清代

4.（多选题）陕西剪纸具有（　）的特点，散发出浓郁的泥土气息。

A. 婉约典雅　B. 造型古拙　C. 风格粗犷　D. 寓意明朗　E. 形式多样

5.（多选题）当代漆器主要分布地有（　）。

A. 福建福州　B. 甘肃天水　C. 四川成都　D. 山西平遥　E. 贵州大方

【答案】1. 错　2.B　3.C　4.BCDE　5.ABCDE

第六章 中国建筑艺术

【考试大纲】

- **了解：** 中国建筑的历史沿革和基本特征，中西建筑流派风格比较；中国近现代建筑的特点。
- **熟悉：** 中国传统建筑的基本构成与等级观念。
- **掌握：** 中国古代著名宫殿、坛庙、陵墓、古城、古镇古村、古长城、古楼阁、古塔和古桥的类型、布局、特点等相关知识，古代著名水利工程，现代著名建筑。

【历年分值】

年份	判断（题）	单选（题）	多选（题）	分值（分）
2019	5	6	4	9.5
2020	2	5	2	5.5
2023	3	4	1	4.5
2024	1	4	2	4.5

第一节 中国建筑的历史沿革和基本特征

一、中国建筑的历史沿革

（一）历史沿革

中国古代建筑在世界建筑史上占有重要地位，被称为“凝固的诗，立体的画”。

时间	特点
原始社会	☆早期——原始人利用天然崖洞或构木为巢作为居所。 ☆晚期——北方：我们的祖先利用黄土层为壁体修建土穴，并用木架和草泥建造简单的穴居或浅穴居；南方：出现了干栏式木构建筑。（*速记：北穴居，南干栏）
商周	在商代，已经有了较成熟的夯土技术，建造大宫室和陵墓。西周及春秋营造了很多以宫市为中心的城市。原来简单的木构架，经商周以来的不断改进，已成为中国建筑的主要结构方式。瓦的出现和使用，解决了屋顶防水问题，是中国古建筑的一次重大进步。（*速记：商周夯土以及瓦）
战国	城市规模比以前扩大，高台建筑更为发达，并出现了砖和彩画。（*速记：战国高台砖彩画）
秦汉	抬梁式和穿斗式发展成熟。还修建了空前规模的宫殿、陵墓、万里长城、驰道和水利工程。东汉时出现全部石造的建筑物。（*速记：秦汉抬梁穿斗石）
魏晋南北朝	砖瓦品质提高，金属材料用作装饰。大量木塔的建造，显示了木结构技术的提高；砖结构被大规模地应用到地面建筑，河南登封嵩岳寺塔的建造标志着石结构技术的巨大进步；石工的雕琢技术也达到了很高的水平。大量兴建佛教建筑，出现了许多寺、塔、石窟和精美的雕塑与壁画。（*速记：魏晋金属和木塔）
隋唐	隋代有大兴城、大运河、世界上最早的敞肩石拱桥——赵州桥。长安城成为当时世界上最大的城市。砖的应用逐渐增多，砖墓、砖塔的数量增加；琉璃的烧制比南北朝进步，使用范围也更广；出现了木构架设计的标准，并出现了专门掌握绳墨绘制图样和施工的都料匠。这时期遗存下来的殿堂、陵墓、石窟、塔、桥及城市宫殿的遗址是中国封建社会前期建筑的高峰。（*速记：隋唐出现都料匠）
宋	规模比唐朝小，但比唐朝建筑更为秀丽而富于变化，出现了总结性经验的建筑文献——《营造法式》。
元	元大都按照汉族传统都城的布局建造，是自唐长安城以来又一个规模巨大、规划完整的都城。对藏传佛教和伊斯兰教的建筑影响大。（*速记：元大都见汉文化）
明清	砖的产量增长，琉璃瓦的数量或质量都超越前代。官式建筑高度标准化、定型化。清朝于 1723 年颁布了《工部工程做法则例》，统一了官式建筑的模数和用料标准，简化了构造方法。明末出现造园著作《园冶》。实例：北京明清故宫和沈阳故宫。（*速记：明清多用琉璃瓦）

（二）三朝古建筑特点对比

时间	特点
唐	屋顶坡度平缓，出檐深远，斗拱比例较大，柱子较粗壮，多用板门和直棂窗，风格庄重朴实。实例：五台山南禅寺大殿、佛光寺东大殿及芮城广仁王庙正殿。（* 速记：唐代 3 处——五台禅光，芮广仁王）
宋	屋顶的坡度增大，出檐不如前代深远，重要建筑门窗多采用菱花隔扇，风格柔和。实例：山西太原晋祠圣母殿、福建泉州清净寺、河北正定隆兴寺、浙江宁波保国寺。（* 速记：宋代圣母清净，保国隆兴）
元	普遍使用“减柱法”（起于辽，盛于元，衰于明清），成为大小建筑的共同特点，梁架结构又有了新的创造，许多大构件多用自然弯材稍加砍削而成，形成当时建筑结构的主要特征。实例：山西芮城永乐宫、洪洞广胜寺。（* 速记：元代永乐与广胜）

二、古代建筑中体现的传统思想

类别	说明
敬天祀祖	在中华民族的历史中，礼制始终是至高无上的。
皇权至上	皇宫就是皇权的象征，北京明清故宫是我国现存最大、最完整的宫殿建筑群，它的总体规划和建筑形制最大限度地体现了皇权至上的思想。
以中为尊	我国古代崇拜“中”的意识与古代人们对北极星的崇拜有关。中轴线几乎成为我国古建筑群体现神权和皇权的凝固线。
阴阳五行	“阴阳”和“五行”两说的合流。北京城和明清故宫的设计思想体现这一特点，因天为阳，地为阴，南为阳，北为阴，故天坛必在南方，地坛必在北方。（* 速记：天南地北）

三、中国建筑的基本特征

（一）巧妙而科学的木构架结构

中国古代建筑以木构架结构为主要的结构方式，创造了与这种结构相适应的各种平面组合和外部形态。在长期实践的过程中，梁柱式结构以其各方面的优越性，成为中国古代建筑结构的主流，并由此形成了它的独特艺术风格。

中国古代木构架结构主要有以下三种形式：

形式	说明
抬梁式	柱上抬梁，梁上安柱（短柱），柱上又抬梁的结构方式。这种结构方式的特点是可以使建筑物的面阔和进深加大，以满足扩大室内空间的要求，成了大型宫殿、坛庙、寺观、王府、宅第等豪华壮丽建筑物所采取的主要结构形式。
穿斗式	用穿枋、柱子相穿通接斗而成，便于施工，最能抗震，但较难建成大型殿阁楼台，所以我国南方民居和较小的殿堂楼阁多采用这种形式。
井干式	以圆木或方木四边重叠，结构如“井”字形，这是一种最原始而简单的结构，现除山区林地之外，已很少见到了。有些建筑物还采用了抬梁与穿斗相结合的形式，更为灵活多样。

由于木材建造的梁柱式结构是一个富有弹性的框架，这就使它还具有一个突出的优点，即抗震性能强。它可以把巨大的震动能量消失在弹性很强的节点上。“墙倒屋不塌”这句民间俗语，充分表达了梁柱式结构体系的特点。

* 速记：抬梁高大上，穿斗抗震强，井干木重叠，做题不迷茫。

（二）庭院式的组群布局

以木构架结构为主的中国建筑体系，在平面布局方面具有鲜明的特点：即以“间”为单位构成单体建筑，再以单体建筑组成庭院，进而以庭院为单元，组成各种形式的组群。木结构建筑由于木材长度的天然局限性，单体建筑物的规模不可能很大。因此，宫殿、庙宇建筑除了利用高起的地势、巨大的台基烘托外，主要借助于建筑群体的有机组合来取得宏伟壮丽的艺术效果。

中国古代建筑的布局形式有严格的方向性，常为南北向，只有少数建筑群因受地形地势限制采取变通形式，也有由于受宗教信仰或阴阳五行风水思想的影响而改变方向的。

中国古代建筑的庭院与组群布局，一般采用对称的方式，沿着纵轴线与横轴线设计。多数以纵轴线为主、横轴线为辅。一般将主要建筑物布置在纵轴线上，次要建筑物布置在主要建筑物前的两侧，东西对峙，组成一个方形或长方形院落。

（三）丰富多彩的艺术形象

中国古代建筑的艺术处理，经过几千年的努力和经验积累，创造了丰富多彩的艺术形象。单体建筑从整个形体到各部分构件，利用木构架的组合和各构件的形状及材料本身的质感等进行艺术加工，达到建筑的功能、结构和艺术的统一。

四、中国传统建筑的基本构成与等级观念

我国古代建筑在很大程度上受到了中国传统文化意识和封建伦理观念的影响，在建筑物的屋顶、面阔、台基，乃至色彩和彩绘的图案等方面，都有严格的等级差别。

（一）屋顶

“大屋顶”和飞腾的挑檐是我国古代建筑最具特色的外观特征。自汉代以来，我国古代工匠设计了庑殿、歇山、攒尖、悬山、硬山、卷棚等多种屋顶形式和重檐屋顶结构，并利用各种屋顶形式的组合创作出了丰富的形象。除此单一造型屋顶外，还有由各种单体屋顶组合而成的复杂形体，如：北京故宫角楼。

名称	屋顶特点	速记
庑殿顶	又称五脊顶，屋面四坡五脊，前后屋面相交形成一条正脊，两侧屋面与前后屋面相交形成四条斜脊。重檐庑殿顶规格最高，如故宫太和殿。（重檐 / 单檐）	四坡庑殿第一级
歇山顶	又称九脊顶。由一条正脊、四条垂脊和四条戗脊组成，前后两坡为整坡，左右两坡为半坡，半坡以上的三角形区域为山花。重檐歇山顶多用于规格很高的殿堂，如故宫保和殿、天安门等。（重檐 / 单檐）	九脊歇山第二级

（续表）

名称	屋顶特点	速记
攒尖顶	平面为圆形或多边形，屋面在顶部交会于一点，形成锥形，多在尖端置宝顶装饰。（重檐 / 单檐）	攒尖汇顶列第三
悬山顶	五脊二坡，屋檐悬伸出山墙之外，并由下面伸出的桁（檩）等承托。因其挑出山墙之外，故又称挑山顶。（单檐）	悬山又称挑山顶
硬山顶	五脊二坡，左右两面山墙或屋面平齐，或高出屋面。高出的山墙称风火墙，其主要作用是防止火灾发生时火势顺房蔓延。（单檐）	风火山墙对硬山
卷棚顶	屋顶前后两坡相交处不做大脊，由瓦垄直接卷过屋脊呈弧形的曲面。有卷棚歇山、卷棚悬山、卷棚硬山等式样。屋顶外观卷曲、舒展轻巧，多用于园林建筑。	卷棚相交无大脊

屋顶形式级别从高到低依次为：重檐庑殿 > 重檐歇山 > 单檐庑殿 > 单檐歇山 > 攒尖 > 悬山 > 硬山 > 卷棚。

（二）面阔、台基、柱色、门色、彩画

类别	说明
面阔	中国古代木结构建筑都以“间”作为计数单位，由四根柱子所组成的空间称为“间”。
	一间的宽度，叫面阔。而整个建筑物正面若干间加起来的宽度，叫通面阔，一般简称面阔。如 10 根柱子就是面阔 9 间，6 根柱子就是面阔 5 间。
	建筑物侧面间的深度叫进深。若干间合起来的深度叫通进深，简称进深。
	面阔间数越多，建筑物级别越高。为保持建筑物正中开门的特征，所以一般面阔间数为奇数。在间数中，往往以“九五”象征帝王之尊（面阔九间，进深五间）。因为古人以奇数为阳，“九”为阳数之极（至尊之意），“五”为阳数之中位（以中为尊）。另一种说法称，“九五之尊”出自《周易》乾卦爻辞“九五，飞龙在天，利见大人”。后来人们因以“九五”指帝位。
台基	☆定义：台基是一种高出地面的台子，是建筑物的底座。 ☆作用：用以承托建筑物，使建筑物显得高大雄伟，并有防潮、防腐的作用。 ☆类别：根据材料（汉白玉、普通石头、土）、层数（三层、二层、一层）和结构（须弥座、普通座）的不同来区分等级。 ☆级别：材料越好、层数越高的台基级别就越高；须弥座台基级别高于普通座台基。
柱色	金色的级别最高，其次为红色，再次是黑色。
门色	清朝规定：皇宫正殿门为红色，一品至三品官员府第门为红色，四品以下官员府第门为黑色。
彩画	多出现于梁枋、斗拱、天花、藻井等构件上，构图与构件形状紧密结合，绘制精巧，色彩丰富。彩画的使用有严格的等级规定，级别由高到低分为和玺彩画、旋子彩画、苏式彩画三种。明代规定，庶民民居不得饰彩画。（和玺 > 旋子 > 苏式）

第二节 中国古代著名宫殿、坛庙

一、宫殿

宫殿是帝王朝会和居住的地方，以其巍峨壮丽的气势、宏大的规模和严谨整饬的空间格局，给人强烈的精神感染，凸显帝王的权威。

宫殿是我国古代建筑中最高级、最豪华、艺术价值最高的一种类型。代表当时建筑技术与艺术的最高水平和东方帝制时代的壮美与恢宏。

（一）宫殿的布局

布局	说明
中轴对称	☆目的：表现君权受命于天和以皇权为核心的等级观念。 ☆表现：中轴线上的建筑高大华丽，轴侧的建筑低小简单，体现了皇权的至高无上；中轴线纵长深远，更显示了帝王宫殿的尊严华贵。
左祖右社	中国礼制思想的一个重要内容：崇敬祖先，提倡孝道，祭祀土地神和粮食神。 ☆左祖：是指在宫殿出门左前方设祖庙。祖庙是帝王祭祀祖先的地方，因为是天子的祖庙，故称太庙。 ☆右社：是指在宫殿右前方设社稷坛。社为土地，稷为粮食。社稷坛是帝王祭祀土地神、粮食神的地方。（＊注意：以出门方向而言）
前朝后寝	☆前朝：为帝王上朝理政、奉行大典之处。 ☆后寝：为帝王和后妃们生活居住的地方。（＊注意：工作区与生活区）

（二）宫殿建筑的室外陈设

名称	特点
华表	古代设在宫殿、城垣、桥梁、陵墓前，作为标志和装饰用的大柱。华表高高耸立，既体现了皇家的尊严，又给人以美的享受。华表一般为石质，柱身通常雕有蟠龙等纹饰，上端横插一云板，顶上有承露盘和蹲兽朝天犼。传说犼能下传天意，上达民意。华表竖立于皇宫和帝王陵园之前，作为皇家建筑的特殊标志。设在陵墓前的又名墓表。
石狮/铜狮	宫殿大门前都有一对石狮（或铜狮），有辟邪的作用，又因为狮是兽中之王，所以又有显示“尊贵”和“威严”的作用。按照中国文化的传统习俗，成对石狮系左雄右雌，雄狮爪下为球，象征着一统天下；雌狮爪下踩幼狮，象征着子孙绵延。
日晷	即日影，它利用太阳的投影和地球自转的原理，借指针阴影的位置来显示时间。用于宫殿前亦是皇权的象征，一般与嘉量并列于左右，象征天地一统、江山永固。
嘉量	我国古时的标准量器。全套量器从大到小依次为斛、斗、升、合、龠。含有统一度量衡的意义，象征着国家的统一和强盛。
吉祥缸	置于宫殿前盛满清水以防火灾的水缸，有的是铜铸的。古代称为“门海”，比喻缸中水似海可以扑灭火灾，故又被誉为吉祥缸。
鼎式香炉	香炉是古代的一种礼器，举行大典时用来盛放燃烧的檀香和松枝。
铜龟铜鹤	龟和鹤是中国传统文化中的神灵动物，用来象征长寿。最有名的被称为龙头龟、仙鹤。

（三）中国现存著名宫殿

名称	特点
北京故宫	位于北京市中心，是世界上现存规模最大、最完整的古代木构建筑群。始建于 1406 年，历时 14 年才完工，为明清两代的皇宫，有 24 个皇帝相继在此登基执政。北京故宫占地 72 万平方米，建筑面积约 15 万平方米。宫殿分前后两部分，即前朝和内廷。 ☆前朝：皇帝奉行大典、召见群臣、行使权力的场所，以太和殿、中和殿、保和殿三大殿为中心。 ☆内廷：在保和殿之后，是皇帝日常处理政务和帝后、嫔妃以及幼年皇子公主居住、游玩、萨满祭祀之处。主要建筑有乾清宫、交泰殿、坤宁宫及两侧的十二座宫院。内廷有三座花园，即宁寿宫花园、慈宁宫花园和御花园。1911 年辛亥革命爆发，末代皇帝溥仪退位后仍居内廷，直至 1924 年被逐出宫。 1925 年故宫博物院正式成立，延续至今。
沈阳故宫	位于沈阳旧城中心，占地 6 万平方米，全部建筑 90 余所，300 余间。是清朝入关前清太祖努尔哈赤、清太宗皇太极建造的皇宫，又称盛京皇宫。清世祖福临在此即位称帝。沈阳故宫按照建筑布局和建造时间先后，可以分为三部分： ☆东路为努尔哈赤时期建造的大政殿与十王亭。 ☆中路为皇太极时期续建的大清门、崇政殿、凤凰楼以及清宁宫等。 ☆西路为乾隆时期增建的戏台、嘉荫堂、文溯阁等。
布达拉宫	位于西藏拉萨市的红山上，“布达拉”是梵语音译，又译作“普陀”，原指观世音菩萨所居之岛。布达拉宫是一座规模宏大的宫堡式建筑群，始建于 7 世纪吐蕃赞普（藏王）松赞干布时期。17 世纪五世达赖喇嘛时期重建，成为历代达赖喇嘛的驻地。布达拉宫更以辉煌的艺术作品和珍贵文物而闻名。主体建筑分白宫和红宫。 ☆白宫是达赖喇嘛的冬宫。 ☆红宫主要是达赖喇嘛的灵塔殿和各类佛殿。

二、坛庙

（一）祭祀与坛庙建筑

中国古代建筑除以“礼”来制约各类建筑的形制以外，同时还有一系列由“礼”的要求而产生的建筑。帝王、官吏和民间祭祀天地、日月、名人、祖先的坛、庙、祠等均属于这类礼制建筑。历史上一些立下丰功伟业的皇帝，如秦始皇、汉武帝等，都曾登五岳之首泰山举行特殊的祭告天地典礼，称为“封禅大典”。

祭祀时间及位置见下表。

统称	祭祀活动	时间	位置
郊祭	天	冬至日	南郊的天坛
	地	夏至日	北郊的地坛
	日	春分日	东郊的日坛
	月	秋分日	西郊的月坛

（二）中国现存著名坛庙

名称	职能
太庙	天安门东侧，为明清两代皇室祖庙。今为劳动人民文化宫。
社稷坛	天安门西侧，用于祭祀土地神和粮食神。 五色土布局：东青、西白、南红、北黑、中间黄。用五色土覆盖于坛面，以象征“普天之下，莫非王土”和祈求全国风调雨顺、五谷丰登。 由北向南设祭，所以正门在北，以正门、享殿、拜殿、五色土方坛为序，由北向南展开。
天坛	用于祭天和祈祷丰年，中国礼制建筑中规模最大、等级最高的建筑群。从南到北五组建筑：1. 在内墙内沿南北中轴线，南部有祭天的圜丘坛；2. 中部有存放上天和诸神灵位的皇穹宇；3. 北部有祈祷丰年的祈年殿；4. 内墙西门南侧是皇帝祭祀前斋宿的宫殿斋宫；5. 外墙西门以内有饲养祭祀用牲畜的牺牲所和培训舞乐人员的神乐署。圜丘坛和祈年殿是建筑群的主体，中间以 400 米长砖铺砌的甬道相连，称“丹陛桥”。天坛的设计采用象征表现手法来展示中国传统文化的寓意。北圆南方的坛墙和圆形建筑搭配方形外墙的设计，都寓意着“天圆地方”的宇宙观。
地坛	始建于明嘉靖年间，用于祭祀“后土皇地祇”，现存最大的祭地之坛。天坛和地坛从整体到局部都遵照“天圆地方”“天青地黄”“天南地北”等观念构思设计。
曲阜孔庙	位于山东曲阜，是第一座祭祀孔子的庙宇。孔庙原为孔子故宅，鲁哀公时立庙，历代增修，至明中叶扩至现存规模，被称为世界建筑史上“唯一的孤例”。孔庙有九进院落，有棂星门、奎文阁、杏坛、大成殿、诗礼堂等。孔庙与孔府、孔林并称“三孔”。

第三节　中国古代著名陵墓

陵墓建筑是中国古代建筑的重要组成部分，中国古人基于人死而灵魂不灭的观念，普遍重视丧葬。陵墓由封土、陵寝和墓室构成。

一、封土的沿革

自产生灵魂观念以后，人们开始产生筑坟的念头。大约从周代开始，出现“封土为坟”的做法。按照官吏级别大小以决定封土的大小，当然天子、诸侯死了以后，其陵墓封土无疑是最大的。

时间	方式	内容
秦汉	方上	早期帝王的陵墓，是在地宫之上用黄土层层夯筑而成，呈覆斗形。因为陵墓的上部是方形平顶，犹如方形锥体被截去顶部，故得名。现存秦代秦始皇陵以及汉代帝王陵墓，都取方上形式，其中尤以秦始皇陵为典型。
唐	以山为陵	目的：防止水土流失和盗墓，且李世民认为平地筑起高坡太劳民伤财。唐乾陵即为典型的例子。
宋	方上	恢复方上的形式，但不是简单重复，宋代的方上规模要比秦汉时代小得多。

（续表）

时间	方式	内容
明清	宝城 宝顶	一般形式为：在地宫上砌筑高大的圆形砖城，城墙上设垛口和女儿墙，犹如一座小城，即为宝城；于砖城内填上土，使之高出城墙成一圆顶，这一圆顶即为宝顶。

二、陵园的建筑布局

早在商代，在王陵和贵族墓的墓室之上就出现了供祭祀用的房屋建筑。帝王陵的地面建筑主要有三部分：

类别	说明
祭祀建筑区	为陵园建筑的重要部分，用来供祭祀之用。主要建筑物是祭殿，早期曾称作享殿、献殿、寝殿、陵殿等。秦始皇陵陵园的北部设有寝殿，开帝陵设寝的先例。
神道	是通向祭殿和宝城的导引大道。唐以前，神道并不长，在道旁置少数石刻。到了唐代，大型的“石像生”仪仗队石刻已经形成。如唐乾陵的神道，全长约1千米。到明清时期，帝王陵神道发展到了高峰。如明十三陵的神道全长达7千米，清东陵的神道长达6千米。
护陵监	护陵监是专门保护和管理陵园的机构，为了防止被盗掘和破坏，每个皇帝的陵都设有护陵监。监的外面有围墙，里面有衙署、住宅等建筑。

三、墓室结构

类别	说明
土穴墓	在原始社会早期，墓穴形式很简单，只在地下挖一土坑，墓坑一般都小而浅，仅能容纳尸体。
木椁墓	进入阶级社会后，墓葬制度中存在着严格的阶级和等级的差别，统治阶级的陵墓有着十分宏大的规模，贵族的墓都用木材筑成椁室。椁是盛放棺木的“宫室”，即棺外的套棺，用砍伐整齐的大木枋子或厚板以榫卯构成一个扁平的大套箱，下有底盘，上有大盖。在椁内分成数格，正中放棺，两旁和上下围绕着几个方格，称为厢，分别安放随葬品，湖南长沙马王堆的西汉墓棺椁形式即如此。
砖石墓	从汉代开始，普遍采用砖石筑墓室，木椁墓室逐渐被取代，这是中国古代陵墓制度一次划时代的大变化。西汉晚期开始出现石室墓，墓室中雕刻着画像，故称“画像石墓”。墓室的结构和布局也是仿照现实生活中的住宅。砖石砌筑的墓室和地宫不断发展，最著名的地下宫殿是明代万历皇帝的定陵。

四、中国现存著名陵寝

名称	内容
秦始皇陵 （方上）	中国历史上第一个皇帝嬴政的陵墓，位于陕西省西安市临潼区骊山脚下，是中国古代最大的一座帝王陵墓，也是世界上最大的一座陵墓。秦始皇陵筑有内外两重夯土城垣，象征着都城的皇城和宫城。

（续表）

名称	内容
	陵园总面积为 56.25 平方千米。1974 年春在此发现兵马俑坑，先后发掘了三处。俑坑坐西向东，呈“品”字形排列，坑内有陶俑、陶马 8000 多件，还有 4 万多件青铜兵器。这些按当时军阵编组的陶俑、陶马为秦代军事编制、作战方式、骑兵步卒装备的研究提供了形象的实物资料。秦始皇陵兵马俑被誉为“世界第八大奇迹”，1987 年与秦始皇陵一起被联合国教科文组织列入世界文化遗产名录。
汉茂陵（方上）	西汉武帝刘彻的陵墓，也是西汉规模最大的陵墓，位于陕西省兴平市，始建于武帝即位后的第二年，历时 53 年才修成，“汉兴厚葬”的典型。覆斗方上风格，周围还有霍去病、卫青等 20 余个陪葬墓。
唐乾陵（以山为陵）	唐高宗李治和女皇武则天的合葬墓，位于陕西省乾县。以山为陵的建造方式，乾陵最著名的是它气势磅礴的陵园规划，以及地面上大量的唐代石刻。其中东侧的“无字碑”很著名。神道两侧列有 61 蕃臣像，周围有主要家族、臣僚的陪葬墓 17 座。
北宋陵（小方上）	位于河南省巩义市，共 7 帝 8 陵（包括赵匡胤父亲赵宏殷墓）。附葬皇后墓 20 余座；陪葬宗室及王公大臣，如寇准、包拯等墓 300 多座。
明孝陵（宝城宝顶）	明朝朱元璋和皇后马氏合葬于此，位于南京市东郊紫金山南麓。代表了明初建筑和石刻艺术的最高成就，直接影响了明、清两代 500 多年帝王陵寝的形制。
明十三陵	位于北京市昌平区北天寿山南麓，方圆 40 平方公里环葬着明代的 13 位皇帝。 ☆长陵，永乐帝朱棣与皇后徐氏的合葬墓，地面建筑宏伟。 ☆定陵，明神宗朱翊钧及其二后的陵墓，1956 年发掘。
明显陵	位于湖北省钟祥市，是明世宗嘉靖皇帝的父亲恭睿献皇帝和母亲章圣皇太后的合葬墓。在明代帝陵规制中具有承上启下的作用。“一陵两冢”的陵寝结构为历代帝王陵墓所绝无仅有。
清陵（入关前）	☆永陵，清太祖以前的肇、兴、景、显四陵（辽宁新宾）。 ☆福陵，清太祖努尔哈赤之陵（辽宁沈阳附近）。 ☆昭陵，清太宗皇太极之陵（辽宁沈阳附近）。
清陵（入关后）	清东陵及清西陵的平面布置沿袭了明代诸陵的旧制。 ☆清东陵，位于河北遵化。 ☆清西陵，位于河北易县。
西夏王陵	位于宁夏银川市西，是现存规模最大的一处西夏文化遗址。建造年代约自 11 世纪初至 13 世纪初，受佛教建筑的影响，使汉族文化、佛教文化、党项文化有机结合。占地约 50 平方千米，9 座帝王陵墓，250 余座王侯勋戚的陪葬墓。每座帝陵都是坐北向南，墓冢呈塔状，规模同明十三陵相当。有东方金字塔之称。

第四节　中国古代著名古城、古长城、古村古镇

一、古城

（一）城池的含义

城池：“城”和“池”两部分。

“城”即城墙。旧时在都邑四周用作防御的城垣。一般有两重：里面的称城，外面的称郭。城墙上有城楼、角楼、垛口等防御工事，构成一套坚固的防御体系。

“池”即护城河。是城垣外的壕沟，是都邑的又一道防御屏障。

（二）城池的主要组成部分

城池建筑由城墙、敌楼、角楼、垛口、城门、城楼、瓮城、箭楼、千斤闸、护城河、吊桥等组成了一个完整的防御体系，宛如铜墙铁壁，拒敌于城外。

（三）中国现存著名古城

现存的著名古代城池有江苏南京古城、陕西西安古城、山西平遥古城和云南丽江古城等。

名称	时间	内容
南京古城	明太祖时期	现仅剩都城城垣。城垣内侧周长 33 千米，为世界第一。原有城门 13 座，其中聚宝（中华）、石城、神策、清凉四门保存至今。聚宝门规模最大，是我国现存最大、最为完整的堡垒瓮城，在我国城垣建筑史上占有极其重要的地位。
西安古城	明	城墙是中国现存规模最大、保存最完整的古代城垣。现存城墙为明代建筑，全长 13.7 千米，城墙用黄土分层夯筑。西安城墙有四座古城门，每座门外设箭楼，以利射击，内建城楼，两楼之间建瓮城。如今西安古城城墙已有城门 18 座。
平遥古城	明洪武年间	位于山西平遥县。城外墙全部用青砖砌筑，内墙为土筑。周辟六门。东西门外又筑瓮城，以利防守。城门上原建有高数丈的城门楼，四周各筑角楼，每隔 50 米筑城台一座，连同角楼，共计 94 座，今大多已残坏。城外有护城河。城内街道、集市、楼房、商店均保留原有形制，是研究我国明代县城建置的实物资料。
丽江古城	南宋末年	位于云南西北部，是融合纳西族传统建筑及外来建筑特色的唯一城镇。丽江古城未受中原建城礼制影响，城中道路网不规则，没有森严的城墙。黑龙潭是古城的主要水源。

此外，中国保存完好的古城还有四川阆中古城、会理古城，安徽徽州古城（歙县古城）、寿县古城，湖北荆州古城，云南大理古城等。

二、古长城

（一）长城的历史演变

长城是中国古代规模最宏大的防御工程，它是历代修筑者为防御外来侵略，保卫整个

国家而修建的。它以浩大的工程、雄伟的气魄和悠久的历史著称于世，被誉为古代人类建筑史上的一大奇迹。

据文献记载，春秋时楚国最早修筑长城数百里，称“方城”。战国时期，齐、魏、燕、赵、秦等国也相继兴筑长城。

名称	特点	长度
秦长城	秦统一中国后，以秦、赵、燕的北方长城作为基础增筑，成为西起临洮、东至辽东的长城。	—
汉长城	规模最大，东起辽东，西迄蒲昌海（今新疆罗布泊），是汉武帝在三次征服匈奴的基础上修筑而成的，不仅抵御了匈奴南下，而且保护了通往西域的陆上交通——丝绸之路。	长1万多千米
明长城	目的是防御鞑靼、瓦剌的侵扰。西起甘肃嘉峪关，东至辽宁丹东虎山。	长6000余千米

（二）长城的结构

名称	内容
城墙	为长城的建筑主体。多建于高山峻岭或平原险阻之处，其建造往往依照“因地而异、就地取材、因材施用”的原则。城墙外侧一面设垛口墙，上部有望口，下部有射洞和礌石孔。
敌台	是骑跨城墙突兀于墙外的建筑，可以从侧向射击敌人，达到二台互相策应，不使敌人有登城的可能。敌台如上有重楼则称敌楼，上层同样环以垛口，中层四面开箭窗，下层可发火炮。楼中既可遮风、防雨、休息，又可储存武器。
烽火台	是利用举火和燃烟来传达军情的高台建筑。一般都筑在长城附近的小山包上，如遇敌情，白天燃烟，夜间放火，并以鸣炮的数目告知来敌的大致数目，这样台台相传，通报敌情消息。
关隘	是长城沿线的重要据点，通常设在交通要冲，并且有几道关墙，设置关门等。扼守着出入长城的咽喉要道。历史上著名的关隘有阳关、玉门关、山海关、居庸关、嘉峪关、雁门关、平型关、娘子关、黄崖关等。

（三）中国现存著名长城景观

长城沿线形成了众多著名的景观，有老龙头、山海关、居庸关、八达岭、嘉峪关、玉门关、慕田峪、九门口、大同长城等。此外，浙江临海有“江南长城”，湖南湘西有“苗疆长城”。

名称	内容
八达岭长城	位于北京西北，是明长城中保存最完好、最具代表性的一段。这里是重要关口居庸关的前哨，海拔 1015 米，地势险要，历来是兵家必争之地，是明代重要的军事关隘和首都北京的重要屏障。
居庸关	位于北京市昌平区境内。居庸关的得名始自秦代。相传秦始皇修筑长城时，将囚犯、士卒和强征来的民夫徙居于此，取“徙居庸徒”之意。现存的关城是明太祖朱元璋派遣大将军徐达督建的，为北京西北的门户。
山海关	位于河北省山海关境内，其北踞燕山，南抵渤海，全长 26 千米，位居东北、华北间的咽喉要冲，自古为兵家必争之地。山海关筑于明代洪武年间，关城平面呈方形，有城门四座，各门之上筑高城，现仅有东门保存完好。老龙头长城是长城入海的端头部分，有“中华之魂”的盛誉。

（续表）

名称	内容
嘉峪关	位于甘肃省嘉峪关市西南隅，因建于嘉峪山麓而得名，是明朝万里长城西端的终点，建于明洪武年间，是目前保存最完整的一座城关，有“天下第一雄关”的美名，也是丝绸之路上的重要一站。城关是由内城、外城和城壕组成的完整军事防御体系。现在看到的城关以内城为主，由黄土夯筑而成，外面包以城砖，坚固雄伟。

三、古村古镇

从社会结构和经济模式来看，村落以农业经济为主，注重宗亲血缘；市镇则以商业为主，地缘性和业缘性更盛。它们共同构成了人类基本的聚居地类型。

一般而言，能够称得上古镇和古村的传统聚落至少需要有几百年的历史发展脉络，而且村落的建筑需要有比较完备的保存，聚落的风貌维持比较整体的统一性，通常还应具有鲜明的地域性和文化特色。

文化重要性是古村镇最重要的衡量因子，故而有些学者会把全国的古村镇分为4个片区：

片区	分布
文化地理片区（即东部片区）	包括华北、华中、陕北和巴蜀等地区。
民族片区（即西部片区）	包括新疆、西藏、内蒙古和广西等自治区。
民系片区（即华南片区）	主要是广东和闽南地区。
混合区	包括东北、台湾和海南。

中国的古村镇地理分布广，数量较大，地域性强，历史悠久，文化特质独特。截至2023年10月底，全国共有487个历史名村，312个历史名镇。这些古村镇包括皖南古村落群、川黔渝交界古村镇群、晋中南古村镇群、粤中古村镇群，既有乡土民俗型、传统文化型、革命历史型，又有民族特色型、商贸交通型，基本反映了中国不同地域历史文化村镇的传统风貌。

代表性的中国古村与古镇见下表。

类型	名称	内容
古村	水峪古村	位于北京房山区南窖乡西南部，起源于唐代，形成于明代，兴盛于清代。村内至今还保存着较为完整的古民居（比如具有特色的杨家大院）、古石碾，还保留着古商道遗址和娘娘庙，同时还有非物质文化遗产的中幡表演保存下来。
	徽州古村	位于皖南地区的传统村落群，由于北宋时期是徽州的辖地，因此其称谓延续至今。代表性的有：黄山市的屯溪老街区、歙县的呈坎村、黟县的宏村、绩溪县的龙川村、休宁县的溪头村、江西婺源的理坑村和紫阳镇等。
	哈尼古村	哈尼族是古代氐羌族群南下形成的一个古老民族，主要分布在云南西南部等地，保存较好的有元江县那诺乡那诺村、元阳县的箐口村、胜村乡麻栗寨等。 特点：人与自然的高度融合状态，森林、村寨、梯田相互紧密咬合在一起，山巅常是郁郁葱葱的森林，山腰是蘑菇房的村寨，底层则是层层的梯田。

（续表）

类型	名称	内容
古镇	江南古镇	指分布在今江苏、浙江境内太湖流域、杭嘉湖平原及宁绍平原地区的古村镇。有周庄、同里、角直、乌镇、南浔和西塘六大古镇。 空间格局：多依河而建，夹岸为街，舟楫往来，穿梭于桥墩之间，民居建筑以粉墙黛瓦的风格示人，院落深深，砖木石雕。
	山西古镇	目前分布在三个区域：一是沁河流域的阳城县和沁水县；二是汾水流域的平遥县、太谷区等；三是黄河岸边的临县碛口古镇。 山西古镇有四大特点：多元的空间布局、突出的军事防御功能、别致的装饰艺术和厚重的文化内涵。
	凤凰古城	位于湖南湘西土家族苗族自治州凤凰县的沱江边。因沈从文的小说而备受世人追捧。以回龙阁古街为中轴，连接贯通全城。保留了 120 余栋明清民居、30 多座庙祠馆阁、200 多条石板路，是中国西南文物建筑最多的县。

第五节　中国古代著名古楼阁、古塔、古桥

一、古楼阁

中国古代楼阁系多层木构建筑。西汉以后逐渐发展并取代了春秋以来盛行的高台建筑。

（一）古楼阁的类型

类型	特点
宗教楼阁	常供奉高大佛像，是寺院的中心建筑，如天津市蓟州区独乐寺观音阁、承德普宁寺大乘之阁等。
文化楼阁	以楼阁作为储藏图书、经卷之用。如明代浙江宁波天一阁，储存四库全书的清代皇家藏书楼文渊阁、文津阁、文澜阁、文溯阁、文汇阁等。
军事性楼阁	如城楼、箭楼、敌楼等。
游赏性楼阁	取其高耸，可登临远眺，观赏风景，同时也可成景。
居住建筑中的楼阁	作为居住建筑的一部分，其用途多种多样。

（二）中国现存著名楼阁

名称	位置	特点
黄鹤楼	湖北武汉	相传始建于三国吴黄武年间，1700 多年来屡毁屡建。历代名人如崔颢、李白、白居易、陆游等都曾先后到这里游览、吟诗、作赋。如今重建的黄鹤楼在距旧址约 1 千米的蛇山峰岭上。楼共 5 层，高 51.4 米，攒尖顶，层层飞檐，新楼屋面全部采用黄瓦，取“黄鹤”之意。

（续表）

名称	位置	特点
岳阳楼	湖南岳阳	始建于三国东吴时期，自古有“洞庭天下水，岳阳天下楼”之誉，北宋范仲淹脍炙人口的《岳阳楼记》更使岳阳楼著称于世。现在的岳阳楼是清光绪年间的建筑，坐东向西，面临洞庭湖，遥见君山。屋顶为四坡盔顶，屋面上凸下凹，为中国现存最大盔顶建筑。
滕王阁	江西南昌	建于唐朝，因滕王李元婴始建而得名。滕王阁载誉古今，是与王勃《滕王阁序》分不开的，其经典语句“落霞与孤鹜齐飞，秋水共长天一色”广为流传。滕王阁历代屡毁屡建，现在的建筑为1989年按照梁思成绘制的《重建滕王阁计划草图》重建的，主体建筑为宋式仿木结构，共九层，濒临赣江，面对西山，视野开阔，突出背城临江、瑰玮奇特的气势。

二、古塔

塔源于古印度，中国的古塔是随着佛教从古代印度传入的。根据塔的造型主要分为以下几种。

（一）古塔的主要类型

类型	特点
楼阁式塔	源于中国传统建筑中的楼阁形式，可以登高远眺。这种形式的塔为数众多、历史最久，形式也最为壮观。从平面形式分，有正方、六角、八角以及十二角等多种形体。
密檐式塔	以外檐层数多且间隔小而得名。塔下部第一层塔身特别高，以上各层则塔檐层层重叠，距离很近。密檐式塔大都是实心的，一般不能登临。
覆钵式塔	又称喇嘛塔，是藏传佛教的一种独特的建筑形式，与印度“窣堵坡”很相近。其主要特点是：台基与塔刹造型讲究，一个高大基座上安置一个巨大的圆形塔肚，其上竖立着塔刹，塔刹上刻有许多相轮，顶部有华盖、仰月、日轮和宝珠（火焰珠）。
金刚宝座塔	该类塔的形式一般在高大的台基座上建筑五座密檐方形石塔（象征五方五佛）和一个圆顶小佛殿。虽然这种建筑在敦煌石窟的隋代壁画中已经出现，然而最早的实物始见于明代。中国式的金刚宝座塔比印度提高了塔基座，缩小了基座上的小塔，尤其在塔座和塔身的装饰雕刻中，掺入大量藏传佛教的题材和风格。

（二）中国现存著名古塔

名称	特点
大雁塔（楼阁式）	位于西安市南郊大慈恩寺门前广场，故又名慈恩寺塔，是全国著名的古代建筑，被视为古都西安的象征。初建于唐高宗永徽三年，由玄奘设计建造的仿印度窣堵坡式佛塔，后塌损。武则天长安年间重造，新建为七层楼阁式青砖塔，高64米。塔内设木梯楼板，可以逐层上登，远眺四方。是玄奘西行求法，归国译经的纪念建筑物。
应县木塔（楼阁式）	位于山西省应县佛宫寺内。建于辽代，通高67.31米。塔内明层均有塑像。是我国现存最古老、最高的一座木结构大塔。
开元寺双塔（楼阁式）	位于福建省泉州市。东塔称镇国塔，西塔名仁寿塔，两塔相距200米。东塔始建于唐咸通年间，为木塔，宋代两次改建，先砖砌后石砌，高48.24米。塔基四周有佛本生故事浮雕。西塔初亦为木塔，建于五代后梁年间，北宋时改为砖砌，南宋时再改为石塔，高44米。双塔模仿木楼阁式样，共5层。

（续表）

名称	特点
嵩岳寺塔（密檐式）	位于河南省登封市城西北 5 千米处嵩山南麓峻极峰下嵩岳寺内，初建于北魏，是中国现存最早的砖塔。塔高约 39.5 米。
小雁塔（方形密檐式）	位于陕西省西安市。是唐代著名佛寺荐福寺的佛塔，是中国早期方形密檐式砖塔的典型作品。该塔建于唐中宗景龙年间，是为保存佛教高僧义净大师从印度带回的佛经、佛像而建。塔高 43.3 米，原 15 层，现 13 层。
崇圣寺三塔（密檐式）	位于云南大理，呈三足鼎立之势。崇圣寺初建于南诏丰祐年间，大塔先建，南北小塔后建，寺中立塔，故塔以寺名。崇圣寺三塔是大理“文献名邦”的象征，是云南古代历史文化的象征，也是中国南方最古老、最雄伟的建筑之一。
妙应寺白塔（覆钵式）	位于北京，是中国现存年代最早、规模最大的藏传佛塔，是忽必烈敕令建造的一座藏传佛塔，由当时入仕元朝的尼泊尔匠师阿尼哥主持，经 8 年建成，由塔基、塔身和塔刹三部分组成。塔高 50.9 米，底座面积 1422 平方米。
真觉寺塔（金刚宝座式）	位于北京海淀区白石桥以东的长河北岸，是我国同类塔中年代最早、雕刻最精美的一座。于明成化年间竣工，由汉白玉石和砖砌筑而成，总高 17 米，分塔座和五塔两部分。以精美的雕刻艺术而著称。

三、古桥

桥梁，指架在水上或空中以便通行的建筑物。中国古桥的历史悠久，早在原始社会时期，我们的先民为了解决水陆交通问题就开始人工建造桥梁。以后，随着工程技术的提高，古代工匠创造了各式各样结构、材料和造型的桥梁。

以桥梁的结构和外观形式划分，主要分为以下 4 种桥型。

（一）古桥的类型

类型	特点
梁桥	又称平桥、跨空梁桥，是以桥墩做水平距离承托，然后架梁并平铺桥面的桥。这是应用得最为普遍的一种桥，在历史上也较其他类型出现得早。
浮桥	又称舟桥，因其架设便易，常用于军事目的，故也称“战桥”。是一种用数艘木船（也有用木筏或竹筏的）连起来并列于水面，船上铺木板供人马往来通行的桥。浮桥两岸多设柱桩或铁牛、铁山、石囷、石狮等以系缆。
索桥	也称吊桥、悬索桥等，是用竹索或藤索、铁索等为骨干相拼悬吊起的大桥。多建于水流急、不易建桥墩的陡岸险谷，主要见于西南地区。
拱桥	指在竖直平面内以拱作为主要承重构件的桥梁。拱桥在我国桥梁史上出现较晚，但拱桥结构一经采用便快速发展，成为古桥中最富有生命力的一种桥型。

* 速记：梁桥出现早，浮桥多战事，索桥跨急流，拱桥生命强。

（二）中国现存著名古桥

名称	时间	特点
安济桥（赵州桥）	隋开皇年间	横跨在河北赵县城南的洨河上，由著名工匠李春设计建造。桥身为单拱，弧形，全长 50.82 米，宽 9.6 米，跨度为 37.37 米。桥拱肩敞开，拱肩两端各建两个小拱，即敞肩拱。开创了桥梁的新类型，是世界桥梁工程中的首创，也是世界上现存最大的敞肩桥。它既减轻了桥身自重，省工省料；又有利于洪水的宣泄，减少洪水对石桥的冲击。
宝带桥	唐代	位于苏州市，是我国孔数最多的联拱石桥，长 318 米，宽 4.1 米，共 53 个孔。桥沿运河岸，跨越澹台河，为纤道桥，因此桥栏不设栏板。桥处两河交汇处，水面浩渺，长虹卧波，极富水乡风光特色。
洛阳桥（万安桥）	北宋	位于泉州市东。桥原长 1200 米，宽约 5 米，有 46 座桥墩，规模宏大，是我国古代著名的梁式石桥。桥为当年郡守蔡襄主持建造，工程十分艰难。为使桥基和桥墩石胶结牢固，采用了“种蛎固基法”，独具匠心，为我国古代重要的科学创新。
湘子桥（广济桥）	宋代	位于潮州古城的东门外，距今已有 800 余年的历史，是我国第一座启闭式桥梁。湘子桥全长 500 余米，共有 24 座桥墩（东岸 13 座，西岸 11 座）。由于“中流警湍尤深，不可为墩”，中间只能用 18 只梭船并排构成一列横队，用铁索连成浮桥。每遇洪水或要通船，可解掉系船铁索，移开梭船，变成开闭式浮梁桥。这就是“十八梭船廿四洲”的由来。
卢沟桥	金代	位于北京市丰台区永定河上，明、清两代曾进行过较大规模的修葺、重建，是北京现存最古老的联拱石桥。卢沟桥全长 266.5 米，宽 7.5 米，桥身下为 11 孔涵洞。桥身两侧石雕护栏有望柱 140 根，柱头上均雕刻伏卧石狮，大小共 501 个。“卢沟晓月”是“燕京八景”之一。
永济桥（程阳风雨桥）	1912年	位于广西三江侗族自治县。长 76 米，宽 3.7 米，木石结构，5 个石砌的桥墩上建有侗族风格的楼亭 5 座。整座桥梁用大木凿榫接合，大小木条斜穿直套，纵横交错，一丝不差，结构精密，优美壮观，是侗族文化在建筑艺术上的结晶。
泸定桥	清康熙年间	位于四川省甘孜藏族自治州泸定县城西大渡河上，又称为铁索桥，是索桥的典型代表。该桥始建于清康熙四十四年（1705 年），建成于康熙四十五年（1706 年），距今已有 300 多年历史，是连接汉藏地区的重要交通枢纽，有利于促进汉藏经济文化交流，维护国家统一。桥长 103.67 米，宽 3 米，总重量约 21 吨，由桥头深埋的铸铁地龙桩和卧龙桩支撑。桥身是 13 根碗口粗的铁链，其中底链 9 根，上面铺满木板，用于行走；两侧各有两根铁链作为扶手，扶手与底链之间用小铁链相连，使 13 根铁链成为一个整体。桥名“泸定桥”和横批“一统河山”由康熙皇帝撰写，反映出康熙皇帝对统一疆土的强烈意愿。 1935 年 5 月 29 日，中国工农红军长征途经这里，以 22 位勇士为先导突击队，成功夺取泸定桥，使红军摆脱了国民党军队的围堵，成为长征转折点之一。泸定桥现为全国重点文物保护单位和爱国主义教育基地。

* 速记：隋代李春赵州桥，53 孔宝带桥，种蛎固基洛阳桥，18 梭船湘子桥，501 狮子卢沟桥，程阳永济风雨桥，13 铁链泸定桥。

第六节　中国古代水利工程

一、中国古代水利工程概述

中国古代以农业立国，而水利是农业的命脉，不仅关系到灌溉和生活用水，也能带动水上运输的发展，促进物资和人员流通，维护大一统的政治局面。

中国历代修建的著名水利工程及水利设施如下。

朝代	主要水利工程
春秋	芍陂（楚国）、邗沟（吴国）
战国	鸿沟（魏国）、都江堰（秦国）、郑国渠（秦国）
秦汉	灵渠（秦朝）
	黄河流域以营建灌溉渠系为主：六辅渠、白渠、龙首渠（西汉）。
	江淮、江汉之间以修治天然陂池为主：六门堨（西汉）。
	西北主要利用雪水或地下水灌溉设施：坎儿井（西汉）。
	东南以排水筑堤、变湿淤之地为良田为主：鉴湖（东汉）。
三国两晋南北朝	曹魏兴复了芍陂、茹陂等许多渠堰堤塘。
	北魏孝文帝下令有水田之处，都要通渠灌溉。
隋唐	大运河（隋）、它山堰（唐）
五代十国	捍海塘（吴越）
元	京杭大运河（新开会通河、通惠河）

中国古代水利工程类型如下。

类型	典型代表
引水灌溉工程	战国都江堰、西汉坎儿井
漕运工程	春秋邗沟、隋大运河
堤塘工程（陂塘工程）	春秋芍陂、东汉鉴湖聚水为湖，方便灌溉，吴越捍海塘建长堤以抵御潮水泛滥。

二、中国现存著名水利工程

中国是世界上灌溉工程遗产类型最丰富、分布最广泛、灌溉效益最突出的国家。截至2024年9月，中国已有乐山东风堰、丽水通济堰、寿县芍陂、宁波它山堰、泾阳郑国渠、四川都江堰、广西灵渠、西藏萨迦古代蓄水灌溉系统、新疆吐鲁番坎儿井、徽州堨坝—婺源石堨（联合申报）、陕西汉阴凤堰梯田、重庆秀山巨丰堰等38项水利工程被国际灌溉排水委员会（ICID）列入《世界灌溉工程遗产名录》，总数居世界首位。

（一）芍陂

类别	说明
基础概况	芍陂又称安丰塘，位于安徽寿县淮河流域，是我国现存最早的陂塘型灌溉工程，始建于春秋楚庄王时期，由楚相孙叔敖主持修建，迄今已有2600多年历史。
工程原理	芍陂地处大别山北麓余脉与淮河平原过渡地带，依托山地拦截水源，向平原农田输水；利用天然洼地，分层夯土筑坝成塘，形成“长藤结瓜”式水利系统——以主陂为核心，通过干支渠道连接周边农田，实现自流灌溉；修建土坝拦截雨季洪水，储存水源，缓解旱季缺水，平衡水资源时间分布；设置进水口和排水闸，人工控制水位；利用地势高低差，形成“高田引水、低田蓄水”分层灌溉；将水源（山地降水）、蓄水（陂塘）、输水（渠道）、用水（农田）视为统一系统，各环节相互配合，体现了古代水利工程的系统性思维。
功能与影响	芍陂通过蓄水灌溉农田，提升了粮食产量，使江淮地区成为楚国的粮仓，增强了楚国国力，也使淮河流域获得深度开发，促进了南方经济的发展。而且，芍陂不仅用于灌溉，还兼具防洪、航运、渔业等功能，形成了“以塘养农、以塘富民”的生态经济模式，被后世广泛借鉴。
荣誉	2015年，芍陂被列入《世界灌溉工程遗产名录》。

（二）都江堰

类别	说明
基础概况	都江堰位于四川省成都市都江堰市城西，是引岷江水灌溉川西地区的著名引水灌溉工程，建于秦昭王末期（约前276—前251年），是蜀郡太守李冰在前蜀王鳖灵治水的基础上组织修建的大型水利工程，由渠首工程、干渠和密如蛛网的支渠构成。
渠首工程组成	都江道渠首工程位于都江堰市城西的岷江出山口，这里海拔700余米，比成都平原高出约200米，便于自动灌溉。而且岷江自这里进入川西平原，流速变缓，泥沙淤积，常常泛滥成灾，在此引水能同时实现防洪和灌溉的双重目的。渠首工程由金刚堤、飞沙堰、宝瓶口三部分组成。其中，金刚堤修建在岷江江心，顺江而建，长约500米，起分水作用。因前部形似鱼嘴，又称“鱼嘴分水堤”。岷江被金刚堤一分为二，西岸为外江，继续南流至乐山、宜宾并入长江；东岸为内江，被引入成都平原用于农业灌溉。内江的引水口叫宝瓶口，是李冰开凿玉垒山形成的豁口，宽度约25米，长约400米。从宝瓶口引出的岷江水被导入蒲阳河、柏条河、走马河、江安河四大干渠，最后通过灌溉支渠进入成都平原广阔的农田。
工程智慧	为了确保都江堰的安全，渠首工程选择修建在岷江弯道上，以利用流体力学原理实现内外江的“二八排沙”；又采用内江低、外江高和内江窄、外江宽的建筑方式，实现了内外江在不同季节的“四六分水”。同时，为了避免洪水冲毁宝瓶口或者超量进入灌溉渠道，宝瓶口采用了侧面引水的方式，并在对面修建了高仅2.15米的飞沙堰作为溢洪道。飞沙堰将内江与外江连在一起，一旦内江水位超过2.15米，便会从飞沙堰流回外江，确保了进入宝瓶口的水位不会超标，成都平原的灌溉渠道不会被洪水破坏。
岁修与放水节	为了使内江河床不因泥沙淤积而抬高，让飞沙堰只能在真实水位2.15米时溢洪，都江堰有“岁修”的传统，即每年秋冬季节拦断内江清理泥沙，“深淘滩、低作堰”（称为治水六字诀）。次年清明农灌前再举办“放水节”开闸放水。都江堰水利工程没有修建大坝，却科学地解决了自动灌溉、自动分水、自动排沙的问题，达到了防洪、灌溉双重目的，使成都平原成为“水旱从人，不知饥馑”的“天府之国”。都江堰水利工程初建成时灌溉面积大约200万~300万亩，经过历朝历代不断扩建，目前灌溉面积已经达到1100万亩。它是世界上迄今为止年代最久、唯一留存、仍在一直使用、以无坝引水为特征的宏大水利工程，是人与自然完美结合的典范，被誉为“造福万代”的水利工程。
荣誉	2000年入选《世界文化遗产名录》，2018年被列入《世界灌溉工程遗产名录》。

（三）灵渠

类别	说明
基础概况	灵渠，又称兴安运河、湘桂运河，位于广西壮族自治区兴安县境内。灵渠始建于秦朝（前219年始建，前214年建成），是秦始皇为统一岭南，解决粮草兵员运输之需，命“监禄”在湘江与漓江之间开凿的人工运河（部分河段借用了天然河道）。“监禄”被后世解读为“监御史（官职），名禄”，也简称为“史禄”。
主体工程与技术	灵渠主体工程由铧嘴、大小天平、南渠、北渠、陡门、秦堤等多项精心设计的工程组成。铧嘴是与大、小天平衔接的具有分水作用的砌石坝，形如犁铧，故名。铧嘴将海洋河一分为二，七成水流入长约3.25千米的北渠，最终进入湘江；三成水流入南渠，长约33千米，最终进入漓江。灵渠高程海拔约212米，汇入漓江时海拔约181米。为了解决逆行时的高度差，灵渠采用了“陡门”技术（“陡门”或称“斗门”，灵渠现存陡门多为唐代建造），用一种类似多级船闸的建筑，达到了抬高水位、蓄水通航的目的。
功能与影响	灵渠由东向西流，沟通了湘江和漓江。由于湘江属于长江水系，而漓江属于珠江水系，灵渠实际上起到了连通长江、珠江两大水系的作用，打通了中原通往岭南的水上交通，不仅助力秦始皇统一岭南，也加强了中原王朝对岭南的统治，奠定了中国南疆的版图，促进了岭南地区的开发和民族大融合。
荣誉	灵渠是与都江堰、郑国渠齐名的秦三大水利工程之一，是研究古代水利的活标本，2018年入选《世界灌溉工程遗产名录》。

（四）大运河

类别	说明
基础概况	大运河是隋唐大运河、京杭大运河和浙东大运河的总称，是以沟通中国南北交通为主的古代最大漕运工程。大运河始建于春秋时期，吴王夫差为了北上争霸，开凿了连通长江与淮河的邗沟。战国时期，魏惠王开凿鸿沟，连通了淮河与黄河水系。这两大工程构成隋朝大运河的基础。隋炀帝时，征发民力，将原有运河连通扩展，形成以洛阳为中心，北抵涿郡（今北京），南至余杭（今杭州），连通海河、黄河、淮河、长江、钱塘江五大水系的南北大运河。（* 速记：五大水系——黄淮海长钱）隋大运河由北到南共分四段，即永济渠（北通涿郡，南达黄河）、通济渠（始于洛阳，沟通黄河、淮河）、邗沟（沟通长江、淮河，是大运河最早修建的一段）和江南运河（从京口至余杭）。隋朝大运河对于南北交流、南方经济发展和中国经济中心南移具有重要的促进作用。 元朝对大运河全面整修。因定都大都（今北京），不再以洛阳为中心；为了缩短运输距离，又新修通惠河和会通河，使从北京出发的船队经天津、山东即可直达江淮。这段运河史称京杭大运河。京杭大运河北起北京通州，南到杭州，京杭大运河主要包括通惠河、北运河、南运河、会通河（鲁运河）、中运河、淮扬运河、江南运河七部分，途经北京、天津、河北、山东、江苏、浙江六省（市）。全长1794千米，比苏伊士运河长8倍，比巴拿马运河长20倍，是世界上最长的一条人工开凿的运河。
工程智慧	大运河巧妙利用自然河道与地形，减少开凿工程量；沿途借助山东丘陵等地形，设置“水柜”（蓄水库）调节水量，如南旺分水枢纽利用汶水地势高差实现南北分水，被称为“运河水脊”；船闸利用连通器原理，通过调节上下游水位差，解决运河穿越不同海拔区域的通航问题；各段根据水文特点设计不同宽度与深度；沿线修建堤防、涵洞等设施，防止洪水泛滥和泥沙淤积；借助天然湖泊（如洪泽湖、微山湖）作为蓄水库，旱季补水、雨季储水，减少人工调水压力，体现了“道法自然”的生态智慧。

（续表）

类别	说明
功能与影响	大运河串起北京、天津、河北、山东、河南、安徽、江苏、浙江 8 省（市）35 城，是世界上开凿最早、里程最长、规模最大的人工运河。在近代铁路和海运开通前，大运河是中国南北交通的大动脉，不仅方便了南北方物资和人员交流，也带动了沿线商业、手工业的兴盛，催生了一批因运河而兴的商贸城市。 近代公路、铁路和海上交通的发展，让大运河的地位一度有所下降，除江苏段保存完好，还在发挥黄金水道的作用外，不少河道出现淤塞、停用的现象。近年来，国家不断对大运河进行整体保护和合理利用。目前大运河大部分河段得到治理，部分河段恢复通航，并作为南水北调东线工程的组成部分，建成一批水利枢纽和梯级抽水站。大运河遗产也成为各地重要的旅游资源，江苏和浙江还成功开辟出苏州至杭州 200 多千米的大运河旅游线。
荣誉	2013 年大运河被国务院公布为第七批全国重点文物保护单位，2014 年大运河入选《世界文化遗产名录》，包括河道遗产 27 段，运河水工遗存、运河附属遗存、运河相关遗产 58 处，共计 85 个遗产要素。 根据 2021 年 8 月国家文化公园建设工作领导小组印发的《大运河国家文化公园建设保护规划》，未来将进一步整合大运河沿线 8 个省市文物和文化资源，着力将大运河国家文化公园建设成为新时代宣传中国形象、展示中华文明、彰显文化自信的亮丽名片。

第七节　当代著名建筑

一、中国近现代建筑的特点

近代以来，中国历史发生重大变革，政治、社会、经济、文化都出现前所未有的转变，这导致近现代建筑的全新格局。最早产生影响的是西方建筑的引入。

时间	特征
鸦片战争之后	西方建筑开始在租界中大量出现，如著名的上海外滩就体现了同时期西方历史主义建筑在中国的引入。一些西方建筑的最新发展成果，如超高层建筑、装饰艺术风格、新艺术运动等也被快速引入上海、哈尔滨等重要的近代城市中。
20世纪上半叶	以梁思成、杨廷宝、吕彦直为代表的一批在西方接受了高等教育的中国建筑师在 20 世纪二三十年代回国，带来新的建筑设计力量。他们一方面吸纳西方经典建筑原则，另一方面也试图将西方技术与中国文化要素相结合。吕彦直设计的南京中山陵以及杨廷宝设计的清华大学生物馆都是这样的作品。
中华人民共和国成立初期	受到苏联的影响，很多重要的政府建筑采用了具有西方新古典主义特征的建筑风格，通过对称体量、柱列等元素体现庄重的纪念性。普通的民用建筑则转向了更为朴素的功能主义特色，即主要关注实用性，对建筑艺术效果强调不多。
改革开放以后	中国一跃成为全球最大的建筑市场，建筑设计的发展也日新月异。在初期生硬地搬用西方古典建筑语汇之后，中国建筑师很快转向了以现代建筑为基础的自主创作。这些建筑一方面响应快速变化的社会需求，另一方面也体现出建筑师对结构、材料、空间、文化内涵的深入挖掘。今天，中国当代建筑已经是全球范围内最具活力的一支力量，一些杰出作品已经具备了世界一流的品质。

二、中西建筑流派风格比较

（一）中国建筑概述

从商周时期到清末，中国主流建筑体系的发展较为稳定，一些核心要素如院落布局、木结构、斜坡屋顶等一直贯穿始终。具体说来，可以将中国传统建筑大致分为官式建筑与民间建筑两大类。

类别	特征
官式建筑	指具有一定官方地位，强调庄重感、仪式性的建筑，如宫殿、衙署、宗庙等。官式建筑强调正统性，通常有石砌基座将建筑抬起，支撑结构主要是由大型木料搭建的木结构，下部是粗壮的木柱，上部是梁与额枋，通过复杂的木质斗拱与屋顶结构体系相互连接，建筑顶部是用瓦铺砌的斜坡屋顶。出于正统性的要求，官式建筑的规模、开间数量、屋顶形态、色彩、装饰，甚至是斗拱的层数都有明确的等级规定，体现了古代政治制度的严格规制。
民间建筑	指普通百姓建造的住宅、商铺、作坊等民用建筑。民间建筑相对要灵活得多，它们规模小、造价低、用料简单，主要部分也包括台基、木构件以及瓦屋顶等，只是结构构件的尺度与复杂程度都要小很多。它们往往采用小型木料搭建结构体系，色彩与装饰也运用得很少。在一些地方，普通民众还使用砖石砌筑墙体来替代某些木结构成分，以适应各地不同的气候。

（二）西方建筑概述

欧洲在总体上不是一个统一的政治体，各个国家的政治制度、宗教体系、文化传统都经历了很多剧烈的变革，体现在建筑上就是风格的多变。

类型	特点
古希腊神庙	是欧洲建筑文明最早的杰出成就之一，它们一般为长方形，建筑外沿是巨石立柱，支撑上部的石梁以及石梁上部的木质屋顶结构与屋顶瓦。主要用大理石建造而成，装饰有丰富的色彩与雕刻，展现了希腊文明伟大的艺术成就。
古罗马建筑	古罗马建筑一方面吸收了希腊的柱式与神庙元素，另一方面也拓展了拱券、拱顶、穹顶等结构元素以及砖、混凝土、玻璃等材料的运用。这使得罗马人可以建造更为宏大的公共建筑，如罗马斗兽场与罗马万神庙。这些建筑的尺度以及空间效果展现了罗马的繁盛与强大。
拜占庭建筑	拜占庭建筑延续了古罗马建筑的特点，如坐落在土耳其伊斯坦布尔的圣索菲亚大教堂，使用了极为复杂的拱顶技术，规模宏大，氛围神秘，代表了拜占庭建筑艺术的高峰。后续的拜占庭建筑往往规模较小，平面多为中心集中式，在建筑中央有高耸的穹隆，有时也在四个角上建造小一些的穹隆。拜占庭建筑对东正教地区，如俄罗斯的教堂建筑产生了广泛的影响，也通过东西方交流影响了西欧的罗马风建筑。
罗马风建筑	中世纪影响了西方建筑的发展，很多技艺由此失传。直到10—11世纪，西方建筑才开始复苏，在基督教建筑中发展形成了罗马风建筑，较为典型的罗马风教堂采用拉丁十字平面，由砖或石头建造，有鲜明的几何形状，以及高耸的钟塔与密集的拱券等特征元素。
哥特式建筑	哥特式建筑在罗马风建筑基础上发展而来，采用石质的尖拱与肋拱拱顶，使得结构更为纤细与高耸。巴黎圣母院就是典型的哥特式建筑。为了保持结构稳定，哥特式建筑周边还采用了飞扶壁来强化支撑，形成了其突出特征。

（续表）

类型	特点
文艺复兴建筑	文艺复兴时期，意大利建筑师回到了对希腊、罗马建筑的学习，倾向于使用柱式、圆拱、筒形拱顶等古典建筑元素，而不是哥特的尖拱与高塔。不仅是在教堂建筑中，在住宅、府邸以及民用设施中，文艺复兴建筑都在学习罗马古典建筑的基础上展开进一步的发展与充实。
巴洛克建筑	巴洛克风格在文艺复兴盛期建筑的基础之上诞生。虽然仍然使用典型的希腊、罗马建筑要素，但是相比于文艺复兴盛期建筑的均衡与和谐，巴洛克建筑大量使用椭圆、曲线以及充沛的装饰来塑造富有动感与多变的建筑效果，富丽堂皇又新奇欢畅。代表建筑有罗马耶稣会教堂、德国十四圣徒朝圣教堂等。
洛可可建筑	洛可可建筑在巴洛克式建筑基础上发展起来，产生于法国并流行于欧洲，主要表现在室内装饰上。其特点为纤弱娇媚、华丽精巧、甜腻温柔，常用贝壳、旋涡、山石作为装饰题材，形成了装饰繁杂、形态怪诞的宫廷内饰倾向。
新古典主义建筑	伴随着理性主义的提升以及对希腊、罗马古代建筑更深入的了解，欧洲主流建筑师又转向了新古典主义建筑，更为诚实地学习模仿真实的希腊与罗马古代建筑，突出庄重、对称、秩序与理性等特征。这种建筑风格被大量使用在西方的政府建筑、文化建筑以及需要强调仪式感的场所。代表建筑有法国的卢浮宫、凡尔赛宫等。

（三）中西方建筑的差异对比

差异方面	中国	西方
材料	木料、斗拱式。木构传统源远流长，展现了中国人“愿托乔木”的文化情结。（柔）	以古典柱式为主要造型特征，以石构为基础，质地坚硬。（刚）
外观	体现自然和谐。以内收的凹线依附于大地，横向铺开来表达与自然相协调的意念，有虚有实。	体现与自然的对抗，外廓强调几何体量，耸向天空的尖顶和巨大的穹顶，向上扩张的气势。
装饰	色彩平和，具稳定性，形成一定的规则。一些色彩附着政治而成为标示等级的符号。	色彩变幻，各时代特点各异，标新立异。
布局方式	崇尚“封闭型空间”，如庭院布局，以内向性封闭空间为主，紧凑、聚气。	崇尚“开放空间”，如中心广场称为“城市的客厅”“城市的起居室”。

三、新中国建筑重大成就

建筑	特点
国庆十周年北京“十大建筑”	1959 年，为迎接中华人民共和国成立 10 周年，建成的人民大会堂、中国历史博物馆与中国革命博物馆（两馆位于同一建筑内，即今中国国家博物馆）、中国人民革命军事博物馆、民族文化宫、民族饭店、钓鱼台国宾馆、华侨大厦（曾拆除，现已重建）、北京火车站、全国农业展览馆和北京工人体育场等 10 项大型建筑工程，作为 10 周年国庆的献礼工程，被称为“北京十大建筑”。

（续表）

建筑	特点
天安门广场改扩建工程	1958 年，为迎接中华人民共和国成立 10 周年，天安门广场开始了史上最大规模的一次扩建改造。保留正阳门和箭楼，拆除中华门，其东、西两侧分列中国革命博物馆、中国历史博物馆和人民大会堂。 其形制、体量和高度，既取决于建筑物本身的需要，也与广场的整体性和旧有的古建筑相协调，广场面积为 40 公顷，略呈长方形。天安门广场的改建和扩建，改变了北京旧城以皇宫（故宫）为中心，体现封建帝王唯我独尊的格局，呈现出人民群众当家作主的社会主义国家首都在政治生活上的新风貌。
南京长江大桥	位于鼓楼区下关和浦口区桥北之间，是长江上第一座由中国自行设计和建造的双层式铁路、公路两用桥梁，是新中国技术成就与现代化的象征，有“争气桥”之称，1968 年 12 月 29 日通车。是中国东部地区交通的关键节点，上层为公路桥，长 4589 米，下层为双轨复线铁路桥，长 6772 米，是京沪铁路重要通道，国家南北交通要津。是南京的标志性建筑、江苏的文化符号。
杭州湾跨海大桥	北起嘉兴市海盐枢纽，上跨杭州湾海域，南至宁波市庵东枢纽立交，线路全长 36 千米，桥梁总长 35.7 千米，桥面为双向六车道高速公路。2008 年 5 月 1 日通车。大桥建设首次引入景观设计概念，总体平面为 S 形曲线，由北航道桥、南航道桥、引桥及海中平台组成。海上平台“海天一洲”位于杭州湾跨海大桥中部，外观整体造型为“大鹏擎珠”，寓意杭州湾地区的发展能如大鹏展翅，越飞越高。
港珠澳大桥	位于广东省珠江口伶仃洋海域内，东起香港国际机场附近的香港口岸人工岛，向西横跨南海伶仃洋水域接珠海和澳门人工岛，止于珠海洪湾立交，桥隧全长 55 千米，是世界第一长的跨海大桥，桥面为双向六车道高速公路，2018 年 10 月 24 日建成通车。这一超级工程集桥梁、隧道和人工岛于一体，其建设难度之大，被誉为桥梁界的“珠穆朗玛峰”。它的建成，不仅标志着中国从桥梁大国走向桥梁强国，也意味着粤港澳大湾区建设正式驶入快车道。
北盘江大桥	位于云南省与贵州省交界处的尼珠河（当地人称“泥猪河”）上，亦称尼珠河大桥或北盘江第一桥，为杭瑞高速公路组成部分，全长 1341.4 米，桥面至江面距离 565.4 米，有 200 层楼高，其相对高度刷新世界纪录，被誉为“世界最高桥”。大桥地处高原边界深山地区，跨越河谷深达 600 米的北盘江 U 形大峡谷，地势十分险峻，地质条件非常复杂。2018 年，北盘江大桥获第 35 届国际桥梁大会有着“桥梁界诺贝尔奖”之称的古斯塔夫斯奖。

四、中国当代著名建筑

建筑	特点
国家体育场（鸟巢）	位于北京奥林匹克公园中心区南部，2008 年 6 月落成，建筑面积 25.8 万平方米，可容纳观众 9.1 万人。主体建筑是由一系列钢桁架围绕碗状座席区编织而成，如同孕育生命的“巢”和摇篮，寄托着人类对未来的希望。是第 29 届夏季奥运会的主体育场，并在此举行了该届奥运会、残奥会开闭幕式，奥运会后成为北京市民参与体育活动及享受体育娱乐的大型专业场所，并成为地标性的体育建筑和奥运遗产。2022 年又作为北京冬奥会、冬残奥会开闭幕式场馆，再次见证辉煌，成为世界唯一冬、夏季奥运会开闭幕式盛会举行之所。

（续表）

建筑	特点
中央电视台总部大楼	位于北京市朝阳区，2012 年 5 月竣工，建筑面积约 55 万平方米。由三栋建筑物组成，分别是位于西南侧的中央电视台总部大楼（主楼）、位于西北侧的电视文化中心（北配楼）以及东北角的能源服务中心。其中主楼由两栋塔楼组成，分别为 52 层 234 米高和 44 层 194 米高，并由在 162 米高空大跨度外伸、高 14 层、重 1.8 万吨的钢结构大悬臂相交对接，总用钢量达 14 万吨。建筑表面以不规则几何图案的玻璃幕墙组成，视觉冲击力巨大。被美国《时代》周刊评选为 2007 年世界十大建筑奇迹之一。
苏州“东方之门”	位于苏州市工业园区，2015 年 8 月建成，总建筑面积（包括地下部分）约为 45.3 万平方米，总高度达到 301.8 米。是由两栋超高层建筑组成的双塔连体建筑，分南、北塔楼和南、北裙房等主要结构单元。空中园林位于“东方之门”塔楼顶部。通过简单的几何曲线处理，将传统文化与现代建筑融为一体，获“中国结构最复杂的超高层建筑”“中国最高的空中苏式园林”等荣誉。
上海东方明珠广播电视塔	位于上海浦东新区陆家嘴，1994 年 10 月建成，是上海新十大地标建筑之一。塔高约 468 米，为多筒结构。主干是 3 根直径 9 米、高 287 米的空心擎天大柱，电视塔有下、上、顶三个球体，形成大珠小珠落玉盘的意境。作为首批国家级 5A 级旅游景区，塔内有太空舱、旋转餐厅、上海城市历史发展陈列馆等设施，上球体观光层是东方明珠广播电视塔的主观光层。
上海中心大厦	位于浦东新区陆家嘴，2016 年 3 月竣工，上海新十大地标建筑之一。主体建筑为地上 127 层，地下 5 层，总高为 632 米，外观呈螺旋式上升，与裙楼像从地面“破土而出”，如一条巨龙直冲云霄，寓意现代中国的腾飞 。上海中心大厦作为一幢综合性超高层建筑，以办公为主，其他业态有会展、酒店、观光娱乐、商业等。“上海之巅”观光厅位于上海中心大厦第 118 层，可 360° 俯瞰上海城市风貌。
广州塔（“小蛮腰”）	位于广州市海珠区，又称广州新电视塔，2009 年 9 月竣工，总高度 600 米，是广州市的地标建筑。整个塔身是镂空的钢结构框架，24 根钢柱自下扭转而上，上下两个椭圆扭转在腰部收缩变细，中部最细处的面积与底面和顶部的对比差异突出。整个塔身从不同的方向看都有不同的造型。广州塔集都市观光、高空游乐、时尚餐饮等多功能于一体。
台北 101大楼	位于台北市信义区，2004 年 12 月启用，高 508 米，是台北市标志性建筑之一。包含办公塔楼 101 层及商业裙楼 6 层和地下 5 层。以数字 8 作为设计单元，每 8 层楼为一个结构单元，建筑面内斜 7° ，彼此接续，层层相叠，外观为多节式结构。89 楼设有室内观景台，91 楼设有室外观景台。

易错考题小试牛刀

1.（判断题）崇圣寺三塔是大理“文献名邦”的象征，是云南古代历史文化的象征，也是中国南方最古老、最雄伟的建筑之一。（　）

2.（单选题）大约从（　）开始，出现“封土为坟”的做法。
A. 夏朝　B. 商朝　C. 周朝　D. 秦朝

3.（单选题）下列宫殿外的陈设中，象征着国家的统一和强盛的是（　）。
A. 门海　B. 嘉量　C. 日晷　D. 华表

4.（单选题）沈阳故宫东、中、西路重要建筑依次是（　）。
A. 崇政殿，文溯阁，大政殿　B. 大政殿，文溯阁，崇政殿
C. 大政殿，崇政殿，文溯阁　D. 崇政殿，大政殿，文溯阁

5.（单选题）下列古村中保存有非物质文化遗产的中幡表演的是（　）。
A. 徽州古村　B. 河北西古堡村　C. 云南哈尼古村　D. 北京水峪古村

6.（多选题）关于我国著名古桥的描述中，说法正确的是（　）。
A. 安济桥，建于隋开皇年间，由著名工匠李春设计建造
B. 洛阳桥是我国古代著名的梁式砖桥，由蔡襄主持建造
C. 湘子桥距今已有800余年的历史，是我国第一座启闭式桥梁
D. 程阳风雨桥是苗族文化在建筑艺术上的结晶
E. 卢沟桥桥身两侧望柱的柱头上均雕刻伏卧石狮，大小共501个

7.（多选题）都江堰的渠首工程由（　）构成。
A. 金刚堤　B. 飞沙堰　C. 陂门　D. 玉垒山　E. 宝瓶口

【答案】1. 对　2.C　3.B　4.C　5.D　6.ACE　7.ABE

第七章 中国园林

【考试大纲】

- **了解：** 中国古典园林的起源与发展，中国现代园林艺术。
- **熟悉：** 中国古典园林的特色和分类。
- **掌握：** 中国古典园林的构成要素、造园艺术、构景手段、盆景艺术和代表性园林。

【历年分值】

年份	判（题）	单选（题）	多选（题）	分值（分）
2019	2	5	2	5.5
2020	2	5	0	3.5
2023	1	3	1	3
2024	1	4	3	5.5

第一节　世界三大园林体系及中国古典园林的起源与发展

一、世界三大园林体系

流派	特点
欧洲园林体系	园林的艺术特色："规则和有序"。整齐一律，均衡对称，通过人工美追求几何美，体现人文的力量。
西亚园林体系	强调水法，在平面布局上把园林建成"田"字，用纵横轴线分作四区，十字林荫路交叉处设置中心水池，把水作为园林的灵魂，使水在园林中尽量发挥作用。
中国山水园林体系	表现自然美。布局形式以自由、变化、曲折为特点，要求景物源于自然，又高于自然，使人工美和自然美融为一体，做到"虽由人作，宛自天开"。

二、中国古典园林的发展

中国古典园林有着悠久的历史。根据文献记载：

发展阶段	时间	主要特点
生成期	商周	最初的形式为囿，囿是指在圈定的范围内让草木和鸟兽滋生繁育，还挖池筑台，供帝王和贵族狩猎和享乐。公元前11世纪，周文王曾建"灵囿"。
	春秋战国	园林的组成要素都已具备，不再是简单的囿，已有成组的风景，既有土山又有池沼或台。自然山水园林已经萌芽，而且在园林中构亭营桥、种植花木。
	秦汉	出现以宫室建筑为主的宫苑，"上林苑"由秦始皇建（阿房宫就位于其中），汉武帝建元三年（前138年）扩建。既有优美的自然景物，又有华美的宫室组群分布其中，是秦汉时期宫苑的典型代表。上林苑还用太液池所挖之土堆成岛，象征东海三仙山，树立了皇家园林一池三山的模式，开创了人为造山的先例。
转折期	魏晋南北朝	佛教的传入及老庄哲学的流行，使园林转向崇尚自然。私家园林逐渐增加。
成熟期	唐宋	官僚及文人墨客自建园林或参与造园工作，将诗与画融入园林的布局与造景中，反映了当时社会上层地主阶级的诗意化生活要求。另外，唐宋写意山水园在体现自然美的技巧上也取得了很大的成就。
精深发展	明清	无论是江南的私家园林，还是北方的帝王宫苑，在设计和建造上都达到了高峰。现代保存下来的园林大多属于明清时期，这些园林充分表现了中国古典园林的独特风格和高超的造园技术。

三、中国古典园林的特征

顺应自然的指导思想——追求“天人合一”“虽由人作，宛自天开”的效果，故称为自然山水式园林。

诗情画意的艺术风格——叠山理水之法，受山水画“外师造化，中得心源”原则的启发。

力求含蓄的造园手法——多封闭，面积有限，小中见大，重视分隔空间，虚实对比，含蓄不尽。

四、中国古典园林的分类

分类	名称	特点	分布或实例
占有者身份	皇家园林	专供帝王休憩享乐的园林。规模宏大，真山真水较多，园中建筑金碧辉煌，建筑体量高大，表现了封建帝王拥有四海的权威。	如：北京颐和园、北海公园，河北承德避暑山庄等。
	私家园林	供皇家宗室外戚、王公官吏、富商大贾（有权势人家）等休闲的园林。规模小，常用假山假水，园中建筑色彩淡雅素净，体型小巧玲珑，且居住和游览合一，表现园主人悠游林下、寄情山水的心态。	如：北京恭王府，苏州拙政园、留园，上海豫园，绍兴沈园等。
地理位置	北方类型	黄河类型、温带园林。范围较大，建筑多富丽堂皇。因自然条件受限，河川湖泊、园石和常绿树木较少。风格粗犷，秀丽媚美不足。	集中于北京、西安、洛阳、开封，尤以北京为代表。
	江南类型	南方类型、扬子江类型、亚热带园林。范围小，建筑淡雅朴素。自然条件好，河湖、园石、常绿树木较多。园林景致细腻精美、明媚秀丽，但面积小，略感局促。	集中于南京、上海、无锡、苏州、杭州、扬州等地，以苏州为代表。
	岭南类型	也称广东类型，按气候带划分可归类于热带园林。终年常绿，又多河川，造园条件比北方、江南都好。具有热带风光，建筑物都较高而宽敞。	如：广东顺德清晖园、东莞可园、番禺余荫山房等。

五、古典园林的游览方式

角度	说明
从“游”的角度讲	可顺着路、径、廊漫步游览，有步移景异的效果。
从“停”的角度讲	遇到厅、堂、亭、榭等重要建筑时，驻步停留，便于细细观赏。“亭”在古代就有停止的意思，宜了解“亭名”、建造年代、匾额、楹联，以及有关的历史典故；又如“榭”，多为临水而建，最适宜观赏水景。
从心理的角度讲	年轻人可选择登山越水的路径；老年人则可以安排进廊游览，注重平稳和安全。

总体而言，古典园林的浏览方式讲究“游”（漫步游览）与“停”（驻足观赏）的结合。

第二节　中国古典园林的构成要素及造园艺术

一、叠山

1. 园林的叠山：目的是登高望远，扩大空间。一般有石山、土山和土石混合三种。

2. 叠山的石材主要有两种：

☆黄石——因其质地坚硬，不易受风雨的侵蚀，用于假山的基础部分，称叠脚。

☆太湖石——有皱、瘦、漏、透四大特点，置于假山上部，供游人玩赏品味，称收顶。

此外还有宣石、灵璧石等。

3. 苏州环秀山庄假山：江南私家园林叠山的典型代表，有危崖、峭壁、峡谷、溪涧、曲磴、飞梁、山洞等，几乎把世间山水的灵气都融合进去了。连园林专家也惊叹“造园者未见此山，正如学诗者不知李杜”。（* 速记：环秀假山比李杜）

4.“江南三大奇石”：被称为“江南三大奇石”的玉玲珑（上海豫园）、冠云峰（苏州留园）、绉云峰（杭州竹素园），都是假山中的佼佼者。

二、理水

理水也是造园表现自然的因素之一。无论哪一种类型的园林，水是最富有生气的因素，无水不活。自然式园林以表现静态的水景为主，以表现水面平静如镜或烟波浩渺、寂静深远的意境取胜。人们或观赏山水景物在水中的倒影，或观赏水中怡然自得的游鱼，或观赏水中芙蕖睡莲，或观赏水中皎洁的明月。古典园林理水之法，一般有三种（掩、隔、破）：

方法	说明
掩	岸边的处理——以建筑和花木将池岸加以掩映，使其与周边的美景浑然一体。
隔	较大水面的处理——用堤、桥、水廊等分隔，以增加景深和空间层次，使水面有幽深之感。
破	水面较小时的处理——可用乱石为岸，犬牙交错，并植以细竹野藤，使一洼水池也有深邃山野风致的审美感觉。

三、动物

中国古典园林重视饲养动物。最早的苑囿中，以动物作为观赏、娱乐对象。唐代王维在辋川别业中养鹿放鹤，以寄托“一生几经伤心事，不向空门何处销”的解脱情趣。宋徽宗所建艮岳，集天下珍禽异兽数以万计，经过训练的鸟兽，在徽宗驾到时，能乖巧地排列在仪仗队里。明清时园林中有白鹤、鸳鸯、金鱼，还有天然鸟蝉等。（辋川别业和艮岳均已消失。）

园中动物可以观赏娱乐，扩大和深化自然境界，寄予美好寓意。

四、植物

植物是山水的肌肤、风景的容颜。山水如果离开花木也就没有了美感。中国古典园林着意表现自然美，对花木的选择标准有“三讲”：

选择标准	说明
姿美	树冠的形态、树枝的疏密曲直、树皮的质感、树叶的形状，都追求自然优美。
色美	树叶、树干、花都要求有各种自然的色彩美，如红枫、翠竹、紫薇等。
味香	要求自然淡雅和清幽，以梅花最为淡雅、兰花最为清幽。

花木除了对山石景观起衬托作用外，又往往和园林主人追求的精神境界有关。如：

花木	象征
竹子	人品清逸、气节高尚
松柏	坚强和长寿
莲花	洁净无瑕
玉兰/牡丹/桂花	荣华富贵
石榴	多子多孙
紫薇	象征高官厚禄

五、建筑

建筑要可行、可观、可居、可游，又起着得景、点景、引景、隔景的作用。

建筑	简介
厅堂	为园林中的主体建筑，待客集会的场所。厅堂的位置确定后，全园的景色布局才依次衍生变化，造成各种各样的园林景致。厅堂建筑的体量较大，空间环境相对开阔。
楼阁	楼阁是园林中较高层的建筑。它们不仅体量较大，而且造型丰富，在园林中起到重要的点景作用。楼阁可以用来观赏风景、储藏书画、供佛。
书房馆斋	馆可供宴客之用，体量有大有小，与厅堂稍有区别。斋供读书，环境当隐蔽清幽，尽可能避开园林中主要游览线路。书房馆斋建筑式样简朴，常附以小院，植芭蕉、梧桐等树木花卉，以创造清静、淡泊的情趣。
榭	建于水边或花畔，借以成景。平面常为长方形，一般多开敞或设窗扇，以供人们游憩眺望。水榭是在水边架起平台，平台一部分架在岸上，一部分伸入水中（三面临水），平台临水围以低平的栏杆，或设鹅颈靠椅供坐憩凭依。
轩	园林中地处高旷、环境幽静的建筑物。规模不及厅堂，其位置也不同于厅堂那样讲究在中轴线上。形式优美，不讲究对称布局，比较轻快，不甚拘束。
舫	仿舟船造型的建筑，常建于水边或池中。大多将船的造型建筑化，在形体上模仿船头、船舱的形式，便于与周围环境相协调，也便于内部建筑空间的使用。
亭	一种开敞的小型建筑物，形式多样。除供人休憩、纳凉、避雨与观赏四周景色外，还起着“点景”与“引景”的作用，既美化了风景，还可以作为游览的“向导”。

（续表）

建筑	简介
廊	一条带屋顶的路，是我国古代园林中一种既“引”且“观”的建筑，不仅有交通的功能，还有观赏的用途。 ☆按结构形式，可分为：双面空廊（两侧均为列柱，没有实墙，在廊中可以观赏两面景色）、单面空廊（又称“单廊”，一侧为列柱，一侧为实墙）、复廊（在双面空廊的中间夹一道墙，墙上开有各种式样的漏窗）等。 ☆按廊的总体造型及其与地形、环境的关系，可分为直廊、曲廊、爬山廊、水廊、桥廊等。 著名的廊有北京颐和园 700 多米的长廊（双面空廊）。 “江南三大名廊”：沧浪亭的复廊、拙政园的水廊、留园的曲廊（苏州）。
桥	一般采用拱桥、平桥、廊桥、曲桥等类型，有石质、竹质、木质，富有民族特色，不但有增添景色的作用，而且可用以隔景。
围墙	用以围合空间。围墙在园林中起着划分内外范围、分隔内部空间和遮挡劣景的作用，精巧的围墙还可以装饰园景。

六、匾额、楹联、刻石

分类	定义	内容	作用
匾额	悬置于门楣之上的题字牌	或引用前人已有的现成诗句，或略作变通，或即兴创作。	陶冶情操，抒发胸臆，还能够起到点景的作用，为园中景点增添诗意，拓宽意境。
楹联	两侧柱上的竖牌		
刻石	山石上的题诗刻字		

七、盆景

类别	说明
起源	盆景源于中国，已有 1000 多年的历史，是中国优秀传统艺术之一。
构成	由景、盆、几（架）三个要素组成，三者之间是相互联系、相互影响的统一整体。
分类	盆景一般分树桩盆景和山水盆景两大类。 ☆树桩盆景：以树木为主要材料，又可分为观枝、观叶、观果和观花 4 类。 ☆山水盆景：较多地应用山石、水、土作材料，以水为主的为水盆景，以土、石为主的为旱盆景，水、土兼有的为水旱盆景。
作用	盆景以植物、山石、土、水等为材料，经过艺术创作和园艺栽培，在花盆中典型、集中地塑造大自然的优美景色，达到缩地成寸、小中见大的艺术效果，同时以景抒怀，表现深远的意境，犹如立体、美丽的缩小版山水风景。
特色	盆景可以固定在一处，也可以根据需要放置在不同的地方，方便灵活。由于自然地理、民俗文化、审美习惯和加工工艺的差异，盆景呈现出一定的地域文化特色，形成岭南派、川派、苏派、海派、扬派五大流派。 ☆岭南派：以广州为中心，常用树种有榔榆、雀梅、九里香、福建茶和榕树等，擅长用修剪手法造型却又不留刀痕，具有自然飘逸的风格。

（续表）

类别	说明
	☆川派：以成都为中心，常用金弹子、紫薇、罗汉松、银杏和竹类为素材，用棕丝蟠扎造型，多年自然生长定型，故培育周期较长，讲究“悬根露爪”（根须外露）、“三弯九拐”（树干弯曲多变），将自然美与艺术美融于一体。 ☆苏派：以苏州为中心，常以雀梅、榔榆、三角枫、梅花、石榴为素材，喜用野生古桩经精心修剪、培育，形成苍老挺拔、古朴自然的风格。 ☆海派：以上海为中心，树种以松柏类、花果类为主，也使用国外品种，其制作技艺和艺术风格既受国内盆景艺术浸染，又受日本盆栽影响，博采众长，具有自然明快、雄健精巧的特点。 ☆扬派：以扬州为中心，选材以松柏、榔榆、瓜子黄杨居多，采取棕丝蟠扎与修剪相结合、“精扎细剪”的方法造型，具有树桩古老、枝叶平整的特点。
誉称	在中国古典园林中，无论大到建筑还是小到盆景，都是古人智慧的结晶。小小的盆景浓缩了一方天地，精巧的景致中，最能让人感受到“景由心致”的诗情画意，因此盆景又被称为“无声的诗、立体的画”。

第三节　中国古典园林的构景手段

手段	含义	示例
抑景	中国传统艺术历来讲究含蓄，所以园林造景也不会一走进门就看到最好的景色，最好的景色往往藏在后面，这叫“先藏后露”“欲扬先抑”。抑景又有山抑、树抑、曲抑之分。	园林入口处常迎门挡以假山，这种处理叫作山抑。杭州花港观鱼东大门的雪松，就是树抑的范例。“山重水复疑无路，柳暗花明又一村”是曲抑的体现。
夹景	当风景点在远方，如果视线的两侧大而无挡，就显得单调乏味；如果两侧用建筑物或树木花卉屏障起来，可使风景点更具诗情画意。	在颐和园后山的苏州河中划船，远方的苏州桥为主景，被两岸起伏的土山和美丽的林带所夹峙，构成了明媚动人的景色，这便是“夹景”。
添景	当风景点（或自然的山，或人文的塔等）在远方，如没有其他景点在中间、近处作过渡，就显得虚空而没有层次；如果在中间、近处有乔木、花卉作过渡景，景色就显得有层次美，这中间的乔木和近处的花卉，便称为“添景”。	在杭州白堤观赏雷峰塔或保俶塔远景时，西湖美景往往因为近处盛开的桃花和倒挂的柳丝作为过渡景而更显生动。
对景	在园林中，从甲风景点可观赏乙风景点，从乙风景点可观赏甲风景点的构景方法。	杭州西湖北面的保俶塔，与南面重建的雷峰塔，就是一组绝妙的对景。
框景	园林建筑中的门、窗、洞，或乔木树枝抱合成的景框，往往把山水美景或人文景观包含其中框起来，使人产生风景如画的感觉。	“窗含西岭千秋雪，门泊东吴万里船。”

（续表）

手段	含义	示例
漏景	透过漏窗的窗隙，可见园外或院内的美景。园林的围墙上，或走廊一侧或两侧的墙上，常常设以漏窗，或雕有带民族特色的各种几何图形，或雕以民间喜闻乐见的葡萄、石榴、老梅、修竹等植物，或雕以鹿、鹤、兔等动物。	杭州“三潭印月”有雕以梅、兰、竹、菊，分别喻义春、夏、秋、冬的一组漏窗，用的就是漏景法。
借景	将园外的景色和风光，巧妙地收进园内游人眼中，以丰富园内景色，使园内外景色融为一体，让游人扩展视觉和联想，以小见大。 明代计成在《园冶》中指出：“园林巧于因借。”借景有远借、近借、仰借、俯借、应时而借之分。	在北京颐和园东堤一带可遥望西边园外的玉泉山及其宝塔，是远借手法的范例。登上杭州花港观鱼的藏山阁，远处的南屏山、西山尽入眼帘，这也是远借。苏州沧浪亭不用围墙用假山，巧借了园外的流水，这就是近借。借空中的飞鸟，叫仰借。借池塘中的鱼，叫俯借。借四季的花或其他自然景象，叫应时而借。
障景	用山、石、花木加以掩盖和处理，也可以形成一种美景。	上海豫园鱼乐榭有一上实下空的墙，遮挡了原来流水较近的短处，产生了源远流长的效果，这是“障景”的神来之笔。

总结：

先藏后露是抑景，远近之间加景物层次是添景；

左右限制是夹景，两点对望是对景；

有门洞窗框是框景，透过空隙能看到是漏景；

园外景观入画来是借景，遮蔽短处是障景。

第四节　中国代表性古典园林

四大园林

- 中国 — 河北承德避暑山庄，北京颐和园，江苏苏州拙政园、留园 — *速记：颐和避暑拙政留
- 苏州 — 沧浪亭、狮子林、拙政园、留园 — *速记：沧狮拙留宋元明清
- 岭南 — 顺德清晖园、番禺余荫山房、东莞可园、佛山梁园 — *速记：清余可梁

*注意：“岭南四大园林”也被称为“广东四大园林”。

一、北方类型

1. 北京颐和园

位于北京市海淀区，是中国目前保存最完整的皇家园林。其前身是“清漪园”，乾隆皇帝为庆祝母亲六十寿辰下旨建成。清咸丰十年（1860 年）清漪园被英法联军焚毁。1886 年光绪皇帝和慈禧太后重建，取“颐养太和”之意，改名颐和园。

颐和园造园艺术高超，巧借天然山水，体现自然之趣，高度表现出中国皇家园林壮丽、恢宏的气势。全园分为三个区域：

区域	说明
政治活动区	以仁寿殿为中心。
生活区	以乐寿堂、玉澜堂为主体。
风景游览区	由昆明湖、万寿山组成的，风景游览区是颐和园的核心，分万寿山前山、昆明湖、后山后湖三部分。

园中的长廊、石舫、佛香阁、大戏楼、十七孔桥等建筑，堪称世界建筑文化中的珍品，在中外园林艺术史上有极高的地位。

2. 承德避暑山庄

又名承德离宫或热河行宫，位于河北省承德市，是清代皇帝夏天避暑和处理政务的场所。始建于康熙年间，建成于乾隆年间，占地 564 万平方米，是中国现存最大的古典皇家园林。

避暑山庄按照地形地貌特征选址和总体设计，完全借助于自然地势，因山就水，顺其自然，同时融南北造园艺术的精华于一身。园内可分宫殿区和苑景区。

区域	说明
宫殿区	皇帝处理朝政、举行庆典和生活起居的地方，由正宫、松鹤斋、万壑松风和东宫四组建筑组成。殿宇和围墙多采用青砖灰瓦、原木本色，淡雅庄重，简朴适度。
苑景区	分为湖泊区、平原区、山峦区三部分，有七十二景之说。

避暑山庄之外，半环于山庄的是雄伟的寺庙群，俗称“外八庙”，如众星捧月，环绕山庄，象征民族团结和中央集权。

二、江南类型

1. 苏州拙政园

位于苏州市东北隅，明正德年间，由明代御史王献臣弃官回乡后拓建而成。取晋代文学家潘岳《闲居赋》中“筑室种树，逍遥自得……灌园鬻蔬，以供朝夕之膳……此亦拙者之为政也”句意，将此园命名为拙政园。王献臣曾请吴门画派的代表人物文徵明为其设计蓝图，形成以水为主、疏朗平淡、近乎自然的风景。拙政园占地 5.2 万平方米，是苏州现存最大的古典园林，也是苏州园林的代表作。全园以水为中心，山水萦绕，厅榭精美，花木繁茂，充满诗情画意，具有浓郁的江南水乡特色。拙政园分为东、中、西三部分，各具特色，主要建筑有远香堂、雪香云蔚亭、留听阁、十八曼陀罗花馆、卅六鸳鸯馆等，布局疏落相宜、构思巧妙，风格清新秀雅、朴素自然。

2. 苏州留园

位于苏州姑苏区，原是明嘉靖年间太仆寺卿徐泰时的东园。清嘉庆年间，刘恕以故园改筑，名寒碧山庄，又称刘园。光绪初年为盛旭人所得，修葺拓建，易名留园。留园以建筑布置精巧、奇石众多而著称。全园用建筑来划分空间，可分为中、东、西、北四个景区，且全园四区皆有曲廊相连，廊长 700 多米。

位置	特点
中部	以水景见长，是全园的精华所在，池水明洁，峰峦环抱。
东部	以建筑取胜，重檐叠楼，曲院回廊，并有名石冠云、瑞云、岫云三座石峰。
西部	环境僻静，富有山林野趣。
北部	田园风光。

3. 苏州网师园

地处旧城东南隅，始建于南宋，旧为侍郎史正志的“万卷堂”故址，花园名为“渔隐”。清乾隆年间，光禄寺少卿宋宗元购得此园并重建，定园名为“网师园”。网师乃渔夫、渔翁之意，又与“渔隐”同意，含有隐居江湖的意思，网师园便意为“渔父钓叟之园”，园内的山水布置和景点题名蕴含着浓郁的隐逸气息。网师园面积仅 5300 平方米，但小中见大，布局严谨，主次分明又富于变化，园内有园，景外有景，精巧幽深之至。建筑虽多却不见拥塞，山池虽小却不觉局促。全园清新有韵味，被陈从周先生誉为“苏州园林小园极则，在全国园林中亦居上选，是以少胜多的典范”。

4. 扬州个园

位于扬州市老城区，建于清嘉庆年间，是两淮盐商商总黄至筠在明代寿芝园旧址的基础上所建的私家园林。园主特别爱竹，园内翠竹成林，故取清袁枚“月映竹成千个字”之句命名。个园小巧玲珑，以假山堆叠精巧著名，采取分峰叠石的手法，运用笋石、湖石、黄石、宣石表现春、夏、秋、冬四季景色，号称“四季假山”，融造园法则与山水画理于一体，随候异色，陈从周先生誉其为“国内孤例”。

5. 无锡寄畅园

寄畅园坐落于无锡市西郊惠山东麓，是明嘉靖初年曾任南京兵部尚书的秦金（号凤山）所建，名“凤谷山庄”。万历年间，取王羲之“取欢仁智乐，寄畅山水阴”句中的“寄畅”两字命名。寄畅园是中国山麓别墅园林的代表，园林虽小，但能利用山水地形，巧妙运用借景，将惠山、锡山秀色揽入园内，以有限的空间营造无限的意境，在江南园林中别具一格。清康熙、乾隆二帝曾多次游历此处，一再题诗。北京颐和园内的谐趣园、圆明园内的廓然大公（后来也称双鹤斋）均为仿无锡惠山寄畅园而建。

6. 上海豫园

位于上海老街城隍庙的北面，是明代四川布政使潘允端于嘉靖年间动工建造的，豫园之名乃取“豫（愉）悦老亲”之意。整个园林规模宏伟，景色佳丽，兼有明清两代南方园林建筑风格，被誉为“奇秀甲于东南”。五条龙墙将全园40余处亭、台、楼、阁分割为各具特色的六大景区，以有限的空间表现无穷宇宙的意境，体现了中国古典园林“壶中天地”的境界。“江南三大奇石”之冠是玉华堂前的太湖石“玉玲珑”。

三、岭南类型

1. 顺德清晖园

清晖园位于广东佛山市顺德区，原为明末状元黄士俊所建的黄氏花园，后为清乾隆年间进士龙应时购得，经龙家数代人经营方列晚清名园之列。现存建筑主要建于清嘉庆年间。园取名“清晖”，意为和煦普照之日光，喻父母之恩德。清晖园是岭南园林的代表作，为适应南方炎热气候，形成前疏后密、前低后高的独特布局，但疏而不空、密而不塞，建筑造型轻巧灵活、开敞通透。

2. 番禺余荫山房

余荫山房又称余荫园，位于广州市番禺区，为清代举人邬彬的私家花园，始建于清同治年间。占地面积约1598平方米，吸收了苏杭庭院建筑的艺术风格，整座园林布局以灵巧精致的艺术特色著称。它以“藏而不露”和“缩龙成寸”的手法，在面积并不大的山林里，浓缩了园林的主要设施和景致，使有限的空间注入了幽深广阔的无限佳境。余荫山房是广东“四大园林”（* 速记：清余可梁）中保存原貌最好的古典园林。

四、中国著名古典园林小结

类型	名称	特点
北方类型	北京颐和园	前身是“清漪园”，乾隆所建，取“颐养太和”之意，其长廊、石舫、佛香阁、大戏楼、十七孔桥堪称世界建筑艺术中的珍品。
	承德避暑山庄	康熙至乾隆年间建成，是中国现存最大的古典皇家园林。分为宫殿区和苑景区。山庄之外称“外八庙”，象征民族团结和中央集权。
江南类型	苏州拙政园	明代王献臣取晋代潘岳《闲居赋》中“此亦拙者之为政也”句意。曾请文徵明设计蓝图。是苏州现存最大的园林，也是苏州园林的代表作。
	苏州留园	可分中、东、西、北四个景区：中部水景是全园的精华所在，东有名石冠云、瑞云、岫云三座石峰；全园四区皆有曲廊相连，廊长700多米。
	苏州网师园	始建于南宋。网师乃渔夫、渔翁之意，意为“渔父钓叟之园”，面积仅5300平方米，被认为是苏州古典园林中“以少胜多”的典范。
	扬州个园	☆取袁枚“月映竹成千个字”之句命名。 ☆笋石、湖石、黄石、宣石表现春、夏、秋、冬四季景色，号称“四季假山”。 ☆被誉为“国内孤例”。

（续表）

类型	名称	特点
	上海豫园	☆“豫（愉）悦老亲”之意。 ☆誉为“奇秀甲于东南”。 ☆五条龙墙将全园 40 余处亭、台、楼、阁分割为各具特色的六大景区。 ☆体现了中国古典园林“壶中天地”的境界。 ☆玉华堂前的太湖石“玉玲珑”为“江南三大奇石”之冠。
	无锡寄畅园	☆取王羲之句中的“寄畅”两字命名。 ☆山麓别墅园林的代表。 ☆清康熙、乾隆二帝曾多次游历。 ☆颐和园内的一些景观仿此园而建。
岭南类型	顺德清晖园	佛山顺德区，“清晖”意为和煦普照之日光，喻父母之恩德。岭南园林的代表作。
	番禺余荫山房	为清代举人邬彬的私家花园，始建于清同治年间。吸收了苏杭庭院建筑的艺术风格，以“藏而不露”和“缩龙成寸”的手法，在广东“四大园林”中保存原貌最好。

*速记：山庄第一大，拙政两个人，留园三座峰，网师少胜多，颐和建筑五珍品；个园三要点；寄畅四要点；豫园五要点；清晖为代表，山房保存好。

第五节　中国现代园林艺术及代表案例

一、中国现代园林概述

中国现代园林泛指通过精巧的设计构思而营造完成的户外环境，一般指的是从中华人民共和国成立到当下这段时期的园林建设活动。现代园林具有多元的、类型丰富的内容，多样的尺度，主要包括居住区景观、街角绿地、城市广场、都市公园、风景名胜区、区域绿道系统、国家公园、自然保护地等专业内容。因此，现代园林是当代人居环境体系中（建筑、城市、园林三位一体）的基础性支撑行业。

现代园林与古典园林有千丝万缕的联系，不仅有继承，还有创新。一是因为现代园林的形式、空间、精神内涵和自然观念可传承于古典园林；二是现代园林的格局、功能、尺度和价值又突破了古典园林的基本范畴。所以，现代园林是从历史传统中孕育而来，且根据现实需求进一步重获新时代的价值体系，因此，它的根本目标是创造生态友好、环境优美、人性关怀、浪漫诗意的栖居环境。

二、中国现代园林特点

中国现代园林是一种政治、社会、经济、文化的综合性产物，同时，通过现代园林，人们还能瞭望和理解一个社会的总体状况和文化品位。现代园林的时代特点主要依靠其内在功能承载，这些功能主要体现在公共性、生态性、审美性、系统性、国家性五个特性之上。总体而言，现代园林的特点是以符合时代需求为出发点，以人为本，强化文化认同，重塑人与自然的和谐环境为使命。

特性	说明
公共性	园林空间不仅服务于私人领域，更是把使用空间的人群扩大到大众市民，所有公民都具有自由享受空间的基本权利，从而赋予现代园林以公共服务的基本属性。
生态性	主要从人与自然关系的角度出发，营造一种可持续性和生物多样性的循环系统，以维护和再造“金山银山”为己任。
审美性	现代园林为大众提供一种视觉优美、身心愉悦的自然之景，且满足观赏的需求。
系统性	注重不同空间结构之间的连通性，尝试把小尺度的绿地、中尺度的公园、大尺度的区域景观联系起来，从而形成一个相互联系和贯通的网络系统。
国家性	现代园林需要以中国的民族特征和独特的地理环境作为建设的指导原则： ☆民众可以在园林中（景观）培育基本的生态伦理意识。 ☆民众可以在其中确认和重塑自身的国家认同感。

三、中国现代园林代表案例

以下中国现代园林的代表案例，分别对应上述五个特点。

案例	说明
北京CBD现代艺术中心公园	以公共性为目标，通过各种专业技能的操作，创造了一处便于都市居民休闲和交往的公共空间。以经典设计原理创造出具有公共性品质的当代景观范例。
哈尔滨群力公园	以生态性作为基础性理念，营造自然的生境，让自然本身做功，选取当地的乡土植物，打造都市生态可持续的野境。杭州江洋畈生态公园也是运用自然材料进行园林营造。
杭州花港观鱼公园	是中华人民共和国成立后建造的第一批城市园林，设计师营造出一种具有诗情画意的现代园林。如北京的奥林匹克公园，也是按照中国的山水结构进行营造的现代园林，是集休闲、运动、游憩、集会于一体的审美空间。
深圳绿道规划	深圳市政府计划构建“区域、城市、社区”三级绿道的网络体系，整体形成衔接有序、连接便捷的“四横八环”型绿道网络结构。充分体现了现代园林所具有的系统连通性。
三江源国家公园	现代园林的建设不仅限于都市或乡村的地区，还纵深到国土空间的层面上。因此，现代园林还有一个特点是国家代表性，三江源国家公园作为第一批试点便集中体现了国家代表性和全民性的特征。

易错考题小试牛刀

1.（判断题）太湖石质地坚硬，不易受风雨侵蚀，用于假山的基础部分，称叠石。（　）

2.（单选题）下列对“轩”的描述中，正确的是（　）。
A. 轩是指地处高旷、环境幽静的建筑物
B. 平面为长方形，一般多开敞或设窗扇，以供人们游憩眺望
C. 轩的典型形式是在水边架起平台，平台一部分架在岸上，一部分伸入水中
D. 轩可供读书、宴客之用

3.（单选题）广东四大名园中保存原貌最好的是（　）。
A. 清晖园　B. 可园　C. 余荫山房　D. 十二石斋

4.（单选题）在园林植物中，象征多子多孙的是（　）。
A. 玉兰　B. 牡丹　C. 石榴　D. 紫薇

5.（单选题）始建于清代的清晖园位于广东的（　）。
A. 广州　B. 番禺　C. 东莞　D. 佛山

6.（多选题）江南类型的园林也称（　）。
A. 南方类型　B. 热带类型　C. 岭南类型　D. 扬子江类型　E. 亚热带园林

7.（多选题）被称为“江南三大奇石”的（　），都是假山中的佼佼者。
A. 玉玲珑　B. 岫云峰　C. 瑞云峰　D. 冠云峰　E. 绉云峰

【答案】 1. 错　2.A　3.C　4.C　5.D　6.ADE　7.ADE

第八章
中国饮食文化

【考试大纲】

- **了解：** 饮食文化发展历史、风味流派。
- **熟悉：** 中国风味特色菜——宫廷菜、官府菜、江湖菜、素席的特点和代表菜品。
- **掌握：** 鲁菜、川菜、粤菜、淮扬菜的形成、特点及代表性菜品，中国传统名茶、名酒的相关知识。

【历年分值】

年份	判断（题）	单选（题）	多选（题）	分值（分）
2019	2	6	2	6
2020	3	5	3	7
2023	0	2	2	3
2024	1	4	2	4.5

第一节　中国主要菜系

一、中国饮食文化发展历史

1. 世界三大烹饪流派——中国、法国、土耳其。

2. 人类饮食文化的起点——用火加工食物。

3. 烹饪技术的第一次飞跃——陶器的发明，人类真正进入烹饪时代。

4. 夏商周为铜烹时期，西汉以后为铁烹时期，发展到现在，烹饪工艺不断改进和完善，形成了富有中国特色的风味体系。不少菜系和菜品在对外交流中走向世界。四川成都、广东顺德、澳门、江苏扬州、江苏淮安、广东潮州六座城市被联合国教科文组织创意城市网络（UCCN）先后授予“美食之都”称号。

二、中国菜系的划分

菜系，指在选料、切配、烹饪等技艺方面，经长期演变而自成体系、具有鲜明的地方风味特色并为社会所公认的中国菜肴流派。明清时期形成了以下菜系：

菜系
- 四大菜系 — 鲁、苏、川、粤（称为“帮口”或“帮口菜”）
- 八大菜系 — 四大＋徽、浙、闽、湘
- 十大菜系 — 八大＋京、沪
- 十二大菜系 — 十大＋豫、秦

*速记：鲁肃穿越，挥着茗香，惊呼疫情

三、中国四大菜系简介

（一）鲁菜（山东菜）

类别	说明
概况	为八大菜系之首，是我国北方历史悠久、影响最大的菜系，有北方代表菜之称。
历史	鲁菜源远流长，其菜系的形成可以追溯到春秋战国时期。南北朝时初具规模。唐宋时成为北方地区菜肴的主要代表，并流传到全国各地。 元、明、清各代，山东菜进入宫廷成为御膳支柱。现代北京的仿膳菜仍具有鲁菜特色。

（续表）

类别	说明
特点	讲究调味醇正，口味偏于咸鲜，具有鲜、嫩、香、脆的特色。以爆、扒技法见长，善用酱、葱、蒜调味和用清汤、奶汤增鲜。
构成	济南菜（齐鲁风味）+青岛菜（胶辽风味）；孔府菜自成体系。
代表菜	糖醋鲤鱼、九转大肠、德州扒鸡、油爆双脆、葱烧海参、清蒸加吉鱼、清汤燕菜、炸蛎黄、油爆海螺、原壳鲍鱼、海米珍珠笋、燕窝四大件等。（12道菜）

（二）苏菜（淮扬菜）

类别	说明
概况	江苏省地理位置优越，气候寒暖适宜，素有“鱼米之乡”之称。“春有刀鲚夏有鲥，秋有肥鸭冬有蔬”，一年四季水产畜禽菜蔬连续上市，为烹饪技术发展提供了优越的物质条件。
特点	用料广泛，以江河湖海水鲜为主；刀工精细，烹调方法多样，擅长炖、焖、煨、焐；追求本味，清鲜平和、适应性强，菜品风格雅丽、形质均美。
构成	由淮扬菜（扬州、淮安）、江宁菜（南京、镇江）、苏锡菜（苏州、无锡）等几部分组成，以淮扬菜为代表。（科目四中，苏菜由淮扬菜、金陵菜、苏锡菜和徐海菜四种风味组成）
代表菜	松鼠鳜鱼、碧螺虾仁、响油鳝糊、叫花鸡、太湖银鱼、清炖蟹粉狮子头、大煮干丝、三套鸭、水晶肴肉、盐水鸭、霸王别姬、羊方藏鱼等。（12道菜）

（三）粤菜

类别	说明
概况	粤菜的形成和发展有着悠久的历史。广州很早便是岭南政治、经济、文化中心，饮食文化比较发达。同时，广东是我国最早对外通商的口岸之一，在长期与西方经济往来和文化交流中，汲取了外来的原料和技艺，使粤菜日渐完善。加之海外华侨把欧美、东南亚的烹调技术传回家乡，丰富了粤菜的内容，促进了粤菜的发展。
特点	以选料广博奇杂、菜肴新颖奇异而闻名全国。对鱼虾、禽畜、野味烹制均有专长，尤其对“蛇”的制作有独到之处。同时，广东属亚热带，天气炎热，这也给食俗带来很大的影响，其口味清淡，重汤菜。
构成	由广府（广州菜）、客家（东江风味，惠州菜为代表）、潮汕（潮州菜）三种风味组成，以广府风味为代表。
代表菜	白灼海虾、脆皮乳猪、白云猪手、太爷鸡、香芋扣肉、黄埔炒蛋、炖禾虫、五彩炒蛇丝、东江盐焗鸡、爽口牛丸、油泡鲜虾仁等。（11道菜）

（四）川菜

类别	说明
概况	源于古代的巴国和蜀国，历史悠久。从秦朝到三国时期，成都逐渐成为四川政治、经济、文化中心，使川菜得到不断发展，逐渐成为我国一个主要地方菜系，蜚声海内外，有“食在中国，味在四川”之说。

（续表）

类别	说明
特点	有用料广博、味道多样、菜肴适应面广三个特征，尤以味型多样、变化巧妙著称。多用三椒（辣椒、花椒、胡椒）和鲜姜、豆瓣酱等，不同配比化出麻辣、酸辣、椒麻、麻酱、蒜泥、芥末、红油、糖醋、鱼香、怪味等味型，无不厚实醇浓，具有“一菜一格”“百菜百味”的风味。
构成	川菜包括重庆、成都和乐山、内江、自贡等地方菜，主要分为蓉派（成都、乐山）、渝派（重庆、达州）和盐帮（自贡、内江）菜三类。（科目四中，传统川菜分为上河帮、下河帮、小河帮三大流派）
代表菜	鱼香肉丝、宫保鸡丁、夫妻肺片、麻婆豆腐、回锅肉、灯影牛肉、樟茶鸭子、干煸牛肉丝、水煮鱼、怪味鸡等。（10道菜）

四、四大菜系代表菜汇总列表

菜系	构成	带数字	带人名或地名	菜品特质	带技法或原料
鲁菜（12）	齐鲁 胶辽 孔府菜	九转大肠 油爆双脆 燕窝四大件	德州扒鸡	海米珍珠笋 清汤燕菜	糖醋鲤鱼 葱烧海参 清蒸加吉鱼 炸蛎黄 油爆海螺 原壳鲍鱼
苏菜（12）	淮扬菜 江宁菜 苏锡菜	三套鸭	叫花鸡 太湖银鱼	松鼠鳜鱼 水晶肴肉 霸王别姬 羊方藏鱼 清炖蟹粉狮子头	碧螺虾仁 响油鳝糊 大煮干丝 盐水鸭
粤菜（11）	广府 客家 潮汕	五彩炒蛇丝	太爷鸡 黄埔炒蛋 白云猪手 东江盐焗鸡	爽口牛丸	白灼海虾 脆皮乳猪 香芋扣肉 炖禾虫 油泡鲜虾仁
川菜（10）	蓉派 渝派 盐帮	—	宫保鸡丁 夫妻肺片 麻婆豆腐	鱼香肉丝 怪味鸡 灯影牛肉	回锅肉 樟茶鸭子 干煸牛肉丝 水煮鱼

第二节　中国风味特色菜

一、宫廷菜特点及代表菜品

宫廷菜是皇宫内御膳房制作、专供帝王后妃等皇室成员享用的菜肴。尽管因建都地点的影响而分为南味和北味两大风格。共同特点是：华贵珍奇、配菜讲究典式规格。

☆选料考究，配料严格——广收稀世之珍，并对之有严格的要求。

☆讲究刀工，烹调细腻——原料的规格不大不小，不多不少，入口恰好；在刀法运用上除要根据原料的特性进行造型外，还要注重烹制时使原料便于入味。

☆造型美观，寓意吉祥——动用“围、配、镶、酿”等工艺，菜名寓意吉祥且具有丰富的文化内涵；使用的餐具都色形华贵，造型古雅特异，既有金、银、玉石、水晶、玛瑙、珊瑚、犀角、玳瑁、象牙等材质的餐具，也有大量官窑特制的精美瓷器。

现在人们所说的宫廷菜，一般是指清代的宫廷风味菜。清代宫廷菜主要是在山东风味、满族风味和苏杭风味这三种风味菜基础上发展而来，选料严格，制作精细，形色美观，口味以清、鲜、酥、嫩见长。

类别	说明
北京御膳	北京的仿膳宫廷菜保留了清代宫廷菜的传统风味。北京北海公园仿膳饭庄、颐和园听鹂馆所经营的宫廷菜肴包括凤尾鱼翅、金蟾玉鲍、一品官燕、油攒大虾、宫门奉鱼、金鱼鸭掌、熘鸡脯等名菜以及豌豆黄、芸豆卷、小窝头、肉末烧饼等。
西安仿唐	辋川小样、驼蹄羹、遍地锦装鳖等。
开封仿宋	两色腰子、东华鲊、水晶脍等。
杭州仿宋	东坡脯、莲花鸡签、蟹酿橙等。

* 速记宫廷菜：西安仿唐菜——辋川驼蹄遍地鳖；开封仿宋菜——东华两色水晶脍；杭州仿宋菜——东坡莲花蟹酿橙。其余均为北京仿膳。

二、官府菜特点及代表菜品

古代官宦之家所制的馔肴。许多文武官员官高禄厚，生活奢侈，他们重金聘请名厨，吸收全国各地风味菜，创造了许多传世的烹调技艺和名菜，可谓“家蓄美厨，竞比成风”，官府菜讲究用料广博益寿，制作奇巧精致，味道中庸平和，菜名典雅得趣，筵席名目繁多且用餐环境古朴高贵。规格上介于宫廷菜与庶民菜之间。有的官府菜以其独特的风味流传至今。

（一）孔府菜

类别	说明
概况	孔府菜是我国延续时间最长的典型官府菜。其烹调技艺和传统名菜都是代代承袭、世世相传。自西汉以来，随着孔子后裔政治地位的提升，皇帝朝圣及祭祀活动频繁。皇室成员每次到曲阜，孔府必以盛宴接驾。高官要员纷至沓来，孔府也要设高级宴席接风。孔府内眷多来自各地的官宦之家，他们之间的礼尚往来，使众家名馔佳肴得以荟萃一堂，各呈特色，互为补益。孔府这种广泛的社交活动和内、外厨之间的频繁更替，促使了孔府和宫廷、孔府与官府、孔府同民间的烹饪技艺的不断交流。加之千百年来孔府名厨巧师的潜心切磋，师承旧制，在继承传统技艺的基础上进行创新，从而逐渐自成一格，名馔珍馐齐备，品类丰盛完美，色、香、味、形、器俱佳的孔府菜成为一份珍贵的文化遗产。孔府菜的烹饪技艺和风味特色，对我国的烹饪文化，特别对鲁菜的影响大。
特点	☆用料极其广泛，高至山珍海味，低到瓜、果、菜、椒或山林野菜等，都可烹制出佳蔬美味。 ☆做工精细，善于调味，讲究盛器，烹调技法全面。 ☆命名极为讲究，寓意深远，有的沿用传统名称，有的取名古朴典雅、富有诗意。
代表名菜	诗礼银杏、八仙过海、怀抱鲤鱼、孔府一品锅、御笔猴头。（5 道菜） （* 速记孔府菜：八仙怀抱御笔到孔府写诗）

（二）谭家菜

类别	说明
概况	谭家菜俗称“榜眼菜”，产生于清朝末年的官人谭宗浚家中。由于谭家菜选料考究、制作精细，尤其重火功和调味，因而深受各界食客的赞赏与推崇，当时作为一种家庭菜肴就已闻名北京。在烹调中往往是糖、盐各半，以甜提鲜，以咸提香，做出的菜肴口味适中、鲜美可口，无论南方人、北方人都爱吃。
特点	讲究原汁原味。谭家菜是家庭菜肴，讲究慢火细做，追求香醇软烂，采用较多的烹饪方法有烧、烩、焖、蒸、扒、煎、烤以及羹汤。谭家菜以燕窝和鱼翅的烹制最为有名。
代表名菜	清汤燕窝、黄焖鱼翅、红烧鲍鱼、扒大乌参、草菇蒸鸡等。 （* 速记谭家菜：我吃饱乌鸡——即燕窝、鱼翅、鲍鱼、乌参、草菇鸡）

拓展：谭宗浚——广东南海人，同治十三年（1874 年）殿试中一甲二名进士（榜眼），入京师翰林院为官。居西四羊肉胡同，他与儿子注重饮食并以重金礼聘京师名厨，坚持“选料精、下料狠、做功细、火候足、口味纯”的门规数十年如一日，将广东菜与北京菜相结合而自成一派。社会上曾流传“戏界无腔不学谭（谭叫天即谭鑫培）、食界无口不夸谭（指谭家菜）”。

（三）红楼菜

类别	说明
概况	据《红楼梦》所记述的贾府的肴馔饮食所研制，具有官府菜的特点。
特点	红楼菜的研制，一是根据书中写有具体做法的菜，照法仿制，如茄鲞等；二是对那些只列有菜名或原料名而无做法的菜，结合现代烹饪技艺加以研制并定名。
代表名菜	糟鹅掌、火腿炖肘子、怡红祝寿、老蚌怀珠、乌龙戏珠、炸鹌鹑等。 （* 速记红楼菜：鹅掌肘子来祝寿；怀珠戏珠炸鹌鹑）

（四）随园菜

类别	说明
概况	因清代袁枚《随园食单》而得名的官府菜。
特点	十分讲究原料选择；加工、烹调精细而卫生；讲究色、香、味、形、器；注重筵席的制作艺术。
代表名菜	素燕鱼翅、鳆鱼炖鸭、白玉虾圆、雪梨鸡片等。 （* 速记随园菜：素鳆白雪）

拓展：袁枚（1716 年—1798 年），晚年自号仓山居士、随园主人。杭州人，祖籍浙江慈溪。清朝诗人、散文家、文学批评家和美食家。乾隆四年进士，为官勤政颇有声望，辞官后隐居于南京小仓山随园。广收诗弟子，女弟子尤众。82 岁去世，葬在南京百步坡，世称“随园先生”。袁枚题“月映竹成千个字”——“个园”。

三、江湖菜特点及代表菜品

江湖菜是相对于“正宗菜”而言的菜式。最先发迹于重庆的大排档、小酒家，因其有特色、有风味、有新意，迎合了人们觅新猎奇的消费心理；又因其价格较低，适合大众的消费需求，很快风靡巴渝大地，被称为江湖菜。主要特点为：

特点	说明
“土”	植根于民间，具有浓厚的乡土气息。
“粗”	具有粗犷豪放的气质，在烹调上不拘常法，在形式上不拘小节，土灶大锅，大把调料，上桌也是粗碗大盘，绝不同于高端餐厅的精雕细琢。
“杂”	江湖菜具有兼收并蓄的“杂交”手法，运用各种不同的烹调技巧，南菜北烹，北料南做，新料旧烹，旧料新做，西餐中吃，中菜西做，做出来的菜让人感到似曾相识，又弄不清来路，因此江湖菜也被称为“迷宗菜”。

江湖菜常见的菜品有：来凤鱼、酸菜鱼、太安鱼、香辣蟹、辣子鸡、口水鸡、芋儿鸡、啤酒鸭、老腊肉炒萝卜干、毛血旺等。

菜品	说明
来凤鱼	重庆“江湖菜”流行之鼻祖，起源于成渝公路边的来凤镇。在继承豆瓣鱼的基础上大胆创新，以“麻、辣、烫、嫩”为特征。
辣子鸡	重庆沙坪坝歌乐山镇的餐厅用茂汶大红袍花椒、四川海椒炒麻鸡。食客在一大盆辣椒里搜寻黄豆大的爆脆鸡丁，歌乐山镇因此形成了辣子鸡一条街。
毛血旺	源于重庆磁器口，以血旺和毛肚杂碎为主料，是一道人人称赞的江湖菜，席卷大江南北。
酸菜鱼	源于江边渔船，用鲜草鱼为主料，配以四川泡菜煮制，汤酸香鲜美，微辣不腻。

* 速记江湖菜：镇上来凤鱼，山头辣子鸡，磁器口尝毛血旺，大江边吃酸菜鱼。

四、素席特点及代表菜品

类别	说明
概况	中国的素菜源远流长，产生于春秋战国时期，主要用于祭祀和重大典礼。随着佛教传入我国，汉族僧侣"持斋吃素"，寺院素食烹饪的发展推动了民间的素食风俗，也推动了素菜的发展。从此，素席便自成体系、独树一帜，成为丰富多彩的中国饮食文化的一个重要组成部分。 中国素席有素斋、宫廷素菜、民间素菜三大派系。
特点	素食风味通常指用植物油、蔬菜、豆制品、菌类和干鲜果品等植物性原料烹制的菜肴。主要特点：一是原料全素，时鲜为主，清爽素净；二是营养独特，健身疗疾；三是模仿荤菜，形态逼真，口味相似。
素斋	泛指道教宫观、佛教寺院烹饪的素食菜肴。素斋大多就地取材，烹饪简单，品种不繁，但质量求精。厦门南普陀寺、杭州灵隐寺、上海玉佛寺、成都宝光寺、湖北武当山的素斋享有盛名。
宫廷素菜	素菜中的精品。宫廷中御膳房内专设"素局"，负责皇帝"斋戒"素食。 宫廷素菜制作考究复杂，品种繁多，如：散烩八宝、炒豆腐脑曾得到慈禧太后的赞赏。
民间素菜	与当地民俗密切相关。我国著名的素餐馆有上海功德林、北京功德林、天津真素园等。

第三节　中国传统名茶、名酒的分类与特点

一、中国传统名茶

（一）名茶简介

类别	说明
概述	中国是茶树的原产地，又是最早发现茶叶功效、栽培茶树和制成茶叶的国家。唐代茶圣陆羽的《茶经》是中国也是世界第一部茶叶专著。它记述了茶的起源、品质、种植方法、产地、采制、烹饮及器具等。茶叶、咖啡、可可是世界三大饮料。
分类	茶叶是以茶树新梢上的芽叶嫩梢为原料加工制成的产品。 根据初加工分为：绿茶、红茶、青茶（乌龙茶）、黑茶、黄茶和白茶。（六大茶类） 再加工茶类： ☆压制成型的紧压茶——紧压茶主要以黑茶或红茶或绿茶为原料，经过蒸压处理，加工成茶块，深受西北、西南少数民族的喜爱。也称边销茶。 ☆鲜花窨制的花茶——出现于宋代，以精制茶叶和鲜花经过窨花工艺制成，尤其受我国北方（汉族）人民的喜爱。[* 速记：送（宋）花茶]

（二）名茶的分类

分类	加工工艺	特点	代表
绿茶	不发酵茶，初制时采用高温杀青，以保持鲜叶原有的嫩绿。	最古老的茶叶品种。绿叶绿汤，色泽光润，汤澄碧绿，清香芬芳，味爽鲜醇；产量大、品种多。	西湖龙井、太湖碧螺春、黄山毛峰（＊注意：两湖一山不发酵）
红茶	全发酵茶，制作关键是渥红（发酵）以促进酶活性，使多酚类充分氧化。	出现于清朝。 红叶红汤、香甜味醇，具有水果香气和醇厚的滋味，还具有耐泡的特点。	安徽祁红、云南滇红（＊注意：祁红滇红全发酵）
青茶（乌龙茶）	半发酵茶，介于红茶与绿茶之间。	叶色青绿，汤色金黄，绿叶红镶边，香气芬芳浓醇，既具有红茶的醇厚，又具有绿茶的清香。产地主要集中在福建、广东、台湾一带。	福建武夷岩茶、铁观音，广东凤凰单丛茶，台湾冻顶乌龙（＊注意：岩茶观音单冻顶，乌龙青茶半发酵）
黄茶	采用杀青、焖黄的方法，使鲜叶发生非酶性氧化。	黄叶黄汤，香气清悦醇和；按芽叶嫩度分为黄芽茶、黄小茶和黄大茶。	湖南君山银针（＊注意：君山银针是黄茶）
黑茶	后发酵茶，随时间的不同，发酵程度会发生变化。	干茶颜色为青褐色，泡茶后，汤色橙黄或褐色，有陈香，滋味醇厚回甘。黑茶花色品种丰富，茶性温和，可久藏不坏，耐煮泡。	云南普洱茶（＊注意：普洱黑茶耐煮泡）
白茶	绿茶类的白茶，白茶树（不发酵）。	芽叶满披白毫，呈银白色。	浙江安吉白茶、太湖白茶（＊注意：安太白茶不发酵）
	采用“鲜叶—萎凋—轻微发酵—自然干燥或文火微焙”的工序与方法制作的轻度发酵的白茶。（发酵度 10% ~ 20%）	白茶茶性寒凉，有退热祛暑之功效。冲泡后，茶汤呈象牙色，味道清鲜爽口、甘醇，香气较强。	白毫银针、白牡丹、贡眉（＊速记：牡丹银针修眉毛）

＊速记名茶要点：两湖一山不发酵；祁红滇红全发酵；岩茶观音单冻顶，乌龙名茶半发酵；黄茶君山有银针；普洱黑茶耐煮泡；牡丹银针绣贡眉；太湖安吉不发酵。

（三）中国名茶发酵程度

绿茶	白茶	黄茶	青茶	红茶	黑茶
不发酵	微发酵	轻发酵	半发酵	全发酵	后发酵
发酵程度：低→高					

（四）中国名茶特点

分类	名称	特点
绿茶	西湖龙井	产于浙江杭州，居中国名茶之冠。 龙井茶外形挺直削尖、扁平俊秀，色泽绿中显黄。 冲泡后，香气清高，汤色杏绿，叶底嫩绿，匀齐成朵，有“色绿，香郁，味醇，形美”四绝之说。
	太湖碧螺春	产于江苏吴县（今吴中区）太湖上的洞庭山，又名洞庭碧螺春。原名为“吓煞人香”。后经康熙皇帝改名为“碧螺春”。 特点是条索纤细，卷曲成螺，绒毛遍布，有花香果味。
	黄山毛峰	产于安徽黄山，是毛峰茶中的佳品。 特点是芽叶肥壮，大小均匀，银毫形如雀舌，油润光滑，绿中微黄，冲泡入口醇香鲜爽，回味甘甜，沁人心脾。特级黄山毛峰又称黄山云雾茶，产量极少。
红茶	祁红	又称祁门红茶，是祁门工夫红茶的简称，主要产于安徽祁门。 祁门红茶条索紧细秀长，色泽乌润，毫色金黄，汤色红艳透明，叶底鲜红明亮，入口醇和，回味隽厚，味中有浓郁的既似果香又似兰花香的香气，清鲜持久，国外誉为“祁门香”。
	滇红	云南红茶的统称，分滇红工夫茶和滇红碎茶两种。 滇红工夫茶芽叶肥壮，金毫显露，汤色红艳，香气高醇，滋味浓厚。滇红工夫茶中，品质最优的是“滇红特级礼茶”，以一芽一叶为主制作而成，成品茶条索紧直肥壮，苗锋秀丽完整，金毫多而显露，色泽乌黑油润，汤色红浓透明，滋味浓厚鲜爽，香气高醇持久，叶底红匀明亮。 滇红工夫茶是条形茶，滇红碎茶是颗粒型碎茶。前者滋味醇和，后者滋味强烈。
青茶（乌龙茶）	武夷岩茶	产于闽北武夷山岩上的乌龙茶类的总称。 武夷岩茶外形为条索形，紧实匀整，色泽绿褐鲜润，冲泡后茶汤呈深橙黄色，清澈艳丽；叶底软亮，叶缘朱红，叶心淡绿带黄；兼有红茶的甘醇、绿茶的清香；茶性和而不寒，久藏不坏，香久益清，味久益醇。泡饮时常用小壶小杯，因其香味浓郁，冲泡五六次后余韵犹存。武夷岩茶按产品分为五类：大红袍、名枞、肉桂、水仙、奇种。
	铁观音	因树种而得名，产于福建省安溪等县，也称为安溪铁观音。茶叶色泽褐绿，重实如铁，香气特异，传说是观音菩萨所赐，便取名铁观音（另一说是乾隆皇帝赐名）。冲泡后呈螺旋形，身骨沉重；色泽砂绿翠润，红点明显，内质香气清高，持久馥郁，滋味醇厚甘鲜，有天然的兰花香，俗称“观音韵”。
黄茶	君山银针	产于湖南省岳阳市洞庭湖中君山岛。 特点是芽头茁壮紧实，挺直不曲，长短大小匀齐，茸毛密盖，芽身金黄，称为“金镶玉”。汤色浅黄，叶底明亮，滋味甘醇，香气清雅。若以玻璃杯冲泡，可见芽尖冲上水面，悬空竖立，下沉时如雪花下坠，沉入杯底，状似刀剑林立。再冲泡再竖起，能够三起三落。（* 速记：白银盘里一青螺）
白茶	白毫银针	产于福建省东北部。 外形单芽肥硕，满披白毫，茸毛莹亮，色泽银白或银灰。 冲泡时，“满盏浮茶乳”，银针挺立，上下交错，非常美观；汤色黄亮清澈，滋味清香甜爽。形、色、质、趣是名茶中绝无仅有的，品尝泡饮，别有风味。 味温性凉，有健胃提神之效，祛湿退热之功，常作为药用。

（续表）

分类	名称	特点
	白牡丹	产于福建，以绿叶夹银色白毫，芽形似花朵，冲泡之后，绿叶托着嫩芽，宛若蓓蕾初开，故名白牡丹。白牡丹两叶抱一芽，色泽深灰绿或暗青苔色，叶张肥嫩，呈波纹隆起，叶背遍布洁白茸毛，叶缘向叶背微卷，芽叶连枝。汤色杏黄或橙黄，叶底浅灰，叶脉微红，汤味鲜醇，有退热祛暑的功效，是夏日佳饮。
黑茶	普洱茶	因产于云南普洱而得名。以云南大叶种晒青毛茶为原料，经过发酵加工成散茶或紧压茶。普洱茶色泽褐红，汤色红浓明亮，香气独特陈香，滋味醇厚回甘。区别于其他茶类的最大特点——“越陈越香”，还有一定的减肥降脂功效。

二、中国传统名酒

中国名酒是由国家有关部门组织的评酒机构间隔一定时期经过严格的评定程序确定的，它代表了我国酿酒行业酒类产品的精华。

（一）白酒类

白酒也称“烧酒”，是中国特有的一种蒸馏酒，它以酒曲、酵母为糖化发酵剂，利用淀粉质原料，经发酵蒸馏而成。白酒中的名酒是按香型评定的，分为酱香型、浓香型、米香型、清香型、兼香型等。（* 速记：酱浓米清 + 兼香）

类型	特点
酱香型	有一股类似豆类发酵时发出的酱香味。 特征是酱香突出，幽雅细腻，酒体丰富醇厚，回味悠长，香而不艳，低而不淡。 贵州茅台酒是典型代表。被誉为“国酒”“外交酒”。
浓香型（窖香型）	窖香浓郁，绵甜甘洌，香味协调，尾净余长。泸州老窖特曲、五粮液酒为代表。 泸州老窖特曲以“醇香浓郁，清洌甘爽，饮后尤香，回味悠长”的独特风格闻名于世。 五粮液酒以优质糯米、大米、高粱、小麦、玉米五种粮食为原料酿制而得名。 此外，贵阳大曲、习水大曲、洋河大曲等都属于浓香型白酒。
米香型	特征是蜜香清雅，入口柔绵，落口爽洌，回味悠长。桂林三花酒为代表。三花酒酿成后，一般要装入陶瓷缸内，存放在岩洞中一两年才分装出厂。
清香型	清香醇正，诸味协调，醇甜柔和，余味爽净，甘润爽口，老白干风格。以山西杏花村汾酒为代表。汾酒历史最悠久，具有入口绵、落口甜、饮后余香、回味悠长的特点。
兼香型（混合香型、复香型）	指具有两种以上主体香型的白酒，具有一酒多香的风格，又称为复香型和混合香型酒。 以贵州遵义董酒、陕西西凤酒为代表。 董酒既有大曲酒的浓郁芳香，又有小曲酒的柔绵、醇和、回甜，还有淡雅舒适的药香和爽口的微酸，入口醇和浓郁，饮后甘爽味长。被誉为独树一帜的“药香型”或“董香型”的典型代表。 西凤酒需贮存 3 年，再经精心勾兑而成。西凤酒醇香芬芳，清而不淡，浓而不艳，集清香、浓香之优点于一体，风格独特。

* 速记白酒香型：国酒茅台是酱香，五粮曲窖共浓香。三花米香汾酒清，董酒西凤都兼香。

（二）黄酒类

黄酒也称为米酒，以稻米、黍米、玉米、小麦等为主要原料，经蒸煮、糖化和发酵酿造而成。酒精含量一般为 16% ~ 18%，因酒色黄亮或黄中带红而得名。

名称	特点
绍兴加饭酒	古称“山阴甜酒”“越酒”，距今已有 2300 多年历史。具有色泽橙黄清澈、香气芬芳浓郁、滋味鲜甜醇厚、越陈越香、久藏不坏的特点。（顾名思义，是在酿酒过程中，增加酿酒用米饭的数量。）
福建龙岩沉缸酒	历史悠久，是一种特甜型酒，酒度在 14% ~ 16%，总糖可达 22.5% ~ 25%。酿法集我国黄酒酿造的各项传统精湛技术于一身。（酒度刚好达标。）

* 速记黄酒：绍兴酒越陈越香，沉缸酒技术一身。

（三）啤酒类

类别	特点
概况	啤酒是一种含有多种氨基酸、维生素、蛋白质和二氧化碳的饮料酒。它具有营养丰富、高热量、低酒度的特点，素有“液体面包”的美称。
分类	①根据是否经过均衡程序及杀菌，可分为鲜啤酒（生啤酒）和熟啤酒。 ②根据麦汁浓度、酒精含量（质量），可分为： ☆低浓度啤酒（6° ~ 8°，2%）； ☆中浓度啤酒（10° ~ 12°，3.1% ~ 3.8%）； ☆高浓度啤酒（14° ~ 20°，4.9% ~ 5.6%）。 * 注意：关于“浓度”指标，记住中浓度，推及高和低。 ③根据色泽，可分为黄啤酒（淡色啤酒或浅色啤酒）和黑啤酒（浓色啤酒或绿色啤酒）。
名酒	青岛啤酒，系山东青岛啤酒厂出品。麦芽浓度 12°，酒度 3.5%（中度），酒色呈米黄，淡而透亮，泡沫洁白细腻，具有显著的酒花、麦芽的清香和特有的苦味，口感柔和、清爽纯净。

（四）果酒类

类别	特点
概况	水果本身的糖分被酵母菌发酵而成的酒。如李子酒、葡萄酒、苹果酒等。尤以葡萄酒最为著名。葡萄酒原产于西亚地区，汉代经“丝绸之路”传入中原。 葡萄酒是以新鲜葡萄或葡萄汁为原料，经酵母发酵酿制而成的各类酒的总称。
分类	☆按色泽，可分为红葡萄酒、白葡萄酒、桃红葡萄酒三大类。 ☆按含糖量，可分为干红葡萄酒、半干红葡萄酒、半甜红葡萄酒和甜红葡萄酒。
名酒	张裕公司的红葡萄酒、金奖白兰地等。

易错考题小试牛刀

1.（判断题）宋代茶圣陆羽的《茶经》是我国也是世界第一部茶叶专著。（　）

2.（判断题）紧压茶也称“边销茶”，尤受我国北方人民喜爱。（　）

3.（单选题）（　）可以说是我国历史上最早的名酒。

A. 贵州茅台酒　B. 山西汾酒　C. 泸州老窖特曲　D. 五粮液酒

4.（单选题）具有香气清悦醇和的特点的是（　）。

A. 绿茶　B. 红茶　C. 青茶　D. 黄茶

5.（多选题）在我国，（　）的素斋享有盛名。

A. 杭州灵隐寺　B. 成都宝光寺　C. 湖北武当山　D. 厦门南普陀寺　E. 上海玉佛寺

6.（多选题）下列属于开封仿宋菜的代表菜是（　）。

A. 水晶脍　B. 两色腰子　C. 驼蹄羹　D. 东华鲊　E. 东坡脯

7.（多选题）关于粤菜，以下说法正确的是（　）。

A. 选料广博奇杂　B. 汲取了外来的各种烹饪原料和烹饪技艺

C. 讲究调味醇正，口味偏于咸鲜　D. 口味清淡，重汤菜

E. 追求本味，清鲜平和，适应性强

8.（多选题）下列白酒中属于浓香型酒的是（　）。

A. 五粮液　B. 贵阳大曲　C. 习水大曲　D. 洋河大曲　E. 泸州老窖

【答案】1. 错　2. 错　3.B　4.D　5.ABCDE　6.ABD　7.ABD　8.ABCDE

第九章
中国各民族知识与宗教知识

【考试大纲】

- **了解：** 佛教、道教、基督教和伊斯兰教的基本概况。
- **熟悉：** 中国各民族的基本概况和地理分布、中华民族共同体意识的形成与发展；佛教的传入、在中国的发展及主要宗派，道教的产生、发展及主要派别。
- **掌握：** 著名宗教旅游景观的相关知识。

【历年分值】

年份	判断（题）	单选（题）	多选（题）	分值（分）
2019	3	5	3	7
2020	4	3	2	5.5
2023	3	4	0	3.5
2024	2	5	2	5.5

第一节　中国民族的基本概况

一、民族的概念

狭义：人们在一定的历史发展阶段形成的具有共同语言、共同地域、共同经济生活以及表现于共同的民族文化特点上的共同心理素质的稳定的共同体，如汉族、壮族等。（*注意：五共同）

广义：处于不同社会发展阶段的各种人的共同体，如古代民族、现代民族，或者用以指一个国家或一个地区的各种人的共同体，如中华民族是中国境内 56 个民族的总体。

二、民族的族称

民族的名称，简称为族称。汉族是我国人数最多的民族，其他 55 个民族为壮族、满族、回族、苗族、维吾尔族、彝族、土家族、蒙古族、藏族、布依族、侗族、瑶族、朝鲜族、白族、哈尼族、哈萨克族、黎族、傣族、畲族、傈僳族、仡佬族、拉祜族、东乡族、佤族、水族、纳西族、羌族、土族、锡伯族、仫佬族、柯尔克孜族、达斡尔族、景颇族、撒拉族、布朗族、毛南族、塔吉克族、普米族、阿昌族、怒族、鄂温克族、京族、基诺族、德昂族、乌孜别克族、俄罗斯族、裕固族、保安族、门巴族、鄂伦春族、独龙族、塔塔尔族、赫哲族、高山族和珞巴族。

三、民族的人口

根据 2020 年第七次全国人口普查，中国内地总人口为 14.11 亿人，汉族占 91.11%，少数民族占 8.89%。人口数量最多的少数民族是壮族。

四、民族的语言、文字

（1）语言——民族文化的主要组成部分，同时也是民族文化的表现形式。我国除汉族使用汉语外，回族、满族等也基本使用或转用汉语，其他民族都有自己的语言，大体上分属于汉藏、阿尔泰、南亚、南岛和印欧五大语系，共有 10 个语族、16 个语支、60 多种语言。

（2）文字——大部分民族都有自己的文字。可分为非拼音文字和拼音文字两大类：

☆非拼音文字——表意文字（如汉字）、音节文字（如彝文）；

☆拼音文字——按字母形式和来源分为印度字母变体体系（如藏文、傣文）、阿拉伯字母体系（如老维文、老哈萨克文）、回鹘字母体系（如蒙古文、满文、锡伯文）、朝鲜文字母体系、拉丁文字母体系和斯拉夫字母体系（如俄文）。

五、民族的分布特点

（1）中国人口的分布特点：东南密、西北疏。汉族多在人口稠密的东南部，少数民族多在人口稀疏的边疆地区，两者间并无明显界线。在少数民族聚居区，一般都有一定数量的汉族居民，从而形成了以汉族为主体的大杂居、小聚居、交错居住的格局。

（2）少数民族分布特点：所占的比例虽小，但分布地区很广，占全国总面积的60%以上。这种居住格局决定了中国各民族之间，特别是汉族和少数民族之间，在政治、经济、文化等方面存在相互依赖的密切关系。

六、中华民族共同体意识

中华民族共同体的雏形可追溯至先秦时期的“华夏”认同，在与中原王朝长期的交往中，周边的东夷、南蛮、西戎、北狄等逐步融入华夏族队伍，至秦汉时期，中国初步建立起统一的多民族国家政权。魏晋南北朝时期，匈奴、鲜卑、羯、氐、羌等族先后进入中原，至隋唐时期，他们基本融入了中华民族队伍。宋、元、明、清是中国多民族统一国家的形成时期，党项、契丹、女真、蒙古、回、满、藏等民族也融合进中华民族大家庭，中华民族共同体基本形成。近代以来，面对西方列强的侵略，各民族同仇敌忾，共同抗争，使中华民族共同体意识空前增强。抗日战争时期，“中华民族”概念被广泛使用，成为团结全国各族人民的精神旗帜。

多元一体的中华民族历史观最早由著名社会学家、人类学家费孝通先生提出。费孝通先生于1988年在《中华民族的多元一体格局》一文中系统阐述，他指出，中华民族是一个“多元一体”的整体，各民族在保持自身文化特色的同时，共同构成了更高层次的中华民族认同。“多元”指各民族保留自身语言、习俗等文化特征，“一体”则强调各民族在长期交往中形成的共同国家认同。这一理论为理解中华民族的形成提供了重要框架，并成为当代民族政策的重要依据。

改革开放以来，市场经济和人口流动加速了民族间的交往交流交融。党的十八大以来，党中央确立了铸牢中华民族共同体意识的新时代民族工作主线，并将其纳入党治国理政的重要内容、宝贵经验和显著优势。2017年，党的十九大正式提出“铸牢中华民族共同体意识”，强调加强各民族对中华文化的认同，推动共同繁荣发展，并把铸牢中华民族共同体意识写入党章。党的二十大着眼党要团结带领全国各族人民全面建成社会主义现代化强国的中心任务，再次强调要以铸牢中华民族共同体意识为主线，加强和改进党的民族工作。

（1）铸牢中华民族共同体意识，就是要引导各族人民牢固树立休戚与共、荣辱与共、生死与共、命运与共的共同体理念。

（2）铸牢中华民族共同体意识是维护各民族根本利益的必然要求，只有铸牢中华民族共同体意识，构建起维护国家统一和民族团结的坚固思想长城，各民族共同维护好国家安全和社会稳定，才能有效抵御各种极端、分裂思想的渗透颠覆，才能不断实现各族人民对美好生活的向往，才能实现好、维护好、发展好各民族根本利益。

（3）铸牢中华民族共同体意识是实现中华民族伟大复兴的必然要求，只有铸牢中华民族共同体意识，才能有效应对实现中华民族伟大复兴过程中民族领域可能发生的风险挑战，才能为党和国家兴旺发达、长治久安提供重要思想保证。

（4）铸牢中华民族共同体意识是巩固和发展平等、团结、互助、和谐社会主义民族关系的必然要求，只有铸牢中华民族共同体意识，才能增进各民族对中华民族的自觉认同，夯实我国民族关系发展的思想基础，推动中华民族成为认同度更高、凝聚力更强的命运共同体。

（5）铸牢中华民族共同体意识是党的民族工作开创新局面的必然要求，只有顺应时代变化，按照增进共同性的方向改进民族工作，做到共同性和差异性的辩证统一、民族因素和区域因素的有机结合，才能把新时代党的民族工作做好做细做扎实。

第二节　汉族的基本概况及传统节日

一、汉族基本概况

类别	说明
起源	汉族是世界上文明发展最早的民族之一；主要源于黄炎、东夷等部落联盟，并吸收了周围的部分荆蛮、百越、戎狄等部落联盟的成分而逐渐形成。其先民经夏、商、周三代，至春秋战国时已形成以“华”“夏”单称或“华夏”连称的族体，以与周边各族相区别。汉代以后，周边的民族即以“汉人”称呼中原人，逐渐地，汉族成为中国主体民族百世不易的族称。 汉族是以先秦华夏为核心，在秦汉时形成的，经秦汉以来2000余年发展，成为全世界人口最多的民族。
生活	汉族是典型的以家庭种植和养殖为主的农业民族，有悠久的农耕文化，汉族聚居的广大地区，资源众多，物产丰饶。 汉族的语言简称汉语，属汉藏语系，是世界上历史最悠久、最丰富的语言之一，汉字是记录汉语的符号，属表意文字。
宗教信仰	天命崇拜、祖先崇拜是汉族的传统观念。汉族对各种宗教采取兼容并蓄的态度，道教是土生土长、具有汉民族特色的宗教，域外传入的佛教、基督教、伊斯兰教等也能在汉文化的土壤中植根发展，广为传布。
饮食	饮食结构以粮食作物为主食，以鱼肉、蔬菜为副食。南方和北方种植稻米的地区以米食为主，种植小麦的地区则以面食为主。此外，其他的粮食作物如玉米、高粱、红薯等杂粮也都成为不同地区主食的组成部分。汉族的菜肴极其丰富，因气候条件、地理环境、地方特产、生活方式、烹调方法、审美爱好等差异，形成了众多的地方菜系。汉族的饮食文化讲究色、香、味、形、器、意的完美结合，在世界上享有盛誉，酒文化和茶文化内涵深厚，独树一帜。
服饰	汉族的服饰在式样上主要有上衣下裳和衣裳相连两种基本的形式，大襟右衽是其服装始终保留的鲜明特点（异域民族一般为左衽）。染织工艺，以其历史悠久、技术先进、制作精美而独步世界。

（续表）

类别	说明
民居	北方——北京的四合院；黄土高原——窑洞；南方——天井式瓦房；闽赣粤客家地区——大围楼。另有徽派建筑、江南的水乡民居、上海的石库门等，都具有鲜明的地域文化特征。长期以来，对汉族民居影响最大的莫过于“风水术”定下的范式，“风水术”为中国之独创，其核心内容是人们对居住环境进行的选择和处理，体现了中华民族崇尚的人与自然和谐统一的传统理念。

二、汉族主要传统节日

根据国务院令，从 2008 年 1 月 1 日起，除春节外，清明节、端午节、中秋节等传统节日也成为全国性法定节日。

节日	说明
春节	俗称“新年”，指农历正月初一，是中国最隆重的传统节日。除汉族外，蒙古、壮、布依、朝鲜、侗、瑶等族都过此节。 春节源于原始社会的腊祭。我国古代，在岁尾年初之际，人们用一年的收获来祭祀众神和祖先，并歌舞戏耍，举行各种娱乐活动，逐渐形成了新春佳节。 春节活动从腊月二十三过小年开始，经过除夕、春节，直到正月十五元宵节结束。活动因时因地而异，主要有以下内容：操办年货、做新衣、掸尘、祭灶、祀祖、吃团圆饭、守岁、贴春联、挂年画、饮屠苏酒、给压岁钱等。节日期间人们还互相拜年，放爆竹，吃年糕、饺子、元宵，舞狮，扭秧歌，玩花灯等。 除夕之夜，即年三十晚，家家团聚，吃团圆饭，闭门团坐待旦，谓之守岁。北方吃饺子寓意“更岁交子”，南方吃年糕象征步步高。贴春联、挂年画起源于古代的挂桃符。拜年是我国民间的传统习俗，是人们相互走访祝贺新春佳节，表示辞旧迎新的一种形式。
元宵节	正月十五为每年第一个望月之夜，称为上元节，也称元宵节，是春节活动的高潮和结束。元宵节之夜有放花灯、观花灯、耍社火、打太平鼓、猜灯谜、踩高跷、舞狮子、扭秧歌、唱大戏等活动，热闹非凡，故有“闹元宵”之说。元宵耍灯起源于汉代，后来逐渐演变为民间的盛大活动。吃元宵寄托着人们祈求新的一年圆满甜美的心愿。 每到元宵节，很多地方都要举行灯展。展出的彩灯有宫灯、壁灯、人物灯、花卉灯、走马灯、飞禽走兽灯和各种玩具灯。在北方的寒冷地区，人们还制作出千姿百态的冰灯，给元宵节的夜晚增添了新的光彩。
清明节	又称踏青节。汉族民间传统节日，流行于全国各地。除汉族外，彝、壮、布依、满、侗、瑶、白等族皆过此节。节期在农历三月间，即公历 4 月 5 日前后。 清明原是二十四节气之一，由于它在一年的季节变化中占有特殊的地位，又有古代的寒食、上巳等节日风俗融入其中，使之成为一个重要的传统节日。 清明节的前一天为寒食节，又称冷节、禁烟节，它的设立据说是为了纪念春秋时代晋国公子重耳的臣属介子推。清明节的习俗活动有扫墓、插柳、踏青、射柳、蹴鞠、放风筝、荡秋千，其中清明扫墓秦以前已有，唐代成为定俗，宋代得到沿袭。踏青又叫春游，古代叫探春，起源于唐代，宋代以后盛行不衰，其意义不仅在于为人们追念祖先、寄托哀思提供了合适的时机，而且也让人们得以亲近自然，回归田野。

（续表）

节日	说明
端午节	农历五月初五。又名端阳节、天中节、女儿节、五月节等，是汉族民间传统节日，流行于全国大多数地区。除汉族外，蒙古、回、藏、苗、彝、壮、布依等族也过此节。 端午节起源说法众多，其中以纪念屈原说影响最广泛，相传屈原于农历五月初五投汨罗江殉国。 节日期间主要有赛龙舟、吃粽子、挂钟馗像、挂香袋、饮雄黄酒、插菖蒲、采药等活动，或煮水沐身以祛暑避邪。农历五月，气温逐渐升高，百虫纷纷出现，病毒也滋长起来，所以避毒除害也是端午节的主要内容。各地的避毒方式多样，做布老虎、佩戴香囊等皆是应节的驱毒佳方。 赛龙舟是端午节中一项重要活动，主要流行于我国南方水乡之地。端午吃粽子在魏晋时已很盛行，到了唐宋粽子已成为端午节的名食。钟馗原是岁暮时张挂的门神，清代成为端午之神。
七夕节	农历七月初七，是牛郎织女鹊桥相会之日，有“中国情人节”之喻。
中元节	农历七月十五，民间又称鬼节，民俗为给孤魂野鬼烧纸钱。
中秋节	八月十五中秋节又名团圆节、仲秋节及八月节，是汉族民间传统节日。除汉族外，蒙古、回、彝、壮、布依、朝鲜等族也过此节。中秋节的时间在每年阴历八月十五，恰值三秋之中，故名。在中国人心目中，中秋节是象征团圆的传统节日。 中秋节的起源与古代的秋祀、祭月等习俗有关。中国古代有帝王春天祭日、秋天祭月的礼制。祭月、赏月活动始于周代，北宋始定为中秋节，南宋成为普遍的活动，明清以来盛行不衰。中秋佳节，民间有祭月、赏月、吃月饼、吃团圆饭及舞龙灯等活动。 中秋节有赏月、祭月、吃月饼等风俗。江南历来有观潮的习俗，农历八月十五前后的潮汛最大。 中秋时节，秋高气爽，民间还有赏桂花、斗蟋蟀等各种活动。
重阳节	农历九月初九为重阳节。古人以“九”为阳数之极，两阳数相重谓之“重阳”。古时民间即有重阳节登高避灾的习俗。 重阳节的习俗主要有登高、插茱萸、饮菊花酒等，应景食品是重阳糕。江南地区，持蟹赏菊也是重阳节的美事。九九重阳，又与“久久”谐音，有祝愿长久长寿的含义，1989 年，我国把每年的重阳节定为老人节，成为尊老、爱老、敬老、助老的节日，赋予了传统节日时代的新意。
腊八节	农历十二月初八，民间有食腊八粥的习惯。民俗“过了腊八就是年”。

第三节　佛教

一、印度佛教的创立与发展简史

（一）佛教的创立

佛教约创立于公元前 6 世纪。在世界各大宗教中，佛教创立的时间最早。创始人名悉达多，姓乔答摩，佛教徒尊称其为“释迦牟尼”（意即“释迦族的圣人”）。

释迦牟尼生活的年代大约与中国孔子同时。他是古印度迦毗罗卫国（今尼泊尔南部提罗拉科特附近）净饭王的太子，其母是摩耶夫人。相传他诞生于蓝毗尼花园。释迦牟尼长大后深感人间的苦恼，所以 29 岁时出家苦修 6 年。35 岁时他发觉苦行并不是达到解脱之路，于是弃而至菩提伽耶的一棵菩提树下打坐，静思人生真谛，终于在一天晚上大彻大悟而成道。得道后，他在鹿野苑初转法轮，弘扬佛教。传教 45 年后，80 岁时在拘尸那迦圆寂（涅槃）。

佛祖四大“圣迹”为：

☆出生地：蓝毗尼花园（今尼泊尔境内）；

☆成道地：菩提伽耶；

☆初转法轮地：鹿野苑；

☆涅槃地：拘尸那迦。

*速记：花园出生，树下成道，鹿苑讲经，拘尸涅槃。

（二）佛教的发展

佛教在其发祥地印度的发展，自公元前 6 世纪至公元 12 世纪大约有 1800 年的历史，大致可以分为三个时期、三个 600 年：初 600 年为原始佛教时期及部派佛教时期，中 600 年为大乘佛教时期，后 600 年为密乘佛教时期。

<table>
<tr><th>派别</th><th>时段</th><th colspan="2">特征</th></tr>
<tr><td>原始佛教（约200年）</td><td>前 6—前 4 世纪</td><td colspan="2">释迦牟尼创教及其弟子传教阶段。</td></tr>
<tr><td>部派佛教（约400年）</td><td>前 4—1 世纪中叶</td><td colspan="2">释迦牟尼涅槃后，其弟子有过多次集会，对原始佛教教义、戒律发生争议。后分裂为两大派系，其中较为传统的一派称为上座部佛教，有所改革的一派称为大众部佛教。</td></tr>
<tr><td rowspan="5">大乘佛教（约600年）</td><td rowspan="5">1 世纪中叶—7 世纪</td><td>大乘佛教（改革）</td><td>小乘佛教（传统）</td></tr>
<tr><td>大众部佛教演化而成的大乘佛教在印度急剧发展，教化地区亦随之扩张。</td><td>原上座部佛教被贬称为小乘佛教（“乘”原为“车辆”之意），在理论和实践的基础体系上仍接近于原始佛教。</td></tr>
<tr><td>十方世界都有佛。</td><td>世上只有一个佛，即佛祖释迦牟尼。</td></tr>
<tr><td>修行果位分为罗汉、菩萨、佛三级。</td><td>修行的最高果位为罗汉。</td></tr>
<tr><td>修行的最终目的在于成佛，弘扬菩萨和“菩萨行”（即寓自我解脱于救苦救难、普度众生的践行之中）。</td><td>教义重自我解脱。</td></tr>
<tr><td>密乘佛教（约600年）</td><td>7 世纪—12 世纪</td><td colspan="2">☆是大乘佛教部分派别吸收印度婆罗门教及民间信仰诸神因素而形成的特殊宗教形态，以高度组织化了的咒术、仪轨、世俗信仰为其特征。
☆密宗自称受法身佛大日如来深奥秘密教旨传授，为“真实”言教。
☆其他大乘教派被称为显宗（显教），即受应身佛释迦牟尼所说的种种经典的传授。</td></tr>
</table>

12 世纪末至 13 世纪初，随着伊斯兰教的进入，佛教基本上被逐出了印度国境。

二、佛教的传播

（一）佛教在世界的传播

从世界范围来说，佛教的传播分为三条路线。

路线	传播路线地区	教义经典
北传佛教	从古印度向北传入中国，再由中国传入朝鲜、日本、越南等国。	以大乘佛教为主，也包括密乘佛教。其经典主要以汉语写作，亦称汉语系佛教。
南传佛教	从古印度向南，传入斯里兰卡、缅甸、泰国、老挝、柬埔寨等南亚、东南亚国家，以及中国云南傣族等民族地区。	以小乘佛教（上座部佛教）为主。其经典主要用巴利语写作，亦称巴利语系佛教。
藏传佛教	主要是印度密乘佛教与藏区苯教融合而形成的具有西藏地方色彩的佛教。流传于中国的藏、蒙古、裕固、纳西等民族地区以及不丹、尼泊尔、蒙古和俄罗斯的布里亚特等国家和地区。近年来，在欧美地区也流传很广。	经典主要用藏语写作，故亦称藏语系佛教。

（二）佛教在中国的传播与发展

中国佛教包容了北传佛教、南传佛教和藏传佛教三大体系，全面继承了印度三个时期的佛教。世界上完整的佛教在中国，世界上完整的佛教经典也在中国。可以说，佛教诞生在印度，发展在中国。

1. 汉族地区佛教

西汉哀帝元寿元年（前2年），大月氏王使臣伊存向中国博士弟子景卢口授《浮屠经》，佛教开始传入中国。史称这一佛教初传历史标志为“伊存授经”。

佛教在中国的发展大致经历了译传、创造和融合三个阶段。

时期	阶段	事件
两汉魏晋南北朝	译传	先后译出大量的佛教经典，研究佛教的风气成为一时大盛。
隋唐	创造和鼎盛	中国僧人分别以一定的印度佛教经典为依据，开宗立派，创构了自己的理论体系，形成三论宗、天台宗、华严宗（贤首宗）、法相宗（慈恩宗）、律宗、净土宗、禅宗、密宗（真言宗）8个主要宗派（*巧记8宗派：天台三论华严法；禅净双修密和律），号称中国佛教的鼎盛时期。这一时期中国佛教各宗充分发挥了中国人的创造性和佛教内部各派的协调性，但与中国固有的思想协调不够，出现佛教与儒道对峙有余、相融不足的局面。
宋元明清	融合	佛教在这900年间传播空前广泛、深入地与中国的文化全面结合。一方面，佛教与儒道融合，成为“三教合一”历史背景下的佛教；另一方面，佛教借助文学、绘画、雕塑、建筑等艺术形式，成为民间风俗习惯、民族心理与思维，乃至语言素材构成的重要有机成分。元明清三代，汉地精英佛教停滞衰退，而大众佛教取得长足发展，出现“家家观世音，户户阿弥陀”的局面。这一阶段从教派上说，主要流行禅宗和净土宗，其他各宗逐渐衰落。

*速记：汉地佛教三阶段，译传创造及融合。隋唐鼎盛开八宗，宋元明清大融合。

净土宗——以口念“南无阿弥陀佛”为修行方式，以往生西方极乐世界（教主阿弥陀佛，其左胁侍为观世音菩萨，右胁侍为大势至菩萨）为宗旨，是最简便的法门，故在民间影响最大。

禅宗——纯粹中国化的佛教，它以觉悟众生心性的本源（佛性）为主旨。禅宗奉北朝时来华的印度高僧菩提达摩为初祖。唐时，五祖弘忍创建“东山法门”，为禅宗的实际创始人。弘忍门下出神秀、慧能两大弟子，分成南北两宗。北宗神秀一系不久衰落。南宗慧能一系成为禅宗主流，后发展成临济、沩仰、曹洞、云门、法眼五家，合称禅门五宗。禅宗是我国支派最多的佛教宗派，也是中国佛教史上流传最久远、对中国文化思想影响最广泛的宗派。

近代汉地佛教，除少数律寺（律宗）和讲寺（天台宗）外，几乎都是禅宗丛林。而禅寺中绝大多数属临济宗，少量属曹洞宗。在修持方面，禅僧又都“禅净双修”，禅宗和净土宗的界限已十分模糊。

2. 云南上座部佛教

云南上座部佛教主要分布在西双版纳、德宏、普洱、临沧和保山等地州，为傣、布朗、德昂、阿昌等族和部分佤族群众信仰。信教人数 70 余万人。（* 速记：傣布德阿佤）

上座部佛教对傣、布朗、德昂、阿昌等民族的文化、政治生活和习俗都有深刻影响。傣族和布朗族的男孩迄今沿袭古老的传统，在 10 岁左右由父母护送入寺，削发为僧，在寺院中学习文化知识，约在 18 岁离寺还俗。也有经本人自愿，留寺深造并按僧阶升为正式僧侣的。没当过和尚的男子被人瞧不起。

3. 藏传佛教

类别	特征		
	时间	阶段	事件
传入	7 世纪中叶到 9 世纪中叶	前弘（约200年）	佛教从印度、汉地两个方向传入西藏地区，为藏传佛教的形成时期。
	841 年	废佛	藏王朗达玛废佛，佛教传播中断 136 年。
	10 世纪末到 15 世纪初	后弘（约500年）	佛教再次从印度传入，是藏传佛教的大繁荣时期，产生许多互不隶属的教派。
教义	大、小乘兼容而以大乘为主。大乘中显密共修，先显后密，并以无上瑜伽密为最高修行次第，形成藏密。		
四大特色	咒术性、对喇嘛异常尊崇、活佛转世思想、宗教与政治结合。		
活佛转世制度	活佛转世制度为藏传佛教所特有。所谓“活佛”系汉族称谓，藏语为“朱古”，意谓神佛化现的肉身。按藏传佛教说法，一个活佛圆寂后，其灵魂转移，化身为另一肉体的人，即转世灵童。在清顺治、康熙年间，清政府先后正式册封宗喀巴的再传弟子为达赖喇嘛和班禅额尔德尼，从此正式形成了两大活佛转世制度。大活佛转世由中央政府批准继任。		

4. 西藏五大教派

藏传佛教四大教派——宁玛派、萨迦派、噶举派、格鲁派，加上当地原始宗教苯教，合称西藏五大教派。

格鲁派（黄教）是 15 世纪初宗喀巴创立的教派，后来形成达赖和班禅两大活佛转世系统。由于明清两朝的册封、扶持，格鲁派成为藏区执掌政权的教派，势力最大。

各教派特征见下表。

教派	特征	俗称
宁玛派	僧人穿戴红色袈裟、僧裙、僧帽。	红教
萨迦派	寺院围墙涂有象征文殊、观音和金刚手菩萨的红白黑三色花纹。	花教
噶举派	僧人穿白色僧裙和上衣。	白教
格鲁派	僧人戴黄色桃形僧帽（统治地位）。	黄教
苯教	僧人穿黑色僧衣（原始宗教）。	黑教

* 注意（藏传佛教基本知识汇总）：

一个制度——活佛转世（达赖喇嘛和班禅额尔德尼）

两大时期——前弘（7 世纪中叶到 9 世纪中叶）、后弘（10 世纪末到 15 世纪初）。

拉萨三大寺——甘丹寺、哲蚌寺、色拉寺。

四大特点——咒术性、对喇嘛异常尊崇、活佛转世思想、政教合一。

五大部派——宁玛派（红）、格鲁派（黄）、萨迦派（花）、噶举派（白）、苯教（黑）。

三、汉地佛教寺院的主要殿堂

中国佛寺建筑，原与印度相同，没有殿堂，建塔藏舍利。为表示敬重，塔位于寺的中央，作为寺的主体，四周围以僧房。后来佛像供奉于殿堂，殿堂与塔并重，塔一般仍在殿堂之前。唐宋时期，禅宗建塔之风不再盛行，佛寺以殿堂为主体进行布局。完整的寺院一般皆为伽蓝七堂。伽蓝为梵语，即僧园或僧院。七堂，专指寺院的主要建筑，是佛寺建筑平面布局的一种制度。（* 注意：有塔无殿—有塔有殿—少塔多殿）

伽蓝七堂随宗派的不同而相异。以禅宗为例，七堂指山门、佛殿、法堂、僧堂、厨库、浴室、西净（厕所）。中国佛寺殿堂带有明显的民族特色，由数座四合院组成，具有中轴线，两偏殿对称，大型的寺院还有廊院。主要殿堂往往采用庑殿式或歇山式，其他殿堂也皆为中国传统的屋顶建筑形式。一般常见的殿堂如下表。

殿堂	说明
山门（三门）	因为寺院大多居于山林之处，故又称“山门殿”。现已成为专有名词，即使在平原也称山门。因有空门（中）、无相门（东）、无作门（西），象征三解脱，所以又称“三门”。通常空门两侧立有二王尊。
钟楼	位于天王殿左（东）前侧，悬有洪钟。有的寺院钟下供奉地藏菩萨，道明为其左胁侍，闵公为其右胁侍。
鼓楼	位于天王殿右（西）前侧，置有大鼓。有的寺院供有伽蓝神关羽，关平为其左胁侍，周仓为其右胁侍。

（续表）

殿堂	说明
天王殿	正中供奉大肚弥勒，两侧供奉四大天王，其背后供奉韦驮天王。
大雄宝殿	为佛寺正殿，又称“大殿”。有供奉一佛、三佛、五佛、七佛等情况。以三佛同殿居多。供一佛常见的为“释迦三圣”或“释迦三尊”，即释迦牟尼、左胁侍文殊菩萨、右胁侍普贤菩萨；也有的大殿供奉“西方三圣”或“华严三圣”。三佛同殿，常见的有“三方佛”“三时佛”和“三身佛”，也有的供奉“弥勒佛、释迦牟尼佛、阿弥陀佛”。供五佛（密宗的五方五佛）和七佛（释迦牟尼佛以前的六佛加上释迦牟尼）的较少，多为历史久远的寺院。释迦牟尼像背面一般为“海岛观音”壁塑。大殿东西两侧，常供奉十六罗汉或十八罗汉。
东西配殿	大雄宝殿两侧常有东西配殿，其供奉对象随教派不同而有变化，有设“三圣殿”（供奉西方三圣）的，有设“祖师殿”的（多为禅宗），有设“伽蓝殿”。
法堂（讲堂）	一般在大殿之后，是演说佛法皈戒集会之处。法堂内除一般性安置佛像外，另设法座、讲台、钟鼓。
禅堂	是僧众打坐禅修之处。一般不对游客开放。
罗汉堂	自唐代开始，一些大型寺院就修建五百罗汉堂。全国现存具有成组五百罗汉像的寺院在 30 所以上，现列举其中 9 座： ☆北京碧云寺罗汉堂； ☆北京雍和宫法轮殿（用金、银、铜、铁、锡五种金属铸造）； ☆苏州西园罗汉堂； ☆苏州寒山寺左右配殿（存有宋代樟木雕刻五百罗汉，为雕塑中佳品）； ☆成都宝光寺罗汉堂； ☆四川乌龙寺五百罗汉堂； ☆武汉归元寺罗汉堂； ☆五台山殊像寺文殊阁（为悬塑五百罗汉）； ☆昆明筇竹寺天台来阁（为清民间雕塑艺术佳作）。 * 速记：雍和金，寒山木，民间雕塑在昆明，五台罗汉是悬塑。
方丈室	佛寺住持（方丈）居住、说法与待客之处，有的叫华林丈室（净土宗佛寺），有的叫般若丈室（禅宗寺院）。
藏经楼	供奉佛教经典之处。

四、佛教称谓

一般有“四众弟子”“出家四众”“出家五众”“七众”之称。

称谓	说明
四众弟子	☆出家二众——比丘（男）、比丘尼（女）。 ☆在家二众——优婆塞（男）、优婆夷（女）。
出家四众	比丘、比丘尼、沙弥（俗称小和尚）、沙弥尼（俗称小尼姑）。
出家五众	出家四众 + 式叉摩那（学戒尼）。
七众	出家五众 + 在家二众。

对较高水平的僧人，则根据具体情况称呼。

方式	说明
职称称呼	“法师”（通晓佛法的僧人）、“经师”（通晓经藏或善于诵读经文的僧人）、“论师”（精通论藏的僧人）、“律师”（通晓律藏的僧人）、“三藏法师”（精通经、律、论三藏的僧人）；“大师”，一般用于对著名僧人的尊称；“高僧”是对德行高的僧人的尊称。
职务称呼	如“住持”（方丈）、“监院”（当家和尚）等。现在一般称和尚为“师父”，称尼姑为“师太”。

五、佛教礼仪

方式	说明
合掌	佛教徒的普通常用礼节，亦称合十。左右合掌，十指并拢，置于胸前，以表由衷的敬意。
绕佛（顺时针）	围绕佛右转，即顺时针方向行走，一圈、三圈或百圈、千圈，表示对佛的尊敬。
五体投地（最高）	“五体”（或称五轮）指两肘、两膝和头。五体都着地，为佛教最高礼节。先正立合掌，然后右手撩衣，接着两膝着地，接着两肘着地，接着头着地，最后两手掌翻上承尊者之足。礼毕，起顶头，收两肘，收两膝，起立。藏传佛教的五体投地则幅度更大。

六、佛教著名景点

（一）佛教四大名山

佛教四大名山（又称四大道场）——山西五台山、浙江普陀山、四川峨眉山、安徽九华山，为明代以来禅僧和一般佛教徒集中参拜的地方。明代有“金五台，银普陀，铜峨眉，铁九华”之说，以区别四山在信徒心目中的不同地位。

1. 文殊菩萨道场——五台山

类别	说明
概况	位于山西五台县。自北魏创建大孚灵鹫寺后，五台县便佛寺林立。元、明、清三代，藏传佛教传入五台山。
特色	文殊菩萨道场，是我国唯一汉地 + 藏传佛教道场的圣地。青庙与黄庙并存，显教与密教竞传，是 500 年来五台山佛教的最大特色。
五大禅林	显通寺、塔院寺、菩萨顶寺、殊像寺和罗睺寺。 ☆显通寺：前身是建于北魏的大孚灵鹫寺，因而是五台山历史最悠久、最负盛名的寺院，属全国重点文物保护单位。 ☆大白塔：位于塔院寺，通高 75.3 米，为尼泊尔阿尼哥设计的藏式白塔，为五台山的象征。 ☆菩萨顶寺：系传说中的文殊菩萨居住处，为五台山黄庙（藏传佛教寺院）之首。
唐代建筑	☆南禅寺：建于唐建中三年（782 年）；其大雄宝殿是我国现存最古老的木结构建筑之一，属于全国重点文物保护单位。 ☆佛光寺东大殿：建于唐大中十一年（857 年），亦是我国现存最古老的佛寺之一，建筑年代仅次于南禅寺，属全国重点文物保护单位。

2. 观音菩萨道场——普陀山（禅宗为主）

类别	说明
概况	浙江省舟山群岛中的一个小岛，自五代开始建佛寺，最早的是“不肯去观音院”，现有寺院 70 余座。
普陀三大寺	普济寺、法雨寺、慧济寺。 ☆普济寺：是普陀山的佛教中心，为供奉观音大士的主刹。
国际性道场	自南宋以来一直以禅宗为主。每逢观音菩萨的节日，普陀山都有香会，成为近代以来中国佛教最大的国际性道场。

3. 普贤菩萨道场——峨眉山（禅宗为主）

类别	说明
概况	位于四川峨眉山市，东汉开始创建道观，唐宋后成为佛教名山，现有主要寺庙和风景区 10 余处。
报国寺	山下第一寺院，位于山脚，为峨眉山出入门户，寺内高 2.4 米的明代彩釉瓷佛为稀世珍品。
伏虎寺	入山第一大寺，以屋瓦终年无败叶积落著称，康熙皇帝曾题额“无垢园”。
万年寺	山上最大寺院，寺内的拱顶无梁殿，供奉北宋铸普贤骑白象铜像，是峨眉山最著名佛像和“镇山之宝”，被列为全国重点文物保护单位。
金顶	峨眉山山顶，有普光殿、睹光台，是观看峨眉三大奇观（日出、云海、佛光）之宝地。

4. 地藏菩萨道场——九华山（禅宗为主）

类别	说明
概况	位于安徽池州市青阳县。传说唐代时，被视为地藏菩萨化身的新罗国王宗室金乔觉曾栖止九华山，九华山乃成为地藏菩萨道场。现有寺庙 80 余座。
化城寺	是九华山的开山寺、总丛林，于唐至德二年（757 年）建寺，传为金地藏居处。
四大丛林	祇园寺、百岁宫（又名万年寺）、东崖寺和甘露寺。
月（肉）身宝殿	位于老爷岭，因殿内有地藏墓塔（金乔觉墓塔）而闻名。
祇园寺	九华山规模最大的寺院，也是九华山唯一宫殿式建筑的寺院。

* 速记：祇园长百岁，东崖添甘露，九华四丛林，不及老爷岭。

除以上四大佛教名山外，位于浙江省宁波市奉化区溪口镇的雪窦山，是弥勒佛道场，内有雪窦山弥勒大佛，在我国佛教文化中地位崇高。雪窦山自然风光秀丽，文物古迹众多，早在汉代就有“海上蓬莱，陆上天台”的美誉。北宋仁宗皇帝敕名为“应梦名山”，历代文人墨客如曾巩、王安石、王阳明等都曾到此游历题咏。山上的雪窦山资圣禅寺始建于晋代，明时被列为“天下禅宗十刹”之一，寺内珍藏历代皇帝的御赐，如“钦赐龙藏”经卷、钵、玉印等。近代佛学泰斗太虚大师出任雪窦寺方丈，首倡将雪窦山列入五大佛教名山、雪窦寺为弥勒道场；1987 年中国佛协赵朴初会长视察雪窦寺时称，雪窦山乃弥勒应化之地，可添列为中国佛教五大名山之一。

（二）著名佛教石窟和摩崖造像

1. 我国佛教石刻的三个高潮时期

时间	代表性石刻
北朝	山西大同云冈石窟，河南洛阳龙门石窟中的北魏窟。
盛唐	龙门石窟中的唐代龛窟。
两宋	重庆大足石刻中的宋代造像。

2. 石窟和摩崖造像

名称	特点
敦煌石窟	位于甘肃敦煌，以莫高窟规模最大、内容最丰富、最为著名，保存有自北凉、北魏至元朝各代的壁画（4.5 万平方米）和彩塑（2000 多躯），是我国也是世界上现有规模最大的佛教艺术宝库。尤以唐代壁画艺术著称于世（飞天）。
云冈石窟	位于山西大同，存有北魏时期石造像 5.9 万余尊。其风格继承了秦汉以来石刻技法，又有较多印度犍陀罗式、笈多式雕刻的影响。 以造像粗犷古朴、气魄雄伟、内容丰富多彩著称。 以昙曜五窟著名，其中第 20 窟露天大佛（释迦牟尼像）是云冈石窟的象征。
龙门石窟	位于河南洛阳，存有北魏至隋、唐、北宋石造像 9.7 万余尊。以盛唐石造像为代表。 盛唐石造像的艺术风格逐渐脱离印度影响，向民族化与世俗化发展；造像健美丰满，丰满端庄。 以奉先寺石窟最著名。奉先寺中的卢舍那大佛为龙门石窟最大造像，也是龙门石窟的象征（形象逐步中国化）。
大足石刻	位于重庆市大足区境内，存有晚唐、五代、两宋摩崖造像 5 万多躯，分布于 40 多处。其中以两宋石造像为代表。 其造像审美意趣完全汉化、世俗化，造像典雅、精致、秀丽，肌体很少裸露，穿着较厚重的汉化衣裳（完全中国人形象）。 以北山和宝顶山最为集中。北山的转轮经藏窟（原称心神车窟）为宋代石刻的精华和代表。宝顶山在南宋时期是佛教密宗成都瑜伽本尊教的总持寺院。宝顶山摩崖造像构成密宗瑜伽部体系，也有禅宗造像，经变故事的连环组雕为其特色。
克孜尔千佛洞	位于新疆阿克苏地区拜城县克孜尔乡东南，为古代龟兹佛教艺术的典型代表，是新疆地区规模最大、保存最好的佛教石窟群。 约开建于公元 3 世纪，在唐代吐蕃时期废弃。 以 74 个窟尚存的精美壁画著称于世，有“戈壁明珠”之誉。 呈现许多与汉地佛教石窟显著不同的特点，主要表现在：壁画内容反映了小乘佛教经典内容；出现了大量裸体人物形象，女性比重尤大，且丰乳肥臀；其建筑与壁画受到印度、希腊、（波斯）萨珊等外来文化的影响。
麦积山石窟	位于甘肃天水市，保存有北魏至清各代洞窟。 以数以千计的敷彩泥塑造像著称于世，有“塑像馆”之誉。 （* 注意：甘肃石窟——北敦煌南天水）
乐山大佛	位于四川乐山市东，系唐代依山岩凿成的弥勒坐像，通高 70.7 米，是我国也是世界最大的石刻佛像。

（三）汉地佛教其他重要名寺

名称	说明
白马寺	位于河南洛阳，传说创于东汉永平十一年（68 年），为中国第一座佛教寺庙，历来有“释源”之誉。 史载东汉明帝于永平七年（64 年）派蔡愔、秦景西行求佛经。蔡愔等偕印度僧人摄摩腾、竺法兰入华，以白马驮佛经等至洛阳。永平十一年（68 年）敕建白马寺供西僧寓此译经，史称“永平求法”。中国佛教的两大历史事件：“永平求法”“伊存授经”。
法门寺	位于陕西扶风，为唐代皇家密宗内道场。1987 年 4 月，考古工作者在法门寺真身宝塔地宫发掘出土释迦牟尼佛指舍利和举世仅存的唐密佛骨舍利供养曼荼罗（坛场）。这是具有世界性意义的两项极为重要的发现。

（四）著名藏传佛教寺院

1. 藏传佛教格鲁派（黄教）六大寺

寺院	所在地	其他
甘丹寺	西藏拉萨市（合称拉萨三大寺，全国重点文物保护单位）	宗喀巴兴建，是格鲁派第一座寺院和祖庭，以宗喀巴肉身灵塔最著名。又名噶丹寺。
哲蚌寺		藏传佛教规模最大的寺院，也是中国最大的寺院。
色拉寺		—
扎什伦布寺	西藏日喀则市	后藏佛教中心，历世班禅驻锡之地。
拉卜楞寺	甘肃甘南夏河县	西北地区藏、蒙古等民族的宗教中心之一，对其社会生活产生过十分重大的影响。
塔尔寺	青海西宁湟中区	黄教创始人宗喀巴的诞生地，为我国西北地区藏、蒙古等民族的宗教中心之一。 塔尔寺的艺术三绝——酥油花、堆绣和壁画。

2. 五当召

位于内蒙古包头市，是内蒙古现有唯一完整的藏传佛教寺院。

3. 雍和宫

位于北京。是北京地区藏传佛教活动中心，我国内地城市中最大的一座藏传佛教寺院。原为清代雍亲王胤禛的府邸，雍正即位后改为雍和宫，清乾隆九年（1744 年）正式改为藏传佛教寺。属全国重点文物保护单位。“雍和宫三绝”为：五百罗汉山、檀木大佛、金丝楠木佛龛。

七、佛教知识小结

一个佛祖——释迦牟尼（释迦族的圣人）。

两大名寺——白马寺、法门寺。

三大派别——北传、南传和藏传。

四大圣迹——蓝毗尼花园、菩提伽耶、鹿野苑、拘尸那迦。

四大名山——五台、普陀、峨眉、九华。

藏传佛教五派别——格鲁（黄）、宁玛（红）、萨迦（花）、噶举（白）、苯教（黑）。

藏传佛教格鲁派六大寺——甘哲色＋扎拉塔。

伽蓝七堂——山门、佛殿、法堂、僧堂、厨库、浴室、西净（厕所）。

石窟和造像——敦煌、云冈、龙门、麦积山；大足石刻、乐山大佛、克孜尔千佛洞。

第四节　道教

一、道教的创立和发展简史

（一）原始道教阶段

道教是土生土长的中国宗教，形成于东汉时期，据《后汉书·襄楷传》记载，东汉顺帝时（126—144 年），琅邪人宫崇上其师于吉于曲阳泉水上所得神书，号《太平清领书》，这就是道教最早的经典《太平经》，所传道教称为太平道，后来领导东汉黄巾起义的张角传授的就是这一教派。与此同时，在蜀中鹤鸣山（今四川省大邑县境内），有张陵（又称张道陵、张“天师”）在传播道教，因信徒入教必须交五斗米，故名“五斗米道”。三国时，张陵之孙张鲁继续弘扬其教，奉老子为教主，以《老子五千文》为主要经典，并亲自作《老子想尔注》解释《老子五千文》。太平道教和“五斗米道”即为早期的道教。

道教因老子宣扬“道”而奉道家学派创始人老子为祖师爷，称为“太上老君”，但其实老子并不主张求神仙。道教思想受秦汉时期神仙方士思想的影响更深。

（二）上升为理论化阶段

西晋以后，东晋葛洪，南朝陆修静、陶弘景，北朝寇谦之等，先后改造道教，使之逐渐由民间道教变为统治阶级广为信奉的宗教。

葛洪将神仙信仰系统化，融入了儒家思想，他的弟子儒道兼修；陆修静创立南天师道，制定了道徒晋级制度和道教斋醮仪式；陶弘景认为，草木之药只能延寿，要想长生不死，只有用朱砂、黄金等冶炼仙丹，这不是穷苦大众能够承受的，所以道教逐渐在上流社会流传，再不是黄巾起义时广被下层贫苦群众信奉的原始道教；北朝人寇谦之进一步改革了道教宗教仪式，并把道教思想与忠君、孝道思想融为一体，使道教成为统治阶级追捧的宗教，北朝皇帝很多信道教，唐朝也因道教始祖李老君与皇帝同姓，极其尊崇道教，封老子为“太上玄元皇帝”，封庄子为“南华真人”，建立了许多道观。

（三）形成两大派系

金元以来，道教形成了全真道与正一道两大教派。目前全国道教宫观大部属全真派，正一道主要流行在江南和台湾。

（四）道教教派

区别	全真道（职业）	正一道（业余）
创立	金代创立，创始人王重阳。	元代形成，第 38 代天师张与材为“正一教主、主领三山符箓”。
经典	以《道德经》（道经）、《般若波罗蜜多心经》（佛经）和《孝经》（儒经）为主要经典，主张道、佛、儒三教合一。	以《正一经》为经典。
修行方法	重内丹修炼，不尚符箓，不事黄白之术（冶炼金银之术），以修身养性为正道。	集符箓派之大成，以行符箓为主要特征（画符念咒、驱鬼降妖、祈福禳灾）。
出家与否	必须出家住宫观，不得蓄妻室，并制定了严格的清规戒律。	可以有家室，可不出家，不住宫观，清规戒律也不如全真道严格。
宗派	全真教建立了丛林制度，各地全真道士均可在全真十方丛林，栖息学道。在元代，王重阳的七大弟子又分别开创全真道七个支派，其中以长春子丘处机开创的龙门派势力最大，至今全真道仍以龙门派人数最多。	三山符箓指江南的龙虎山（正一派本山）、阁皂山（灵宝派本山）和茅山（上清派本山）等以符箓为主的道教三大宗。正一道的形成是江南道教的统一命名，统归龙虎山天师府的领导，并以此与北方的全真道相对。

二、道观的主要殿堂

道观的名称有宫、观、庙、道院等。称“宫”的为有特殊地位的道观。道观主要殿堂有山门殿、灵官殿、三清殿、玉皇殿、三官殿等。

类别	说明
山门殿	一般供奉青龙神和白虎神，相当于佛寺的二王尊。有的道观山门殿即为灵官殿。
灵官殿	相当于佛教的天王殿。供奉王灵官。
三清殿	相当于佛教的大雄宝殿。供奉道教最高神三清。
玉皇殿	供奉玉皇大帝，有的供奉四御。
三官殿	供奉天官、地官、水官。

三、道教称谓

类别	说明
男教徒	称道士、乾道、道士先生、方士、道人、羽人、羽客、羽衣、黄冠、天师、炼师等。
女教徒	称道姑、坤道、女冠等。
职务	☆方丈——全真道道观的最高负责人。 ☆住持——正一道道观的最高负责人。 ☆方丈（住持）之下有监院，负责宫观的实际事务。
教外人	对道士、道姑一般都可统称为道长。

四、道教斋醮

类别	说明
供斋醮神	是道教常见的一种法事，有日常的持诵和忏法。 斋醮常配有烛灯和音乐吹打，颇具民族特色。
持诵	即受持而咏读之，俗称念经。
忏法	即拜忏的方法与仪式，用以忏悔。

五、道教著名景点

（一）道教发祥地

山名	说明
青城山	位于四川都江堰市西南，为蜚声海内外的道教名山。传道教创始人张道陵在四川鹤鸣山得道后至青城山传五斗米道，降魔治鬼，造福于人，故青城山为道教发祥地之一。常道观、祖师殿和上清宫为青城山主要道观。常道观为青城山道教中心，观后的天师洞传为张道陵结茅传道之处。青城山道教属全真道。
终南山	位于陕西西安市南，为北方道教名山。山内有楼观、老子墓、重阳宫等圣迹。楼观位于周至县终南山北麓，相传西周康王时，函谷关令尹喜在今楼观处建草楼观，老子在说经台上为之口授第一部道教经典《道德经》。故这里被视为道教发祥地之一，草楼观亦成为中国第一座道观，楼观遂有“道观之祖”之誉。重阳宫在鄠邑区祖庵街道北终南山下，是全真道创始人王重阳的埋骨处。金代在该处建重阳宫，全真道三大祖庭——陕西重阳宫、北京白云观、山西芮城永乐宫。

* 速记：重阳白云观，永乐吕祖殿。

（二）符箓派三名山

山名	说明
龙虎山	位于江西贵溪市。为正一道祖庭。它是道教创始人张道陵最初修道、炼丹、肇基之所。龙虎山天师府是张道陵历代子孙（第四代后）的起居之所。龙虎山上清宫是历代张天师的道场和祀神之处。
阁皂山	位于江西樟树市。为灵宝派祖庭。宫观元以后大多毁于战火，现仅存遗迹多处。
茅山	位于江苏句容市。为上清派祖庭。西汉时有茅盈、茅固、茅衷三兄弟先后至大茅峰、二茅峰、三茅峰修炼得道成仙，合称三茅真君。以后此地改称三茅山，简称茅山。茅山道观都把三茅真君作为主神奉祀，取代三清地位，为他处少见。抗日战争期间茅山道观大都被毁，近年修复元符万宁宫和九霄万福宫。元符万宁宫始建于唐，为上清派茅山宗开山祖、南朝道教大师陶弘景修道处。

拓展：符箓派——以符咒等方术治病驱鬼为主的各道派的通称。

* 速记：贵溪龙虎正一派，樟树阁皂灵宝派，句容茅山上清派。

（三）丹鼎派名山（均与葛洪相关）

道教中以炼丹（外丹）求长生成仙的一派叫丹鼎派。

类别	说明
葛仙岭和抱朴道院	位于浙江杭州。为东晋葛洪结庐炼丹处。葛洪是中国道教史上著名炼丹家、医药学家、气功师和养生家，其代表作《抱朴子》为道教重要经典。抱朴道院始建于唐代，为供奉葛仙翁道院，道院内外有葛洪炼丹台、炼丹井等古迹。
罗浮山和冲虚古观	位于广东博罗县。传东晋葛洪晚年在罗浮山结庐炼丹，最后在此羽化升仙。冲虚古观传为葛洪初建，是他修道炼丹之所。罗浮山被视为岭南道教圣地。

（四）道教神仙祖庭

山名	说明
武当山	位于湖北丹江口市西南。为道教真武大帝道场。主要有六宫二观。其中，明代紫霄宫为武当山现存规模最大的道观，属全国重点文物保护单位；金殿（金顶）是铜铸仿木建筑，属全国重点文物保护单位。武当派后划归全真道。
平都山	位于重庆丰都县。道教传为冥府阴王酆都大帝世居之地，故平都山成为酆都大帝祖庭和鬼国都城。山上有阴间天子殿、钟馗殿、奈何桥、孟婆茶楼等建筑。现为长江三峡重要旅游景点。

（五）其他道教名山大观

道观名称	说明
北京白云观	全真道第一丛林，全真道最大派别龙门派祖庭，全真道三大祖庭之一。观内丘祖殿下埋有龙门派创始人、元代道士丘处机遗骨。现为中国道教协会所在地。
青岛崂山	位于山东青岛市东，为全真道随山派祖庭，全真道第二丛林。主要有太清宫和太平宫。
成都青羊宫	位于四川成都市，始建于唐，为成都最大、最古老道观。后世视青羊宫为老子圣迹。
苏州玄妙观	历来是正一道的主要道观。主殿三清殿是江南一带现存最大的宋代木构建筑。
沈阳太清宫	我国东北地区最大的道观。全真龙门派十方丛林之一。
广州三元宫	传葛洪妻子鲍姑曾在越秀山结庐修道行医，后羽化。明代改祠为三元宫。清代为全真道丛林之一。是岭南香火最盛、信众最多的道观。
武汉长春观	传全真龙门派祖师丘处机（号长春子）曾于此修道，所以观名“长春”。为全真道著名丛林之一。
台北指南宫	在台北市指南山，是台湾道教大本山。

六、道教知识小结

一个教祖——老子。

两大派别——全真道、正一道。

两大发祥地——青城山、终南山。

两大神仙祖庭——武当山、平都山。

符箓派三山——龙虎山、阁皂山、茅山。

全真道三大祖庭——陕西终南山重阳宫（王重阳埋骨处）、北京白云观（丘处机埋骨处）、山西芮城永乐宫（吕洞宾祖庙）。

八大名胜——白云观、崂山、青羊宫、玄妙观、沈阳太清宫、广州三元宫、武汉长春观、台湾指南宫。

第五节　基督教

一、基督教的创立和发展简史

（一）基督教的创立

类别	说明
概述	基督为“基利斯督”的简称，意指上帝所差遣的救世主，为基督教对耶稣的专称。所谓基督教，即信奉耶稣基督为救世主之各教派的统称。 ☆创立时间：公元 1 世纪。 ☆创立者：巴勒斯坦拿撒勒人耶稣。
耶稣	相传是上帝的独生子，为圣灵降孕童贞女玛利亚生养成人。传说耶稣掌握许多神术而得罪当权者被钉死在十字架上。据传死后第三天复活，复活后第 40 日升天。将来会再度下降人间，审判世界，在地上按上帝的意志拯救人类。
忌讳	耶稣受难日为星期五，且“最后的晚餐”连耶稣在内有 13 人，所以有些西方人忌讳数字“13”，并将 13 日与星期五视为凶日。

（二）基督教的发展

在历史上，基督教曾发生过两次大的分裂，因而形成了三大教派。（两次都是从天主教中分离出来！）

基督教三大派别为：

☆天主教——公教、加特力教；

☆东部正教——东正教；

☆新教——抗罗宗，中国称为基督教。

事件	说明
第一次分裂	☆缘由：争夺教权。 ☆时间：11 世纪中叶。 ☆结果：分裂为西部的天主教和东部的正教（即东正教）。天主教又称公教、加特力教。
第二次分裂	☆缘由：宗教改革。 ☆时间：16 世纪。 ☆结果：从天主教内部脱离出抗罗宗，我国称为新教。新教反对教皇的绝对权威，不接受教皇支配，不承认天主教某些教义。在中国又称为基督教（狭义）。

* 速记：“双 11”夺权分东西，16 岁改革抗罗离家。

二、基督教四传中国

传播	具体经过
一传	指流行于唐代中亚的基督教聂斯脱利派从波斯来华传教，时逢唐朝“贞观之治”。获得“景教”之名的聂斯脱利派很快取得“法流十道”“寺满百城”的成功。然后在 845 年唐武宗崇道毁佛的风云中，被作为“胡教”遭遇厄运。
二传	指景教在元朝的复兴和罗马天主教来华传教。被蒙古人称为“也里可温”（意即“有福缘之人”）的基督教，主要是对蒙古民族产生了文化影响。随着元朝的灭亡，其传播也迅即消失。
三传	指明清之际以天主教耶稣会士为首的西方传教士在华展开的广泛而深入的传教活动。利玛窦等耶稣会士努力向中国文化“趋同”，主张将孔孟之道和宗法敬祖思想与天主教的教义体系相融合，以求基督教文化在中国的生存与发展，于是引起天主教传统教士的反感，天主教会内部爆发“中国礼仪之争”。后因罗马教皇和康熙皇帝的各自干预，导致了双方的直接冲突，并导致康熙宣布禁教、驱逐传教士的结局。
四传	鸦片战争后西方基督教各派传教士蜂拥来华，在不平等条约保护下强行传教，并取得成功。

中华人民共和国成立后，中国的基督教（即新教）倡导三自爱国运动——自治、自传、自养。天主教和东正教也倡导自主自办的爱国活动，东正教成立中华东正教会。从此基督教各教派走上健康发展道路。

拓展：来华传教的著名传教士——

利玛窦（1552—1610），明万历年间（意大利人）。

汤若望（1592—1666），明崇祯、清顺治到康熙年间（德国人）。

南怀仁（1623—1688），清康熙年间（比利时人）。

三、基督教著名景点

（一）著名天主教教堂和遗迹

教堂和遗迹	概况
北京南堂	北京最古老的天主教堂。明万历三十三年（1605 年）意大利耶稣会传教士利玛窦始建经堂。清顺治七年（1650 年）德国耶稣会传教士汤若望改建大堂，为朴素的巴洛克式建筑，现为中国天主教北京主教座堂。
北京北堂	又名西什库天主教堂。清康熙年间原建于府右街，光绪年间迁建现址。是北京地区最大的天主教堂。属哥特式建筑。
利玛窦墓	位于北京车公庄大街北京市委党校院内。利玛窦为意大利耶稣会著名传教士，于明万历十年（1582 年）来华，后任在华耶稣会会长。1610 年死于北京，明神宗诏以陪臣礼葬。利玛窦墓两侧分别有德国传教士汤若望和比利时传教士南怀仁的墓及碑。
天津老西开教堂	天津最大天主教堂，天津天主教会中心。由总堂（建于 1914 年）和大教堂（建于 1917 年）组成，为法国罗曼式建筑，故又名法国教堂。

（续表）

教堂和遗迹	概况
上海 徐家汇天主堂	1847 年上海天主教耶稣会将主院安置于徐家汇。1851 年兴建希腊式圣依纳爵堂。1905 年兴建法国哥特式大教堂，成为上海地区最大教堂，也是远东地区最大教堂之一。现为天主教上海教区主教座堂。
上海 佘山圣母大教堂	位于上海松江佘山。1871 年天主教耶稣会在佘山顶初建。其外部为以罗马风格为主的折中式，内部则为哥特式。因教区原有“全大赦”的规定（教徒按仪规来佘山朝圣，可赦免灵魂上所有罪孽），故上海天主教徒素有“五月佘山朝圣”的宗教习俗活动，当地人涌如潮。
广州 圣心大教堂	又名“石室”。始建于清同治二年（1863 年），由法国普行善会建造，属法国哥特式建筑，高 58.5 米，是国内最大的哥特式教堂之一。

（二）著名新教教堂

历史上，上海一直是基督教新教中心，故著名新教教堂亦集中在上海地区。

教堂	概况
上海 国际礼拜堂	建于 1924 年，为上海地区最大新教教堂，属德国哥特式建筑。原名“协和礼拜堂”，后称国际礼拜堂。
上海沐恩堂	原名慕尔堂，属美国学院哥特式风格，为典型的“社交堂”。慕尔堂曾另有小学、幼儿园、女子宿舍、女校、夜校、操场、阅览室、健身房等设施，其宗教和社交活动在上海基督教徒中产生了深远影响。
上海 圣三一堂	1847 年由英国圣公会建造，供英侨礼拜用，是英国在华建造的最大教堂。该堂的哥特式钟塔建于 1891 年，由当时驰名世界的教堂建筑师司考特爵士设计，为闻名远东的著名建筑。
上海景灵堂	原名景林堂，建于 1923 年。景灵堂建筑设施并不出色，但因与宋氏家族的关联而著名。宋庆龄之父宋耀如曾任此堂牧师，故宋氏家族都在该堂做礼拜。蒋介石与宋美龄结婚后，列入景灵堂教徒名册。蒋介石亦不时去景灵堂做礼拜。现为上海沪东地区新教徒活动中心。

（三）著名东正教教堂

东正教在中国的传教中心分别在北京、哈尔滨、上海、天津和新疆。现存东正教教堂主要集中在哈尔滨和上海。

教堂	概况
哈尔滨 圣索菲亚教堂	始建于 1907 年，是哈尔滨现存最大的东正教教堂，属俄罗斯拜占庭建筑。也是哈尔滨著名景点。此外，哈尔滨还有圣母帡幪教堂。
上海 圣母大教堂	位于上海襄阳北路，建于 1933 年。当时为东正教上海教区主教座堂，是俄侨的礼拜处。属俄罗斯拜占庭式建筑。1965 年随着主教病故，上海东正教宗教活动自然结束。

此外，上海尚存新乐路圣母大教堂及皋兰路分堂两座属俄罗斯拜占庭式东正教教堂，但已作他用。

（四）教堂特点汇总

教派	教堂名称	地点	亮点	建筑风格
天主教	北京南堂	北京	北京最古老	巴洛克式
	北京北堂		北京最大	哥特式
	利玛窦墓		位于北京市委党校内；意大利传教士，1582 年来华	
	天津老西开教堂	天津	天津最大	法国罗曼式
	上海 徐家汇天主堂	上海	上海最大 （远东最大）	1847 年希腊式； 1905 年法国哥特式
	上海 佘山圣母大教堂		“五月佘山朝圣”	罗马风格；内部哥特式
	广州圣心大教堂	广州	国内最大哥特式之一	法国哥特式
新教	上海国际礼拜堂	上海	上海最大新教教堂	德国哥特式
	上海沐恩堂		典型社交堂，另有学校	美国学院哥特式
	上海圣三一堂		英国在华最大教堂	哥特式钟楼
	上海景灵堂		宋氏家族礼拜地	（建筑一般）
东正教	哈尔滨 圣索菲亚教堂	哈尔滨	哈尔滨现存最大 东正教上海教区主教堂	俄罗斯拜占庭式
	上海圣母大教堂	上海		

四、基督教知识小结

一世纪创立——耶稣。

两次分裂——分出东正教和新教（抗罗宗）。

三大派别——天主教、新教、东正教。

四传中国——唐代、元代、明清、鸦片战争后。

四大新教教堂——国际、沐恩、圣三一、景灵堂。（全在上海）

六大天主教堂——北京南堂、北京北堂、上海佘山圣母、上海徐家汇、天津西开、广州圣心。

第六节　伊斯兰教

一、伊斯兰教的创立和传播

（一）伊斯兰教的创立

☆世界三大宗教——伊斯兰教、佛教、基督教。

☆伊斯兰为阿拉伯语的音译，本意为“顺服”，即顺服唯一的安拉。中国曾称“清真教”“天方教”“回教”等。

☆穆斯林为阿拉伯语的音译，本意为“顺服者”，即顺服安拉意志的人。

☆伊斯兰教创建于公元7世纪初，创始人为穆罕默德。

☆穆罕默德——宗教家、思想家、政治家和军事家，生于阿拉伯半岛麦加，40岁时开始传教。622年他迁往麦地那，建立政教合一的宗教公社。630年攻克麦加城，并以麦地那为中心，统一了阿拉伯半岛，建立了政教合一的国家。632年6月8日，穆罕默德于麦地那归真（即逝世），葬于该城清真寺。

（二）伊斯兰教在世界的分布

伊斯兰教在世界上主要分布在西亚、北非、南亚、中亚、东南亚等地区，在伊朗等国被奉为“国教”。

（三）伊斯兰教传入中国

类别	说明
概况	唐永徽二年（651年）传入中国，传入中国的路线有两条。
丝绸之路（陆路）	大食（今阿拉伯）→波斯（今伊朗）→天山南北→穿过河西走廊→中原。
香料之路（海路）	大食（今阿拉伯）→印度洋→天竺（今印度）→马六甲海峡→东南沿海广州和泉州等地。

（四）伊斯兰教主要宗派

名称	说明
逊尼派	是伊斯兰教中人数最多的一派，中国穆斯林大多属于逊尼派。
什叶派	是伊斯兰教中人数较少的一派，主要分布在伊朗、伊拉克、叙利亚、巴基斯坦、印度、也门等地。我国新疆塔吉克族穆斯林属于什叶派。
苏非派	是伊斯兰教内部的神秘主义派别。在我国新疆的南疆地区称依禅派。在我国西北地区形成虎夫耶、卡迪林耶、哲合忍耶、库布林耶四大门宦，属中国化的苏非派。

二、清真寺建筑

类别	说明
概况	清真寺是穆斯林举行宗教仪式、传授宗教知识的寺院的通称，也称礼拜寺。中国清真寺有中国传统式建筑和阿拉伯风格建筑两种风格。
中国传统式建筑清真寺	分几进四合院，有明显中轴线。主要建筑有大殿（礼拜正殿）、经堂、浴堂（作大、小净用）等。少数大型清真寺有望月楼（斋月观察新月用，以定斋月起讫的确定日期）和宣礼楼（又名“邦克楼”，是宣礼员按时登高召唤穆斯林进行每日五次礼拜的地方）。不管清真寺中轴线朝向如何，礼拜正殿和殿内壁龛（圣龛）必须背向麦加（在中国为背向西方），以示跪拜朝向。清真寺内不得设偶像，也不以动物形象作装饰，多以阿拉伯文经文和花草为饰。（*速记：背朝西方无偶像、装饰图案无动物）

（续表）

类别	说明
阿拉伯式建筑清真寺	没有明显的中轴线，大多有圆形拱顶的正殿和尖塔式宣礼楼，另有望月楼、经堂、浴堂等建筑。正殿也必须背向麦加。

三、伊斯兰教著名古寺

清真寺	概况
泉州清净寺	位于福建泉州，又名“圣友寺”“麒麟寺”。建于北宋，现存最古老的典型阿拉伯式清真寺，也是沿海清真古寺中规模最大、建筑艺术最好的一座清真寺。
广州怀圣寺	又名“狮子寺”，俗称“光塔寺”。尤以高 36.6 米仿阿拉伯式邦克塔“光塔”著称于世。
杭州真教寺	因原建筑群布局状似凤凰，故又名“凤凰寺”。南宋时已建此寺，元明清历经重修。以现存元代大殿著称于世。大殿为砖砌，穹隆式顶，俗称无梁殿。
扬州仙鹤寺	传南宋时期，教主穆罕默德十六世孙普哈丁来扬州传教时兴建，属于中国传统式建筑，但按仙鹤形布局以体现寺名。
北京牛街清真寺	北京地区规模最大、历史最悠久的清真寺，也是中国北方最古老的清真寺之一。明代奉敕赐名“礼拜寺”。为我国传统式建筑的清真寺。
西安化觉寺清真寺	原名“清修寺”，俗称“东大寺”。为中国传统式建筑，规模宏大，是我国现存规模最大、保存最完整的清真寺。
喀什艾提尕尔清真寺	阿拉伯式建筑，新疆地区最大的清真寺。

* 注意：中国沿海伊斯兰教四大古寺——清净寺、怀圣寺、真教寺、仙鹤寺。

* 速记：泉州清净最古老，广州怀圣有光塔，杭州真教似凤凰，扬州仙鹤普哈丁。全国最大化觉寺，北京最大牛街寺，新疆最大艾提尕，历史最久清净寺。

四、伊斯兰教知识小结

一个安拉——真主。

两条路线——丝绸之路、香料之路。

三大派别——逊尼派、什叶派、苏菲派。

三大节日——开斋节、宰牲节、圣纪节。

四大沿海清真寺——泉州清净寺、广州怀圣寺、杭州真教寺、扬州仙鹤寺。

公元七世纪——创教。

易错考题小试牛刀

1.（单选题）汉字是记录汉语的符号，属（　）文字。

A. 表形　　B. 表音　　C. 形音　　D. 表意

2.（单选题）党的（　）把铸牢中华民族共同体意识写入党章。

A. 十七大　　B. 十八大　　C. 十九大　　D. 二十大

3.（单选题）藏传佛教各派中，“白教”是指（　）。

A. 宁玛派　　B. 萨迦派　　C. 噶举派　　D. 格鲁派

4.（单选题）根据国务院令，从（　）年 1 月 1 日起，除春节外，清明节、端午节、中秋节等传统节日也成为全国性法定节日。

A.1989　　B.1998　　C.2005　　D.2008

5（多选题）中秋节是汉族的传统节日，（　）等少数民族也过此节。

A. 蒙古族　　B. 壮族　　C. 彝族　　D. 布依族　　E. 朝鲜族

6.（多选题）（　）并称为九华山四大丛林。

A. 祇园寺　　B. 百岁宫　　C. 东崖寺　　D. 化城寺　　E. 甘露寺

【答案】1.D　2.C　3.C　4.D　5.ABCDE　6.ABCE

第十章
中国自然与地理常识

【考试大纲】

- **了解：**中国自然与地理基础知识。
- **熟悉：**中国主要地貌类型及代表性景观，山、水、动物、植物、天象等自然景观知识。
- **掌握：**常见自然景观的地质成因。

【历年分值】

年份	判断（题）	单选（题）	多选（题）	分值（分）
2019	2	6	1	5
2020	0	6	4	7
2023	2	7	3	7.5
2024	2	5	2	5.5

第一节　山地自然景观知识

一、山地简介

山地，是指海拔在 500 米以上的高地，以起伏大、坡度陡、沟谷深为特点。山地是构景的基本要素之一，它决定了风景的骨架、气势和纹理等主要特征。山地多呈脉状，常由山峰、丘陵、盆地、河谷和岗地组合成山脉，其中的最高峰——主峰是山脉的标志性高度。根据山的绝对高度（海平面到山顶的高差）或相对高度（山麓到山顶的高差）来划分山地的类型，在地理学和旅游资源学上都有一定的实际意义。特别是山的相对高度愈大、地貌切割愈强、地表起伏愈显著的地区，其自然环境愈发呈现出景观多样性和视觉冲击力，往往成为山地景观资源中鬼斧神工般的胜境。

类型	相对高度（山麓到山顶的高差）	绝对高度（海拔）
高山	＞ 1000 米	＞ 3500 米
中山	350 ～ 1000 米	1000 ～ 3500 米
低山	200 ～ 350 米	500 ～ 1000 米
丘陵	＜ 200 米	＜ 500 米

我国是个多山的国家，广义的山地面积占国土总面积的 2/3 以上，山地的岩石类型齐全，形成了各类型的山地地貌。喜马拉雅山脉的世界最高峰珠穆朗玛峰和喀喇昆仑山脉的世界第二高峰乔戈里峰，海拔分别为 8848.86 米和 8611 米，都在我国边界线上；贡嘎山、慕士塔格峰、梅里雪山等也是海拔超过 6000 米的著名高山；以“五岳”等为代表的风景名山遍布各地，风光景物奇异，自古就是供人探胜、寻幽、避暑与攀登的胜地。

二、主要地貌类型及代表性地貌景观

1. 花岗岩地貌

类别	内容
成因	是指在花岗岩石体基础上，各种外动力下形成的形态特殊的地貌类型。花岗岩是由地下深处炽热的岩浆上升失热冷凝而成的侵入岩。
特点	岩性坚硬，岩体造型丰富。一般来说，垂直节理发育，岩体造型丰富，质坚形朴，常形成山地的核心。 ☆高山的景观特点——主峰明显，群峰簇拥，峭拔危立，雄伟险峻。 ☆低山或者丘陵的景观特点——高度小，起伏和缓，岩石表面受到球状风化作用，浑圆多姿，形成巨大的“石蛋”造型或浑圆的巨石兀立形态。
代表名山	山东泰山、安徽黄山、陕西华山、南岳衡山、安徽九华山、浙江天台山、江西三清山、厦门鼓浪屿万石山、浙江普陀山、海南岛天涯海角等。

2. 丹霞地貌

类别	内容
成因	巨厚的红色砂岩地区由内外地质营力作用形成的顶平、身陡、麓缓的方山、石墙、石峰、石柱等奇特的地貌形态，因我国地质学家冯景兰在广东仁化县丹霞山发现而得名。
特点	丹山碧水，精巧玲珑。
代表名山	广东丹霞山，福建武夷山，江西龙虎山、圭峰（也称龟峰），浙江江郎山，安徽齐云山，湖南崀山，贵州赤水，甘肃张掖五彩丹霞以及福建泰宁等。2010 年 8 月，贵州赤水、福建泰宁、湖南崀山、广东丹霞山、江西龙虎山、浙江江郎山组成的丹霞地貌组合以“中国丹霞”名称共同申请世界自然遗产并获批。 * 速记：世界自然遗产（中国丹霞）——丹龙崀赤江 + 泰宁。 * 速记：丹龙齐武，崀赤张江，龟峰泰宁。

3. 岩溶地貌

类别	内容
成因	又称喀斯特地貌，是在地下水和地表水对可溶性岩石进行溶蚀等作用下所形成的地表和地下形态的总称，主要发育在碳酸岩类岩石地区，代表岩石有石灰岩、白云岩等。
特点	☆中国是世界上喀斯特地貌分布最广泛、发育最充分、类型最齐全的国家，中国南方喀斯特（一期、二期）被列入世界自然遗产名录，以广西、云贵高原最为集中。 ☆喀斯特地貌一般可以分为地表喀斯特和地下喀斯特两种。地表喀斯特景观有峰林、峰丛、石林、溶洞、峡谷、天坑、天生桥、地表钙华堆积、桌山等。 ☆地下喀斯特景观溶洞遍布，洞内常有地下湖或地下暗河，以及由石灰岩溶解沉淀而形成的石钟乳、石笋、石柱、石花等千姿百态的洞穴景观。
代表名山	桂林山水，云南石林，贵州织金洞、荔波，重庆武隆、金佛山，四川兴文石林、黄龙，湖南张家界黄龙洞，北京石花洞等。 明代旅行家徐霞客所著的《徐霞客游记》中对岩溶地貌有详尽记载。

4. 流纹岩地貌

类别	内容
成因	火山喷发出的岩浆、火山灰等在流动冷却过程中形成的流纹状构造。
特点	在岩体节理和裂隙特别发育的部位，经岩浆局部流失、构造上升、河流下切、重力崩塌等作用，易形成奇峰异洞、峭壁幽谷等丰富奇特的造型地貌。随着观者步移景迁，同一景物从不同角度呈现出多种不同的形象特征。
代表名山	浙江雁荡山、神仙居、仙都峰，杭州西湖宝石山等。 * 速记：雁荡神仙仙都峰，媲美西湖宝石山。

5. 石英砂岩峰林地貌

类别	内容
成因及特点	在夹有薄层砂质页岩的石英砂岩地层中，由于地壳稳定上升，岩石垂直节理发育，经长期风化和重力作用而发生断裂和崩塌，同时充沛的地表流水又对其进行强烈的侵蚀而形成的密度和规模很大、千姿百态的砂岩石峰。
代表名山	湖南张家界是世界上最典型的石英砂岩峰林峡谷地貌，有“奇峰三千，秀水八百”之美誉。

6. 冰川地貌

类别	内容
成因及特点	主要指冰川侵蚀、堆积和搬运作用形成的地貌。发育于高山和高纬度地区雪线一带。 ☆雪线以上——冰川侵蚀地貌景观，包括冰斗、角峰、羊背石等。 ☆雪线以下——冰川堆积景观，包括冰瀑、冰塔林、冰碛丘陵等。
代表冰川	四川海螺沟冰川、新疆喀纳斯冰川湖、云南玉龙雪山冰川等。

7. 海岸地貌

类别	内容
成因及特点	指海岸在构造运动、海水动力、生物作用和气候因素等共同作用下所形成的各种地貌的总称。 ☆按基本特征分——海岸侵蚀地貌和海岸堆积地貌。 ☆按物质组成及形态分——沙砾质海岸、淤泥质海岸、三角洲海岸、生物海岸等。
代表海岸	台湾野柳、海南东寨港红树林、山东成山头、河北昌黎黄金海岸等。

8. 荒漠地貌

类别	内容
成因及特点	形成于环境恶劣的极端干旱地区，是荒漠地区各种地表形态的总称。风力作用是塑造其形态的最主要地质营力，风化作用、重力作用、流水作用的影响也较常见。
代表荒漠	新疆乌尔禾、甘肃鸣沙山、宁夏沙坡头等。

三、山地著名旅游景观

（一）五岳及其特点特色

名称	特点	特色
东岳泰山（山东泰安）	雄伟	山体由片麻岩和花岗岩组成。主峰玉皇顶 1532.7 米，是世界文化与自然双重遗产。历代诸多帝王把泰山看成是国家统一、权力的象征，常到此封禅祭祀，使得泰山享有“五岳独尊”“五岳之首”的盛誉。泰山以岱庙、石刻最具代表性。 泰山石刻源远流长，分布广泛，精品众多。历代帝王到泰山祭天告地，儒佛道教传教授经，文人名士登攀览胜，留下了琳琅满目的碑碣、摩崖、楹联石刻。现存碑刻 500 余座、摩崖题刻 800 余处。碑刻题名之多冠中国名山之首，具有很高的艺术价值和史料价值。 四大自然名景：旭日东升、晚霞夕照、黄河金带、云海玉盘。 我国四大古建筑群：山东岱庙、北京故宫、山东曲阜三孔、河北承德避暑山庄。 中国古代三大宫殿式建筑：山东岱庙的天贶殿、北京故宫的太和殿、曲阜孔庙的大成殿。
西岳华山（陕西华阴）	险峻	花岗岩山体。有中（玉女）、东（朝阳）、西（莲花）、南（落雁）、北（五云）五峰环峙，南峰海拔 2154.9 米，是华山最高主峰，也是五岳最高峰，东峰为著名观日出之地。 华山壁立千仞，以险峻著称，自古以来就有“华山天下险”“奇险天下第一山”等说法。

（续表）

名称	特点	特色
		险峻之道：长空栈道、鹞子翻身、千尺幢、百尺峡、老君犁沟等。 名胜古迹：玉泉院、西岳庙、东道院等。 西岳庙是古时祭祀西岳华山神的庙宇，有“陕西故宫”之称。
南岳衡山（湖南衡阳）	秀丽	又名“寿岳”“南山”，为花岗岩山体。衡山72峰挺拔巍峨，著名的有回雁峰、祝融峰、紫盖峰、岳麓山等。 最高峰为祝融峰，海拔1300.2米，有“五岳独秀”之称。区内名胜古迹众多，以“文明奥区”闻名于世，有神庙建筑群南岳庙、女道士魏华存修道成仙的黄庭观、佛寺丛林祝圣寺等。 衡山历史上是读书人聚集讲学之地，先后在此出现了邺侯书院、文定书院、集贤书院等10余所书院。 四绝——祝融峰之高、方广寺之深、藏经殿之秀、水帘洞之奇。
北岳恒山（山西浑源）	幽静	又名“太恒山”，山体大都由寒武变质岩系组成，主峰天峰岭海拔2016米，号称“人天北柱”“绝塞名山”。有扼关带水、地险山雄之势，山势叠嶂拔峙，横亘塞上，苍松翠柏间殿宇散布，以幽静著称。 恒山文物古迹星罗棋布，其中翠屏山金龙口西崖绝壁上的悬空寺为恒山人文景观之最，始建于北魏，距地面高约50米，其建筑特色可以概括为“奇、悬、巧”三个字。徐霞客称悬空寺为“天下巨观”，三教殿内，释迦牟尼、老子、孔子共居一室，在我国寺庙建筑中别具一格。
中岳嵩山（河南登封）	峻	古称“外方”“崇山”“岳山”，以峻著称，主峰峻极峰海拔1491.7米，古有“峻极于天”之说。主体由坚硬的石英岩构成，花岗岩、片麻岩和石灰岩等呈局部分布。嵩山岩石发育完整，太古宙、元古宙、古生代、中生代、新生代的地层和岩石均有出露，被地质学界称为“五世同堂”。嵩山有中国最古老的岩系——“登封杂岩”，是世界上稀有的自然地质宝库。 嵩山除优美的自然风光外，名胜古迹繁多，著名的有以中华武术和禅宗著称的少林寺，以及北魏嵩岳寺塔、汉代嵩山三阙、元代观星台、中岳庙、嵩阳书院等。

（二）常见地貌名山

类型	名山	说明及著名景观
花岗岩	黄山	位于安徽省南部黄山市境内，古代别称“天子都”“黟山”，传说黄帝曾在此炼丹，唐玄宗敕令改黟山为黄山。黄山主要为花岗岩山体，有大小72峰，莲花峰、光明顶、天都峰为黄山三大主峰，且高度均超过1800米，是我国东部少有的高峰，其中莲花峰最高，海拔1864.8米。山体变化万千，集名山之长，兼有泰山之雄伟、华山之险峻、衡山之烟云、庐山之飞瀑、雁荡山之巧石、峨眉山之清凉，尤以奇松、怪石、云海、温泉四绝著称于世。徐霞客曾留下“五岳归来不看山，黄山归来不看岳”的赞誉。
	三清山	位于江西省上饶市与德兴市交界处，为世界自然遗产地。因三峰宛如道教三清尊神列坐山巅而得名，又名“少华山”，主峰玉京峰海拔1819.9米。三清山为花岗岩山体，有世界上花岗岩地貌中分布最密集、形态最多样的峰林。 有2000多种高等植物、1700多种野生动物，是东亚生物多样性最丰富的地区之一。1600余年的道教文化广博精微，按八卦布局的三清宫古建筑群，被誉为“中国古代道教建筑的露天博物馆”。

（续表）

类型	名山	说明及著名景观
丹霞	武夷山	位于福建省武夷山市、江西省铅山县交界处。典型的丹霞地貌，素有“碧水丹山”“奇秀甲东南”之美誉，是世界文化与自然双遗产地。主峰黄岗山海拔2157.8米。 武夷山西部是全球生物多样性保护的关键地区之一，分布着世界同纬度带现存最完整、最典型、面积最大的中亚热带原生性森林生态系统；东部人文风情与自然山水浑然天成，架壑船棺、书院遗址、摩崖石刻、寺院宫观镶嵌于武夷山的溪畔峰麓、岩穴崖壁。九曲溪是武夷山景点精华集中之处，曲折萦回地贯穿于丹崖群峰之间，如玉带串珍珠，人称“三三秀水清如玉，六六奇峰翠插天”，构成了奇幻百出的武夷山水之胜。
岩溶	桂林山水	位于广西东北部，桂林至阳朔的漓江两岸是世界上规模最大、风景最优美的亚热带岩溶风景区。是世界自然遗产地（中国南方喀斯特第二期），呈现出“平地涌千峰”的山水景观，是我国喀斯特峰林和峰丛地貌发育最典型的地区。区内重峦叠嶂、城景一体，“山清、水秀、洞奇、石美”为其四绝，自古享有“桂林山水甲天下”之誉。唐朝诗人韩愈的“江作青罗带，山如碧玉簪”是桂林山水的最佳写照。
流纹岩	雁荡山	位于浙江省温州市东北部海滨，小部分在台州市温岭南境。因山顶有湖，芦苇茂密，结草为荡，南归秋雁多宿于此，故名雁荡。 雁荡山属致密坚硬的火山流纹岩山体，山峰以百岗尖最高，海拔1108米。 雁荡山素以独特的奇峰怪石、飞瀑流泉、古洞畸穴、雄峰胜门和凝翠碧潭扬名海内外，被誉为“海上名山，寰中绝胜”，史称“东南第一山”。雁荡山被称为我国造型地貌博物馆，灵峰、灵岩、大龙湫三个景区被称为“雁荡三绝”；灵峰夜景、灵岩飞渡是雁荡山两大特别景观。
其他	庐山	位于江西省九江市境内，又称“匡山”“匡庐”。庐山是一座砂页岩组成的地垒式断块山，北带长江，东临鄱阳湖，气势磅礴。主峰为大汉阳峰，海拔1474米。庐山风景秀丽，文化内涵深厚，素有“匡庐奇秀甲天下”之誉，1996年入选世界文化遗产名录。庐山良好的气候和优美的自然环境成为国内久负盛名的避暑游览胜地。因历代多建书院、寺观等而使其山地具有浓郁的文化气息，成为中国山水文化名山。主要旅游景点有美庐别墅、庐山会议会址、香炉峰、仙人洞、含鄱口、瀑布群、五老峰、三叠泉等。
	武陵源	位于湖南省张家界市境内，是我国第一个国家森林公园，为世界自然遗产地。由张家界国家森林公园、索溪峪自然保护区、天子山自然保护区、杨家界自然保护区四大板块组成。武陵源山地80%为砂岩构成，独特的石英砂岩峰林在国内外均属罕见，素有“奇峰三千，秀水八百”之称，“奇峰、幽谷、秀水、深林、溶洞”被称为武陵源“五绝”。
	梵净山	位于贵州省铜仁市，系武陵山脉主峰，梵净山世界自然遗产区域面积为775.14平方千米，海拔2572米，为世界自然遗产地。梵净山被誉为“地球绿洲”“动植物基因库”“人类的宝贵遗产”，拥有以黔金丝猴等为代表的珍稀野生动植物及原生森林生态系统。梵净山得名于“梵天净土”，是西南地区佛教名山。
	苍山	位于云南省大理市，高原湖泊洱海之西，最高峰马龙峰海拔4122米，是云岭山脉南端的主峰。苍山又名点苍山，因其山色苍翠，山顶覆盖白雪而得名。苍山雪是大理最为盛名的“风花雪月”四景之一。苍山是欧亚板块和印度板块碰撞隆起的杰作，独特的高原山岳地貌景观，是一本孕育了20多亿年的“天然地质天书”，也是大理石和大理冰期的命名地。

（续表）

类型	名山	说明及著名景观
	天山	位于欧亚大陆腹地，横跨四国，横贯中国新疆中部，在塔里木盆地和准噶尔盆地之间蜿蜒耸立，为世界独立纬向山系之最。也是世界上距离海洋最远的山系和全球干旱地区最大的山系。聚集了独特的地质地貌、植被类型、生态系统等资源，著名景点有博格达峰、托木尔峰、天山天池、汗腾格里冰川等，更有令人心醉的夏季牧场和民族风情，最高峰托木尔峰海拔 7443 米。天山为世界自然遗产之一。
	五大连池	位于黑龙江省五大连池市境内。因历史上多次火山喷发，形成 14 座火山锥体和广阔的熔岩台地。火山熔岩堵塞白河河道，形成 5 个互相连通的火山堰塞湖，五大连池也因此而得名。这里拥有世界上保存最完整、分布最集中、品类最齐全、状貌最典型的新老时期火山地质地貌，喷发年代跨越 200 多万年，被誉为“天然火山博物馆”和“打开的火山教科书”，是著名的火山景观和以矿泉为特色的疗养胜地。
	长白山	位于吉林省延边朝鲜族自治州，旧称“不咸山”“太白山”。长白山由火山喷发冷却形成的玄武岩构成，夏季白岩裸露，冬季白雪皑皑，终年长白，故得名。主峰白云峰海拔 2691 米，为东北地区最高峰。以长白山天池为代表，集瀑布、温泉、峡谷、地下森林、火山熔岩、暗河、原始森林、云雾、冰雪等旅游资源于一身，有千年积雪万年松的“关东第一山”之誉。
	阿里山	位于台湾省嘉义县东北。主峰海拔 2800 米。其云海、日出和森林合称三大名景。植被繁茂，有天然植物园之称，其中有 3000 年树龄的红桧，被誉为神木。山的北面为台湾名湖日月潭。

（三）历史文化名山

因文化景观或历史遗迹众多而形成的名山。此类名山自然与人文景观兼备，文物众多，历史厚重，有其特有的历史价值、文化价值、宗教价值等。如有“革命摇篮”之誉的井冈山，开凿莫高窟而闻名的甘肃鸣沙山，以“佛宗道源、山水神秀”而享誉海内外的浙江天台山，以宗教文化为中心形成的佛教四大名山、道教四大名山等。

四、四大高原、四大盆地和四大沙漠

（一）四大高原

高原一般指海拔高度在 1000 米以上，面积广大，地形开阔，周边以明显的陡坡为界，比较完整的大面积隆起地区。按其成因一般分为构造高原、熔岩高原、侵蚀高原和堆积高原等类型。高原海拔大于平原，起伏小于山地。中国的高原集中分布在我国地势的第一、二级阶梯上，四大高原分别为：青藏高原、云贵高原、黄土高原、内蒙古高原。

名称	概况
青藏高原	地处我国西南，平均海拔 4000 米以上。高原南起喜马拉雅山脉南缘，北至昆仑山、阿尔金山脉和祁连山北缘，西部为帕米尔高原和喀喇昆仑山脉，东及东北部与秦岭山脉西段和黄土高原相接；东西长约 2800 千米，南北宽约 300 ~ 1500 千米，总面积约 250 万平方千米，是中国最大、世界海拔最高的高原，被称为“世界屋脊”“地球第三极”。青藏高原是地球上最年轻的地质构造单元，有水平地带性和垂直地带性紧密结合的自然地理单元，拥有纳木错、青海湖等著名的高原湖泊，是黄河、长江、澜沧江、怒江、雅鲁藏布江等许多大河的发源地，世界最高峰珠穆朗玛峰位于高原西南部。

（续表）

名称	概况
内蒙古高原	是中国四大高原中的第二大高原，自东北向西可分为呼伦贝尔高原、乌珠穆沁盆地、锡林郭勒高原、乌兰察布高原、鄂尔多斯高原、巴彦淖尔高原、阿拉善高原等部分，面积约 70 万平方千米，海拔多在 1000 ~ 1200 米。内蒙古高原是中国重要的牧场，草场约占高原面积的 80%，是中国最大的绵羊及山羊放牧区，也是中国骆驼主要产区之一。草原气候干燥多风。锡林郭勒草原为我国著名的草原旅游景区。
黄土高原	位于中国第二级阶梯之上，包括太行山以西、青海省日月山以东、秦岭以北、长城以南的广大地区。地势西北高，东南低，自西北向东南呈波状下降，海拔高度 800 ~ 3000 米；东西长 1000 余千米，南北宽 750 千米，面积约 64 万平方千米。黄土高原是世界上最大的黄土堆积区，也是世界上黄土覆盖面积最大的高原。属温带大陆性季风气候，较干旱，降水集中，植被稀疏，水土流失严重。黄土高原的盆地和河谷区域农垦历史悠久，是中华民族古代文明的发祥地之一。
云贵高原	位于中国西南部，西起横断山、哀牢山，东到武陵山雪峰山，东南至越城岭，北至长江南岸的大娄山，南到桂、滇边境的山岭，东西长约 1000 千米，南北宽 400 ~ 800 千米，总面积约 50 万平方千米。地势从西北向东南呈现阶梯式的下降，海拔一般在 1000 ~ 4000 米，以乌蒙山为界可将整个云贵高原分为西部的云南高原和东部的贵州高原。云贵高原属亚热带湿润季风气候（西双版纳地区为热带季风气候），是世界上喀斯特地貌发育最为典型地区之一，也是中国少数民族种类最为多样的地区和中国森林植被类型最为丰富的区域。

（二）四大盆地

盆地是指四周高（山地或高原）、中部低（平原或丘陵）的盆状地形。中国四大盆地分别是塔里木盆地、准噶尔盆地、四川盆地和柴达木盆地。

名称	概况
塔里木盆地	位于中国新疆南部，是中国面积最大的内陆盆地。盆地地处天山、昆仑山和阿尔金山之间。南北最宽处 520 千米，东西最长处 1400 千米，面积约 53 万平方千米，海拔 800 ~ 1300 米。盆地地势西高东低，微向北倾，地貌呈环状分布，边缘是与山地连接的砾石戈壁，中心是辽阔沙漠，边缘和沙漠间是冲积扇和冲积平原，并有绿洲分布。盆地北缘的塔里木河是我国最大的内陆河。塔里木河以南是塔克拉玛干沙漠，是中国最大沙漠。塔里木盆地藏有丰富的石油、天然气资源，拥有喀什古城、克孜尔石窟、楼兰遗址等多元文化资源以及胡杨林、峡谷、雅丹地貌等自然景观。
准噶尔盆地	位于中国新疆北部，地处阿尔泰山与天山之间，西侧为准噶尔西部山地，东至北塔山麓，面积约 38 万平方公里，是中国第二大的内陆盆地。盆地呈不规则三角形，地势向西倾斜，北部略高于南部，海拔 500 ~ 1000 米。准噶尔盆地除了有大面积的沙漠、戈壁滩、盐碱滩之外，盆地四周还有星罗棋布的绿洲围绕，盆地内雅丹地貌广泛分布，尤以盆地西北边缘的乌尔禾风城最具代表性，人称“魔鬼城”。准噶尔盆地地层中的煤、石油及硅化木、恐龙、鱼贝类等古生物化石，记录和保留了盆地波澜壮阔的地质发展史，堪称不可多得的“史前地质博物馆”。
四川盆地	大部位于四川省内，由青藏高原和横断山脉、秦巴山地、湘鄂西山地、云贵高原围合而成，总面积约 26 万平方千米。盆地周围山地海拔多在 1000 ~ 3000 米，明显分为边缘山地和盆底部两大部分，是中国四大盆地中形态最典型、纬度最南、海拔最低的盆地。四川盆地底部自西向东以龙泉山和华蓥山为界，分为成都平原、川中丘陵和川东平行

（续表）

名称	概况
	岭谷三部分。四川盆地是全国紫色土分布最集中的地方，盆地底部耕地连片，是中国最大的水稻、油菜籽产区；盆地边缘山地是四川多种经济林木基地，也是中国以大熊猫为代表的特有且古老动物保存最好、最集中的地区。
柴达木盆地	位于青海省西北部和青藏高原东北部，主要分布在海西蒙古族藏族自治州境内，为高原型盆地。盆地略呈三角形，西北抵阿尔金山脉，西南至昆仑山脉，东北达祁连山脉，东西长约 800 千米，南北宽约 300 千米，面积约 25.7 万平方千米。柴达木盆地是整个青藏高原气候变化最为敏感和显著的地区，其盐矿储藏量不仅是中国之最，也是世界之最，察尔汗盐湖、茶卡盐湖为国内知名盐湖和旅游点，盆地还盛产锂、铁、铜、锡等多种矿物，有“聚宝盆”的美称。

（三）四大沙漠

沙漠，全称沙质荒漠。指地面完全被沙所覆盖、植物非常稀少、雨水稀少、空气干燥的荒芜地区。我国的四大沙漠分别是塔克拉玛干沙漠、古尔班通古特沙漠、巴丹吉林沙漠、腾格里沙漠。

名称	概况
塔克拉玛干沙漠	位于新疆南疆的塔里木盆地，地处欧亚大陆中心，是中国最大的沙漠、世界第十大沙漠，也是世界第二大流动沙漠。整个沙漠东西长约 1000 千米，南北宽约 400 千米，面积达 33 万平方千米。这里的年均降水不超过 100 毫米，而年均蒸发量却高达 2500 ~ 3400 毫米，别名“死亡之海”。沙漠里沙丘绵延，古丝绸之路途经塔克拉玛干的整个南沿，尼雅遗址的发掘向人们展示了塔克拉玛干大沙漠曾经存在过一个悠久、古老、灿烂的沙漠古代文明。2022 年，中国首条贯穿塔克拉玛干沙漠的等级公路——塔里木沙漠公路正式投入运营。
古尔班通古特沙漠	也称准噶尔盆地沙漠，位于新疆准噶尔盆地中央，玛纳斯河以东及乌伦古河以南，面积大约 4.88 万平方千米。沙漠内部绝大部分为固定和半固定沙丘，年降水量 70 ~ 150 毫米，海拔 300 ~ 600 米。这里的大漠绿洲保留了大量珍贵的古丝绸之路文化遗迹，如北庭都护府遗址、烽火台、马桥故城、西泉冶炼遗址等。
巴丹吉林沙漠	位于中国内蒙古自治区阿拉善盟阿拉善右旗北部，面积约 4.92 万平方千米。这里地势起伏缓和，地表主要由剥蚀低山残丘与山间凹地相间组成，沙峰、鸣沙、湖泊、奇泉、古庙被称为“沙漠五奇”。巴丹吉林沙漠中已探明的湖泊有 144 个，俗称“沙漠千湖”，主要景点有巴丹湖、巴丹吉林庙、必鲁图遗址、必鲁图沙山等，被原国家旅游局和中国科学探险协会联合推荐为全国首批 17 个最具代表性的探险旅游区之一。
腾格里沙漠	位于内蒙古自治区阿拉善左旗西南部和甘肃省中部边境，南北长 240 千米，东西宽 160 千米，总面积约 4.27 万平方千米，为中国第四大沙漠。海拔 1200 ~ 1400 米，包括北部的南吉岭和南部的腾格里两部分。这里的年降水量 116 ~ 148 毫米，年蒸发量 3000 ~ 3600 毫米，年平均风速 3 ~ 4 米 / 秒，是沙漠中风能资源丰富区之一。沙漠内部沙丘、湖盆、草滩、山地、残丘及平原等交错分布，以流动沙丘为主，有湖盆共 422 个，多为干涸或退缩的残留湖，半数有积水。境内沙坡头、月亮湖为知名旅游景区。

第二节　水体自然景观知识

一、海洋

海洋占地球表面积的 71.8%，旅游活动主要在海岸带进行。海岸带包括海岸、潮间带和水下岸坡，处于水、陆、生物和大气相互作用之中。

我国海岸线总长度约 3.2 万千米，其中大陆海岸线北起中朝边境的鸭绿江口，南到中越边境的北仑河口，全长 1.8 万千米，沿海面积大于 500 平方米的岛屿约计 6500 个；岛屿海岸线长 1.4 万千米。阳光、沙滩、海水（简称 3S：Sun、Sand、Sea）被称为最具吸引力的旅游资源。我国各地海滨风格各异，包括众多发育了珊瑚礁海岸和红树林海岸的南海海滨以及岛屿、北方海滨的避暑疗养胜地等。

我国的海岸纵跨温带、亚热带、热带三个气候带。海岸类型复杂，一般以钱塘江口为界：

☆钱塘江口以北——泥沙质海岸为主，个别地区如山东半岛、辽东半岛等地为基岩海岸。

☆钱塘江口以南——基岩海岸为主，只在珠江口等少数地区为平原海岸。

泥沙质海岸带具有开发海滨浴场的优越条件。基岩海岸地带多形成各种海蚀地貌景观。

* 速记：南基岩，北泥沙；整体海岸三万二，大陆海岸一万八。

海滨景观	地点	特点
大连—旅顺口	辽东半岛南端	包括大连海滨与旅顺口风景区。大连依山濒海，景色秀丽，气候宜人，是著名的海滨疗养、旅游和避暑胜地，是一处以山、海、礁、岛自然景观为主的风景名胜区，西南方的老铁山是候鸟的乐园。旅顺口是我国历史上的海上门户，留有众多古迹，是进行爱国主义教育的课堂。旅顺口外礁岛棋布，其中以面积 0.8 平方千米的蛇岛最为著名。
北戴河	河北省秦皇岛市	呈现出“一脉青山，山光积翠；一汪碧水，水色含青”之意境。气候宜人，全年适合海水浴的天数为 110 ~ 120 天。10 千米长、曲折平坦的沙质海滩，以滩缓、沙细、浪小、潮平著称。海蚀地貌发育，各种形态的岩石栩栩如生。还可观览山海关古长城、关城、姜女庙、联峰山等胜迹，是著名的海滨避暑胜地。
青岛	山东半岛东南	青岛市是山东半岛东南的港口城市，城市依山就势，凭海临风。青岛的城市明信片是：“青山、碧海、绿树、红瓦”。曾作为第 29 届奥运会帆船比赛的举办地。有着“石老人”“玉女盆”等海蚀景观。青岛湾中伸入大海的栈桥及回澜阁构成的“琴岛飘灯”是青岛的象征。
舟山群岛	浙江东北部海域	中国第一大群岛，是中国第一个以群岛建制的地级市，也是国务院批准的中国首个以海洋经济为主题的国家战略层面新区。著名岛景有海天佛国普陀山、海上蓬莱岱山、海上雁荡朱家尖等。

（续表）

海滨景观	地点	特点
厦门	福建省东南沿岸	是一座"城在海上，海在城中"的海上花园城市。厦门生态良好，栖息着成千上万的白鹭，又因厦门的地形就像一只白鹭，故有"鹭岛"之称。厦门岛以"五老凌霄"、千年古刹南普陀寺、环境幽雅鼓浪屿为胜景代表，兼有山、岛、海之胜。其中面积仅0.71平方千米的鼓浪屿入选世界文化遗产。
三亚	海南省三亚市	三亚海岸线长180千米。有着"椰风海韵"的热带海滨风光。市东南的亚龙湾海滨，海滩长7000米，被称为"东方夏威夷"。

除此之外，我国著名的海滨游览地还有：山东胶东半岛的蓬莱、烟台海滨以及江苏连云港海滨、深圳大小梅沙、珠海海滨公园、福建东山风洞石、香港维多利亚港湾等地。

二、河流

名称	概况
长江	☆中国第一、世界第三长河，6300多千米。正源沱沱河发源于唐古拉山主峰各拉丹冬雪山西南侧，干流经11省份注入东海。 ☆上游虎跳峡是世界上落差最大的峡谷之一，具有"狂涛卷地、飞瀑撼天"的气概；中游沃野千里，景色秀丽，古遗迹、古战场等景观丰富；下游三角洲地区，天水一色，是有名的水乡泽国和鱼米之乡。 ☆长江三峡西起重庆市奉节白帝城，东止于湖北宜昌南津关，全长200余千米，自西向东分别是瞿塘峡（最短，8千米，雄伟险峻，有"夔门天下雄"之称）、巫峡（幽深秀丽，45千米，巫山十二峰以北岸的神女峰最具神韵）、西陵峡（最长峡，滩多水急，有世界最大的水利枢纽工程三峡工程）。 ☆三峡景区保留了众多的历史名胜古迹，如白帝城、古栈道遗迹、巴人悬棺、张飞庙、屈原故里、丰都城、昭君故里、三游洞、黄陵庙等。此外，大宁河小三峡、神农溪等支流景观也幽奇深邃，别有洞天。
黄河	☆中国第二长河，全长5464千米，发源于青海巴颜喀拉山北麓。其干流贯穿9省、自治区，自西向东依次是青海、四川、甘肃、宁夏、内蒙古、陕西、山西、河南、山东，注入渤海。由于流经黄土高原，成为世界上含沙量最高的河流。 ☆中游晋陕大峡谷长达725千米，峡谷下段有著名的壶口瀑布，有"黄河之水天上来"之势；下游河段长期淤积形成"地上悬河"。历史上黄河流域长期是中国的政治、经济和文化中心，保留了众多的古代文化遗存，包括古人类遗址、古都城遗迹、帝都园林、帝王陵墓、宗教圣迹等。
三江并流	☆指金沙江、澜沧江和怒江三条源于青藏高原的大江在云南境内自北向南并行奔流170多千米。 ☆三条江形成了世界上罕见的"江水并流而不交汇"奇特景观。澜沧江与金沙江最短直线距离为66千米，澜沧江与怒江的最短直线距离不到19千米。 ☆奇特的三江并流，以冰川雪峰、峡谷险滩、原始森林、高山草甸，丰富的珍稀动植物和独特的民族风情，构成了十分丰富的旅游景观。

（续表）

名称	概况
钱塘江	浙江省第一大河，河流全长688千米，发源于安徽省黄山市休宁县境内，流经安徽、浙江二省。古名“浙江”，亦名“折江”或“之江”，是吴越文化的主要发源地之一。上游富春江常被作为我国锦绣河山的代表。钱塘江潮有“天下第一潮”之誉，钱塘江受地形、天体引力和地球自转的离心作用，形成“钱塘怒潮”之奇观。
珠江	又名粤江，由西江、北江、东江及珠三角诸河汇聚而成的复合水系，发源于云贵高原乌蒙山系马雄山。流经云南、贵州等六省份和越南的北部。从8个入海口注入南海。以西江为主源，全长2320千米，长度居全国第四位；年径流量仅次于长江，居全国第二位。珠江三角洲是我国最大的城市群之一。有黄果树瀑布、桂林山水等著名景观。
黑龙江	流经蒙古国、中国、俄罗斯的亚洲大河之一，为中俄界河，在我国境内长约3000千米。其支流松花江穿过哈尔滨市，成为该市冬夏两季的旅游景观和活动场所。

三、湖泊

我国是一个多湖泊的国家，湖泊分布以青藏高原和东部平原最密集，其中，藏北高原是世界上海拔最高、湖泊数量最多的高原湖区，东部长江中下游平原的鄱阳湖、洞庭湖、太湖、洪泽湖、巢湖习惯上合称为我国五大淡水湖。

（一）湖泊类型（按其成因）

类型	成因	实例
潟湖	泥沙沉积使浅水海湾与海洋分隔开来而成。	杭州西湖、太湖
构造湖	地壳运动产生断裂凹陷经储水而成。	滇池、洱海、日月潭
火山口湖	火山休眠以后火山口积水而成，湖岸陡峭。	长白山天池（我国第一深水湖泊）
堰塞湖	火山喷出的岩浆、地震引起的山崩或泥石流引起的滑坡体等壅塞河床，积水成湖。	五大连池、镜泊湖
岩溶湖	碳酸盐类地层经流水的长期溶蚀形成岩溶洼地，积水成湖。	贵州威宁县草海
冰川湖	冰川侵蚀形成的凹地积水成湖。	喀纳斯湖
风成湖	沙漠中低于潜水面的丘间洼地，经四周沙丘渗流汇集而成。	敦煌月牙泉
河成湖	河流摆动而形成。	鄱阳湖、洞庭湖
人工湖	人工修筑的蓄水区域。	千岛湖

（二）风景名湖

名称	简介
青海湖	位于青海省境内，古称“西海”。2024年面积为4650平方千米，我国第一大内陆湖泊，也是我国最大的咸水湖。四周雪山围绕，草原如茵，拥有山、湖、草原相映成趣的壮美风光和民族风情。鸟岛是我国重要的鸟类自然保护区。

（续表）

名称	简介
鄱阳湖	位于江西省北部，是我国最大的淡水湖。南宽北狭，烟波浩渺，名山秀屿，是著名的鱼米之乡。由于东南季风带来大量水汽，形成“泽国芳草碧，梅黄烟雨中”景观。湖中有大量长江流域的珍贵鱼类，每年还有许多珍贵的鸟类栖息在这里，被称为“白鹤世界”“珍禽王国”。
杭州西湖	位于浙江省杭州市西面，是中国主要的观赏性淡水湖泊之一，也是现今世界遗产名录中少数的，也是中国唯一的湖泊类世界文化遗产。“杭州西湖文化景观”极为清晰地展现了中国景观的美学思想，对中国乃至世界的园林设计影响深远。 西湖总面积 6.38 平方千米，纵贯南北的苏堤和横列东西的白堤把全湖分成外湖、里湖、岳湖、西里湖、小南湖五个部分。 南宋时形成了“西湖十景”。 ☆十景名称每两个景目成对。如： 平湖秋月——苏堤春晓 断桥残雪——雷峰夕照 南屏晚钟（静）——曲院风荷（动） 花港观鱼——柳浪闻莺 三潭印月——两峰插云 ☆苏堤春晓和柳浪闻莺（春），曲院风荷（夏），平湖秋月和三潭印月（秋），断桥残雪（冬），分别代表西湖春、夏、秋、冬四时的风景。 ☆宋代苏轼在《饮湖上初晴后雨》诗中赞道：“欲把西湖比西子，淡妆浓抹总相宜。” ☆新西湖十景：虎跑梦泉、龙井问茶、云栖竹径、满陇桂雨、九溪烟树、吴山天风、玉皇飞云、黄龙吐翠、宝石流霞、阮墩环碧。
千岛湖	位于浙江省西北部。原为钱塘江支流新安江，建库后形成 1078 个岛屿。千岛湖水域面积 573 平方千米，有太湖之浩渺，西湖之秀丽。水质达到国家一级标准。
太湖	位于江苏、浙江两省交界，面积 2338 平方千米，有“茫茫复茫茫，中有山苍苍”之美。湖畔有蠡园、鼋头渚（“太湖佳绝处，毕竟在鼋头”）。
九寨沟	位于四川省九寨沟县境内，以有 9 个藏族村寨而得名。有 108 个湖泊，以高原钙华湖群、钙华瀑群和钙华滩流为主体，诺日朗瀑布宽达 300 多米，是我国最宽的瀑布。其水景有“黄山归来不看山，九寨归来不看水”之誉。翠海、叠瀑、彩林、雪峰、藏情、蓝冰被称为“九寨六绝”。九寨沟又被誉为“童话世界”。
黄龙	位于四川省松潘县境内，有彩池、雪山、峡谷、森林“四绝”，钙华彩池数量多达 3400 余个。地表钙华是黄龙景观的最大特色，黄龙钙华景观类型齐全，彩池、钙华滩、钙华扇、钙华湖、钙华塌陷湖坑、钙华瀑布、钙华洞穴、钙华泉、钙华盆景等一应俱全，在流水的作用下，刚柔相济，有“人间瑶池”的美誉。
泸沽湖	四川和云南两省界湖，湖面海拔约 2691 米，面积约 50.1 平方千米。景区青山环抱，碧波荡漾，宛若仙境，有“高原明珠”的美称。泸沽湖自然景观和人文景观融为一体，尤其以摩梭人独特的文化和民族风俗而著称，其独特的“阿注婚姻”被民族学家喻为“人类社会家庭婚姻发展史的活化石”。
洱海	位于云南省大理市境内，属构造湖，是云南第二大淡水湖，湖面 256.5 平方千米，因形似人耳而得名。是大理“风花雪月”四景之一“洱海月”之所在。洱海水质优良，风光旖旎。洱海与西岸苍山相辉映，素有“银苍玉洱”之誉。唐宋时洱海区域以大理为中心，是南诏和大理国政治、经济中心区，至今仍留有很多文物古迹。

（续表）

名称	简介
滇池	位于云南省昆明市西南，属构造湖。面积 330 平方千米，是云南最大的淡水湖，一碧万顷，有“高原明珠”之称。四周金马、碧鸡两山夹峙，有云南民族村、西山龙门、筇竹寺、大观楼等景观。明杨慎《滇海曲》诗云：“天气常如二三月，花枝不断四时春。”滇池边有大观楼及长联。
镜泊湖	位于黑龙江省牡丹江市，是中国最大的火山堰塞湖。有湖光山色兼火山口地下原始森林、地下熔岩隧道等地质奇观，及以唐代渤海国遗址为代表的历史人文景观。吊水楼瀑布是镜泊湖景区一绝。
喀纳斯湖	位于新疆维吾尔自治区阿勒泰市，属北冰洋水系，典型的冰川湖泊。湖形如弯月，湖面海拔 1375 米，最深可达 188 米。喀纳斯湖景区集高山、河流、森林、草原等奇异的自然景观以及古代岩画、蒙古族图瓦人风情于一体，具有极高的旅游观光、自然保护、科学考察和历史文化价值。是中国唯一的南西伯利亚区系动植物分布区。
纳木错	位于西藏自治区那曲市，被称为“天湖”，为断陷构造湖，并具有冰川作用。湖面海拔 4718 米，为世界上海拔最高的大型湖泊，也是中国第三大咸水湖（第二大为西藏色林错湖）。纳木错湖水清澈透明，水天相融，与南侧的念青唐古拉山相映，保持着自然原始的生态，也是朝圣者心目中的圣地，西藏的“三大圣湖”（玛旁雍错、纳木错和羊卓雍错）之一。
长白山天池	坐落在吉林省东南部，是中国和朝鲜的界湖，还是松花江、图们江、鸭绿江三条大江的源头（*速记：松花涂鸦）。顶部长白山天池海拔 2100 多米，是中国最大的火山口湖、中国最深的湖泊。湖周峭壁百丈，环湖群峰环抱。这里气候多变，常有水汽弥漫，瞬间风雨雾霭，宛若缥缈仙境。

四、瀑布

瀑布是溪、泉、河、湖等水体流经陡坎断崖时，凌空跌落而形成的特殊水景。中国的三大瀑布风景：黄果树瀑布风景区、壶口瀑布风景区和吊水楼瀑布。

名称	地点	说明
黄果树瀑布	贵州省安顺市	珠江水系，喀斯特地貌中的侵蚀裂点型瀑布。以落差 67 米的大瀑布、连环密布的瀑布群而闻名海内外，是世界著名大瀑布之一。该地属岩溶地貌区，瀑布下有水帘洞，组成了少见的洞中观瀑的景观。由 18 个地面瀑布、4 个地下瀑布以及岩溶洞穴和石笋山等组成，享有“中华第一瀑”之盛誉。
壶口瀑布	陕西省宜川县和山西省吉县之间的黄河上	奔腾千里的黄河水至此，300 余米宽的洪流骤然被两岸所束缚到约 50 米，上宽下窄，以 20 多米的落差倾泻而下，形成“千里黄河一壶收”的气概，故名“壶口瀑布”，是我国水流量最大的瀑布。
德天瀑布	中越边境广西壮族自治区大新县	典型的岩溶瀑布，与紧邻的越南板约瀑布相连，雨季两瀑布融为一体，为亚洲第一大跨国瀑布。德天瀑布三级跌落，最大宽度 200 多米，落差 70 余米。气势磅礴，刚柔并济，水量充沛，蔚为大观。
吊水楼瀑布	黑龙江省宁安市南部群山之中	火山熔岩阻塞牡丹江上游河床形成镜泊湖，湖水沿着断裂倾泻而下，形成落差约 20 米，三面溢流的巨大瀑布。

（续表）

名称	地点	说明
蛟龙瀑布	台湾省嘉义县梅山乡	一座因断层形成的瀑布，是台湾省最高的瀑布，也是中国落差最大的瀑布。落差800多米，跌宕四层，宽近百米，雄伟壮观，在雨水丰沛的夏季，从高达1600米的悬崖泻下，似白玉巨柱擎天，或若白龙冲天入云，为阿里山景区著名的景点。
九寨沟三大瀑布	四川省阿坝藏族羌族自治州	九寨沟以水景闻名，素有“黄山归来不看山，九寨归来不看水”之说。其中诺日朗瀑布、珍珠滩瀑布和树正瀑布群最具代表性。诺日朗瀑布宽达320米，是中国最宽的钙华瀑布之一，水流从多层钙华堤倾泻而下，气势恢宏，故名“诺日朗”（藏语意为“雄伟壮丽”）。珍珠滩瀑布宽达160米，落差40米，因上游钙华滩水珠飞溅如珍珠而得名，呈新月形奔流，水流湍急，常现彩虹，曾是86版《西游记》取景地。树正瀑布群由多级梯瀑组成，水流穿过丛林与钙华台阶，形成“水在树中流，树在水中生”的独特景观，层次丰富，与藏寨、群海相映成趣。

* 速记：壶口水量大，蛟龙有高度，跨国数德天，瀑布大比拼，黄果树领先。

其他瀑布还有：

浙江雁荡山大龙湫瀑布——水从190米高的连云嶂凌空泻下。

云南石林大叠水瀑布——落差90米，“叠水燕云”成为一奇。

安徽黄山三瀑——人字瀑、九龙瀑和百丈瀑。

江西庐山瀑布——几十处，著名的有三叠泉瀑、香炉峰瀑布等。

五、泉

（一）温泉

人们把泉口水温明显高于当地年平均气温的地下水的天然露头称为温泉。温泉终年具有舒适的沐浴、休闲、医疗或保健价值等功能。

台湾、广东、福建、云南、西藏等地温泉较多，很多还含有对人体健康有益的微量元素、有机体和气体等特殊成分。著名温泉有云南安宁温泉、腾冲温泉，贵州息烽温泉，辽宁鞍山汤岗子温泉，陕西西安华清池温泉，安徽黄山温泉，四川螺髻山温泉，台湾北投和草山（阳明山）温泉，广东从化温泉等。福州有“温泉城”之称，市区有温泉群5平方千米。

（二）冷泉

冷泉一般水质清醇甘洌，可供人们饮用或作为酿酒的水源，矿化度一般小于1克/升。

“天下第一泉”：镇江中泠泉（唐·刘伯刍）、庐山谷帘泉（唐·陆羽）、北京玉泉（清·乾隆）、济南趵突泉（清·乾隆）。

其他名泉：无锡惠山泉（第二）、杭州虎跑泉（第三）、苏州观音泉；济南有以趵突泉为代表的七十二泉，“家家泉水，户户垂杨”，有“泉城”之誉。

（三）奇特泉

是景观奇特、具有观赏价值的泉。如云南大理蝴蝶泉、安徽寿县喊泉、四川广元含羞泉，广西桂平喷乳泉、台湾台南水火泉。

第三节　生物景观知识

一、动物景观知识

旅游区特有动物——如峨眉山的猴群、西双版纳的大象、扎龙的丹顶鹤、长白山的梅花鹿等。（* 速记：西南猴象—东北鹿鹤）

国家一类保护动物——大熊猫、金丝猴、长臂猿、白唇鹿、黑颈鹤、丹顶鹤、褐马鸡、牛羚、高鼻羚、藏羚羊、野骆驼、亚洲象、东北虎、绿孔雀、朱鹮、白鳍豚、扬子鳄等。

（一）珍稀动物保护区

保护区	简介
四川卧龙 （四川汶川县西南部）	建立最早，栖息地面积最大，以保护大熊猫、小熊猫、金丝猴等珍稀动物以及高山森林生态系统为主的综合性自然保护区，是世界自然遗产“四川大熊猫栖息地”中最重要的核心保护区，有世界著名的“五一棚”观测站。保护区以“熊猫之乡”“宝贵的生物基因库”“天然动植物园”享誉中外，加入了“人与生物圈”保护区网。
黑龙江扎龙 （黑龙江齐齐哈尔市东南）	主要保护丹顶鹤等珍禽及湿地生态系统。湿地面积为亚洲第一、世界第四，也是世界最大的芦苇湿地，1992 年被列入“国际重要湿地名录”，是世界上最大的丹顶鹤繁殖地。每年 4 至 5 月，约 300 只丹顶鹤来此处栖息繁衍，白枕鹤、白鹤、白头鹤、蓑羽鹤、灰鹤等水禽亦云集于此。
青海鸟岛 （青海刚察、共和及海晏三县交汇处）	鸟岛面积不足 1 平方千米，它由两座岛屿组成，因岛上栖息着数以万计的候鸟而得名。每年 4 月，十多种候鸟在此筑巢栖息。每年 5 月是观鸟的最好时节。届时，各式各样的鸟巢密密麻麻，五光十色的鸟蛋遍地皆是，群鸟翩然飞翔，遮天蔽日，甚为壮观，可谓天下一奇。
西双版纳野象谷 （西双版纳景洪市北勐养自然保护区）	是我国最大的亚洲象聚集地。区内河谷纵横、森林茂密，生活着亚洲野象、野牛、绿孔雀、猕猴等珍稀动物。

（二）著名的海洋公园

海洋公园	简介
大连老虎滩海洋馆 （辽宁省大连市）	是展示海洋文化、突出滨城特色的现代化海洋主题公园。极地馆是世界最大的展示极地海洋动物及极地体验的场馆，珊瑚馆是亚洲最大以展示珊瑚礁生物群为主的大型海洋生物馆。
香港海洋公园 （香港港岛南区黄竹坑）	东南亚最大的海洋水族馆及主题游乐园，凭山临海，旖旎多姿，是访港游客最爱光顾的地方。可以体验趣味十足的露天游乐活动，观赏海豚表演，还可以观赏千奇百怪的海洋生物，学习、了解生态知识，堪称科普、观光、娱乐的完美组合。

二、植物景观知识

植物是山水的肌肤、风景的容颜，不仅有生态价值，还构成具有独特魅力的旅游景观。中国森林面积达到2.2亿公顷，森林覆盖率达到22.96%。

☆自然植被有各种类型的森林、草原与湿地。森林包括针叶林、落叶阔叶林、常绿阔叶林、热带雨林以及它们之间的过渡类型。

☆湿地有“地球之肾”之称。被称为“鸟类的乐园”。是亚洲湿地类型最齐全、数量最多、面积最大的国家。

☆草原有温带草原、干旱荒漠草原和高寒草原。中国的天然草地面积仅次于澳大利亚，为世界第二草地大国。

☆木本植物中有乔木2000种，其中有许多物种起源于我国。

☆古老和稀有的孑遗树种，如水杉、银杉、珙桐、银杏等被称为“化石植物”。（*速记：水银杉珙银杏）。

☆植物人格化的文化内涵。如松、竹、梅被誉为岁寒三友，梅、兰、竹、菊并称花中四君子，牡丹被誉为国色天香。

☆长期以来我国形成一些树木和花卉的最佳观赏地，如黄山观松，北京香山观红叶，洛阳、菏泽、彭州赏牡丹，苏州桃花坞赏桃花，无锡梅园和杭州孤山观赏梅花等。

下表为特色植物游览地。

景点	简介
北京香山红叶	每到秋天，北京香山的黄栌树、五角枫、三角枫、鸡爪枫、柿树等红得热烈如火，染出北京最浓的秋色，种植面积最大的黄栌树近10万株。每年10月中旬到11月上旬是观赏红叶的最好季节，红叶观赏时间通常为1个月左右，成为著名的红叶观赏景区。（清代乾隆年间栽植）
杭州满陇桂雨	新西湖十景之一，满陇即满觉陇，位于西湖之西南，植有7000多株桂花，有金桂、银桂、丹桂、四季桂等品种，满觉陇自唐代起就遍植桂花。每当金秋季节，桂花盛开，香飘数里。人行桂树丛中，沐“雨”披香，故名为“满陇桂雨”。
宜宾蜀南竹海	占地120平方千米，核心景区44平方千米，覆盖了27条峻岭、500多座峰峦，故以“海”称之。这里生长着15属58种竹子。除盛产各种珍稀竹种，还集山水、溶洞、湖泊、瀑布等景观于一体，而且可以欣赏到竹根雕、竹黄雕、竹编等品种繁多、技艺精湛的竹工艺品，品尝到竹荪、竹笋、竹海豆花、竹熏腊肉等天然绿色食品。

第四节　气象、气候和天象自然景观知识

一、气象、气候景观知识

名称	形成原因	举例说明
云雾	大气中的一种水汽凝结景象。	当潮湿气流沿山坡上升到一定高度时，水流冷却凝结形成坡地雾，形成云雾景观，它与山景相映成趣，使群山灵动缥缈，形成“我欲乘风归去”的意境。
云海	在一定条件下形成的云层，且云顶高度低于山顶高度。在山顶俯瞰，如临大海之滨。	我国著名的云海景观有黄山云海、庐山云海、峨眉云海、衡山云海。
雾凇	俗称“树挂”或者“琼花”，是雾气在低于0℃时附着在树木上面直接凝华生成的白色絮状凝结物。它集聚包裹在附着物外围，漫挂于树枝、树丛等景物上。	雾凇形成需要同时具备气温很低，水汽很充分这两个条件。我国雾凇出现最多的是吉林省吉林市，雾凇来临时，松花江岸十里长堤形成“忽如一夜春风来，千树万树梨花开”的景观。
雨凇	在低温条件下，小雨滴附着于树木之上冻结的半透明、透明的冰层与冰块。雨凇的产生，必须是因为低层空气出现逆温现象，小水滴从上层气温高于0℃的空气中下降至下层气温低于0℃的空气中，处于过冷却状态，过冷却水滴附着在寒冷的物体表面，立即冻结成雨凇。	我国峨眉山雨凇最多，庐山雨凇誉称“玻璃世界”。
烟雨	像烟雾那样的细雨，但经不同的地理环境和人物心境下的艺术加工，往往呈现出一种特定的文化意境。	我国著名的雨景有江南烟雨、巴山夜雨等。江南烟雨是指江南地区春秋季降雨，江南地区多水，江河湖泊的水汽蒸腾为雾，伴随细雨升起，形成独特的烟雨景观。“巴山夜雨”泛指四川盆地地区夏季白天气温高、湿度大，湿热空气不易扩散，夜间降温后湿热空气上升使水汽凝结而多降雨的天气现象。李商隐的“巴山夜雨涨秋池”描写此景。
冰雪	是纬度较高地区的寒冷季节或高海拔地区常见的气象景观。	如东北“林海雪原”、关中“太白积雪”、西湖“断桥残雪”、长沙“江天暮雪”、台湾“玉山积雪”等。有“白色旅游”之称的冰雪运动受到热捧。“冰城”哈尔滨每年冰雪节都举办大型冰雕、冰灯、雪雕展。
佛光	是当阳光照在云雾表面，经衍射和漫反射作用形成的一种特殊自然景观。一般出现于中低纬度地区及高山上茫茫云海之中。人站在山上，若光线从背后射来，当太阳、人与云幕在一条直线上时，会在前方云幕上出现人影或头影，其外围绕彩色光环，似佛像头上的光圈，故称佛光。	峨眉山佛光出现次数最多，因峨眉山有海拔高、多云雾，且湿度大、风速小等有利条件，故佛光有“峨眉宝光”“金顶祥光”之誉。著名佛光景观地还有庐山、泰山、黄山、五台山等。

（续表）

名称	形成原因	举例说明
蜃景（海市蜃楼）	成因是气温在垂直方向剧烈变化，使空气密度在垂向上出现显著差异，从而产生光线折射和全反射现象，导致远处景物在眼前呈现出奇幻景观。	有上现蜃景与下现蜃景之分。一般上现蜃景多出现在海滨地区，下现蜃景多出现在沙漠地区（上海下沙）。山东蓬莱蜃景出现次数最多。

* 速记：佛光衍射漫反射，蜃景折射全反射。云海黄庐峨加衡，佛光黄庐峨五泰。（四海五佛）

二、天象景观知识

景观	成因及著名观景地、景观
日出日落	日出日落是一天时光起止的自然景观，观赏日出日落以在山地、海洋为佳，泰山日观峰、峨眉山金顶等名山山顶和北戴河鹰角亭、北海涠洲岛等海滨自古以来都是观日出胜地。另外，借由名胜古迹之景赏日落别具诗情画意，西湖“雷峰夕照”、泰山“晚霞夕照”、庐山天池亭、鸣沙山月牙泉落日等均享誉海内外。
日食月食	日食和月食都是难得的天象奇观，也是游客关注和好奇的自然现象。 ☆日食是月球遮挡太阳的一种天象。只有朔日，地球才可能位于月球的背日方向，因此日食只发生于朔日。 ☆月食是地球遮挡太阳后，月球因没有可被反射的阳光而失去光明的一种天象。只有望日，月球才可能位于地球的背日方向。因之月食只发生于望日。 * 巧记：日食——朔日发生于（初一）白天，是月球运行遮挡阳光后再离开；月食——望日发生于（十五）晚上，是月球进入地球阴影后再出来。
月色	无论自然景观中的“洞庭秋月”“峨眉山月”，还是园林景观中的西湖“平湖秋月”“三潭印月”、避暑山庄的“梨花伴月”、无锡的“二泉映月”，都以月亮为主题，除让游人欣赏月色迷人的自然美景外，还反映了造园者寄情山水日月之情。
极光	高纬度地区高空出现的一种发光现象，是太阳发出的高速带电微粒子流，发射到地球磁场势力范围，受地球磁场影响，从高纬度进入地球高空稀薄大气层时，使高层空气分子或原子被激发而产生的发光现象，色彩绚丽，多呈带状、弧形等。我国黑龙江漠河和新疆阿勒泰可以看到极光景观。

三、康乐气候景观知识

我国气候类型丰富，同时具有热带、亚热带、温带、寒温带、寒带多种气候。

☆康乐气候——指气温在 10 ~ 22℃，让人体感觉舒适的气候条件。

☆候均温划分四季——候均温低于 10℃为冬季，高于 22℃为夏季，10 ~ 22℃为春秋季，都是旅游黄金季节。

易错考题小试牛刀

1.（判断题）佛光和海市蜃楼是大气中光的反射现象所构成的奇幻景观。（   ）

2.（单选题）（   ）高原是中国最大、世界海拔最高的高原，被称为“世界屋脊”“地球第三极”。

A. 云贵　　B. 青藏　　C. 黄土　　D. 内蒙古

3.（单选题）（   ）盐矿储藏量不仅是中国之最，也是世界之最。

A. 柴达木盆地　　B. 四川盆地　　C. 准噶尔盆地　　D. 塔里木盆地

4.（单选题）世界最大的水利枢纽工程三峡工程就位于（   ）中段。

A. 瞿塘峡　　B. 巫峡　　C. 虎跳峡　　D. 西陵峡

5.（单选题）（   ）是中国最大的火山堰塞湖。

A. 镜泊湖　　B. 五大连池　　C. 长白山天池　　D. 草海

6.（多选题）下列植物中，被誉为“化石植物”的是（   ）。

A. 银杉　　B. 水杉　　C. 银杏　　D. 珙桐　　E. 楠木

7.（多选题）花岗岩地貌景观特征为（   ）。

A. 岩性坚硬　　B. 岩体造型丰富

C. 易发生球状风化　　D. 易形成奇峰异洞、峭壁幽谷

E. 随着观者步移景迁，同一景物从不同角度呈现出多种不同的形象特征

【答案】1. 错　2.B　3.A　4.D　5.A　6.ABCD　7.ABC

第十一章 中国主要客源国（地）概况和目的地国（地）概况

【考试大纲】

- **熟悉**：中国主要旅游客源国（地）和目的地国（地）的基本情况、风俗习惯、主要城市与景点。

【历年分值】

年份	判断（题）	单选（题）	多选（题）	分值（分）
2019	1	2	1	2.5
2020	0	6	0	3
2023	2	2	0	2
2024	0	4	2	4

第一节 亚洲主要旅游客源国（地）和目的地国（地）

亚洲是中国入境旅游最大的客源市场，也是出境旅游最主要的目的地。亚洲占据中国人出境旅游 80%、外国人入境旅游 60% 以上的市场份额。东南亚的泰国、越南、缅甸、新加坡、马来西亚，东亚的日本、韩国等，是中国国际旅游最重要的客源地和目的地。

一、日本

类别	简介
概况	☆位于亚洲东部，国土由四个岛屿（北海道、本州、四国、九州）和沿海 6800 多个小岛组成，陆域面积约 37.8 万平方千米。其行政区划分为 1 都（东京都）、1 道（北海道）、2 府（大阪府、京都府）和 43 县（省），下设市、町、村。 ☆大部分地区属于温带海洋性季风气候，降水丰富，四季分明。将近 70% 为山地，69% 的陆地面积为森林覆盖，有 108 个活火山，是地震多发国。被称为“火山、地震之国”。全球有 1/10 的火山位于日本，1/5 的地震发生于日本。2011 年 3 月 11 日，日本发生里氏 9.0 级特大地震，并引发海啸和核电站泄漏事故，被称为“日本战后以来最严重的危机”。 ☆人口约 1.23 亿（截至 2025 年 3 月），高度发达的制造业是其国民经济的支柱产业，银行业、金融业、航运业、保险业以及商业服务业等占 GDP 比重的 3/4，2024 年，GDP 约为 557.5 万亿日元，位居世界第三，货币为日元。 ☆日本国名意为“日出之国”，首都东京，国家政体为议会君主立宪制。天皇为国家象征，内阁总理大臣（首相）为政府首脑。以大和族为主，通用日语，主要信仰神道教和佛教。国旗为太阳旗；国花是樱花。
民俗风情	☆**传统文化** 以茶道、花道、书道“三道”为代表（茶花书），还有武术、艺伎、折纸、游戏等。 ☆**饮食** 主食是大米，主菜是鱼，生鱼片、寿司最受欢迎。最爱喝啤酒，日本清酒可以热喝或冷喝。 ☆**禁忌** 最忌讳绿色（不祥）；忌讳荷花（丧花），在探望病人时忌用山茶花及淡黄色、白色的花；不愿接受菊花或菊花图案的礼物（皇室的标志）。也有不少语言忌讳，如“苦”和“死”，就连谐音的一些词语也在忌讳之列，如忌讳数字“4”（死），“42”（死的动词形），所以医院一般没有 4 和 42 的房间和病床，用户的电话也忌讳用“42”，“13”也是忌讳的数字，许多宾馆没有“13”楼层和“13”号房间，羽田机场也没有“13”号停机坪。
风物特产	版画、和服、珍珠、日本娃娃、京都油纸伞（“京和伞”）、竹编工艺品、和果子等，此外电子产品、电器、化妆品、相机等也是游客喜爱的热门购物商品。
著名旅游城市景点	**东京** 日本首都，始建于 1457 年，古称江户。日本的商业、金融中心。相扑、歌舞伎、能剧是东京最重要的传统技艺。景点有银座、东京塔、富士山、上野公园、浅草寺、东京迪士尼度假区等。其中最为著名的是富士山，它是日本的最高峰，海拔 3776 米，被日本人尊称为“圣岳”，是世界著名火山及风景游览区，是日本的象征。

（续表）

类别	简介
	京都　位于东京西南 500 千米处，与大阪、神户构成“京都阪神大城市圈”。是日本著名的旅游观光城市，代表景点有清水寺、金阁寺、岚山、京都御苑等。
	奈良　日本历史文化遗产的宝库，县政府所在地的奈良市是著名的旅游城市。从 6 世纪开始这里就是日本佛教文化的中心，也是日本的古都。奈良市和中国古都长安关系密切，奈良市的唐招提寺是日本律宗的总寺院，由中国唐代鉴真和尚亲自创立，保留着中国唐代的建筑风格，现已被确定为日本国宝和世界文化遗产。
	北海道　位于日本最北部。冬季冰封千里，可观赏冰雪节、流冰和滑雪；夏季原野鲜花盛开，气候凉爽（冬有冰雪，夏有花），是著名的避暑胜地。主要景点有大雪山国立公园、知床半岛、支笏洞爷国立公园等。还有登别、定山溪、层云峡等许多温泉区，游客在这里可以放松身心，洗去旅途的疲劳。全年有 1200 多个节庆活动，冬季有札幌冰雪节，夏季的薰衣草节以及沿岸各城市为祈祷渔业丰收和安全而举行的渔港节等，各具特色，共同构成了一幅幅不同季节的风情画。美食有札幌啤酒、拉面、毛蟹海鲜等。

二、韩国

类别	简介
概况	☆位于东亚朝鲜半岛的南半部，三面环海，西临黄海，与中国的胶东半岛隔海相望，东南是朝鲜海峡，东边是日本海，北面与朝鲜接壤。作为半岛国家，海岸线较长，国土面积 10.329 万平方千米。首都是首尔。 ☆北部属温带季风气候，南部属亚热带气候，四季分明，春、秋两季较短；夏季炎热、潮湿；冬季寒冷、干燥。 ☆人口约 5156 万（截至 2022 年），是“亚洲四小龙”之一，也是世界上经济发展速度最快的国家之一，韩国创造的经济繁荣被称为“汉江奇迹”。韩国是世界造船大国，钢铁、汽车、造船、电子、纺织等是韩国的支柱产业。货币为韩元。 ☆国家政体为总统内阁制，实行三权分立，总统为政府首脑。单一民族国家，以朝鲜族（韩国称为韩族）为主，通用语言是朝鲜语（韩国称为韩语），主要宗教有佛教、基督教新教和天主教。国旗为太极旗，国花是木槿花。
民俗风情	☆**饮食**　食物以泡菜文化为特色，一日三餐都离不开泡菜，主食是大米，传统名菜有烤肉、泡菜、冷面。 ☆**礼仪**　素称“君子之国”，客人进门前必问“有人吗？”，并在屋外脱鞋。主客双方都使用敬语。请客吃饭，一定有汤。节庆日饮食，多与邻居分享。赴约做客，一般可以带水果或巧克力、鲜花。不吉利数字“4”，幸运数字“7”。皇家的颜色为红色和黄色（幸福）。 ☆**禁忌**　送礼不用绿色、白色和黑色纸包装；接受礼物不应当面打开。
风物特产	高丽参、化妆品、泡菜、紫菜、海苔等。此外，画阁工艺、木工艺品、韩纸工艺品、七宝工艺、螺钿漆器制品、扣饰、小家电、服装、刺绣、陶瓷、穿着韩服的玩偶等也是旅游购物的热门商品。
著名旅游城市景点	**首尔**　韩国的首都，公元前 18 年由三国时代之一的百济国建立，距今已有 2000 多年历史。是韩国金融和商业中心，也是“世界经济实力最强的城市”之一。有四处世界遗产：昌德宫、水原华城、宗庙神殿和朝鲜王朝的皇家陵墓。其中昌德宫是首尔规模最大、最古老的宫殿之一，也是韩国封建社会后期的政治中心，可算是韩国的“故宫”。崇礼门也叫南大门，是首尔乃至韩国的主要地标，也是首尔历史最悠久的木制建筑。

（续表）

类别	简介
	釜山 韩国的第二大城市和最大的港口城市，也是世界第五大集装箱港。既是韩国海陆空交通的枢纽，又是金融和商业中心。釜山观光大致分为海岸观光和内陆观光两部分。海岸观光主要往海水浴场、岛屿、海岸公园等，内陆观光则游览釜山市内历史遗址如金井山城、梵鱼寺、龙头山公园等。1996 年釜山创办了电影节，成为亚洲乃至全球电影商和明星、媒体热衷光顾的电影盛会。
	济州岛 位于韩国最南端的北太平洋上，是个火山岛，也是韩国第一大岛。有着与众不同的景观，一直以“三多、三无、三丽”著称： ☆“三多”指石多、风多、女性多。 ☆“三无”是指无小偷、无大门、无乞丐。 ☆“三丽”也称“三宝”，是指美丽的自然、民俗和传统工艺，也指农作物、水产品和旅游三大资源。 岛上的著名景点有火山口、汉拿山、龙头岩等，其中汉拿山是济州岛的象征。

三、新加坡

类别	简介
概况	☆东南亚的一个岛国，面积 735.2 平方千米，由新加坡岛、圣约翰岛、龟屿、圣淘沙等 60 多个岛屿组成，是世界上最袖珍的国家之一。首都新加坡市，位于新加坡岛的南岸，整个国家也即是一座城市，别称“狮城”，有“花园城市”的美誉，是该国的经济、政治、文化中心。地势平坦，平均海拔 15 米，最高的武吉知马山海拔也仅 163 米。典型的热带雨林气候。常年高温多雨，年温差小。 ☆人口约 604 万（截至 2024 年），是世界上最富裕的国家之一，为“亚洲四小龙”之一。新加坡是继纽约、伦敦、中国香港之后的第四大国际金融中心，也是亚洲重要的航运和服务中心。货币是新加坡元。 ☆国家政体为议会共和制，总统为国家元首。新加坡是个多元文化的国家，华人占 74% 左右。国旗为星月旗，国花是胡姬花。新加坡的官方语言为英语、汉语、马来语和泰米尔语。主要宗教有佛教、道教、伊斯兰教、基督教和印度教。
民俗风情	☆**饮食** 美食的天堂，不但有中国、马来西亚、印度三国各自的代表风味，还兼具日本、法国、意大利、西班牙等其他各国美味佳肴。 ☆**禁忌** 全面禁售、禁食口香糖，在封闭的公共场所吸烟是违法的，禁止随地吐痰、扔垃圾等，这将受到严厉的处罚。忌讳男人留胡须、长发，认为不雅。用食指指人，或用紧握的拳头打在另一只张开的掌心上，被认为是极端无礼的动作。双手不随便叉腰。最讨厌数字“7”（与韩国相反），视黑色为倒霉之色，紫色也不受欢迎，偏爱红色。忌讳说“恭喜发财”之类的话。忌用左手吃东西、递物品。不可摸别人的头，不可露出脚底或鞋底。马来族为穆斯林，不食猪肉、贝壳类食品，不饮酒。
风物特产	新加坡是购物天堂，其特色商品主要有鳄鱼皮制品、胡姬花饰品、锡器、美珍香猪肉脯、肉骨茶等，此外名表、香烟、名品时装、化妆品等也是旅游购物的首选商品。
著名旅游城市景点	**新加坡市** 新加坡的首都，一个城市就是一个国家。主要景点有鱼尾狮公园、新加坡国家博物馆、亚洲文明博物馆、牛车水（新加坡唐人街）、乌节路（购物区）、新加坡金沙娱乐城等，还建有天福宫、粤海清庙、苏丹伊斯兰教堂等寺庙。鱼尾狮坐落于新加坡河畔，高 8 米，是新加坡的标志。裕廊鸟类公园被誉为东南亚最壮观的“鸟类天堂”。

（续表）

类别	简介
	圣淘沙岛　新加坡最为迷人的度假小岛，占地 500 公顷，是新加坡本岛以外的第三大岛，有着多姿多彩的娱乐设施和休闲活动区域，被誉为“欢乐宝石”。圣淘沙南面长达 3.2 千米的海滩包括西罗索海滩和丹戎海滩，西面有第二次世界大战英军留下的西罗索炮台，以及 2 个高尔夫球场及 7 家酒店。代表景点有圣淘沙名胜世界、蝴蝶馆、海豚世界、昆虫王国、新加坡环球影城等。

四、泰国

类别	简介
概况	☆全称泰王国，旧名暹罗，位于中南半岛中部，面积约 51.3 万平方千米，首都是曼谷。大部分地区属于热带季风气候，全年分热季、雨季和凉季，年平均气温 24 ~ 30℃。泰国大众的一般习惯将国家的疆域比作大象的头部，将北部视为“象冠”，东北地区代表“象耳”，暹罗湾代表“象口”，而南方的狭长地带则代表了“象鼻”。 ☆人口约 6790 万（截至 2024 年），制造业、农业和旅游业是经济的主要产业。天然橡胶的最大出口国。货币为泰铢。 ☆国家政体为君主立宪制，国王为国家元首，总理为政府首脑。泰国是一个多民族国家，共有 30 多个民族，泰族为主要民族，占人口总数的 40%。通用语言是泰语，英语是第二通用语言。国花是金链花（2001 年确定）。
民俗风情	☆**宗教**　著名的佛教国家，佛教是泰国的国教，佛教徒占全国人口的 90% 以上，泰国随处可见身披黄色袈裟的僧侣，以及富丽堂皇的寺院，因此泰国又有“黄袍佛国”的美名。 ☆**饮食**　最喜欢的食物是咖喱饭，不喝热茶，不喜欢吃酱，不爱吃红烧、甜味的菜肴。 ☆**交通**　泰国汽车摩托车混行，过马路时要多观察，尽量避免乘坐摩的、嘟嘟车或自驾。 ☆**禁忌**　因受佛教影响，泰国和尚不可与女性进行身体接触，女性也不能触摸和尚。在公众场合，任何亲昵的举动都是不道德的。除和尚外，任何人不能触摸别人头部。见面和分手时习惯稍低头，行合十礼。进入寺庙及进入他人房间前要脱鞋。忌讳左手服务或用左手吃东西，忌讳拍打对方肩膀。特别尊重父母、长辈，一年一度的宋干节，人们都习惯向自己尊敬的长辈、上级洒圣水祝福。对于不认识的长辈都习惯叫叔、伯、姑、姨或爷爷、奶奶，同辈之间也称兄道弟或姐妹相称。
旅游项目	泰国人妖是泰国最为独特的文化现象。主要指从小服用雌性激素而发育变态的男性，他们许多从事表演业。部分是变性人（切除了男性外生殖器），而大部分仍是“男人”，只是胸部隆起，腰肢纤细，完全丧失了生育能力。泰国人妖一般寿命为 40 多岁。由于特殊的社会环境和原因，人妖表演成为泰国旅游业的重要组成部分，吸引了大量的外国游客。此外，泰国的浮潜、骑大象、丛林飞跃、溯溪、洞穴探险等项目也深受游客欢迎，部分安全风险较高的项目，游客要做好风险防范，增强安全意识。
风物特产	物产丰富，除了热带水果、各类海产品、稻米等产品外，著名特产还有鳄鱼皮、鸵鸟皮、蜥蜴皮、蛇皮、燕窝、鱼翅、鳄鱼肉、珍珠鱼皮制品等土产珍品，以及锡制品等。

（续表）

类别	简介
著名旅游城市景点	**曼谷** 原意为“天使之城”，是泰国的首都，也是中南半岛最大的城市、东南亚第二大城市。泰国的经济中心，也是贵金属和宝石的交易中心，曼谷港是泰国和世界著名的稻米输出港。曼谷被誉为“佛教之都”，是“世界佛教联谊会”总部所在地。也是世界上佛寺最多的地方，有大小寺院 400 多个，尤以玉佛寺、卧佛寺、金佛寺和郑王庙最为著名。大皇宫是泰国艺术的巨作，也是历代王宫保存最完美、规模最大、最有民族特色的王宫，现除了用于举行加冕典礼、宫廷庆祝等仪式和活动外，平时对外开放，成为泰国著名的旅游景点。玉佛寺、卧佛寺、金佛寺被称为泰国三大国宝，其中玉佛寺是泰国唯一没有和尚居住的佛寺。
	芭堤雅 泰国的著名海景度假胜地，已成为“海滩度假天堂”的代名词。素以阳光、沙滩、海鲜名扬世界，这里的海滩既是著名的海水浴场，也是水上运动的理想场所。最吸引游客的旅游项目有东芭乐园文化村、海滩、珊瑚岛、大象表演、人妖歌舞表演、小人国（微缩景观）等。
	清迈 泰国第二大城市，著名的避暑胜地，有“北方玫瑰”之称。曾长期作为泰王国的首都，是佛教圣地，全城有寺庙约 100 座，著名景点有帕烘寺、布帕壤寺、柴迪隆寺、兰花园等。以丝绸、纺织品等著称于世，是泰国制造业的重要支柱。
	普吉岛 泰国境内唯一受封为省级地位的岛屿。这是一座南北较长、东西稍窄的狭长岛屿，是泰国最大的岛，也是泰国最小的府。普吉岛以其迷人的热带风光和丰富的旅游资源被称为“安达曼海上的一颗明珠”，有“珍宝岛”“金银岛”的美称。普吉岛呈锯齿状的西海岸上散布着芭东、卡伦和卡塔等海滩，是泰国潜水行业的主要中心，也是世界排名前十位的潜水目的地。

五、印度

类别	简介
概况	☆位于亚洲大陆突出印度洋的南亚次大陆，形状像倒三角形，是南亚地区最大的国家，国土面积约 298 万平方千米，居世界第七位。大部分地区属于热带季风气候，一年分热季、雨季和凉季。80.5% 的国民信奉印度教，信奉伊斯兰教的占 13.4% 左右。印度的官方语言为印地语和英语。货币是卢比。 ☆古印度是世界四大文明古国之一，印度河文明出现于公元前 2500 年一前 1500 年之间。1950 年 1 月 26 日，印度共和国成立，为英联邦成员国。印度作为金砖国家，是世界上经济发展最快的国家之一，已成为全球软件、金融等服务业重要出口国。 ☆印度人口约为 14.4 亿（截至 2023 年），是世界人口第一大国。
民俗风情	☆**服饰** 女性额头上常点有吉祥痣，表示喜庆、吉祥之意，纱丽是妇女的传统服饰，男性则大多包头巾。 ☆**饮食** 味淡而清滑，烙饼和咖喱大米饭是印度人喜欢的主食；印度教徒禁食牛肉。进餐前有洗澡的习惯。
风物特产	手工艺品和特产，富有浓厚的民俗色彩。特色产品有黄铜制品、香料、神油、地毯和披肩、木制品、首饰、大吉岭红茶、咖喱等。

（续表）

类别	简介
著名旅游城市景点	**新德里**　印度首都。位于印度西北部，是一座既有现代气息又有古代风貌的花园城市，城区分历史悠久的旧城区及新规划的新城区。旧城区目前仍保留有许多重要古迹，新城区部分则是印度现代化的象征。
	旅游金三角　指新德里、斋浦尔和阿格拉。其中著名的旅游景点有：新德里的红堡、胡马雍陵、甘地陵园、贾玛清真寺、库杜布塔等；阿格拉的阿格拉城堡、泰姬陵、法塔赫布尔西格里等；斋浦尔的琥珀堡、水宫、英国殖民时期总督府等。尤以泰姬陵最为著名，是世界七大奇迹之一，由莫卧儿王朝皇帝夏杰汗为死去的妃子泰姬·玛哈尔建造。泰姬陵建造历时 22 年，外形端庄宏伟，是具有伊斯兰风格的建筑，寝宫门窗及围屏都用白色大理石镂雕成菱形带花边的小格，墙上用翡翠、玛瑙、水晶、红绿宝石镶嵌着色彩艳丽的藤蔓花朵，成为印度的标志。
	孟买　是印度最大的海港，素有印度“商业首都”和“金融首都”之称，其地位相当于中国的上海。
	加尔各答　西孟加拉邦首府。此外还有印度“硅谷”和“花园城市”之誉的班加罗尔、著名的避暑胜地克什米尔等。

* 速记：

首都新德里——旧城区（古迹）+ 新城区（现代）。

孟买——印度最大的海港，素有印度“商业首都”和“金融首都”之称。（* 速记：猛买）

加尔各答——西孟加拉邦首府。（* 速记：两家“加”是首府）

班加罗尔——印度“硅谷”和“花园城市”。

克什米尔——避暑胜地。（* 速记：搬家到硅谷，克什去避暑）

印度著名的旅游金三角——新德里、斋浦尔和阿格拉。（* 速记：摘星啊！）

六、马来西亚

类别	简介
概况	☆东南亚的中心，地处太平洋与印度洋的交汇处，被南中国海分为东马来西亚和西马来西亚。热带雨林气候，无明显四季之分，终年炎热多雨。5—9 月为最佳旅游时节。伊斯兰教是马来西亚的国教；官方语言是马来语，通用英语，华语使用较广泛；货币是马币。 ☆亚洲新兴的工业国之一，天然橡胶、棕榈油和胡椒的产量、出口量居世界前列，曾是世界产锡大国。旅游业是马来西亚的第三大经济支柱，第二大外汇收入来源。兰花、巨猿、蝴蝶被誉为马来西亚的三大珍宝（* 速记：巨猿头上扎着蝴蝶兰）。人口约为 3420 万（截至 2024 年），由 30 多个民族组成，70% 为马来人，华人占 22.7%。
民俗风情	☆**服饰**　花布做的“巴迪”服，被称为“国服”。 ☆**饮食**　米饭、椰浆、咖啡为主，马来风味的食物以沙嗲（烤肉串）尤为出名。
风物特产	锡制品、蝴蝶标本、风筝、豆蔻膏、巴迪布、兰卡威水晶、热带水果、蜡染工艺品、三叔公牌点心等。

（续表）

类别	简介
著名旅游城市景点	**吉隆坡** 意思是"泥泞的河口"，马来西亚首都和最大的城市，有"世界锡都、胶都"之美誉。著名景点有雀鸟公园、黑风洞、云顶高原、王宫、双子塔、国家清真寺、独立广场等。
	双子塔 是吉隆坡的标志性建筑，共 88 层，高 451.9 米，在第 40 和 41 层之间有一座长 58.4 米、距地面 170 米高的空中天桥，故又名双峰大厦，是目前世界上最高的双子楼。
	云顶高原 是东南亚最大的高原避暑胜地，也是马来西亚唯一的合法赌场。
	布特拉贾亚（太子城） 是马来西亚新政府行政中心，位于吉隆坡以南 25 千米处，是个"智慧型花园城市"。
	马六甲 位于马来半岛的东南海滨，距吉隆坡 160 千米，是马来西亚最古老的城市。

七、菲律宾

类别	简介
概况	☆东南亚的一个群岛国家，由 7000 多个大小岛屿组成，总面积为 29.97 万平方千米，划分为吕宋、维萨亚和棉兰老三大部分。属于热带雨林气候，高温，多雨，湿度大，台风多。国民约 85% 信奉天主教，国语是以他家禄语为基础的菲律宾语，英语为官方语言，货币为菲律宾比索。 ☆ 1521 年，麦哲伦探险队首次环球航海时抵达菲律宾群岛，1565 年，西班牙殖民者抵达菲律宾，后来以西班牙王储菲利普的名字命名该群岛为"菲律宾"，从此西班牙对菲律宾统治长达 300 多年。菲律宾贫富差距很大，旅游业是菲律宾外汇收入的重要来源之一。是一个多民族国家，现人口已达 1.1 亿（截至 2022 年），是世界上第 12 个人口过亿的国家。
民俗风情	☆**服饰** 菲律宾男子的国服叫"巴隆他加禄"衬衣，女子的国服称为"特尔诺"。 ☆**饮食** 主食是米饭，无论是主菜还是汤，都喜用少量的食醋和香辣调味品。
风物特产	有吕宋雪茄、木吉他、椰壳制品、杧果干、木刻工艺品及刺绣等。
著名旅游城市景点	**马尼拉** 首都，位于吕宋岛西岸，马尼拉湾畔，也称"小吕宋"，是全国政治、经济、文化和宗教中心，有"热带花园之都"之称，是最大的港口。马尼拉市是亚洲最欧化的城市，被称为"亚洲的纽约"。马尼拉是一座具有悠久历史的城市。马尼拉港以南，有一块填海造地而成的70公顷土地，建有国际会议中心、文化中心、民间艺术剧院、国际贸易展览中心、椰子宫等现代化建筑。市区还有华侨区中国城、马拉卡南宫等旅游景点。
	宿务 位于维萨亚群岛的中心位置，由 167 个岛屿组成，是菲律宾与国际衔接的第二大通道。菲律宾第二大城市，也是最早开发的城市，被誉为"南方皇后市"。圣奥古斯丁教堂是宿务的著名景点，自建造以来即被当作天主教传教的据点。此外还有圣佩德罗古堡、菲律宾第三任总统纪念碑等景点。
	长滩岛 位于菲律宾中部的一个小岛，是世界最美丽的十大海滩之一。蔚蓝的天空、白色的沙滩、婆娑的棕榈树、色彩鲜艳的热带植物和斑斓的海底世界成为海岛独有的迷人景观。

八、印度尼西亚

类别	简介
概况	☆简称印尼，位于亚洲东南部，地跨赤道，国土面积约 190.4 万平方千米，疆域横跨亚洲及大洋洲，由约 17508 个岛屿组成，别称“千岛之国”，是全世界最大的群岛国家。是多火山、多地震的国家，属于典型的热带雨林气候，年平均温度 25—27℃，没有四季之分。87% 以上的印度尼西亚人信奉伊斯兰教，是世界上穆斯林人口最多的国家，官方语言是印度尼西亚语，货币是印度尼西亚盾。 ☆受荷兰殖民统治长达近 300 年，1945 年 8 月宣告独立。人口 2.81 亿（截至 2024 年），位居世界第四，仅次于印度、中国、美国。东南亚国家联盟创立国之一，也是东南亚最大经济体及二十国集团成员国。根据国家政府 2014 年公布的数字，该国有数百个民族，其中爪哇族人口最多，占总数的 45%。
民俗风情	☆**服饰**　日常服装简朴轻便。 ☆**饮食**　印尼菜的特点多辛辣味香，大米是主食，玉米、薯类、面食也较普遍，什锦黄饭是印度尼西亚人喜欢的一种米饭。
风物特产	主要有巴迪布、木雕、银制品、铜或铜合金神像、皮影戏傀儡、格里斯短剑、彩贝制品、龙目岛瓷壶等，印度尼西亚咖啡也是游客喜爱的商品。
著名旅游城市景点	**雅加达**　首都，被称为“椰城”，位于爪哇岛西北部海岸，是东南亚最大的城市、世界著名的海港，有清真寺 200 余座、教堂 100 多座，佛教寺庙、道教宫观数十座。著名景点有中央博物馆、独立广场、水族馆、印度尼西亚缩影公园等。
	巴厘岛　印度尼西亚著名的旅游区，有“诗之岛”的美誉，面积约为 5630 平方千米，岛上大部分为山地，最高峰阿贡火山海拔 3142 米。蓝天、沙滩、海水构成巴厘岛美丽画卷，是印尼唯一信奉印度教的地区，有寺院 4000 多座，故称“千庙之岛”。巴厘岛还享有花之岛、艺术之岛、神明之岛、罗曼斯岛、天堂岛等别称。著名景点有圣泉寺、乌布王宫、库塔海滩、海神庙等。（速记：千花诗艺神罗天）
	婆罗浮屠　位于印度尼西亚爪哇岛马吉冷婆罗浮屠村，是举世闻名的佛教千年古迹。（古代东方的五大奇迹：婆罗浮屠、中国长城、印度泰姬陵、柬埔寨吴哥古迹、埃及金字塔。）

九、土耳其

类别	简介
概况	☆地跨亚、欧两大洲，国土 97% 位于亚洲的小亚细亚半岛，3% 位于欧洲的巴尔干半岛。国土面积为 78.36 万平方千米。地形东高西低，大部分为高原和山地，仅沿海有狭长平原。气候类型变化很大，南部沿海地区属亚热带地中海气候，内陆为大陆性气候。99% 的人信奉伊斯兰教，大多属逊尼派。官方语言为土耳其语，货币是新土耳其里拉。 ☆畜牧业较为发达。主要贸易伙伴是欧盟国家。人口约 8566 万（截至 2024 年），土耳其族占 80% 以上，库尔德族约占 15%。土耳其是个“鲜花的王国”，郁金香就是从土耳其传入欧洲（荷兰是最大生产国不是原产地）。
民俗风情	☆**服饰**　土耳其人“注意着装，追逐潮流”，但东方游牧民族的宽裆收脚灯笼裤等传统服饰仍有人穿着。 ☆**饮食**　菜肴以烤、炸、煎、煮为主，多肉食品。烤全羊是土耳其人招待贵宾的特色菜。
风物特产	特色产品主要有地毯、羊剪绒皮衣、海泡石烟斗、“恶魔眼”护身符、装饰瓷盘及彩蛋，还有皮毛制品、金饰、银具、铜器、瓷器、刺绣产品等。此外土耳其浴也闻名世界。

（续表）

类别	简介
著名旅游城市景点	历史上的土耳其曾经是罗马帝国、拜占庭帝国、奥斯曼帝国的中心，有着6500年悠久历史和前后13个不同文明，被称为“文明的摇篮”。人文旅游资源非常丰富，以历史文物古迹和宗教建筑景观为特色。土耳其拥有古代世界七大奇迹中的两个：以弗所的阿耳忒弥斯神庙和位于哈利卡纳苏斯的摩索拉斯陵墓。
	伊斯坦布尔 土耳其最大的城市，古代陆上丝绸之路的终点。城区内有40多座博物馆、20多座教堂、450多座清真寺，被称为“寺庙之城”。伊斯坦布尔不仅地理上横跨两洲，而且是东西方思想文化的一个重要交汇点，其著名景观包括托普卡匹珀宫、多尔马巴赫切宫、圣索菲亚博物馆、苏丹艾哈迈德清真寺（蓝色清真寺）、地下宫殿、博斯普鲁斯海峡大桥和贝莱贝伊宫等。此外还有格雷梅国家公园、桑美兰博卢城、内姆鲁特山、桑索斯和莱顿遗址、赫拉波利斯和斯帕姆科卡莱等。
	安卡拉 土耳其首都，第二大城市，素有“土耳其的心脏”之称，是一座历史悠久的古城，著名的古迹有罗马时期的尤利阿奴斯之柱、奥古斯都神殿、罗马浴场、安卡拉城堡；拜占庭时期的城堡和墓地；塞尔柱时期的阿拉丁清真寺等。

十、马尔代夫

类别	简介
概况	☆印度洋上的群岛国家。由26组自然环礁、1192个珊瑚岛组成，分布在9万平方千米的海域内，其中约200个岛屿有人居住。人口55.7万（截至2022年8月）。位于赤道附近，具有明显的热带气候特征，无四季之分，年平均气温28℃。民族语言和官方语言为迪维希语，上层社会通用英语，现在当地学校普遍使用英语和当地语双语教学。伊斯兰教为国教，属逊尼派。 ☆旅游业、船运业和渔业是马尔代夫经济的三大支柱。旅游业是第一支柱产业，旅游收入对其GDP的贡献率多年保持25%～30%，是马尔代夫主要的外汇收入来源。现有145个旅游岛，马尔代夫的“一岛一度假村酒店”模式独具特色。渔业是马尔代夫的传统经济产业，基本上是马尔代夫唯一的本国商品出口产业，也是其重要的外汇收入来源之一。
民俗风情	☆**宗教** 马尔代夫居民大多是虔诚的穆斯林，讲礼貌、重礼节、淳朴好客，每天会进行五次祷告。星期五的伊斯兰教主麻日则是他们每周的星期假日，商店、学校和公共场所都会在这一天关门歇业。 ☆**饮食** 岛上居民不食猪肉、不饮酒，鱼是马尔代夫居民吃的最多的食物，主食除大米、一定数量的红薯、芋头等淀粉食物外，居民多以木薯和椰子为主食。居民较少吃蔬菜，喜欢吃辛辣的食物。水果主要有香蕉、西瓜、木瓜、芒果等。 ☆**服饰** 妇女出行必须穿遮体长裙，男士不能穿短裤。外国游客在度假酒店内不用遵守此规定，但到了马累等当地居民岛就必须入乡随俗了。
风物特产	渔业资源丰富，盛产金枪鱼、鲣鱼、鲛鱼、龙虾、海参、石斑鱼、鲨鱼、海龟和玳瑁等。鱼类主要出口中国香港、日本、斯里兰卡、新加坡和中国台湾。

（续表）

类别	简介
著名旅游城市景点	马尔代夫是世界上第七大珊瑚礁覆盖的国家，占世界珊瑚礁面积的 5%。辽阔的海域、美丽的海岛、丰富的海洋资源以及白沙、蓝天和阳光，构成了神奇迷人的自然景观。马尔代夫1000 多个珊瑚岛以其美丽的海滩和清澈的海水而闻名，是享受阳光、沙滩和海浪的理想之地。 马尔代夫的海域是多种海洋生物的家园，包括海龟、鲨鱼、鲸鱼等，游客可以近距离接触这些神奇的生物，26 个环礁则提供了丰富的潜水和浮潜场所，是探索海底世界的绝佳地点。 在马尔代夫参加浮潜、深潜、海钓等涉水活动时，要有专业教练陪同，和鲨鱼、海豚要保持安全距离，防止被咬伤，水下大、小型生物可能有毒，请勿触碰。印度洋水下暗流汹涌，存在极大风险和危险，如欲拍摄水下照片和视频，请确保在专业人员指导下进行。 马尔代夫的度假村以其奢华的服务和设施著称。许多度假村都建在私人岛屿上，提供全方位的休闲娱乐项目。
	马累　马尔代夫的首都，是世界上最小的首都之一，没有自己的机场，马尔代夫的机场是建在隔邻的瑚湖尔岛。马累当地人除了摩托车最常选用的交通工具就是出租车。有苏丹公园、国家博物馆、马累鱼市场等知名旅游景点。

第二节　欧洲主要旅游客源国（地）和目的地国（地）

欧洲是中国入境旅游的重要客源市场，也是中国游客出境旅游的热门目的地之一。欧洲在中国长线出境游中占据重要地位。欧洲占中国出境旅游约 10% 的份额，同时来自欧洲的入境游客在中国国际游客中占比约 20%。西欧的法国、德国、意大利、英国、西班牙是中国游客较为青睐的旅游目的地，也是中国入境旅游的主要客源国。

一、英国

类别	简介
概况	☆全称大不列颠及北爱尔兰联合王国，由大不列颠岛上的英格兰、苏格兰、威尔士以及爱尔兰岛东北部的北爱尔兰共同组成，国土面积 24.41 万平方千米（包括内陆水域）。地势西北高、东南低，分四部分：英格兰东南部平原、中西部山区、苏格兰山区、北爱尔兰高原和山区。首都是位于英格兰东南部的伦敦。温带海洋性气候，多雨雾，日照时间少。 ☆人口 6826.5 万（截至 2023 年），是世界上第一个完成工业革命的国家，全球最富裕、经济最发达和生活水准最高的国家之一。服务业产值约占国内生产总值的 3/4。英国旅游业收入居世界第五位，仅次于美国、西班牙、法国和意大利，旅游业是英国最重要的经济部门之一。货币为英镑。 ☆英国曾被称为日不落帝国，国家政体是议会制君主立宪制，国王是国家元首，拥有象征性的地位，内阁首相拥有最高政治权力。以英格兰人为主体民族，占 85% 以上，还包括苏格兰人、威尔士人和爱尔兰人。官方语言是英语，居民多信奉基督教新教，主要分英格兰教会（亦称英国国教圣公会）和苏格兰教会（亦称长老会）。国旗为米字旗，国花是玫瑰。

（续表）

类别	简介
民俗风情	☆**饮食**　饮食习惯一般是一日三餐加茶点，尤其喜欢喝下午茶。食物以牛肉、羊肉和土豆为主，炸鱼、薯条和三明治是英国人的发明，也是现代快餐的标志。注重餐桌礼仪，“绅士风度”“女士优先”体现在生活的许多方面。 ☆**禁忌**　通行西方礼仪，忌讳数字“13”，不喜欢星期五，尤其视“13日星期五”为不祥日子。到英国人家里做客时，不要提前到，最好是约定时间后10分钟到达。送礼时忌送百合花、菊花，因为百合花象征死亡，而菊花在欧洲只用于万圣节和葬礼；花朵枝数不能是“13”或双数；鲜花不要用纸包扎。忌用山羊、大象和孔雀图案，认为山羊有不正经男子和坏人的意思，大象代表愚蠢，孔雀则被视为祸鸟。讨厌墨绿色，这是纳粹军服的颜色，与英国人见面常以谈论天气代替通常的问候，交谈时双方距离不要太近，切忌谈及家庭状况、年龄、职业、收入、宗教信仰等个人隐私问题。见面时相互握手、道安，男子间忌讳拥抱。
风物特产	特色产品有银器、泰迪熊、烟斗、陶瓷、皮革制品、羊毛制品、被誉为“液体黄金”的威士忌，以及英国红茶、英国巧克力、英国雪利酒等。
著名旅游城市景点	**伦敦**　英国的首都，欧洲最大的都会区，世界三大金融中心之一。作为多元化的大都市，不同种族、宗教和文化在此交融，仅使用的语言就超过300种。有2000年的悠久历史，是历代王朝建都之所在，名胜古迹众多。主要景点有白金汉宫、唐宁街10号、议会大厦、大英博物馆、圣保罗教堂、威斯敏斯特教堂、伦敦塔、伦敦塔桥、大本钟、温莎城堡、格林尼治天文台、中国城、海德公园等。 ☆**白金汉宫**　英国王宫，位于伦敦威斯敏斯特城内，是英国王室成员生活和工作的地方，也是英国重大国事活动的场所。始建于1703年，至1837年维多利亚女王登基后，白金汉宫成为英王正式寝宫。唐宁街10号自1937年后，成为历任首相办公和居住的地方，其地上建筑包括首相办公室、接待室、会议室和寝宫，地下室有通道通往政府各重要部门。
	☆**大英博物馆**　建于18世纪，1759年正式对公众开放，是世界上历史最悠久、规模最大的博物馆，集中了英国和世界各国许多的古代文物，藏品丰富，种类繁多，为全世界博物馆所罕见，共拥有藏品800多万件。 ☆**伦敦塔桥**　建于1894年，是一座上开悬索桥，横跨泰晤士河，因在伦敦塔附近而得名，属维多利亚时代的哥特式建筑，也是伦敦的象征，塔桥桥面可根据需要升起。 ☆**大本钟**　也叫伊丽莎白塔或威斯敏斯特宫钟塔，坐落于泰晤士河畔，1858年建成，伦敦的标志性建筑之一，是英国最大的钟，每15分钟响一次。
	爱丁堡　苏格兰首府，目前英国仅次于伦敦的第二大金融中心和旅游城市，也是英国著名的文化古城，素有“北方雅典”“欧洲最有气势的城市”之称，2004年爱丁堡成为世界第一座文学之城。英国最古老的大学之一爱丁堡大学就坐落于此。爱丁堡的旧城和新城一起被列为世界遗产，著名景点有爱丁堡城堡、荷里路德宫、圣吉尔斯大教堂等。
	利物浦　英国著名的商业中心，也是第二大商港，市内建有欧洲最古老的中国城。英国国家旅游局认定的英国最佳旅游城市，市内建筑独具风格，有著名的大教堂、市政厅、圣乔治大厅、大剧院和Philharmonic音乐厅等。这里还是令流行乐迷倾倒的披头士乐队的故乡，也是体育运动之城，利物浦足球俱乐部和埃弗顿足球俱乐部享誉世界。

二、法国

类别	简介
概况	☆位于欧洲西部，本土面积 55 万平方千米（不含海外领地），首都是位于北部的巴黎。地势东南高、西北低，平原占总面积的 2/3。西部为温带海洋性气候，冬季温和，夏季凉爽，降水均匀，东南部濒临地中海，为亚热带地中海气候，夏季炎热干燥，冬季温和多雨，中部和东部为大陆性气候，温差相对较大。 ☆人口约为 6640 万（截至 2025 年 3 月），是世界上第二个完成工业革命的国家。是世界主要发达工业国家之一，在核电、航空、航天和铁路方面居世界领先位置。欧盟最大农业生产国，世界主要农产品和农业食品出口国。葡萄酒的出口量占世界出口量的一半。法国是全球旅游主要目的地之一，国际旅游收入居世界第二。欧盟成员国，通用货币是欧元。 ☆典型的半总统制半议会制的共和制国家。总统为国家元首，总理为政府首脑。法国是一个以法兰西民族为主体的国家，通用语言是法语，主要宗教为天主教。国花是鸢尾花。
民俗风情	☆**饮食**　世界著名的三大烹饪王国之一，鹅肝是法式菜的经典，法国人爱好甜食，主要喝葡萄酒和香槟酒。 ☆**服饰**　法国是时尚之都、浪漫之都，法国人讲究服饰美，法国妇女是世界上最爱打扮的。 ☆**礼仪**　礼节主要有握手礼、拥抱礼、贴面礼和吻手礼，法国是世界上最早公开行亲吻礼的国家，也是使用亲吻礼频率最多的国家。法国人做什么事都需要提前预约，准时赴约是有礼貌的表示，但不要提前。 ☆**禁忌**　忌讳黄色的花（不忠诚）。忌讳黑桃图案（不吉祥）。忌讳数字“13”，不喜欢星期五，尤其视“13 日星期五”为不祥日子。也忌讳墨绿色，还忌讳孔雀图案（视为淫鸟）和仙鹤图案（象征蠢汉与淫妇）。在法国一般不宜送菊花（丧花）、玫瑰（送情人的）、水仙花（冷酷无情）和金盏花（悲伤）。送花枝数不能为双数，接受礼物要当面打开，否则是无礼的表现。
风物特产	巴黎时装、格拉斯香水、古董、巴卡拉水晶、玻璃精工、花边编织、波尔多的红葡萄酒、康涅克白兰地、勃艮第的香槟等。
著名旅游城市景点	**巴黎**　法国的首都，作为有 2000 多年历史的文化名城，从 12 世纪开始就一直是历代王朝的首都，如今是世界四大国际化都市之一，被称为“世界花都”“时装之都”“香水之都”，还是一座“世界会议城”。2024 年第 33 届夏季奥运会在巴黎成功举办，至此，巴黎已经举办 3 次奥运会。巴黎的三大地标是巴黎圣母院、凯旋门和埃菲尔铁塔（* 速记：开门进院一铁塔），此外还有凡尔赛宫、协和广场、香榭丽舍大道等景点。 ☆**巴黎圣母院**　始建于 1163 年，被称为“法国最伟大的艺术杰作”，完美的哥特式建筑、精美的雕刻和大量艺术珍品，使其成为古老巴黎的象征。 ☆**凯旋门**　位于巴黎戴高乐广场中央，是法国为纪念拿破仑在奥斯特利兹战役中打败俄奥联军而建的，于 1836 年建成，是世界上最大的凯旋门。2019 年 4 月 15 日，巴黎圣母院不幸失火，因此暂停对外开放。2024 年 12 月 7 日，巴黎圣母院经过 5 年修复后重新向世人开放。 ☆**埃菲尔铁塔**　是一座建于 1889 年的镂空结构铁塔，是世界上第一座钢铁结构的高塔、巴黎最高的建筑物，也是巴黎和法国的象征。 ☆**卢浮宫**　始建于 1204 年，是法国最大的王宫建筑，也是世界上最大、最古老、最著名的博物馆之一，名画《蒙娜丽莎》、雕像《断臂维纳斯》和《胜利女神》是著名的宫中三宝。
	夏纳　因每年一次的国际电影节而闻名于世，位于法国南部，拥有洁白、漂亮的海滩。夏纳与尼斯、蒙特卡洛并称为南欧三大游览中心。这里气候温和，冬暖夏凉，是欧洲人冬日度假、夏日避暑的首选之地，主要景点有海滨大道、老城区、建于 11 世纪的城堡等。

（续表）

类别	简介
	尼斯　位于法国东南部，是仅次于巴黎的法国第二大旅游城市，也是欧洲乃至全世界最具魅力的黄金海岸之一，蔚蓝的地中海与巍峨的阿尔卑斯山是这座城市永恒的地标。法国大陆最温暖的城市之一，冬暖夏凉，属于典型的地中海气候。这里是“世界富豪聚集的中心”，也是游客心中的度假天堂。主要景点有尼斯歌剧院、古罗马大剧院、海洋学博物馆、蒙特卡洛（属摩纳哥公国的赌城）。
	马赛　位于法国南部，法国第二大城市，地中海最大的港口。马赛建于公元前 6 世纪的古希腊时代，距今已有 2500 多年的历史，是法国最古老的城市。主要的景点有伊夫岛、贾尔德圣母院、马赛美术馆、马赛旧港。最著名的景点伊夫岛上有一座高大而阴森的城堡，因大仲马的小说《基督山伯爵》而吸引游客。

三、德国

类别	简介
概况	☆位于欧洲中部，是欧洲邻国最多的国家（9 个），面积为 35.8 万平方千米，首都是位于德国东北部的柏林。西北部海洋性气候较明显，相对于南部较暖和，往东、南部逐渐向大陆性气候过渡。地形变化多端，地势北低南高，分为四个地形区：北德平原、中德山地、西南部莱茵断裂谷地区、南部的巴伐利亚高原和阿尔卑斯山区。 ☆人口约 8443 万（截至 2023 年），世界第四经济强国，全球最大的汽车生产国之一，欧洲最大经济体，被称为“欧洲经济的火车头”。欧洲货币联盟的创建成员，欧洲中央银行总部设在法兰克福，货币为欧元。 ☆德国是联邦制国家，国家政体为议会民主制，联邦总统为国家元首。以德意志人为主，有少数丹麦人和索布族人，还有约 700 万的外籍人，以土耳其人为最多。官方语言为德语，主要宗教有基督教新教、罗马天主教等。国花是矢车菊。
民俗风情	☆**饮食**　喜欢肉类和啤酒，尤其爱吃猪肉，每年猪肉的消耗量居世界前列。 ☆**礼仪**　德意志是一个严谨的民族，规则和法律意识很强，跟德国人打交道比较干脆，直接。德国人时间观念强，凡事喜欢提前预约。讲究礼仪，到别人家做客，一般都会送礼物。鲜花、葡萄酒等是比较常见的礼物。 ☆**禁忌**　送花时忌讳送菊花、玫瑰和蔷薇，蔷薇只在悼亡时用。礼物一般当着送礼者的面打开。德国人不喜欢红色、红黑相间色以及褐色，尤其是忌墨绿色（为纳粹军服色）。忌讳“13”，最不吉利的是“13 日，星期五”。
风物特产	望远镜、照相机、刀具、瓷器、手表、羊毛制品、木刻、小提琴、皮革制品、锡蜡制品、黑森林香肠等。
著名旅游城市景点	**柏林**　德国的首都，位于德国东北部，四面被勃兰登堡州环绕，是德国“最翠绿”的大都市。始建于1237年，是欧洲著名的古都，1871年，柏林成为德意志帝国的首都。第二次世界大战后，柏林墙把柏林一分为二，分别为东柏林和西柏林，直到1990年，柏林墙被拆除，德国重新统一，柏林获得全德国首都的地位。著名景点有勃兰登堡门、国会大厦、波茨坦广场、柏林墙遗迹、柏林大教堂、菩提树下大街（椴树）等。勃兰登堡门是为纪念普鲁士在七年战争中取得的胜利而建的，1791 年竣工，是德国的象征。

（续表）

类别	简介
	慕尼黑　位于德国南部，是巴伐利亚州的首府，德国第三大城市，拥有“欧洲建筑博物馆”之名。保留着原巴伐利亚王国都城的古朴风情，因此被人们称作“百万人的村庄”。宝马汽车的故乡。一年一度的慕尼黑啤酒节吸引着世界各地的游客。著名景点有新天鹅堡、玛利亚广场、宝马汽车博物馆、奥林匹克中心、圣母教堂、皇宫及皇宫博物馆等。
	科隆　位于德国西部莱茵河畔，德国最古老、历史最悠久的城市，也是德国第四大城市，与北京是姐妹城市。科隆三宝是香水、狂欢节和教堂（*速记：三宝——想狂叫）。著名景点有科隆大教堂、莱茵河、科布伦茨、瓦尔拉特博物馆等。科隆大教堂有两座哥特式尖塔，是目前世界上最高的双塔教堂，始建于1248年，竣工于1880年，现已成为科隆市的象征。
	法兰克福　位于德国西部的黑森州境内，德国第五大城市，也是德国乃至欧洲重要的工商业、金融服务业和交通中心，拥有德国最大的航空和铁路枢纽，法兰克福国际机场（FRA）是欧洲第三大机场，也是全球最重要的国际机场之一。拥有“德国最大的书柜”——德意志图书馆，是世界图书业的中心，也是欧洲最繁忙的展览场所。主要景点有歌德故居、法兰克福大教堂、罗马贝格广场、德国电影博物馆等。
	海德堡　位于法兰克福以南约80千米处，德国著名的旅游文化之都。德国最古老的大学海德堡大学成立于1386年。如今，海德堡仍是德国乃至欧洲的大学科研基地之一，马克·吐温称海德堡是他到过的最美的地方。海德堡最著名的旅游景点是位于内卡河畔的红褐色古城堡——海德堡城堡。

四、意大利

类别	简介
概况	☆地处欧洲南部地中海北岸，主要由南欧的亚平宁半岛及两个位于地中海中的岛屿西西里岛与萨丁岛所组成，北方的阿尔卑斯山地区与法国、瑞士、奥地利以及斯洛文尼亚接壤。其领土还包围着两个微型国家——圣马力诺与梵蒂冈，面积30.1万平方千米。首都罗马位于意大利半岛中西部。地形狭长，境内多山。大部分地区属亚热带地中海气候，全国分为三个气候区：南部半岛和岛屿区、马丹平原区、阿尔卑斯山区，阿尔卑斯山区是全国气温最低的地区。
	☆人口约5885万（截至2024年12月），意大利是发达的工业国家，98%以上的企业为中小企业，堪称“中小企业王国”。各大区经济差距较大，南北差距明显。高级时装和鞋类定制在世界上有很高声誉，素有“制鞋王国”之誉。2015年，意大利超过法国，跃居为世界上最大的葡萄酒生产国。意大利作为欧盟成员国，货币为欧元。 ☆意大利是世界文明古国，文艺复兴运动的发祥地。国家政体为议会共和制，总统是国家元首，内阁是国家权力的核心。94%的居民为意大利人，还有少数法国人、拉丁人等。官方语言是意大利语，大部分居民信奉天主教。国花是雏菊。
民俗风情	☆**饮食**　爱面食，喜欢喝葡萄酒，拥有全世界最悠久的起泡酒酿造历史。 ☆**礼仪**　崇尚自由的国度，开朗、乐观、热情是意大利人的特点，但他们守时观念较差，活动迟到习以为常。 ☆**禁忌**　忌讳送十字架形的礼物；忌送手帕，认为手帕是亲人离别时擦眼泪用的不祥之物；送花时忌送菊花，因为菊花一般在葬礼时使用，送花的花枝、花朵应为单数。喜爱绿、蓝、黄三色，忌用紫色。忌讳数字“13”，凡住房号、剧院座位号等都避免有13的字样。在正式场合，穿着十分讲究。无论男女都不得穿短裤、短裙或无袖衬衫到教堂或天主教博物馆参观。

（续表）

类别	简介
风物特产	有古玩、皮具、丝绸、家居用品、金银饰品、佩饰、化妆品、纸工艺品、水晶玻璃制品等，此外还有罗马的明信片和画册、梵蒂冈的邮票和钱币、威尼斯的玻璃制品以及米兰的时装。
著名旅游城市景点	**罗马**　意大利首都，位于意大利半岛中西部。罗马是有着辉煌历史的欧洲文明古城，公元前753年建城，至今已有2700多年，因罗马建在7座山丘之上，因此被称为“七丘城”和“永恒之城”。1871年，意大利首都由佛罗伦萨迁往罗马。罗马三多是雕塑多、教堂多、喷泉多。罗马被誉为全球最大的“露天历史博物馆”。世界八大名胜之一的古罗马露天竞技场，也称斗兽场，建于公元1世纪，是古罗马帝国的象征。万神庙是迄今保存最完整的古罗马时代的建筑，内部为圆形，四面无窗，仅顶部有一扇直径9米的天窗作为内部唯一的采光源。罗马三大古迹为万神殿、斗兽场和地下墓穴。罗马还有意大利最大的广场威尼斯广场、许愿池（又名为“特莱维喷泉”）等著名景点。
	佛罗伦萨　位于意大利中部，是世界闻名的文化古城，以博物馆、画廊、宫殿和教堂著称，被称为“博物馆之城”，是世界上文艺复兴时期艺术作品保存最丰富的地区之一，也是艺术与建筑的摇篮。但丁、达·芬奇、米开朗基罗等人在此诞生。主要景点有比萨斜塔、洗礼堂、市政广场、乌菲兹美术馆、圣十字教堂、花之圣母大教堂（圣母百花大教堂）等。比萨斜塔距离佛罗伦萨约1小时车程，建于1173年，是比萨大教堂的钟楼，修建时发现塔身倾斜，随着时间的推移，比萨塔的倾斜程度不断增大，目前顶层比底层突出4.5米，但历经多次修复和纠正现处于相对稳定状态。
	威尼斯　位于意大利北部的亚得里亚海滨，城市建在离海岸线4千米远的118个小岛上，已有1000多年历史。城市的“大街小巷”就是各小岛之间的大小河道，故有“水上都市”和“百岛之城”之称，是世界上唯一没有汽车的城市，主要交通工具是贡多拉（独木舟）。威尼斯全城有近180条运河，运河上有400多座桥梁，其中最著名的当数建于16世纪的里亚托桥和叹息桥。圣马可广场是城市活动的中心，广场周围有圣马可教堂、总督宫、圣马可图书馆等拜占庭和文艺复兴时期的建筑。
	米兰　位于意大利北部，是意大利第二大城市，也是意大利最重要的经济中心，有“经济首都”之称。米兰是连接地中海及中欧的主要交通枢纽，是意大利商业及金融中心，也是世界时装之都。市中心的杜奥莫教堂是世界第二大教堂，也是米兰的象征，它与罗马的圣彼得大教堂、佛罗伦萨的大教堂并称为欧洲三大教堂。1980年圣玛丽亚感恩教堂被列入世界遗产名录，达·芬奇的巨画《最后的晚餐》画在这座教堂旁的修道院餐厅的墙壁上。
	梵蒂冈　世界上最小的国家，面积0.44平方千米，在罗马城的西北角，四周被罗马包围，是一个“国中国”，也是全世界天主教的中心——以教皇为首的教廷的所在地。著名景点有可容纳50万人的圣彼得广场、世界上最大的教堂——圣彼得大教堂，以及梵蒂冈博物馆等。

五、俄罗斯

类别	简介
概况	☆横跨欧洲东部和亚洲北部，横跨欧亚大陆，其欧洲领土的大部分是东欧平原。面积1709.82万平方千米，是世界上面积最大的国家。首都莫斯科地处俄罗斯欧洲部分中部。俄罗斯跨越北寒带、亚寒带、北温带和亚温带4个气候带，各地气候差别很大，大部分地区处于北温带，以大陆性气候为主，夏季短暂凉爽，冬季漫长寒冷。地形以平原和高原为主，地势南高北低、西低东高。

（续表）

类别	简介
	☆人口约 1.454 亿（截至 2022 年），世界经济大国，工业和科技基础雄厚，航空航天和核工业具有世界先进水平。俄罗斯自然资源丰富，种类多，储量大，自给程度高。天然气已探明蕴藏量居世界第一，黄金储量居世界第三位。货币为卢布。 ☆俄罗斯联邦实行的是联邦民主制，总统是国家元首。共有民族 194 个，其中俄罗斯族占 77.7%，通用语言是俄语，主要宗教为东正教，约有 74% 的人口信奉东正教，其次为伊斯兰教。国花为洋甘菊。
民俗风情	☆**饮食**　面包为主食，喜爱牛、羊肉，喜欢饮酒，伏特加特别受大众欢迎。对盐十分崇拜，将盐视为珍宝和祭祀用的供品。因此他们用“面包加盐”的方式迎接贵宾，以示最热烈的欢迎。 ☆**禁忌**　融合东西方两种文化。用餐时多用刀叉，忌讳发出声响，不能直接用汤匙饮茶，或让其直立在杯中。如果有人不慎打翻盐罐或将盐撒在地上，会被认为是家庭不和的征兆。他们会把盐拾起来撒在头上，以示摆脱凶兆。俄罗斯数字禁忌跟西方人一样，也忌讳“13”，他们常用“7”这个数字，认为这是幸福和成功的象征（新加坡讨厌“7”，韩国幸运数字是“7”）。俄罗斯人送花数量宜为单数。镜子被俄罗斯人视为神圣的物品，打碎镜子意味着灵魂的毁灭。但如果打碎杯、碟、盘则意味着富贵和幸福，因此在喜筵、寿筵等隆重场合，俄罗斯人会特意打碎碟盘表示庆贺。
风物特产	主要购物产品有裘皮服装、皮靴、大披肩、围巾、套娃、珠宝首饰、铜版画、邮票、玻璃制品以及土特产，如琥珀、鱼子酱、黄金、皮毛、伏特加酒等。
著名旅游城市景点	**莫斯科**　俄罗斯的首都，也是俄罗斯政治、经济、科技、文化和交通中心，自 1147 年建城，迄今已有 870 多年历史，是世界上绿化最好的城市之一。比北京时间晚 5 小时。莫斯科是一座具有光荣传统的城市，以布局严整的克里姆林宫和红场为中心，向四周辐射伸展。著名景点有红场、克里姆林宫、圣瓦西里大教堂、列宁陵墓、克格勃博物馆等。克里姆林宫和红场是俄罗斯的标志，也是俄罗斯历史的见证。 ☆**克里姆林宫**　俄国历代沙皇的宫殿，现为俄罗斯联邦总统府等政府机关所在地，是世界上最大的建筑群之一。克里姆林宫城堡内有精美的教堂、宫殿、钟塔、塔楼，在克里姆林宫的中心教堂广场，有巍峨壮观的圣母升天大教堂，其东侧是红场。 ☆**红场**　意为“美丽的广场”，红场内有列宁墓，北侧是国家历史博物馆，南端有圣瓦西里大教堂（瓦西里升天大教堂），东侧是古姆商场。
	圣彼得堡　位于俄罗斯西北部，俄罗斯第二大城市，世界上人口超过百万的最北的城市，又称为俄罗斯的“北方首都”。整个城市由 40 多个岛屿组成，多条河流穿越而过，故又有“北方威尼斯”之称。与莫斯科相比，圣彼得堡更具皇家风范，旅游资源丰富，著名景点有冬宫、夏宫、叶卡捷琳娜宫、彼得保罗要塞、喀山大教堂、彼得保罗大教堂、涅瓦大街、普希金村等，其中位于十二月党人广场上的青铜骑士像是圣彼得堡市标志性雕塑。

六、西班牙

类别	简介
概况	☆欧洲与非洲的交界处，绝大部分领土位于欧洲西南部伊比利亚半岛，总面积约 50.6 万平方千米。地势以高原为主，间以山脉，分为三大气候带：中部高原属大陆性气候，北部和西北部沿海属海洋性温带气候，南部和东南部属地中海型亚热带气候。全年阳光充足，气候宜人，有“太阳王国”之称。

（续表）

类别	简介
	☆ 96% 的西班牙人信奉天主教，官方语言是西班牙语，货币是欧元。西班牙是欧盟和北约成员国，服务业是西班牙国民经济的重要支柱之一，尤以旅游和金融业最为发达。 ☆人口约 4907 万（截至 2025 年 1 月）。主体民族是卡斯蒂利亚人，还有加泰罗尼亚人、巴斯克人、加利西亚人等少数民族。
民俗风情	☆**民俗**　民风奔放热情，以斗牛、弗拉门戈舞蹈、吉他而闻名。斗牛是传统的民族文化，也是西班牙的“国粹”。 ☆**服饰**　斗牛士服饰、安达卢西亚长裙和萨拉曼卡地区传统服饰等是西班牙的传统民族服饰。 ☆**饮食**　海鲜饭被誉为“西餐三大名菜”之一，西班牙还有三大特色小吃，分别是哈蒙（生火腿）、托尔大（鸡蛋土豆煎饼）和巧里索（肉肠）。
风物特产	特产有刺绣披肩、油画、唱片、陶瓷、民族服装等手工艺品，高档时装、皮鞋和手袋等服饰，葡萄酒、雪利酒、利比里亚火腿、橄榄油等食品。
著名旅游城市景点	**马德里**　欧洲地势最高的首都，位于伊比利亚半岛梅塞塔高原中部，海拔 670 米。马德里有 400 多年历史，是欧洲著名的历史名城。著名景点有马德里皇宫、普拉多博物馆、太阳门、大广场及圣伊西多罗大教堂等。 **巴塞罗那**　加泰罗尼亚自治区首府，西班牙第二大城市，位于西班牙东北部地中海沿岸，有西班牙最大的海港。作为现代西班牙文化中心，因其在伊比利亚半岛，又是最具欧洲气质的城市，故有“伊比利亚半岛的明珠”之称。著名景点有圣家族大教堂、毕加索博物馆、巴特约之家、米拉之家、古伊尔公园、奥运村及奥运会主体育场等。

七、荷兰

类别	简介
概况	☆位于欧洲西部，著名的亚欧大陆桥的欧洲始发点，东与德国接壤，南邻比利时，国土总面积 41528 平方千米。世界有名的低地之国，其 1/3 国土面积仅高出海平面 1 米，1/4 的土地低于海平面。属于温带海洋性气候，冬暖夏凉。对荷兰影响最大的宗教是天主教和新教，官方语言是荷兰语，作为欧盟成员国，通用货币是欧元。 ☆荷兰是发达的资本主义国家，荷兰四宝是风车、木鞋、奶酪、郁金香（* 速记：穿着木鞋、吃着奶酪、闻着郁金香观看远处的风车），木鞋为四宝之首。花卉是荷兰的支柱性产业，故荷兰有“欧洲花园”的称号。工业和农业特别发达，是世界主要造船国家之一，也是仅次于美国的世界第二大农产品出口国，是世界主要蛋、乳出口国之一。 ☆人口约为 1807 万（截至 2025 年 4 月），是世界上人口密度最大的国家之一。
民俗风情	阿姆斯特丹钻石切工已成为完美切割与高品质钻石的代名词。因此，荷兰钻石也成为游客喜爱的购物商品。
著名旅游城市景点	**阿姆斯特丹**　荷兰首都，位于荷兰西部，是荷兰最大的城市、西欧著名的海港。城区大部分低于海平面 1 ~ 5 米，称得上是一座“水下城市”。较好保留着黄金时代的原貌，几乎是一座活的博物馆。主要景点有阿姆斯特丹运河、水坝广场、荷兰王宫、国立博物馆、凡 · 高博物馆等。

（续表）

类别	简介
	鹿特丹　第二大城市，欧洲最大的海港，亚欧大陆桥的西桥头堡。鹿特丹的建筑基本是第二次世界大战后新建的，鹿特丹也是开展工业旅游较早的城市，游客可以了解马斯河三角洲工业基地的情况，看到电脑控制的卡车运输集装箱货柜的情景。主要景点有德夫哈芬、博曼斯美术馆，列入世界遗产名录的小孩堤防风车村，迄今为止世界最大、最为壮观的防潮工程三角洲工程等。

八、瑞士

类别	简介
概况	☆欧洲中南部的内陆国家，东邻奥地利和列支敦士登，西邻法国，南与意大利接壤，北邻德国，国土面积 41284 平方千米。以高原和山地为主，分为中南部的阿尔卑斯山脉、西北部的汝拉山脉和中部高原三个自然地形区，有“欧洲屋脊”之称。旅游资源丰富，有“世界公园”的美誉。地处北温带，各地气候差异很大。阿尔卑斯山区南部属地中海气候，夏季干旱，冬季温暖湿润。阿尔卑斯山以北地区则逐步向冬寒夏热的温带大陆性气候过渡。宗教有天主教和新教。以德语、法语、意大利语及拉丁罗曼语 4 种语言为官方语言，货币是瑞士法郎。 ☆瑞士是一个高度稳定发达的资本主义国家，人均国内生产总值一直位居世界前列，号称世界上“最富有”的国家之一。工业是瑞士国民经济的主体，主要工业有钟表、机械、化学、食品等，有“钟表王国”之称。拥有发达的金融业，服务业在瑞士经济中也占有十分重要的地位。人口约 907.4 万（截至 2024 年）。
民俗风情	美食有香肠、奶油小牛肉意大利面，奶油汤及芝士火锅等。
风物特产	著名的购物产品有瑞士军刀、名表、军用包、八音盒、乳牛造型商品、雀巢咖啡和巧克力等。
著名旅游城市景点	**伯尔尼**　瑞士首都，一个保护得十分完好的中世纪小城，位于西部高原中央，原意是“熊出没的地方”，是以当时的统治者猎取到的第一只猎物——熊来命名的。建于 1191 年，1848 年为瑞士联邦的正式首都，是瑞士行政中心，也是一个文化和旅游城市。市区人口约 14 万，伯尔尼老城被联合国教科文组织列为世界文化遗产。
	苏黎世　瑞士第一大城市，也是欧洲最安全、最富裕和生活水准最高的城市之一。瑞士著名的经济、金融和文化中心，集中了 120 多家银行的全球及欧洲区总部，享有“欧洲百万富翁都市”的称号。苏黎世被誉为“湖上的花园城”，主要景点有格罗斯大教堂、圣母教堂、圣彼得大教堂、瑞士国家博物馆、班霍夫大街等。
	日内瓦　瑞士第二大城市，许多国际组织的所在地，最著名的景点是万国宫，它原是国际联盟的所在地，现为联合国驻日内瓦办事处的总部，是日内瓦作为一个国际城市的象征，也是世界近代史的一个缩影。

第三节　美洲主要旅游客源国（地）和目的地国（地）

美洲是中国入境旅游的重要客源地之一，也是中国游客长线出境游的主要目的地。美洲在中国入境旅游市场中的份额次于欧洲，但仍占据10%左右比重。美洲占中国出境旅游市场的5%左右，北美游客在中国入境旅游客源中占据明显优势，中国游客目前主要前往北美目的地。北美的美国、加拿大以及南美的巴西、阿根廷等国是中国游客赴美洲旅游的主要目的地，也是中国入境旅游的重要现实客源地。

一、加拿大

类别	简介
概况	☆北美洲最北的国家，领土面积为998万平方千米，位居世界第二，是一个地广人稀的国家。海岸线约24万千米，加拿大人习惯称自己国家是“从海洋到海洋”的国家。首都是位于加拿大东南部的渥太华。大部分地区属大陆性温带针叶林气候，东部气温稍低，南部气候适中，西部气候温和湿润，北部为寒带苔原气候，约有1/5的领土位于北极圈内，终年严寒。 ☆人口约4155万（截至2025年4月），因其丰富的自然资源和高度发达的科技，成为世界上拥有最高生活品质、社会最富裕、经济最发达的国家之一。资源工业、初级制造业和农业是国民经济的主要支柱。世界上最大的钻石生产国之一，也是全球最重要的教育枢纽之一，每年吸引不少来自世界各地的留学生。货币是加拿大元。 ☆素有“枫叶之国”的美誉，是英联邦国家之一。政体为联邦议会制，英国国王是加拿大名义上的国家元首，任命总督为其代表，联邦总理为政府首脑。加拿大是个移民国家，以英裔和法裔居民为主，还有原住民和亚洲、拉美、非洲裔等。英语和法语同属于加拿大的官方语言。主要宗教是天主教和基督教新教。枫树是加拿大的国树，也是加拿大民族的象征。
民俗风情	☆**饮食**　以西餐为主，特别爱吃烤制食品，也喜欢中餐。 ☆**生活习惯**　包含着英、法、美三国人的综合特点，他们视枫叶为国宝，把枫叶喻为友谊的象征，还偏爱白雪，视白雪为吉祥的象征。请客吃饭一般都会在家里，礼貌的做法可以给女主人带些小礼物或鲜花。 ☆**禁忌**　忌送白色的百合花，因百合花主要用于悼念死者。忌讳数字“13”和“星期五”。忌称人“老”“白”“胖”，年长者被称为“高龄公民”，养老院被称为“保育院”。
风物特产	有印第安人和因纽特人的手工艺品、枫糖浆、冰酒、熏鲑鱼等。
著名旅游城市景点	**渥太华**　加拿大的首都，位于安大略省东南部，世界上最寒冷的首都。1867年，渥太华被英国维多利亚女王钦定为加拿大首都。加拿大人特别喜欢冰球运动，渥太华是“冰球之城”。渥太华风景优美，世界遗产里多运河贯穿全城，每年2月初，里多运河成为世界上最大的天然滑冰场，吸引着世界各地的滑冰爱好者。国会大厦是渥太华最著名的标志性建筑，也是加拿大的象征。此外，还有加拿大总督府、加拿大文明博物馆等景点。

（续表）

类别	简介
	魁北克市　魁北克省省会，加拿大最古老的城市，北美洲唯一一座拥有城墙的城市。魁北克老城区 1985 年被联合国教科文组织列入世界文化遗产名录。加拿大境内法兰西文化的发祥地，是加拿大第一座城市。1608 年法国人尚普兰第一个发现了这片土地，并在此建立了殖民地，因此他被称为“新法兰西之父”。
	温哥华　加拿大第三大都会，加拿大西海岸最大的港口、文化中心和国际贸易中心，被誉为加拿大的“西部天堂”，加拿大冬季最暖和的城市。旅游景点众多，包括全球最大的城市公园斯坦利公园、狮门大桥、加拿大广场、唐人街、伊丽莎白女王公园、惠斯勒滑雪场（2010 年冬奥会赛场）等。
	蒙特利尔　意为“皇家山”，位于加拿大魁北克西南部，是加拿大第二大城市，也是除法国巴黎以外的世界最大的法语城市，故有“小巴黎”之称。有着悠久的历史，以法式建筑为主，称为“尖塔之城”。主要景点有旧城区、唐人街、圣母大教堂、皇家山公园等。
	多伦多　位于加拿大心脏地带，接近美国东部工业发达地区，是加拿大最大的城市、加拿大的经济中心、世界最大的金融中心之一。世界上最具多元文化的城市，当地居民来自 100 多个民族，讲 140 多种不同的语言。主要景点有国家电视塔、皇家安大略博物馆、卡萨罗玛城堡、安大略艺术馆、加登纳陶瓷艺术博物馆等。多伦多国家电视塔是多伦多市的标志性建筑。位于加拿大和美国交界处的尼亚加拉瀑布是世界第一大跨国瀑布；位于加拿大境内的“马蹄瀑布”气势磅礴、尤为惊险，是世界著名的奇观。

二、美国

类别	简介
概况	☆位于北美洲中部，由华盛顿哥伦比亚特区、50 个州（48 + 2）和关岛等众多海外领土组成，48 个州在美国本土，另有 2 个州即北美西北部的阿拉斯加和太平洋中部的夏威夷群岛位于美国本土以外。（* 速记：阿姨在外）此外，波多黎各自由邦位于加勒比海。面积 937 万平方千米，位居世界第四。因幅员辽阔，各地气候差异较大，本土除佛罗里达半岛南端属热带外，大部分地区属暖温带和亚热带大陆性气候。地势东西高、中央低，绵延 5000 多千米的落基山脉将美国本土划分为东西两部分。西部约占本土面积的 1/3，以山地高原为主，东部以平原低地为主。中部的密西西比河是美国境内最长、流域面积最广、水量最大的巨型河。 ☆人口约 3.41 亿（截至 2025 年 2 月），世界第一大经济体，劳动生产率、国内生产总值和对外贸易额均位居世界第一。美国科技先进，工业和农业现代化水平高，汽车工业和建筑业是美国经济的两大支柱，航空和宇航工业位居世界第一，美国还是世界最大的农产品出口国。货币为美元。国家政体是总统制，总统是国家元首兼政府首脑。国家结构为联邦制。行政、立法、司法三权分立。美国是世界各地移民融合组成的国家，非拉美裔白人占 57.8%，其他为拉美裔、非洲裔、亚裔和原住民。国旗是星条旗，国花是玫瑰花。没有法定的官方语言，英语成为事实上的官方语言。主要信奉基督教新教、天主教，以及犹太教、东正教、佛教等。

（续表）

类别	简介
民俗风情	☆**饮食** 美国是快餐文化的代名词，速食成为美国餐饮界的发展方向，热狗、汉堡包、三明治等是人们喜爱的快餐。主食是肉、鱼、菜类，主要饮料是咖啡。 ☆**礼仪** 通行西方礼仪。见面和分手时行握手礼。无论约会或做客，都要事先安排。送礼讲究单数。 ☆**禁忌** 忌讳数字“13”，不喜欢“星期五”，忌讳象征死亡的黑色，不喜欢红色，喜欢白色、黄色和蓝色，喜欢白色秃鹰图案和白猫图案。忌讳象征吸血鬼的蝙蝠图案、象征不吉利的黑猫图案。美国人的肢体语言十分丰富，单用食指，一般用来招呼动物，因此表示挑衅或不礼貌的行为。
风物特产	特产有概念产品、印第安人传统工艺品、时装、电脑产品、篮球用品、COACH 包、赌场纪念品、花旗参、枫糖浆等。
著名旅游城市景点	**华盛顿** 位于美国的东北部，被美国人称为“国家的心脏”。比北京时间晚 13 个小时。1791 年，为了纪念开国元勋华盛顿和发现新大陆的哥伦布而命名并成为美国首都。华盛顿是美国标志性的旅游胜地。全城最高点“国会山”上的国会大厦是华盛顿的象征，美国国会参众两院都在此办公。国会大厦东侧的国家图书馆是世界上最大的图书馆之一。白宫是华盛顿之后美国历届总统办公和居住的地方，部分建筑定期向公众开放。国会大厦和白宫之间有“联邦三角”建筑群，包括联邦政府机构以及国家美术馆、史密森国家博物馆、国家档案馆等。华盛顿面积最大的建筑是位于波托马克河畔的美国国防部所在地五角大楼。此外，杰弗逊纪念堂和林肯纪念堂也都是华盛顿著名的纪念性建筑物。
	纽约 位于纽约州东南部，有“美国的门户”之称，是著名国际大都会，是美国最大的城市，也是联合国总部所在地。作为美国工业、商业、金融、出版、广播等行业的中心的纽约分为五大区，其中曼哈顿是纽约的核心和象征。主要景点有自由女神像、帝国大厦、时报广场、中央公园、联合国总部大楼、百老汇、华尔街、大都会博物馆等。帝国大厦是纽约摩天大楼的象征，是纽约的标志性建筑之一。自由女神像位于纽约哈得逊河口的自由岛上，是法国送给美国独立 100 周年的礼物，后来成为美国的象征。
	旧金山 又称“圣弗朗西斯科”，19 世纪美国淘金热的中心。华侨在美国的聚集地，有著名的中国城。旧金山是世界最重要的科教文化中心之一，拥有加州大学伯克利分校、斯坦福大学等世界著名高等学府。旧金山有世界知名的标志性景点金门大桥、渔人码头、伦巴第街、联合广场等。金门大桥全长 2780 米，是世界最大的单孔吊桥之一，被誉为近代桥梁工程的一项奇迹，是旧金山市的象征。
	洛杉矶 地名的含义是“天使之城”（西班牙语），位于美国南加利福尼亚州，是美国第二大城市、美国西部最大的工业中心和港口，有“科技之城”的称号。是重要的文化中心，有著名的好莱坞和迪士尼乐园。
	拉斯维加斯 美国内华达州最大的城市，别称“世界娱乐之都”“赌城”。拉斯维加斯是一座在沙漠上建起的神奇城市，是世界知名的度假胜地之一。
	夏威夷 位于北太平洋，美国最年轻的州，拥有活跃的火山，是现代冲浪、草裙舞和夏威夷地方美食的发源地。瓦胡岛是夏威夷群岛人口最多的岛，也是夏威夷州人文和经济中心。威基基海滩、珍珠港等著名旅游景点位于该岛。

三、巴西

类别	简介
概况	☆位于南美洲东南部，南美洲最大的国家，面积 851.03 万平方千米，居世界第五位。巴西南部主要是高原，北部和西部为平原，其中亚马孙平原约占全国面积的 1/3。大部分地区属热带气候，南部部分地区为亚热带气候。是世界上天主教徒最多的国家，约 50% 的居民信奉天主教，31% 的居民信奉基督教福音教派。官方语言是葡萄牙语，货币是雷亚尔。 ☆经济实力居拉美首位。农牧业大国，咖啡、可可、甘蔗等产量都居全球首位，畜牧牛的数量居世界第二位。巴西矿产资源丰富，是世界铁矿石生产和出口额最大的国家之一。被称为“足球王国”，足球不仅是运动，也是一种文化。人口约 2.11 亿（截至 2023 年）。是世界人口第七大国。 （* 速记：咖啡可可加蔗糖）
民俗风情	巴西人平常主要吃欧式西餐，肉类所占比重较大。有“咖啡王国”之称，咖啡成为巴西人每天的必需品。
风物特产	宝石种类繁多，有紫水晶、钻石、翡翠、红宝石、蓝宝石、蛋白石、黄玉等，此外皮制品、陶器、手工蕾丝、刺绣等工艺品，运动服饰、咖啡、红酒等也是主要购物商品。
著名旅游城市景点	**巴西利亚**　巴西首都，位于巴西高原中部，世界上海拔最高的首都之一，1960 年首都正式从旧都里约热内卢迁移至此，因此巴西利亚是南美洲建都时间最短的城市。也是世界上绿地最多的都市，著名景点有三权广场、总统纪念堂、巴西利亚大教堂等，其中三权广场是巴西标志性建筑。
	圣保罗　巴西最大的城市和最大的工业中心、金融中心、文化中心。有南美洲最大的教堂天主教大教堂、伊比拉普埃拉公园、东方街等著名景点。
	里约热内卢　巴西第二大城市，位于巴西东南部，是巴西最大的旅游中心，集中了巴西最著名的博物馆、世界最大的足球场，以及全国最大的公园。2016 年夏季奥运会在里约热内卢举行。科巴卡巴纳海滩和依巴内玛海滩是里约热内卢最著名的海滩。

第四节　大洋洲、非洲主要旅游客源国（地）和目的地国（地）

大洋洲也是中国出境旅游的长线目的地之一，大洋洲约占中国入境和出境旅游市场的 3%，其中澳大利亚和新西兰占主要份额。

非洲在中国出入境旅游市场中规模不大，非洲约占中国出境旅游市场的 1%，非洲入境游客在中国国际游客中占比与出境类似。埃及、摩洛哥、南非、肯尼亚等国家是中国游客赴非旅游的主要目的地。

一、澳大利亚

类别	简介
概况	☆位于南半球，在南太平洋和印度洋之间，世界上唯一一个国土覆盖整个大陆的国家，大洋洲是世界6个大陆中最小的一个。国土面积769万平方千米。首都堪培拉位于澳大利亚东南部。地形很有特色，东部山地，中部平原，西部高原，境内多沙漠和半沙漠，是全球最干燥的地区之一。北部属于热带气候，分雨季和旱季；南部属于温带气候，四季分明。 ☆人口约2712万（截至2024年3月），作为后起的发达资本主义国家，是全球经济最发达、生活水平最高的国家之一。该国是一个工业化国家，农牧业发达，自然资源丰富，有“骑在羊背上的国家”“坐在矿车上的国家”和“手持麦穗的国家”之称。黄金业发达，已经成为世界屈指可数的产金大国，旅游业和服务业占国内生产总值的70%左右，货币是澳大利亚元。（*速记：骑羊背上手持麦穗坐矿车） ☆全称澳大利亚联邦，政体是美英政治体制的混合体，国家结构为联邦制。英联邦成员国，英国国王是澳大利亚名义上的国家元首，并任命总督为其代表。总理是政府首脑，联邦议会是最高立法机构。是典型的移民国家，英国及爱尔兰后裔占绝大多数，此外还有亚裔、土著人和其他民族。官方语言为英语，主要宗教是基督教新教，国花是金合欢。
民俗风情	☆**饮食**　澳大利亚家庭一般是三餐加茶点，喜欢中餐，鱼和海鲜是澳大利亚美食的特色。 ☆**礼仪**　通用西方礼仪，他们很注重礼貌修养，时间观念强，谈话很少大声喧哗。交谈时可以讲旅行、体育运动和见闻。乘出租车喜欢和司机并排坐（表示尊重）。 ☆**禁忌**　不可竖大拇指表示赞扬（视为下流动作）。忌讳兔子（不吉利的动物，看到会倒霉）。
风物特产	主要有绵羊油、羊毛皮、深海鱼油、树皮画、蜂蜜、鳄鱼肉、红酒、牛初乳、鲨鱼软骨粉等。
著名旅游城市景点	**堪培拉**　澳大利亚的首都，意思是“汇合之地”，是个纯粹的政治中心，被誉为“大洋洲的花园城市”。主要景点有国会大厦、格里芬湖等。
	悉尼　澳大利亚第一大城市，也是经济、文化、金融、航运和旅游的中心，有“南半球的纽约”之称。悉尼是澳大利亚华侨和华人聚居最多的地区。拥有众多的名胜古迹，最著名的有悉尼歌剧院、海港大桥、悉尼塔、岩石区、唐人街、维多利亚皇后大厦、中央海岸、霍克伯里河等。悉尼歌剧院是一个大型综合性文艺演出中心，以建筑形象独特而著称于世，三组巨大的壳片，像海上的船帆，成为悉尼的标志。
	墨尔本　澳大利亚第二大城市，是维多利亚州的首府，因曾是澳大利亚的首都，具有深厚的文化底蕴，保留着许多19世纪维多利亚式建筑，是澳大利亚最具有欧洲韵味的城市，被称为“澳大利亚的伦敦”。大洋路、旧国会大厦、墨尔本皇家植物园、菲利浦岛、唐人街、皇家展览馆等景点吸引着游人前往观光。
	黄金海岸　因延绵42千米的金色沙滩而得名，这里一年中300天以上是晴天，气候宜人，日照充足，海浪险急，是冲浪者的天堂。
	大堡礁　世界上最大、最长的珊瑚礁群，1981年被列入世界自然遗产名录，纵贯于澳大利亚的东北沿海，共有2011千米，最宽处161千米，有2900个大小珊瑚礁岛。落潮时，部分珊瑚礁露出水面形成珊瑚岛，被称为“透明清澈的海中野生王国”，吸引着世界各地游客来猎奇观赏最佳海底奇观。

二、新西兰

类别	简介
概况	☆位于太平洋西南部，世界最南端的陆地之一，被誉为“世界边缘的国家”，面积 27 万平方千米。绝大部分属温带海洋性气候，一年四季气候温和，阳光充足，雨量丰富。因位于南半球，季节刚好和位于北半球的国家相反。12 月至次年 2 月为夏季，6 至 8 月为冬季。主要宗教是基督教新教和天主教，英联邦成员国之一，官方语言是英语、毛利语和新西兰手语。货币是新西兰元。 ☆新西兰是世界上最年轻的移民国家之一，也是个高度发达的资本主义国家，是世界上最大的鹿茸生产国和出口国，羊肉、奶制品和粗羊毛的出口值皆为世界第一。渔产丰富，是世界第四大专属经济区。大洋洲最美丽的国家之一，旅游业十分发达，其收入仅次于乳制品业，成为第二大创汇产业。人口 533.8 万（截至 2024 年 6 月）。
民俗风情	☆**服饰**　新西兰毛利人的传统服饰鲜艳而简洁，最常见的是毛利草裙。 ☆**美食**　以天然新鲜著称，夏天通常以烧烤方式用餐，传统美食有黑边鲍鱼、生蚝、三文鱼、羊肉、鹿肉等。
风物特产	有毛利玉饰及鲍鱼壳、羊毛羊皮制品、乳制品、蜂产品等，此外，绵羊油、葡萄酒、婴儿用品、火山泥化妆品等也是旅游购物的热门商品。
著名旅游城市景点	**惠灵顿**　新西兰首都，位于北岛的南端，新西兰第二大城市，三面环山，一面临海，是世界上最南端的首都，有“风城”之称。惠灵顿与悉尼、墨尔本一起成为大洋洲的文化中心。惠灵顿人均酒吧和咖啡馆数量超过纽约。新西兰国会大厦建筑群是惠灵顿最吸引游客的名胜，此外还有林姆塔卡森林公园、皇后码头、惠灵顿植物园、卡皮蒂岛自然保护区等。
	奥克兰　新西兰最大的城市，位于北岛中央偏北地带，是新西兰的经济和贸易中心，奥克兰人均拥有的帆船数量为全球之冠，故有“千帆之都”的美誉。标志性建筑是天空塔，它也是南半球最高的建筑。地处大片的火山区，拥有 48 个火山锥，闻名世界的伊甸山就位于奥克兰市郊，是奥克兰的象征。码头大楼、海港大桥、伊丽莎白女王广场、老海关大厦、独树山等也是奥克兰的著名旅游景点。
	基督城　南岛第一大城市、新西兰第三大城市，是英国之外最像英国的城市，也是进入南极的门户。新西兰的极限运动和探险旅行全世界知名，皇后镇是新西兰的“探险之都”，也是“新西兰最著名的户外活动天堂”。

三、南非

类别	简介
概况	☆位于非洲大陆最南端，面积 121.9 万平方千米。大部分属于热带草原气候，东部沿海为热带季风气候，西南部沿海为地中海气候，全国全年平均日照时数为 7.5 ~ 9.5 小时，因此被称为“太阳之国”（* 注意：西班牙为“太阳王国”）。 ☆截至 2022 年，人口约 6200 万，有四大种族——黑人、白人、有色人（南非一种混血人种）和亚裔。白人、大多数有色人种和 60% 的黑人信奉基督教新教或天主教，亚裔 60% 信奉印度教，20% 信奉伊斯兰教，部分黑人信奉原始宗教。官方语言有 12 种，其中前五大语言分别为祖鲁语、科萨语、阿非利卡语、斯佩迪语和英语。货币为兰特。 ☆南非是非洲经济最发达的国家，有“非洲经济小巨人”之称，是世界上矿产最丰富的国家之一，是世界唯一一个有 3 个首都的国家，行政首都是茨瓦内（原名比勒陀利亚），司法首都为布隆方丹，立法首都为开普敦。

（续表）

类别	简介
民俗风情	南非黑人的主食是玉米、薯类、豆类。一般不吃猪肉，也较少吃鱼。
风物特产	特产有泥罐、碗、珠饰、动物毛皮挂毯、非洲木雕等传统工艺品以及鸵鸟工艺品、鸵鸟蛋和非洲葡萄酒、大象酒等。此外，黄金和钻石是南非昂贵的特产，其价格便宜、品质高，成为游客青睐的商品。
著名旅游城市景点	**开普敦** 位于非洲大陆西南端、好望角北端的狭长地带，南非议会的所在地，故称为立法首都。南非第二大城市，是欧裔白人在南非建立的第一座城市，集欧洲和非洲人文、自然景观特色于一身，是南非最受欢迎的观光都市，被誉为“非洲明珠”。开普敦环绕桌山而建，桌山山顶如桌面一样平坦，在山顶可以一览大西洋和印度洋交汇处的美景，是开普敦的地标。
	约翰内斯堡 南非最大的城市，原是一个探矿站，随金矿的发现和开采发展为城市。现为世界最大金矿区，素有“黄金之城”的美誉。主要景点有黄金城、兰德精炼厂、克鲁格国家公园等。约翰内斯堡西北140千米处还有一个豪华度假村，即太阳城市，是非洲的“拉斯维加斯”，全球第二大赌场。
	茨瓦内 南非的行政首都，原名比勒陀利亚，南非最大的文化中心，茨瓦内是一座欧化的城市，街头白人居多，城市街道的两旁种植着许多紫葳，故又名“紫葳城”。

四、埃及

类别	简介
概况	☆跨亚、非两洲，其领土大部分位于非洲东北部，小部分位于亚洲西南角的西奈半岛。疆土略呈不规则的四方形，东隔红海与巴勒斯坦相望，西与利比亚交界，南邻苏丹，北临地中海，面积约100.1万平方千米。96%的地区是沙漠，属热带沙漠气候，全年干燥少雨、气候干热，尼罗河三角洲和北部沿海地区属亚热带地中海气候，气候相对温和。伊斯兰教是埃及的国教，其信徒主要是逊尼派。官方语言是阿拉伯语，货币为埃及镑。 ☆埃及在阿拉伯语中意思是“辽阔的国家”，古埃及是世界四大文明古国之一，是世界上最早的王国，公元前3100年出现统一的奴隶制国家。但如今的埃及阿拉伯人是古埃及人吸收并融合了部分外来的征服者（主要是阿拉伯人）而形成的新的民族，文化也渐渐伊斯兰化。埃及是非洲第三大经济体，在经济、科技领域长期处于非洲领先态势，其经济主要依赖石油、旅游、农业、劳务出口和苏伊士运河船运税收。人口约1亿（截至2022年），是中东人口最多的国家，也是非洲人口第二大国。
民俗风情	☆**服饰** 埃及人多穿宽大的长袍，不论寒暑，男子都扎头巾或戴毡帽，妇女则以黑纱蒙面。 ☆**饮食** 喜欢甜食，常以“耶素”为主食，耶素就是不用酵母的平圆形埃及面包。
风物特产	有纸莎草画、象形文字雕刻饰品、石雕甲虫、水烟袋、刻花铜盘、香水香料、亚历山大橄榄油、驼毛制品、椰枣干货、菲希克咸鱼、地毯、埃及棉织品、帐篷和挂毯等。

（续表）

类别	简介
著名旅游城市景点	**开罗** 位于埃及北部，尼罗河三角洲的顶端。埃及首都，非洲最大的城市，也是世界上最古老的城市之一，开罗是一座名副其实的伊斯兰博物院，有800多座建于不同时期、不同形式的清真寺，600多处历史古迹和著名古建筑。著名景点有吉萨金字塔、开罗塔、萨拉丁城堡、埃及国家博物馆、阿慕尔清真寺和艾资哈尔清真寺等。埃及博物馆是世界上最著名、规模最大的古埃及文物博物馆，收藏了5000年前古埃及法老时代至公元6世纪的历史文物25万件，其中大多数展品历史超过3000年。在埃及共发现金字塔96座，最大的是吉萨的三座金字塔，是胡夫、哈夫拉和孟考拉祖孙三代的陵墓，其中最有名的是胡夫金字塔和狮身人面像，是世界八大奇迹之一，也是埃及的象征。
	尼罗河 是世界第一长河，世界文明的发祥地，埃及的生命线，也是埃及的“母亲河”，如今开罗的尼罗河上有许多仿法老时期的“法老船”，供游人观光游览。 （* 注意：世界河流长度排序——尼罗河、亚马孙河、长江、密西西比河、黄河）
	亚历山大 埃及最大的海港和第二大城市，也是埃及最具有欧洲风格的历史名城、避暑胜地。城内最著名的景点有卡特巴城堡，它与开罗古城堡并称为埃及两大中世纪古城堡。卡特巴城堡的前身为古代世界七大奇迹之一的亚历山大灯塔，1435年灯塔毁坏，1480年用其石块在原址修筑了卡特巴城堡。
	卢克索 代表古埃及文明最繁盛时期的卢克索距开罗670千米，是古埃及帝国的首都，如今的卢克索是世界上最大的露天博物馆，有“宫殿之城”的美誉。主要景点有卢克索神庙、卡尔纳克神庙、孟农巨像等。
	阿斯旺 埃及的南大门，世界上最干燥的地方之一，有世界第七大水坝——阿斯旺大坝、菲莱神庙等著名景点。

五、肯尼亚

类别	简介
概况	☆位于非洲东部，境内东非大裂谷的轮廓非常清晰，有“东非十字架”之称。肯尼亚境内多高原，平均海拔1500米。中部的基里尼亚加峰（肯尼亚山）海拔5199米，峰顶终年积雪，为非洲第二高峰，肯尼亚的国名也由此而来。全境位于热带季风区，沿海地区湿热，高原气候温和，全年最高气温为22 ~ 26℃，最低为10 ~ 14℃。每年春秋两季是肯尼亚的最佳旅游时间，而观赏动物大迁徙的最佳时间则是7月到9月，其中7月中旬至8月中旬为迁徙高潮期。肯尼亚共有44个民族，45%的人口信奉基督教新教。斯瓦希里语为国语，和英语同为官方语言。肯尼亚新宪法将全国分为47个郡，首都内罗毕，人口约350万。货币是肯尼亚先令。 ☆肯尼亚是人类发源地之一，境内曾出土约250万年前的人类头盖骨化石。公元7世纪，东南沿海地带已形成一些商业城市，阿拉伯人开始到此经商和定居。英国政府于1895年宣布肯尼亚为其“东非保护地”，1920年改为殖民地。1964年12月12日肯尼亚共和国成立，但仍留在英联邦内。肯尼亚是撒哈拉以南非洲经济基础较好的国家之一，2024年人均国内生产总值近2000美元。农业、服务业和工业是国民经济三大支柱，剑麻出口量居世界第二位，是非洲最大的鲜花出口国，工业在东非地区相对发达，门类较齐全，日用品基本自给。旅游业是肯尼亚的第二大外汇收入来源，2023年，国际游客数量达195万人次，旅游业收入约24亿美元。目前排名前5位的客源国依次为美国、乌干达、坦桑尼亚、英国、印度。

（续表）

类别	简介
著名旅游景点	肯尼亚的主要旅游点有内罗毕、察沃、安博塞利、纳库鲁、马赛马拉等地的国家公园、湖泊风景区及东非大裂谷、肯尼亚山等。肯尼亚是世界公认观赏非洲热带动物和鸟类的最佳国度，国内有 26 个国家级野生动物保护区。
	内罗毕国家公园 建于 1946 年，距离内罗毕市中心仅 7 千米，是非洲第一个野生动物园，也是世界上唯一一个位于城市内的国家公园。
	马赛马拉国家野生动物保护区 位于肯尼亚东南部与坦桑尼亚交界处，堪称肯尼亚野生动物园的“王中王”，非洲五霸——非洲象、犀牛、野牛、狮子和猎豹随处可见，还能欣赏到最震撼的动物大迁徙。成千上万的角马、斑马、羚羊遵循着大自然的规律，从坦桑尼亚的塞伦盖蒂大草原迁徙至马赛马拉大草原，马拉河是拍摄和观赏动物大迁徙的最佳地点，8 月角马过河的密集程度达到顶峰，角马群为躲避尼罗鳄和湍急水流奋力渡河，形成迁徙中最壮观的“天河之渡”。
	东非大裂谷 东支纵切高原南北，将高地分成东、西两部分。东非大裂谷的湖泊系统由博戈尼亚湖、纳库鲁湖、埃尔门泰塔湖三个浅水湖泊组成，总面积达 32034 公顷，于 2011 年列入《世界遗产名录》。该地区是世界上鸟类种类最为丰富的地区之一，其中有 13 种鸟类是濒危物种。这里不仅是小火烈鸟最重要的觅食之所，也是白鹈鹕筑巢和繁殖基地。景区内还生活着大量的大型哺乳动物，如黑犀牛、罗斯柴尔德长颈鹿、扭角林羚、狮子、猎豹和野狗等。
	纳库鲁湖国家公园 非洲第一个保护鸟类的国家公园，占地面积 188 平方千米，湖水盐碱度较高，这里有 200 多万只火烈鸟，占世界火烈鸟总数的 1/3，被誉为“观鸟天堂”。
	安博塞利国家公园 位于肯尼亚与坦桑尼亚交界地区，肯尼亚边境，在这里可以清晰地看到海拔 5895 米的非洲第一高峰乞力马扎罗山，此山被称作“非洲的屋脊”，也是地球上唯一一座位于赤道线上的雪峰。在肯尼亚进入野生动物保护区，不要给野生动物投喂食物，不要对野生动物喊叫，在观赏野生动物时需保持安静。除指定的野餐以及徒步地点外，游客务必留在车内，观赏野生动物保持 20 米以上距离。
	蒙巴萨 肯尼亚第二大城市，东非最大港口，郑和下西洋，船队从西太平洋穿越印度洋，到达西亚和非洲东岸，其中就包括蒙巴萨。蒙巴萨也是乌干达—肯尼亚铁路的终点，因此旅游者到蒙巴萨最常见的交通方式是搭乘列车。蒙巴萨到首都内罗毕的 480 千米标准轨距铁路——蒙内铁路是中国援建项目，2017 年通车运营，被誉为肯尼亚的“幸福路”。

易错考题小试牛刀

1.(判断题)印度首都新德里，素有印度“商业首都”和“金融首都”之称。(　)

2.(单选题)人均拥有的帆船数量为全球之冠，故有“千帆之都”美誉的城市是(　)。
A. 惠灵顿　B. 奥克兰　C. 黄金海岸　D. 夏威夷

3.(多选题)土耳其拥有古代世界七大奇迹中的(　)。
A. 阿耳忒弥斯神庙　B. 摩索拉斯陵墓
C. 罗得岛的太阳神铜像　D. 亚力山大港的灯塔
E. 奥林匹亚的宙斯神像

4.(多选题)瑞士有(　)之誉。
A. 钟表王国　B. 欧洲屋脊　C. 世界公园　D. 度假之都　E. 花卉王国

5.(多选题)下面有关日本人的禁忌描述正确的有(　)。
A. 忌荷花图案，认为是妖花　B. 以使用象征日本皇族的菊花为荣
C. 不喜欢数字 4、42、13　D. 探望病人时忌用山茶花及淡黄色、白色的花
E. 认为绿色是不祥之色

6.(多选题)马尔代夫经济的三大支柱指的是(　)。
A. 旅游业　B. 船运业　C. 手工业　D. 服务业　E. 渔业

【答案】1. 错　2.B　3.AB　4.ABC　5.CDE　6.ABE